教师教育系列教材

幼儿园管理

张莉娜　王　萍
吴明宇　王海燕　苑海燕　编　著

清华大学出版社
北　京

内 容 简 介

本书围绕幼儿园管理的重点，从理论和实践展开论述和讨论，反映了《幼儿园管理条例》和《幼儿园工作规程》对幼儿园管理的要求。全书共分十一章：管理概述、幼儿园管理概述、幼儿园管理体制、幼儿园目标管理、幼儿园资源管理、幼儿园常规工作管理、幼儿园环境管理、幼儿园班级管理、幼儿园公共关系管理、幼儿园领导工作、幼儿园工作评价与管理。通过本书的学习，学生能够对幼儿园管理有一个整体认识，具备幼儿园管理的基本素质和能力。

全书融系统性、新颖性、应用性和丰富性于一体，特色首先体现在体系的科学性，每章包括“学习目标、核心概念、引导案例、本章小结及思考与练习”；其次是注重理论联系实际，教材章内精选了大量案例，便于学生加深理解；再次是编写视角新颖，始终站在实践的视角，不同于其他幼儿园管理类教材，突出了学前专业基础课的“实践特点”。

本书可以作为高等学校本科及专科学前教育专业的基础课教材，也可作为从事幼儿教育管理和研究人员、幼儿教师和有意从事幼儿教育的其他专业学生的参考用书。

图书在版编目(CIP)数据

幼儿园管理/张莉娜等编著. —北京：清华大学出版社，2018（2024.7重印）
(教师教育系列教材)
ISBN 978-7-302-50902-8

Ⅰ. ①幼…　Ⅱ. ①张…　Ⅲ. ①幼儿园—管理—师资培训—教材　Ⅳ. ①G617

中国版本图书馆 CIP 数据核字(2018)第 189285 号

责任编辑：陈冬梅
封面设计：刘孝琼
责任校对：吴春华
责任印制：杨　艳
出版发行：清华大学出版社
　　网　　址：https://www.tup.com.cn，https://www.wqxuetang.com
　　地　　址：北京清华大学学研大厦 A 座　　**邮　　编**：100084
　　社 总 机：010-83470000　　**邮　　购**：010-62786544
　　投稿与读者服务：010-62776969, c-service@tup.tsinghua.edu.cn
　　质量反馈：010-62772015, zhiliang@tup.tsinghua.edu.cn
　　课件下载：https://www.tup.com.cn，010-62791865
印 装 者：三河市春园印刷有限公司
经　　销：全国新华书店
开　　本：185mm×260mm　　**印　张**：18.5　　**字　数**：449 千字
版　　次：2018 年 9 月第 1 版　　**印　次**：2024 年 7 月第 6 次印刷
定　　价：49.80 元

产品编号：077660-01

前　言

习近平总书记在中国共产党第二十次全国代表大会上的报告中明确指出：“我们要办好人民满意的教育，全面贯彻党的教育方针，落实立德树人根本任务，培养德智体美劳全面发展的社会主义建设者和接班人，加快建设高质量教育体系，发展素质教育，促进教育公平。”本教材在编写过程中深刻领会党对高校教育工作的指导意见，认真履行党对高校人才培养的具体要求。

在经济发展和教育改革大潮的推动下，学前教育事业开展得如火如荼，各种形式、各种理念的幼儿园如雨后春笋般蓬勃发展。然而幼儿园的生存和发展受到了多种因素的影响，如经济发展水平、教育管理经验、资金、家长的各种教育需求等。幼儿园管理学正是满足这种社会多元文化和人们多元生活方式与生存状态需要的一剂良药。我国学前教育的理论工作者在对部分高校学前教育专业学生和教师的调查中发现，幼儿园管理学的部分内容已不能充分满足社会及人们对此的需求。因此广大师生热切期盼通过幼儿园管理学教材的改革提升学前教育专业教学水平。

本书坚持理论联系实际的原则，在理论的基础上以丰富、鲜活的案例和浅显易懂的语言作为教材编写的出发点，重新优化组合了知识体系，融系统性、新颖性、应用性和启发性于一体，试图为学前教育的理论和实践工作提供经验借鉴。就总体框架结构而言，本书分为十一章。

在每章的编写中，我们主要从“学习目标、核心概念、引导案例、本章小结及思考与练习”五个方面与读者进行交流。学习目标、核心概念能帮助读者了解本章学习的要点和主要内容；引导案例能让读者感受本章的学习重点，从而更好地把握本章的内容；本章小结能让读者清楚我们的理论观点；思考与练习能帮助读者运用所学理论进行深入的分析和解答现实中的问题，与更多的学者进行对话与交流。

本书由张莉娜、王萍、吴明宇、王海燕、苑海燕编著，赵蕊、王艳莹参与了编写工作。具体分工如下：张莉娜拟定编写大纲，编写了第一章、第二章、第三章、第四章、第十章，吴明宇编写第五章、第九章，王海燕编写第六章，王萍和赵蕊共同编写了第七章，苑海燕编写了第八章，王萍和王艳莹共同编写了第十一章，全书由张莉娜进行加工整理与修改。在主编对全书统稿的基础上，赵蕊协助做了大量的后期校对工作。

在编写过程中，我们参阅了许多学者的专著和研究成果，同时清华大学出版社为本书的出版做了大量细致的工作，在此一并表示衷心的感谢。由于我们水平有限，缺点、错误之处在所难免，恳请读者指正。

编　者

本书全部习题与答案扫此二维码下载。

习题及答案.docx

目　录

一切规模较大的直接社会劳动或共同劳动，都或多或少地需要指挥，以协调个人的活动，并执行生产总体的运动——不同于这一总体的独立器官的运动——所产生的各种一般职能。一个单独的提琴手是自己指挥自己，一个乐队就需要一个乐队指挥。

——马克思《资本论》

第一章 管理概述

本章学习目标

- 了解管理的概念、管理的基本特征、管理理论的形成与发展过程。
- 理解管理的含义、管理的基本原理。
- 掌握管理的重要理论观点、管理的基本方法。

核心概念

管理(management) 管理基本原理(basic principles of management) 管理方法(management method)

引导案例

“玉米地游戏”的故事

这是一片宽广的玉米地，果实累累但又布满了大大小小、或明或暗的陷阱。你和你的对手们将要进行一场有趣的竞赛：第一要比谁能最先穿越玉米地；第二要比在穿越过程中谁掰的玉米最多；第三是在比赛过程中，玉米叶子可能会刮伤皮肤，看谁身上的伤口最少。

案例分析

这个案例为我们提供了究竟什么是管理的成功范例。一个“玉米地游戏”的三大规则，涉及三个要素，即速度(优质、最佳)、效益(资源最多)与安全(成本最少)。要实现这三个要素的完美结合，离不开有效的管理。那么，什么是管理？学习管理知识和理论对我们有什么作用？如何学习管理？这些都是每个初学者十分关心的问题，也是我们学习幼儿园管理这门课首先要解决的问题。

学习指导

本章的重点是管理的含义、基本特征、管理理论的形成与发展、管理的基本原理及管理方法。在学习的过程中首先要认真阅读教材，掌握相关的理论知识。其次，要结合自己的情况，理解管理的含义及管理的基本原理。最后，通过管理实践活动，掌握管理的方法。

管理是人类社会中最普遍的社会现象，几乎与人类社会的文明同步发展。进入 20 世纪以来，管理在社会生产和生活中的作用日益为人们所重视。所以，我们应该对管理的基本知识有初步的了解。

第一节　管理的概念与管理的特征

一、管理及其含义

(一)管理的概念

我国古代把开锁的钥匙称为“管”。《左传·僖公三十二年》中就有“郑人使我掌其北门之管”之说。《辞海》中“管”为“细长的圆筒开物”，“理”为“玉石的纹路”。“管理”一词从汉语词义上讲是管辖、处理、调理、理顺之意，本意是指负责处理某事，使之顺利完成。

在英语中，管理为 “administration”，语义是 “有帮助功能的、有服务性能的、有照顾责任的、有促进作用的相互关联的活动”。 从“administration”的词义中可以看到，管理的实质是指帮助组织达到目标，服务组织成员，照管组织中的物资，促进与协调组织成员的工作等一系列活动。

我们认为，管理是一定组织中的管理者，通过实施计划、组织、领导、协调和控制职能，合理组织和充分利用人、财、事、物、时间、空间、信息等相关资源，优质高效地实现组织目标的社会活动。

(二)管理的含义

自 20 世纪初管理学诞生以来，由于研究者自身对管理的理解角度或强调的方面不同，表述和解释也各不相同。管理作为一个科学概念，我们认为管理的含义可以从以下几个方面进行理解。

1. 管理的目的是优质高效地实现组织目标

管理存在于一定的组织中，为有效实现组织的目标而存在。也就是说，如果管理不能促进组织目标优质高效地实现，管理也就没有意义了。“聚焦于结果和创造价值”说的就是这个道理。

管理并非越多越好，管理人员也是如此。有的单位为实现精细化管理设立了许多部门，管理人员众多，却导致办事程序复杂化，降低了工作效率。著名的帕金森法则——“雇员的数量和实际工作量之间根本就不存在任何联系”说的就是这个道理。

2. 管理的职能是实行计划、组织、领导、协调和控制

管理是由计划、组织、领导、协调和控制等一系列相互关联、连续进行的活动构成的，这些活动被称为管理的职能。因此，管理职能也就是管理所包含的各项具体活动。

计划，就是谋划，即明确组织的目标和实现的途径。组织，就是分工和协作，即把人合理地配置起来，让每个人知道该做什么，让彼此之间能够有效协作，形成一种合力去实现共同的目标。领导，就是“领”着人们、“导”着人们去实现组织的目标。协调和控制，就是使事情按计划进行，使我们的活动在正确的轨道上进行，实现组织的目标。因此，管理只有发挥其职能，才能够优质高效地服务于组织目标的实现。

3. 管理的过程是计划、组织、领导、协调和控制等活动的过程

美国管理学家 W. 古特雷指出，管理作为过程而言，是一个不断由计划到达成、再到计划的螺旋上升的过程，即这一目标的达成，意味着下一目标的开始。也就是说，上一目标的完成是下一目标的基础，下一目标是上一目标的延续。

比如，一个幼儿园园长，他首先要想，应该把幼儿园办成什么样，这就是制订计划，确立目标，这是管理过程的开始；然后要组织、领导、协调、控制各方面力量为实现目标而努力，这是具体管理的过程；最后达到预先确立的目标，这是管理过程的结果。而这一目标的达成就意味着下一管理过程的开始，即再制订计划，确立目标——为实现目标而努力——达成预定目标，如此循环往复，螺旋式上升，从而达成取得最大效益的最终目标。

4. 管理的核心是对人的管理

管理者是人，管理的对象也是以人为中心的各种资源及职能活动，所以纯粹以财、物为对象的管理不是真正的管理。真正的管理是要协调、带领人们去实现目标，要最大限度地激励人的积极性，是要人们承担起对工作和组织的高度责任，以管理为途径和手段，获得组织的最大利益。“所谓管理得好，主要是做好人的工作”说的就是这个道理。

在管理的过程中如何“管理人”这一问题上，不得不提及美国管理学家蓝斯登。蓝斯登认为，身心愉悦的员工，而不是薪水丰厚的员工，能最大限度地发挥工作的积极性并且工作效率是最高的，从而保障效率和效益。“你给员工创造快乐的工作环境，员工给你带来巨大的经济效益”说的就是这个道理。

我们所熟知的美国西南航空公司、H. J. 亨氏公司以及惠普公司等大型企业和集团在管理中都遵循或渗透着蓝斯登的管理理念和精髓，并收获了巨大的成功，获得了世界范围内业界人士的一致认可。

二、管理的基本特征

管理是区别于其他社会活动的一种独特的社会活动，具有一些区别于其他社会活动的独有的特征。对这些特征的研究和了解，有利于人们加深对管理的认识和把握，同时，对管理实践也会起到指导作用。

(一)管理的自然属性与社会属性

管理既有自然属性又有社会属性。管理的自然属性和社会属性同时存在，任何管理活动都会涉及自然属性和社会属性。

1. 管理的自然属性

管理的自然属性反映了人与生产力的自然关系，它是为了组织共同劳动而产生的，体现了生产协作过程本身的要求。如生产过程的集约化、专业化、社会化，必然要求管理过程的科学化、合理化、系统化，必然强调时间的节约、资源的节省、质量的提高和成果的增加等。因此，管理的自然属性是各种社会化生产所共有的一系列科学方法的总结，不会随生产关系的变化而变化，具有共同性和永恒性。

管理就其自然属性来讲，表现为管理具有合理组织生产力(指挥劳动、协作劳动)的职能。这种合理有效的“指挥劳动”，可以使有限的资源最大限度地实现组织目标，具有“放大倍率”的作用。因而，管理就是生产力，是人类的共同财富，相互之间完全可以借鉴、吸收、继承与移植。

2. 管理的社会属性

管理的社会属性反映了人与人之间的关系，是一定生产关系的体现，是与社会制度相联系的。因此，管理的社会属性主要表现为维护和发展生产关系与上层建筑的管理职能，管理的目的、范围、内容等均取决于一定社会形态的性质，取决于一定社会形态中占统治地位的社会关系。其中，起决定性作用的是经济关系，性质不同的经济关系即所有制关系规定着管理特有的社会性质，管理所要达到的预期目的，即为谁管理的问题。因此，管理的社会属性是会随生产关系的变化而变化的，不具备永恒性。

管理的社会属性还表现在它受历史文化传统的影响与制约。不同国家，因其地理环境、历史、文化、宗教传统、思维方法等有着深刻的差异，管理也就有着不同的特点，从而表现出不同的性质、模式与风格。

由此可见，在同一管理活动中，管理在其性质上都具有合理组织生产力而存在的共同性，即自然属性与维系、发展、实现一定生产关系而存在的特殊性，即社会属性。根据政治经济学原理，生产力和生产关系之间相互适应会促进社会生产力的发展，否则会阻碍生产力的进步。而管理对生产力和生产关系都会产生影响。因此，管理活动应当自觉地促进生产力和生产关系之间的适应关系，这样才能最大限度地促进生产力的发展。

(二)管理的科学性和艺术性

管理是科学性和艺术性相统一的活动。科学且艺术地做好各项管理工作，是所有管理者应该努力的方向。

1. 管理的科学性

管理的科学性主要体现在管理具有客观规律性。管理的客观规律性有多方面的具体表现。比如，管理活动的最终目的都是又好又快地实现人类活动的目标；管理与社会生产力和社会生产关系之间，管理与人的活动和人的发展之间都存在着诸多必然的联系等。

管理活动的客观规律性要求管理要按照规律实施，要符合管理本质的要求，符合管理基本原理的要求，符合管理基本职能的要求。同时，管理活动要符合管理对象的特点，尤其是人的特点。管理要适应一定的社会条件，符合一定的社会要求。可以看出，管理的科学化程度随着社会的发展而不断提高，管理的科学性也将随着社会的发展而日益明显。

2. 管理的艺术性

管理的艺术性主要体现在管理具有灵活性和创造性上。管理是一项复杂的人类社会活动，管理对象要素的多样性和外在影响因素的复杂性，使得管理活动的内外环境充满着变数。这就要求管理者要根据管理内外环境的变化，灵活、创造性地使用各种管理的方式、方法和手段，恰当、巧妙且富有效益地做好各项管理工作。管理者的管理艺术基于自身的个性特点，源于一定水平的管理理论素养和丰富的管理实践经验。卓越的管理者都会有自己独特的管理艺术。

第二节　管理理论的形成与发展

人类自从有了社会活动，就有了管理，并逐渐萌发了管理思想。随着人类生产力发展水平的不断提高，系统的管理理论和思想也逐渐形成。管理科学的发端和管理学建立的标志是美国科学管理学派的创始人泰罗 1911 年出版的《科学管理原理》。它的诞生虽只有一百余年的历史，但中外的管理思想源远流长，可以说管理学是由古代东西方管理思想演变而成的科学体系。

因此，了解管理科学的发展脉络，对理解和掌握管理的基本理论和规律、进一步学习幼儿园管理都是十分有帮助的。管理理论的形成与发展主要包括以下三个阶段：古典管理理论时期、人际关系-行为科学管理理论时期和现代管理理论时期。

一、古典管理理论时期

古典管理理论是指19世纪末至20世纪30年代在西方一些国家形成的系统的管理理论。这一阶段，由于资本主义工商业的发展，欧美各国涌现出了一批管理专家及管理理论。其主要代表是泰罗的科学管理理论、法约尔的一般管理理论和韦伯的行政组织体系理论。这三个理论被称作古典管理理论的三大支柱。他们创立的古典理论学派奠定了管理学的基础。

(一)泰罗的科学管理理论

泰罗(F. W. Taylor，1856—1915)，美国管理学家，是科学管理理论的创始人，在资本主义管理学史上被称为“科学管理之父”。他从 22 岁起在一家钢铁公司当学徒，后来当过领班、绘图员、技术员和工程师，最后当上了总工程师和管理顾问。他在长期的工作实践中，致力于管理的革新活动，一生获得个人技术专利一百多项。他在总结前人研究成果的基础上，通过管理方面的许多重要的试验研究，提出了他的科学管理理论。其主要著作有：《计件工资制》(1895 年)、《工场管理》(1903 年)、《科学管理原理》(1911 年)。

泰罗科学管理理论的主要思想可以概括为以下几点。

1. 科学管理的目的是提高劳动生产率，实现劳资共同富裕

泰罗认为，科学管理的根本就在于提高劳动生产效率，因为科学管理如同节省劳动力的机器一样，其目的在于提高每一单位劳动力的产量。他认为，企业提高劳动生产率的潜

力非常大，在当时的条件下，每个工人的能力在工作中只发挥了1/3。此外，泰罗还认为，最高的劳动生产率是工场主和工人共同达到繁荣的基础。它能使工人关心的较高的工资和工场主关心的较低的劳动成本结合起来，从而使工场主得到较多利润，工人得到较高工资，进而提高他们对扩大再生产的兴趣，促进生产的发展，达到工场主和工人的共同富裕。

2. 科学管理的真谛是开展一场重大的劳资双方的精神革命

泰罗认为，通过开展一场精神革命，变劳资对立为协作，共同致力于扩大生产、提高效率，才是科学管理的真谛。即在科学管理的基础上，要把注意力从盈余的分配转向盈余数量的增加上，实现劳资双方彼此合作。他强调，必须使工人和工场主认识到，只有实现科学管理，才能改善操作方法，才能降低成本，才能不增加体力消耗而提高劳动效率，从而使工人工资得以增长，工场主的利润要求得以满足。

3. 研究标准化原理以提高劳动生产效率

标准化就是管理人员运用科学的方法对生产过程进行分析研究，确定标准化的工作程序和操作方法，以代替过去单凭经验的操作方法。与此同时，要为工人提供标准化的工作环境、工具、机器和材料，并根据标准化的操作方法和环境，确定工人一天必须完成的标准的劳动定额。泰罗认为制定并执行标准化的工作制度，进行科学化和制度化的管理是提高效率的关键。

4. 实行差别计件工资制度

在科学地确定劳动定额的基础上，泰罗建议实行新的刺激性计件付酬工资制度，即差别计件工资制。他认为，过去实行的计时工资制和利润分享制都不能从根本上解决问题。差别计件工资制，是在“工资支付对象是工人而不是职位”思想的指导下，按照工人是否完成其定额而采取高低不同的工资率，即完成定额的可按工资标准的125%计算工资，而完不成定额的只按80%计算工资，以鼓励工人的劳动积极性。

5. 科学地选择第一流的工人以提高劳动生产效率

泰罗认为，所谓第一流工人包括两个方面：一是该工人的能力最适合他所从事的工作；二是该工人从内心愿意从事这项工作。因为每个人的天赋与才能不同，他们所适宜做的工作也各异。所以要根据人的不同能力和天赋把他们分配到相应的工作岗位，使之成为第一流的工人。对那些不适合从事某项工作的工人，应加以培训，使之适合工作需要，或把他们重新安排到其他适宜的工作岗位上去。把工人培训成第一流的工人，这是领导的职责。

6. 设置计划层，实行职能组织制

泰罗认为一位“全面”的管理者应具备九种品质：有智能；受过教育，具备专门的知识；手脚灵活，有力气；机智老练；有干劲；有毅力；忠诚老实；具备判断力和一般常识；身体健康。泰罗认为要找到一个具备上述三种品质的人并不太困难，而要找到一个能具备七八种上述品质的人，那几乎是不可能的。为解决这种矛盾，泰罗提出了分层级的职能组织制度，即将管理工作予以专业化细分，使所有的管理者只承担一两种管理职能。与此同时，泰罗把计划职能和执行职能分开，使工人和管理部门分别执行不同的职能。每一个工人在其工作中的任何一个具体方面都只有一个职能管理者领导，因此不会因多位领导而使工人无所适从。

7. 实施例外原理对组织机构进行管理控制

泰罗提出，高层主管人员为了减轻处理纷繁事务的负担，应把处理一般日常事务的权力授予下级管理人员，高层主管人员只保留对例外事项(重要事项)的决策和监督权。例外原理对于帮助经理人员摆脱日常具体事务，以集中精力对重大问题进行决策监督，是必要且有利的。执行这一原理不仅要授权给下级，而且应当使日常业务工作标准化、制度化，使下级人员有章可循。

泰罗的科学管理理论和实践是人类管理活动史上的一次变革，它使人类的管理由经验走向科学，并对以后的管理理论和实践的发展产生了重要影响。尤其是泰罗的科学管理在提高劳动生产率和降低成本方面有着显著的效果。正是在泰罗的管理理论基础上，才创造和发展出了一系列有助于提高劳动生产率的技术和方法，而这些技术和方法又反过来成为近代以来管理系统合理组织生产的基础。

当然，他的科学管理实践在客观上把工人看作是机器的附属物，忽视了人的社会性和群体因素对管理的影响。他提出的所谓高效率是以工人极度紧张的劳动为代价的。正如列宁所说，泰罗的管理理论“一方面是资产阶级剥削的最巧妙的残酷手段，另一方面是一系列最丰富的科学成就”。这清楚地表明管理的两重性质，既具有合理组织生产力的自然属性，同时又表现为维护和发展一定生产关系与上层建筑的社会属性。

(二)法约尔的一般管理理论

法约尔(H. Fayol，1841—1925)，法国管理学家，是第一个概括和阐述一般管理理论的人，是与泰罗同时代的人。他曾担任工程师、经理，之后于 1888 年担任康门曲里 · 福尔亨包特矿业公司总经理，1918 年任公司董事。由于法约尔多年担任公司的最高领导，他对公司高层管理的效率、领导机构及组织管理的过程、一般原则等进行了卓有成效的分析研究。其代表作是《工业管理与一般管理》(1916 年)。

法约尔管理理论的主要思想可以概括为以下几点。

1. 管理和经营是两个不同的概念

法约尔认为企业的全部经营活动可以分为六项，而管理只是其中的一项。这六项活动分别是技术活动、营业活动、财务活动、安全活动、会计活动和管理活动。

2. 管理是企业全体成员的共同职责

法约尔认为，管理不是管理者独有的特权和责任，而是企业全体成员的共同职责，只是职位越高，管理责任越大。与此同时，法约尔提出，对高层管理人员与基层管理人员的要求应有不同，阶层越高，管理职能的比重越大，对管理能力的要求也越高。

3. 管理应具备五项职能，即计划、组织、指挥、协调和控制

法约尔认为，管理活动有五项基本要素，也是五种一般职能。这五种职能构成了一个完整的管理过程。

计划，是管理的必要因素。任何行动计划都要根据企业的资源、目前的工作性质和将来的发展趋向这三点来编制。良好的计划要有统一性、连续性、准确性和一定的灵活性。

组织，包括组织结构、组织活动、相互关系和规章制度，以及职工的招募、评价和训练。组织结构必须能贯彻统一指挥的原则，以便实现企业的目标。

指挥，是管理人员的一种技巧，目的是为整个企业取得最大的效益。要处理好统一指挥与适当授权的关系。

协调，是使企业的所有活动都和谐起来，以利于工作并取得成就。

控制，是检验每一件事情是否同制订的计划、确立的原则相符，以便及时发现和纠正偏差。

法约尔强调，要想实行有效管理，这五项职能缺一不可。

4. 管理应遵循 14 条原则

法约尔认为，为了实施上述五项职能，管理活动必须遵循 14 条原则，即分工、权限与责任、纪律、命令统一、指挥统一、个别利益服从整体利益、报酬、集权、组织等级、秩序、公平、人员的稳定、首创精神、集体精神。这 14 条原则是法约尔根据自己长期的管理经验概括出来的。法约尔认为，这些原则可以应用于一切事业的管理活动。

此外，法约尔还论述了社会组织的各级领导人应具有的不同知识结构以及企业人员的培养问题。

法约尔的管理理论受泰罗的科学管理理论的影响，但又与之有不同的特点。他把管理作为特有的概念加以理论研究，提出了管理的职能和原则。关于管理职能的研究，他提供了一套管理思想体系，开创了管理过程学派，为管理学建立起了基本的学科结构框架。他的管理理论除了可应用于工商业之外，还适用于政府、教会、慈善团体、军事组织以及其他各种事业，所以，法约尔的思想和术语至今已广为人知，并得到广泛应用。

(三)韦伯的行政组织体系理论

马克斯·韦伯(Milx Weber，1864—1920)，德国有影响力的学者、作家和管理学家，是与泰罗、法约尔同时代的人。他毕生从事学术研究，涉猎的领域广泛，宗教、政治、社会科学方法论等方面的著作颇丰，他的代表作是《社会组织与经济组织理论》。特别是他提出的行政组织体系理论(又称官僚组织性理论、科层管理理论)对西方古典组织理论的确立做出了杰出贡献，被人们称为“组织理论之父”。

韦伯行政组织体系理论的主要思想可以概括为以下几点。

1. 有明确的组织分工

韦伯认为，每个组织都应有层次，各层组织应有若干工作部门，各部门应实行专业化分工。组织任务的完成必须依赖各个工作部门，各个工作部门任务的完成必须依赖各层组织。组织的建设呈梯形结构，按等级原则组织起来，形成指挥体系。

2. 有明确的上下等级系统

韦伯认为，理想的行政组织模式应是建立在理性与严格法规基础上的职位、职权与职责系统。组织按照等级原则，从顶层到基层有一条权力线，每个层次有不同的职务、责任和权力。在授权的同时要委以责任，管理人员的行为必须对上级行政组织负责，要明文规定组织中每一个职位的权利和义务。

3. 人员的任用完全根据职务的要求

韦伯认为，每个岗位的人员必须是称职的。因此，组织要以“法”的形式规定每个职位的任职资格和条件以及对他们考核的标准和方法。管理人员必须职业化。

4. 管理人员必须遵纪守法

韦伯认为，管理人员必须严格遵守组织的规则和纪律。官员虽不属于任何一个社会组织的成员，但他是为全体公民服务的，所以也必须遵守行政组织的纪律和规则。

5. 管理中的理性人际关系

韦伯认为，组织内部各个成员之间，应完全以理性原则为指导，而不是个人感情关系。即人与人之间的关系应是不受个人情感的影响，完全以理性为指导的人际关系。

6. 固定工资

官员领取固定工资，有明文规定的升迁制度，不得依行政职位之便获得工资之外的任何报酬。

韦伯的行政组织体系理论以责任制为基础、以权力为核心，在稳定性、精确性、纪律性、可靠性方面都优于其他的组织形式，同时其权威性对提高行政组织工作效率有积极意义。这种组织形式适合于各种类型的社会组织，包括企业、教会、国家机构、军队、学校和其他社会团体等。韦伯的理想行政组织理论自提出以来受到了广泛的认同，成为各种类型组织建设的指导性理论，“科层制”成为各种社会组织的基本形式。

综上所述，古典管理理论打破了经验管理的传统，促进了管理向科学、理性的方向发展，提高了生产效率，促进了当时社会生产的发展，为管理学奠定了基本的学科理论基础，对管理理论未来的发展产生了重要的影响。同时，还应该看到古典管理理论的局限，主要表现在：第一，重视组织内部管理的研究，而忽视了组织外部环境的影响；第二，重视管理中物的要素，而忽视了人的主体作用，以及人的社会、心理的需要；第三，过分强调组织的理性化和制度化，而严重忽视了人的社会性和主观能动性，忽视了社会历史传统的影响。现代科学管理理论就是在批判古典管理理论局限性的基础上发展起来的。

二、人际关系-行为科学管理理论时期

人际关系-行为科学管理理论是指从20世纪20年代开始的，重视人以及人与人的关系研究的理论。从20世纪20年代开始，资本主义经济发展进入了一个新的时期，劳资矛盾进一步加剧。为了改善劳资矛盾，维护资本主义社会的稳定，西方学者开始重视对人际关系及人的行为的研究。其主要代表是梅奥的人际关系理论、亚布拉罕·马斯洛的需要层次理论、弗雷德里克·赫茨伯格的双因素理论、道格拉斯·麦格雷戈的X-Y理论、约翰·莫尔斯和杰伊·洛希的超Y理论以及维克托·弗鲁姆的期望理论等。

(一)梅奥的人际关系理论

梅奥(E. Mayo，1880—1949)，美国哈佛大学教授，人际关系理论的创始人。他出生在澳大利亚，早年学医，后学习心理学，曾在昆士兰大学讲授伦理学、哲学、逻辑学，1922

年执教于美国宾夕法尼亚大学金融商学院，1926 年应聘哈佛大学。他的著作主要有《工业文明与人性问题》(1933 年)、《工业文明的社会问题》(1945 年)。从 1924 年起，梅奥参加了在美国西屋电气公司芝加哥霍桑工厂进行的长达十余年的试验研究，该试验试图通过探索工作条件与环境等外在因素对生产效率的影响，寻求提高劳动生产率的途径。这就是著名的霍桑试验。梅奥对霍桑五个阶段的试验，即照明试验、福利试验、访谈试验、群体试验和态度试验进行了研究分析，提出了他的人际关系基本原理。人际关系理论，也称人群关系理论，是早期的行为科学。

梅奥的人际关系理论的主要思想可以概括为以下几点。

1. 工人是社会人，不是经济人

梅奥反对以往的管理理论中把人看作经济人的观点，认为工人除了物质需求外，还有社会心理方面的需要，人的思想行为更多地由感情来引导。因此，工资报酬、工作条件等并不是影响劳动生产率的唯一因素，不能单纯从技术、物质条件着眼，而应重视社会和心理因素对工人工作积极性的影响，鼓励工人提高生产率。梅奥的这一思想否定了当时科学管理学派认为金钱是刺激工人积极性的唯一动力的说法。

2. 正式组织中存在着非正式组织

梅奥认为，非正式组织不仅存在而且与正式组织相互依存，对劳动生产率有重大影响。组织成员在共同工作的过程中，相互间必然产生共同的感情、态度和倾向，形成共同的行为准则和惯例。这种非正式关系既可以满足人的情感、社会心理方面的需要，而且还左右着成员的行为，对成员的行为有很大的影响。非正式组织不仅工人中存在，管理人员、技术人员中也存在。因此，管理人员既要强化正式组织，又不能忽视非正式组织的作用。梅奥的这一观点对传统的管理理论提出了挑战。

3. 新型的领导能力在于提高工人的满足度，从而提高劳动生产率

梅奥认为，提高劳动生产率的主要途径是提高工人的满足度，金钱、经济刺激只起第二位的作用。工人的满足度主要是指安全的、归属的感觉等社会需求及人际关系的满足程度。满足度越高，积极性、主动性和协作精神就越高，生产效率也就越高。他认为，新型的领导应具备与工人建立良好人际关系的能力，关心非正式组织中的人际关系状况，通过满足工人的合理要求而激励其工作热情，从而提高劳动生产率。

梅奥的人际关系理论要求管理者按照人的社会特性来改进管理，这不仅是对古典管理理论的重要补充，同时也开辟了西方管理理论发展的一个新领域和新阶段。在实践中，人际关系理论为调动工人积极性提供了新思路和新方法，如重视工人社会心理方面的需要，努力为他们创造愉快的工作环境，采取民主的领导方式，使下级有建议、参与管理的机会等。

(二)行为科学管理理论

霍桑试验的成功和梅奥提出的人际关系理论在学术界、企业界引起了极大反响。1949 年在美国芝加哥大学一次跨学科会议上，讨论了运用多学科现代知识研究人类行为规律的问题，并将这门综合学科命名为“行为科学”。行为科学主要研究个体行为、群体行为与

领导行为，注重研究人的动机、需要，行为的激励，人性问题和领导方式等。

20 世纪 50 年代以后，行为科学真正发展起来，并受到美国政府的支持。1952 年美国建立了行为科学高级研究中心，1956 年美国出版第一期行为科学杂志。20 世纪 60 年代以后又出现了组织行为学的名称，重点研究企业组织中人的行为问题。现在这门学科已经被广泛应用到各个部门，特别是经济管理部门。行为科学的主要理论有马斯洛的需要层次理论、赫茨伯格的双因素理论、麦格雷戈的“X-Y 理论”、莫尔斯和洛希的超 Y 理论以及弗鲁姆的期望理论等。

1. 马斯洛的需要层次理论

马斯洛(A. H. Maslow，1908—1970)，美国人本主义心理学家和行为科学家，他的需要层次理论发表在代表作《动机和人格》(1954 年)中。行为科学认为，人的行为是由动机支配的，而引起动机的则是人的需要。因此调动人的积极性的关键是满足其需要，从而激励行为的动机。

马斯洛的需要层次理论提出：①人是有需要的动物，随时有某种需要，当人的某一需要得到满足时，这一需要就不再是人的激励因素，他便有了另一种需要。②人的需要是有层次和顺序的，人的需要由低到高分为五个层次，分别是生理需要、安全需要、社会需要即情感和归属需要、自尊需要即地位和得到承认的需要、自我实现的需要。低层次需要得到满足后，才会出现高一层次的需要。人所追求的最终目标是达到自我实现，而不是金钱、名誉、地位。

马斯洛认为，不管一个人的地位、身份、职业如何，只要他全身心地把自己的智慧、才能和精力充分发挥出来，就是达到了自我实现。所以管理者要善于了解并注意满足工人的合理需要，注意激发高层次需要，以有效地调动其积极性。

2. 赫茨伯格的双因素理论

赫茨伯格(F. Herzberg，1923—)，美国心理学家、管理理论家、行为科学家，双因素理论的创始人，代表作有《工作的激励因素》(1959 年)(合著)、《工作与人性》(1966 年)。赫茨伯格通过对美国匹兹堡地区 200 多名工程师和会计人员的访问谈话，进一步分析研究了人的激励动机，提出了双因素理论。

赫茨伯格的双因素理论提出，影响人的工作动机的因素有两类，分别是激励因素和保健因素。

(1) 激励因素，是有关工作环境或工作关系方面的影响因素，包括工作上的成就、得到赏识、进步、工作本身、个人发展的可能性、责任等六项因素。

(2) 保健因素，是工作环境或工作关系方面的影响因素，包括公司的政策和行政管理、技术监督系统、与监督者个人之间的关系、与上级之间的关系、与下属之间的关系、薪金、工作安全性、人的生活、工作环境、地位等十项因素。

赫茨伯格认为，使职工感到满意的都是属于激励因素，这类因素能真正激励职工的工作动机；而使职工感到不满意的都是属于保健因素，如果这些保健因素得不到满足，职工就会不满意，难以维持工作状态，但是这些因素不能直接起到激励职工的作用，不过能预防职工的不满。

3. 麦格雷戈的X-Y理论

麦格雷戈(D. Mcgregor，1906—1964)，美国麻省理工学院教授，他的X-Y理论于1957年首先提出并发表在《企业的人性方面》一书中。行为科学认为，人并非简单地仅为传统管理理论所描绘的那样，不是经济人，而是社会人。麦格雷戈提出的X-Y理论，将传统管理理论称为X理论，行为科学的理论称为Y理论。

麦格雷戈的X-Y理论，主张在管理指导思想上变X理论为Y理论，Y理论是建立在对人性和人的行为动机的更为恰当的认识基础上的新理论，其主要思想有以下几点。

(1) 人并非天生有懒性，厌恶工作，工作对人们来说，正如游乐和休息一样，是自然的。

(2) 控制和威胁并不是促使人们为实现组织目标而努力的唯一办法，人们对自己所参与的目标能实现自我控制和自我指挥。

(3) 人追求个人目标和欲望的满足同实现组织的目标并不矛盾，只要组织领导有方，个人会处理好个人与组织的关系。

(4) 在适当条件下，人们不但能接受，而且能主动承担责任。

(5) 不是少数人，而是多数人在解决组织问题时富有想象力和创造力。那种对组织目标抱消极态度和抵触情绪是由于组织的压力所致。

(6) 管理的基本任务是安排好组织工作方面的条件和作业的方法，使人们的潜能充分发挥出来，更好地为实现组织目标和个人具体目标而努力。

4. 莫尔斯和洛希的超Y理论

在麦格雷戈提出了X-Y理论之后，美国的约翰·莫尔斯和乔伊·洛希在试验研究的基础上，提出了超Y理论。

他们选择了两家工厂和两家研究所进行对比试验，其中一家工厂和研究所按X理论实施严密的组织和督促管理，另一家工厂和研究所按Y理论实施松弛的组织和参与管理。结果发现，在研究所，实行Y理论管理的史托克顿研究所效率高于实行X理论管理的卡美研究所；而在工厂，实行Y理论管理的哈特福工厂效率低，实行X理论管理的亚克龙工厂效率高。由此，莫尔斯和洛希的超Y理论的主要观点是：Y理论并不到处都比X理论优越，企业的领导方式应根据成员的素质而定。有的人希望有正规化的组织和规则条例来要求自己的工作，而不愿参与问题的决策去承担责任。这种人欢迎X理论指导管理工作。有的人却需要更多的自治责任和发挥个人创造性的机会，这种人则欢迎以Y理论为指导的管理方式。

5. 弗鲁姆的期望理论

弗鲁姆(V. H. Vroom)，美国著名心理学家、行为科学家，他的期望理论于1964年发表在《工作和激励》一书中。他认为，激励=目标价值×期望概率。也就是说，人在行动之前，首先对自己的行为目标进行选择，对目标价值做出判断。只有当目标价值比较高时，他才努力追求这个目标。其次，他还要根据自己的条件考虑获得目标价值的可能性大小。只有当目标价值高，本人又有实现目标的把握时，人的积极性才是最高的。反之，某种目标价值对他没有吸引力或没有实现目标的充分把握时，都不可能激发他们的积极性。

弗鲁姆的期望理论为管理者具体分析影响职工积极性的因素，从而有针对性地实施激励，具有一定的指导作用和实用价值。

人际关系-行为科学管理理论的最大贡献是改变了对人的看法，重视了人的因素，开始以人为中心研究管理问题，是资本主义管理思想发展史上划时代的改变。它所倡导的在工作中恢复人的尊严，实行民主参与管理，使组织目标和个人目标相结合的管理方式，开辟了资本主义管理实践的新道路，西方有的管理学家把它看作是一次“管理的革命”。同时，应该看到以上理论都存在着各自的局限性，在我们管理的实践中应当结合具体的社会条件和管理环境，灵活而创造性地采取多种管理措施。

三、现代管理理论时期

现代管理理论时期，通常认为是从第二次世界大战至今。西方的管理理论，在古典学派和行为学派出现以后，特别是在第二次世界大战以后，又出现了许多学派。这些学派，在历史渊源和论述内容上互相联系、互相影响，由此带来了管理思想的空前繁荣。美国管理学家哈罗德·孔茨(Harold Koontz)把这种情况形象地描述为“管理理论的丛林”，认为它是走向综合与统一的管理理论的必经过程。现代管理理论主要有社会系统学派、决策理论学派、权变理论学派、Z 管理理论学派和组织文化管理理论学派五大学派。这里介绍一些主要学派及其观点。

(一)巴纳德的社会系统管理理论

切斯特·欧文·巴纳德 (Chester Lrving Barnard，1886—1961)，美国著名的管理学家和企业家，是社会系统管理理论的创始人，也是继梅奥之后对社会系统研究做出突出贡献的又一位代表人物。他的社会系统管理理论发表于 1938 年出版的代表作《经理的职能》一书中。在这本著作中，他把各类组织都作为协作的社会系统来研究，提出了一系列不同于传统组织理论的观点。他的管理思想为现代组织理论奠定了基础，对西方现代管理理论的发展起着继往开来的作用。美国当代著名管理学家哈罗德·孔茨把巴纳德开创的管理理论体系称作社会系统学派。

社会系统管理理论的主要管理思想有以下几个方面。

1. 组织是一个社会协作系统，是“有意识协调的活动和效力的系统”

巴纳德认为，这个定义适用于各种类型的组织。组织由人组成，而这些人的活动互相协调，因而成为一个系统。一个系统要作为整体来对待，一个组织内部的各个部门或子系统是低级系统，由许多系统组成的整个社会是高级系统。

2. 协作系统包含协助意愿、共同目标和信息联系三个要素

协助意愿是指组织中的每一个人为了能结合在一起而做到自我克制，并将个人的行为纳入组织整体的行动关系。共同目标是指组织中的人们是在有共同目标的基础上才进行协作的。信息联系是指组织成员只有相互沟通，才能对组织的共同目标有所理解，才能产生协作的意愿和行为。

3. 经理是组织的关键人物，其主要任务是协调组织和人之间的关系

经理既要实现组织的目标，又要满足人的感情、欲望和各种需要，实现态度、动机和

价值观的变化。经理要充分发挥每个人的才能去实现组织的目标，就必须善于帮助他们克服物质、生理、心理和行为习惯的障碍。

4. 职工是组织的成员，其主要任务是为组织做出贡献

巴纳德认为，职工要积极地参加组织的活动，组织要按照他们对组织的贡献大小给予不同的奖励，这种奖励要等于甚至大于他们对组织的贡献。职工个人为组织做出的贡献与组织为个人提供的报酬之间有着密切的联系。

5. 非正式组织对维持一个组织的机能有重要的作用

巴纳德认为，非正式组织是正式组织不可缺少的部分，其活动使正式组织更有效率并促进其效力，但不受正式组织的管辖。当个人和正式组织之间发生冲突时，非正式组织对正式组织的积极影响主要表现在：易于成员间交换争论性难以确定的意见；调节成员间的协作意愿，维持组织内部的团结；抵制正式组织的不利影响以维持个人品格自尊心。

(二)西蒙的决策管理理论

哈伯特·西蒙(Herbert A. Simon)，美国卡内基梅隆大学教授，当代著名管理学家，也是决策管理学派的代表人。他由于在决策理论的研究上做出了贡献，曾获得1978年度诺贝尔经济学奖。其代表作有《管理行为》(1947年)、《管理决策新科学》(1960年)等。决策管理学派产生于20世纪50年代，是一门将系统理论、运筹学、计算机科学综合应用于管理决策问题的较完整的理论体系，是当代西方管理理论的一个重要学派。

决策管理理论的思想有以下几个方面。

1. 管理就是决策

西蒙认为，一个组织的任何一个成员的第一个行为，即选择参加或不参加这个组织，就是决策。组织成员做出参加组织的决策之后，还要进一步做出其他种种决策。组织中的人都是决策人。组织就是一个由个人决策和组织决策两个层次构成的复杂的决策网状结构。组织的决策过程是为实现组织目标而采取何种行为的一种选择过程。西蒙的决策人和管理就是决策的思想在一个新的层次上揭示了管理的本质属性。

2. 决策的过程

西蒙认为，决策的过程包括三个阶段：查明决策的理由、研究行动的可能性方案和在各种行动方案中进行选择。为此，决策应该做相应的三项工作：情报工作、设计工作和选择工作。决策是组织管理活动的中心过程，并且贯穿于整个管理过程的始终，无论计划、组织、控制都离不开决策。如制订计划时选择最佳方案就是决策；组织结构的设计、权力分配实际上也是决策；控制过程中采取纠偏行为、确定控制手段同样是决策。

3. 决策的准则

西蒙认为，决策的准则是相对优化原则，即符合要求和足够好。通常说的最优化的决策，只是决策的理想状态。在实际中，最终完全合理的、最优化的决策是不可能的。

4. 组织中的决策

组织中的决策包括程序化决策和非程序化决策。这两类决策承担的管理阶层是不同的，基层机构管理人员通常使用的是程序化决策，在中层这两种决策都有应用，高层机构管理人员主要处理的是非程序化决策。因此，应当根据一个问题的性质、发生的频率和确定性程度来确定何种决策以及应当由哪一个管理阶层来实施。

(三)卢桑斯的权变管理理论

卢桑斯(F. Luthans)，美国尼布拉加斯大学教授，他在1976年出版的《管理导论：一种权变学》中系统地概括了权变管理理论。权变管理理论是20世纪60年代末70年代初在美国形成的一种管理理论。

权变管理理论的思想主要有以下几个方面。

(1) 要把环境对管理的作用具体化，并使管理理论与管理实践紧密地结合起来；永恒唯一地适合于各种条件、各类组织的最佳管理方式是不存在的。

(2) 管理要考虑到有关环境的变数同相应的管理观念和技术之间的关系，使采用的管理观念和技术能有效地达到目标。这种关系可以理解为“如果—就要”的关系，即“如果”某种情境存在或发生，“就要”采用某种管理方式，以便更好地实现组织的目标。

(3) 环境变量与管理变量之间的函数关系即是权变关系，这是权变管理的核心内容。环境变量包括内部环境和外部环境，有效的管理是与内外环境的变化动态相适应和随机相宜的。管理者应当具体情况具体分析，灵活处理。

但是，权变管理理论本身也明显存在不足：①仅仅以简单的两维模型来描述多重复杂的管理实践，忽视了人这一决定性的因素。②把情况与普遍趋向对立起来，把具体和一般对立起来。只强调特殊性，否认普遍性；只强调个性，否认共性。③排斥用科学的方法论进行概念分析，使得概念缺乏统一性，内容缺乏有机联系，从而使管理理论和管理实践缺乏相应的科学标准。

(四)威廉·大内的Z管理理论

威廉·大内是一位日裔美籍教授，曾在美国斯坦福商学院和加州大学洛杉矶分校安德森管理学院担任教职。他对日本和美国公司的区别和管理风格进行了深入研究。威廉·大内的Z理论(Theory Z)发表于1981年他的代表作《Z理论：美国商业如何面对日本的挑战》一书中，该理论一经提出便受到了广泛的关注。

Z管理理论的思想主要有以下几个方面。

(1) 公司应注重与员工的长期雇佣关系。

(2) 鼓励员工参与企业管理。

(3) 上下级关系要融洽。

(4) 公司注重对员工的培训，期待员工成为通才。

(5) 实行个人负责制，而不是机械地执行上级的命令。

(6) 员工的升迁是缓慢而按部就班的。

(7) 员工对公司有主人翁责任感等。

Z理论将东方国度中诚信、和谐、友善的人文感情糅进了管理理论，强调在员工管理中根据企业的实际状况，灵活把握制度与人性、管制与自觉之间的关系，因地制宜地实施既符合企业利益又符合员工利益的管理方法，追求生产效率提高与劳资关系和谐的统一。Z

管理理论对“二战”后日本经济的迅速崛起发挥了重要的作用。我国与日本有相近的文化背景，该理论对我国的管理也具有重要的借鉴意义。

(五)迪尔和肯尼迪的组织文化管理理论

20世纪70年代至80年代初以来，管理研究出现了新的进展。1970年，美国波士顿大学组织行为学教授戴维斯在《比较管理——组织文化的展望》一书中正式提出组织文化的概念。同年，经验主义学派的代表人物德鲁克在《管理学》一书中把管理与文化明确联系起来。1982年，迪尔和肯尼迪出版了《公司文化》一书，对公司文化(组织文化)提出了比较系统的理论。此后，组织文化理论由美国传到日本、东南亚和西欧，不仅在理论认识上，而且在管理实践中，都产生了深刻的影响。

组织文化管理理论的思想主要有以下几个方面。

1. 组织文化是指组织的指导思想、经营哲学、管理风貌以及其行为方式

组织文化包括价值观念、经营哲学、管理思想、文化教育、行为准则、道德规范、文化传统、风俗习惯、典礼仪式及企业形象等，它是一种以价值观为核心的对全体职工进行一定企业意识教育的微观文化体系。

2. 组织文化主要由五项要素构成

环境，包括围绕组织的社会、政治、法律、文化技术等各种因素；价值观，是组织对外部环境及内部人与人关系所持的根本观点和看法；典范人物，是组织价值观人格化的表现；仪式和典礼，是组织宣传自身价值观的方式；文化网络，是组织、基层、人员之间彼此沟通的方式，具体表现为“文化沙龙”“讲故事的人”等。

3. 组织文化的作用主要表现在五个方面

(1) 通过共同的价值观，统一员工思想，增强组织的内驱力和向心力。

(2) 激励员工奋发进取，提高士气，重视职业道德，形成创业动力。

(3) 为组织实现战略意图和进行创新改革提供思想基础，提高组织对环境的适应能力有利于改善和优化人际关系，使组织员工产生更大的协同力，从而发挥组织的整体优势。

(4) 有利于树立组织形象，提高组织声誉，扩大组织的知名度和在社会上的影响力。

组织文化管理理论将古典理论与行为科学两种学说统一起来，将管理置于文化大背景中进行深层次透视，把管理作为一种文化现象加以研究，强调文化因素、重视以人为本，有助于整体把握和全面认识管理的结构与性质，揭示其历史发展规律，自觉推动管理文化的更新。同时也反映了管理理论发展的两条线索走向综合与统一的大趋势。

(六)学习型组织管理理论

20世纪80年代以来，知识经济、信息沟通技术的巨大发展在广度和深度上不断推动着科技进步与社会经济生活的变化，同时日新月异的信息网络技术的发展也大大推动了全球一体化的进程。如何使管理更好地适应这种变化趋势成为国际上许多企业家、经济学家和管理学家们新的探索目标。学习型组织管理理论就是在这样的背景下产生的。

学习型组织(learning organization)管理理论是由美国麻省理工学院教授、著名管理学家

彼得·圣吉(P. M. Senge)提出的。20 世纪 80 年代初，圣吉依靠一群有崇高理想的企业家，花了近十年时间构思出学习型组织的蓝图。1990 年他出版了《第五项修炼——学习型组织的艺术与实务》一书，全面阐述了他的学习型组织管理理论。圣吉在系统、细致地分析了学习型组织的内部结构和运作规律之后认为，学习型组织是 21 世纪全球企业组织和管理方式的新趋势。该书在管理学界产生了很大影响，并荣获 1992 年世界企业学会最高荣誉——开拓者奖，美国《商业周刊》把圣吉推崇为当代最杰出的新管理大师之一。西方众多企业实践表明，这种管理理论能使企业组织在现代创新、竞争和快速发展的经济社会中有着更强的生命力。它充满活力和创造精神，管理者胸怀远大，企业员工勤奋工作、精神愉快而健康，使企业能够在竞争的风浪中长期稳定和高速发展，这是许多大、中、小型企业管理者所追求和向往的企业管理模式。

学习型组织管理理论的思想主要有以下几个方面。

1. 学习型组织是人们从工作中获得生命意义、实现共同愿景和获取竞争优势的理想组织

企业唯一持久的竞争优势源于比竞争对手学得更快更好的能力。

2. 学习型组织的八个特征

组织成员拥有一个共同的愿景；组织由多个创造性团体组成；善于不断学习；“地方为主”的扁平式结构；自主管理；组织的边界将被重新界定；员工家庭与事业的平衡；领导者的新角色。

3. 学习型组织的五项修炼

成功构建学习型组织需要进行以系统思考为核心的五项修炼，即自我超越、改善心智模式、建立共同愿景、团队学习、系统思考。

4. 在学习型组织中，领导者是设计师，是教师，是受托人

“他们的特点是思路清晰，有说服力，有很深的承诺和行愿，有不断学习的高度开放的心态。”

学习型组织管理理论是一种宏观的管理理论，它适用于各类组织。新加坡用它指导政府管理，提出要建成学习型政府。日本用它指导城市管理，提出要把大阪建成学习型城市。我国同济大学把它用于指导学院管理，提出要把函授与继续教育学院建成一流的学习型学院。比尔·盖茨把它用于指导企业管理，努力把微软公司建成学习型企业……作为一种全新的管理理念，学习型组织正深刻地影响着当今的政府、企业和学校等各类组织。我国的中小学及幼儿园如何借鉴国外学习型组织理论和实践的最新成果，努力把学校办成学习型组织，这也是教育管理研究中值得重视和关注的课题。

从上面的简要介绍可见，现代管理理论随着人们对管理现象认识的深化，正在逐步走向成熟和趋于完善，不仅推动了管理理论的发展，而且指导着管理实践的改革。不过现代管理理论也存在着一些缺陷，需要管理者们在管理实践中妥善把握。

第三节　管理的基本原理与管理方法

一、管理的基本原理

管理的基本原理是指关于管理的基本道理，是从纷繁复杂的管理现象中抽象出来的，反映管理的规律，对各项管理活动具有普遍的指导作用。管理的基本原理包括系统原理、人本原理、责任原理和效益原理。

(一)系统原理

系统是指由若干相互联系、相互作用的要素组成的，具有特定功能的有机整体，可分为自然系统和社会系统。对系统从不同的角度进行分析会得出一系列具体的系统原理，主要包括整体性原理、动态性原理、开放性原理、环境适应性原理、综合性原理。

1. 整体性原理

系统的整体性原理是指事物是内部各要素以特定的关系紧密地结合在一起的有机整体，不是内部各要素的随意拼凑，整体性的功能大于部分功能之和，即 1+1 > 2。所以，任何社会组织都是由许多部门、岗位、人员，以及财、物、空间、信息等要素组成的有机整体。只有组织的各要素之间关系紧密且协调，充分地体现出组织的整体性，组织的功能才会得以充分发挥。

2. 动态性原理

系统内部各要素之间的联系和系统与周围环境之间的关系都处在运动变化之中。运动变化是系统的生命。系统的变化主要是系统内部的要素及要素之间关系的合理化调整。例如，随着市场和社会环境的变化，企业组织就要做出相应的调整，以便不断适应新的环境条件，这一运动变化过程正是企业组织生命的表现。

3. 开放性原理

系统具有开放性的特点。完全封闭的、不与外部环境进行物质、能量、信息交换的系统是不存在的。所以，企业组织必须具有开放性，不断地与外界进行物质、能量、信息等的交换才能生存与发展。管理者应该确立开放的观念，以开放的姿态面对周围的环境，才能保持和提升组织的生命力。

4. 环境适应性原理

系统的环境适应性原理是指系统需要不断地适应持续变化的外部环境，需要保持系统与外部环境的协调。系统对环境积极主动地适应会提高系统对环境的适应能力，适应环境的速度会更快，适应程度会更高。此外，系统可以在可能的范围内改变环境，创造出更能够适合系统生存与发展的适宜环境。

5. 综合性原理

系统的综合性原理是指系统是由多项要素有机组成的综合体，具有综合性。人类社会系统、各类企事业单位和社会组织等都是非常复杂的综合系统，都是由人、财、物等多项要素有机构成的。因此，在管理中需要全面分析，统筹兼顾，创造性地组织和协调各种要素，保证组织系统全面、协调和可持续地发展。

(二)人本原理

人本原理就是以人为中心的基本管理思想。它重视人的思想、情感和需要，以调动人的积极性为主要目的，以激发人的主动性和创造性为根本。主要观点有尊重人、依靠人、发展人、为了人。

1. 尊重人

20 世纪 70 年代以来，人逐渐被认为是组织的主体，是管理的核心要素。随着知识经济的发展和产业结构的不断升级，掌握科学技术知识并能够创造科学技术知识的人在社会各类组织中的作用越来越大。组织管理中要以人为主体，充分地尊重人逐步成为人们的共识。

2. 依靠人

在知识经济的社会大背景下，企业组织的发展要靠创新型人才，而不仅仅是资本、机器、原料等。然而，人具有情感态度和主观能动性。所以，对人的管理需要研究人和了解人，需要采取措施充分地激发和调动人的积极性，需要在充分尊重人的基础上，充分地依靠人，才能够使组织健康、可持续地发展。

3. 发展人

在当今知识经济的社会背景下，“得人才者，得天下”。促进人的发展是任何组织管理工作的一项核心任务。组织要发展，不但要有能力吸引优秀人才，更重要的是要有能力促进人的发展。因此，企业组织的管理不能单纯地以经济利益最大化为唯一目标，同时应把人的发展作为重要的目标。

4. 为了人

在知识经济的社会背景下，管理以人为中心，管理为人服务也日益显得必要。这里所说的“人”指的是所有的组织利益相关者。组织管理若能关注到组织内部人员的利益，恰当地将组织的利益与个人的利益相结合，将会增强组织对优秀人才的吸引力，激发组织成员的主人翁责任感、积极性和创造性。

总之，人本原理反映了人在组织中的重要地位和作用，以及人与组织的规律性关系。落实人本原理，做好人的工作，组织才能具备基本的生存与发展的条件。

(三)责任原理

明确岗位职责，有效地分工协作是组织协调运转的基本前提。责任原理反映了与管理责任相关的管理的基本道理。其主要内容包括职责明确、职权对等、奖惩分明。

1. 职责明确

只有各岗位工作明确，并能相互配合才有可能使组织活动有序开展。岗位职责应明确该岗位工作在数量、质量、时间、效益、行为等方面的具体要求。一般会通过岗位职责制度、工作规范、工作计划、工作任务书等形式加以明确规定。明确岗位职责需要做到职责落实到人、职责界线清楚、明确横向关系。

2. 职权对等

岗位的工作人员要对自己的岗位职责全面负责。管理活动中能否将岗位职责履行好，取决于与之相对应的权限、利益和能力三方面的因素。要保证职责任务的顺利完成，职责、权限、利益、能力之间的关系一定要协调好。职责、权限和利益是对等关系，职责任务的完成需要一定能力的支撑。

3. 奖惩分明

“没有奖惩，就没有管理”表明奖惩手段在管理中的重要作用。对岗位工作人员的工作表现和工作绩效及时进行考核和奖惩有助于提高人们的工作积极性，促使其快速高效地完成岗位职责任务。实施奖惩需要坚持公平公正、奖惩的类型多样化、奖惩要及时、奖惩要严格的原则。

总之，贯彻责任原理要合理分工，明确岗位职责，要保证职责、权限、利益、能力之间关系的协调，同时要奖惩分明，做好激励工作。

(四)效益原理

任何组织的管理都是为了追求一定的效益。效益是管理的永恒主题。从管理本质的角度来说，管理就是为了实现效益的优化。

1. 效益的理解

效益是指有效的产出与投入之间的比例关系。从经济和社会这两个不同的角度去考察，效益可以分为经济效益和社会效益。经济效益是实现社会效益的基础，社会效益是实现经济效益的基本条件。管理应将经济效益和社会效益有机结合。

2. 效益的评价

效益的评价会对组织起到检查和控制的作用。组织应当定期或不定期地通过效益评价了解组织的效益状况，并能依据评价结果及时对管理工作加以调整。效益的评价应讲究科学性，坚持实事求是的原则，其评价的方式应多样化和综合化。

3. 效益的追求

管理的本质就是通过管理的各项环节和职能追求满意的效益，优质高效地实现组织的目标。效益的追求需要确立正确的效益观，自觉地运用客观经济规律，做好战略决策，使局部效益与全局效益相协调，追求长期稳定的高效益。

二、管理的方法

管理方法是在管理活动中为实现管理目标，保证管理活动顺利进行所采用的工作途径与程序。管理活动要取得成功，要实现既定的目标就离不开管理的方法。管理方法有多种类型，按照层次可以分为哲学方法、一般方法和具体方法。由于一般方法适应面较广且管理实践意义较强，所以这里重点介绍管理的一般方法。

(一)法律方法

法律方法就是管理人员通过国家的各种法律、法令、条例和司法、仲裁工作，对组织进行管理，实现组织目标的管理方法。法律方法既包括建立和健全法律法规工作，又包括司法与仲裁工作，两者相辅相成、缺一不可。法律方法需要健全的法律支撑，同时也需要司法与仲裁的管理手段。法律方法具有严肃性、规范性和强制性的特点。正确使用法律方法需要重视法律方法的使用，制定更为具体的管理细则，并注意与其他管理方法的配合使用。

(二)行政方法

行政方法就是管理者依靠行政组织的权威，运用命令、指示、规定、条例、办法等行政手段，通过行政的层次系统对下属进行管理的方法。行政方法的实质就是管理者通过组织赋予的职位和权力来进行的管理。这种管理方法具有权威性、强制性、垂直性、无偿性和具体性等特点。使用行政方法需要领导者牢固树立管理即服务的意识、努力提高自身修养、恰当使用权力、发扬民主管理作风、建立灵敏而有效的信息系统。

(三)经济方法

经济方法是指在管理中根据客观经济规律，通过经济的手段，调节不同经济主体之间的关系，激发组织成员的积极性，更好地实现组织目标的管理方法。经济方法的实质就是通过经济的手段来进行组织的管理。从整个社会经济领域的角度看，经济的手段包括价格、税收、信贷、利润、经济合同等。从组织内部来看，经济的手段主要有工资、福利、奖金、罚款等。经济方法有利益性、关联性、间接性等特点，使用经济方法需要奖惩分明、管理方法多样化和综合化。

(四)教育方法

教育方法就是围绕组织目标和组织成员的发展目标，通过多种途径和方法，从多方面对组织成员施加影响，不断提高其政治思想、文化知识、专业水平等各方面素质的一种管理方法。管理中教育方法的实质就是通过教育促进人的发展，增强管理中人的要素，从而更好地实现组织目标的管理方法。教育的方法具有启发性、自主性和长期性特点。合理使用教育方法需要充分发挥教育方法的作用，要与其他管理方法结合使用，注意教育方法使用中的启发性和实效性，并要长期坚持。

(五)技术方法

技术方法是指组织中各层次的管理者为了提高管理效率，根据管理活动的需要，运用各类技术进行管理的方法。所使用的技术包括信息技术、决策技术、计划技术、组织技术、控制技术等。技术方法具有高效性、精确性、发展性等特点。正确使用管理的技术方法需要重视技术方法的使用，防止技术方法的滥用，并恰当地将技术方法与其他的管理方法紧密结合。

以上管理的一般方法相互联系、相互渗透、相互作用，构成了一个管理方法体系。管理实践中，应当根据实际情况综合、灵活和创造性地使用这些方法。只有这样，才能够收到更为理想的管理效果。

拓展阅读

人的非理性及其管理问题

心理学家在他们称之为“控制的幻觉”这一领域中，对人们的需要进行了研究。结果表明，人们只要感到他们自己能够控制自己的命运，哪怕只能稍加控制，他们在完成任务方面就会勇往直前和比较尽责。有一项心理学实验为此提供了佐证。实验是让几位成年的测试对象去解几道复杂的难题和做一些清样校对的事情，可是他们周围都不时出现一些使人分心的噪声。有人在讲西班牙语，有人在讲亚美尼亚语，油印机、打字机都在发出声响，还有大街上传来的嘈杂声。测试对象被分成两组，其中一组每个人都配备了一个可以切断噪声的按钮，另一组则没有。结果前者所解的难题是后者的 5 倍，校对中所出的差错也大大少于后者。实验者解释说，令人好奇的是，拥有切断噪声按钮的测试对象，没有一人动用过它。导致成绩差异的原因，仅仅在于这一组的人知道自己对噪声能够加以控制而已。

优秀的公司都是遵循这种不够“理性的”理论行事的。有一家百人左右规模的销售分理处的经理，某天晚上租用了新泽西州的米多兰体育场举行活动。下班以后，他手下的推销员一个个从运动员入场通道跑进体育场，谁从入口出现，电子计分板就向全场亮出他的名字。公司总部的高级经理们、其他部门的员工们，以及入场员工的亲戚朋友，全都在喝彩助威，场上欢声雷动。这家销售分理处属于国际商用机器公司，这种做法既满足了个人想要融入某一伟大群体的需要，又显示了对个人希望突出自我这种心理的关切。如果说出色的公司有什么显著特点的话，就在于它具有善于处理这类矛盾情况的能力。那些坚守着理性主义立场的朋友告诉我们的那些断不可为的事，在出色的公司里层出不穷。

(资料来源：托马斯 •J. 彼得斯，小罗伯特 •H. 沃特曼. 成功之路[M]. 北京：中国对外翻译出版公司，1985.)

本章小结

管理是一定组织中的管理者，通过实施计划、组织、领导、协调和控制职能，合理组织和充分利用人、财、事、物、时间、空间、信息等相关资源，优质高效地实现组织目标的社会活动。管理具有一些区别于其他社会活动的独有的特征。管理的自然属性反映了人与生产力的自然关系，它是为了组织共同劳动而产生的，体现了生产协作过程本身的要求；管理的社会属性反映了人与人之间的关系，是一定生产关系的体现，是与社会制度相联系的。管理的自然属性和社会属性同时存在，任何管理活动都会涉及自然属性和社会属性。管理的科学性主要体现在管理具有客观规律性；管理的艺术性主要体现在管理具有灵活性和创造性。管理是科学性和艺术性相统一的活动。

管理理论的形成与发展主要包括以下三个阶段：古典管理理论主要代表是泰罗的科学管理理论、法约尔的一般管理理论和韦伯的行政组织体系理论。这三个理论被称作古典管理理论的三大支柱。 他们创立的古典理论学派奠定了管理学的基础。人际关系-行为科学管理理论的主要代表是梅奥的人际关系理论、亚布拉罕 • 马斯洛的需要层次理论、弗雷德里克 • 赫茨伯格的双因素理论、道格拉斯 • 麦格雷戈的 X-Y 理论、约翰 • 莫尔斯和杰伊 • 洛希的超 Y 理论以及维克托·弗鲁姆的期望理论等。现代管理理论主要有社会系统学派、决策理论学派、系统管理学派、经验主义学派、权变理论学派和管理科学学派。

管理的基本原理是指关于管理的基本道理，是从纷繁复杂的管理现象中抽象出来的，反映管理的规律，对各项管理活动具有普遍的指导作用。管理的基本原理包括系统原理、人本原理、责任原理和效益原理。管理方法是在管理活动中为实现管理目标，保证管理活动顺利进行所采用的工作途径与程序。常用的管理方法有法律方法、行政方法、经济方法、教育方法和技术方法。

【推荐阅读】

[1] 张晓焱. 幼儿园管理实务[M]. 镇江：江苏大学出版社，2013.

[2] 新课程实施过程中培训问题研究课题组[M]. 新课程与学习方式的变革. 北京：北京师范大学出版社，2001.

[3] 张燕. 学前教育管理学[M]. 北京：北京师范大学出版社，2010.

[4] 秦旭芳. 幼儿园管理的困惑与抉择[M]. 北京：科学出版社，2013.

思考与练习

一、名词解释

管理　管理原理　管理方法

二、简答题

1. 管理的特征有哪些？
2. 试述管理基本职能的含义及其相互之间的关系。
3. 管理理论的发展经历了哪几个时期？各时期的主要思想观点有哪些？
4. 管理的一般方法有哪些？如何正确使用？

三、论述题

请结合实际阐述如何运用管理的基本原理。

【实践课堂】

分析下面案例中一件小事牵动几个管理阶层，而且还没解决的原因，帮助他提出解决问题的建议。

厕所冲不干净引发的管理问题

某日早上，某中型文具生产企业的行政部经理急匆匆地跑进总经理办公室，向总经理汇报厕所冲不干净，希望可以装配水箱加压装置。

总经理听后大怒：“厕所冲不干净都来找我？”行政部陈经理赶忙解释说：“我已经多次和集团工程总监反映水压不够的问题，但工程总监坚持认为是使用厕所的人没有冲水，而不是新办公楼的水压问题，反而埋怨我们行政部没有做好卫生宣传工作。”

听后，总经理立刻委派助理到厕所进行实地“考察”，并以“实战”测试厕所的水压。

下午，总经理助理向总经理汇报，8 个厕所共 32 个蹲位中有 8 个存在水压问题，主要集中在办公楼第 4 层。于是，总经理立刻责成行政部经理进行协调。

翌日，行政部经理将书面报告呈交给了总经理，根据集团工程总监的意见，由于加压泵将耗费 10 万元投资，于是他建议增加 2 名后勤人员专门负责厕所卫生，总经理考虑到人员成本的问题，没有批准报告，于是该问题被暂时搁置。

一个月后，由于董事长办公室的厕所进行维修，董事长在光临 4 楼厕所时不幸目睹了“惨象”。董事长大怒并立刻找到陈经理当面怒斥。陈经理听后委屈地解释说：“一个月前，我已经将解决该问题的书面报告呈交总经理，但由于人员成本问题总经理没有批准。”

董事长困惑了：一个月的时间加三个部门共同努力，为什么厕所冲水问题还没得到解决？一个月后问题依然没有得到解决，责任应该由谁来承担？ 如果连厕所问题都解决不了，那么公司的务实、求真、高效的管理方略何年才可以实现？ 是人的问题还是厕所的问题？

（资料来源：中国商业期刊网，厕所冲不干净引发的管理问题[EB/OL] .http//www.cbmag.cn/news/43811.html，2015-01-30）

第一章　管理概述 第一、二节.pptx

第一章　管理概述 第三节.pptx

兵随将转，无不可用之才。作为一名管理者，你可以不知道下属的短处，却不能不知道下属的长处。

领导者是能够将一群人带到他们自认为去不了的地方的人。

——鲍勃·伊顿 原克莱斯勒CEO

第二章 幼儿园管理概述

本章学习目标

- 了解幼儿园管理的概念、本质、要素与特征。
- 理解学习幼儿园管理的意义及其研究方法。
- 掌握幼儿园管理的任务、内容、过程与原则。

核心概念

幼儿园管理(kindergarten management) 幼儿园管理过程(kindergarten management process) 幼儿园管理原则(kindergarten management principles)

引导案例

为什么我不能?

“为什么我不能随时使用多媒体？”一位刚从小学转来的幼儿教师愤愤不平。“说什么课程要整合，手段多样化，多用计算机，上课多媒体。可是全园就只有这一个多媒体大教室，两台电脑都上了密码，只有她(园长)和大教研组长知道，生怕我们(幼儿教师)知道了给她弄坏!这也就算了，这里的机器还落后得要命，现在还用Windows 97，家里做的(幻灯片图像)都是能动的，可传到这里全成了静止的了!上传也麻烦得很，楼下电脑房的电脑打开不说，园长办公室的电脑也得开着，上什么课还得经过她的监控!”

“我们以前学校没什么密码，做好的课件还可以随时跟别的教师分享……”这位教师刚从小学调来幼儿园不久，可类似上课的麻烦事已不胜枚举。交谈中她多次提到园长的不信任让她逐渐失去了自信，再加上对小学和幼儿园在教学理念及教学方法方面差异的不适应，和人为的“自我隔离”“信任缺失”导致的交流和支持欠缺，这位教师在教学过程中与幼儿的互动也差强人意，仅半年时间就主动要求离开了这所幼儿园。

(资料来源：秦旭芳. 幼儿园管理的困惑与抉择[M]. 北京：科学出版社，2009.)

案例分析

从案例中可以看出，该幼儿教师由于使用多媒体，产生对幼儿园及其管理者的不满，继而导致信任危机、人际危机，最终离开幼儿园。该案例是幼儿园管理实践中的一个典型案例，在幼儿园管理中，人、财、物是其管理的基本要素，而人是管理的核心。因此，调动幼儿教师的工作积极性和创造性是幼儿园管理工作的核心。在幼儿园管理工作中以教师为主体，充分发挥民主管理，体现以人为本，才能使教师的个体目标与幼儿园整体目标真正地有机结合，提高管理工作的成效。通过充分体现教师的主体地位，才能真正为幼儿教师最大限度地发挥各自的潜能，并形成共同的价值观和良好的集体合力，为幼儿园的整体发展创设一个良好环境和管理氛围。

学习指导

本章的重点是幼儿园管理的含义、内容、过程、原则，以及学习这门课程的意义及其研究方法。在学习的过程中首先要认真阅读教材，掌握相关的理论。其次，要结合自己的学习，理解学习幼儿园管理的意义及研究方法。最后，根据管理实践活动，掌握幼儿园管理的过程、内容及原则。

第一节　幼儿园管理的内涵与特点

一、幼儿园管理的概念

幼儿园泛指一切托幼机构，主要是面向0～6岁幼儿进行保育和教育的各类学前教育的组织机构，包括托儿所、幼儿园、早教中心、学前班等。幼儿园管理是学前教育管理的下位概念。从幼儿园管理活动所涉及的范围来看，幼儿园管理的概念可以分为广义和狭义两种。广义的幼儿园管理，是指对幼儿园所实施的一切管理活动，包括相关行政部门的管理和幼儿园的内部管理。相关行政部门的管理，是指各级各类的相关行政部门，如教育、卫生、物价、妇联等，通过制定学前教育方针政策与制度法规，规定学前教育行政体制，自上而下地实施教育规划，开展督导与宏观调控等活动，以实现对幼儿园的指导、调节与控制的管理活动。狭义的幼儿园管理，是指幼儿园的内部管理人员，依据国家相关教育方针政策及保教工作规律，科学地运用各种管理方法与手段，充分发挥各项管理职能，组织协调幼儿园的人、财、物等各种管理要素，优质高效地实现幼儿园工作目标的管理活动。

本章重点介绍狭义的幼儿园管理，即幼儿园内部的管理活动和过程。幼儿园处于一定的社会系统或社会环境中，是开放的组织，所以幼儿园管理工作不仅要组织、协调好内部因素，还要注重考察各方面的外部因素对组织机构的影响，如国家的教育方针政策、教育行政体制、制度法规、教育规划督导，社会需要与家长需求，幼儿园所处社会环境，幼儿园与有关部门的关系等，进而采取相应的管理方式。

二、幼儿园管理的本质

幼儿园管理的核心价值，就是通过各项管理职能活动和管理方法手段，组织协调和充分利用幼儿园的相关人、财、物等资源，优质高效地实现幼儿园“培养好幼儿，服务好家长”的双重目标。简单地说，幼儿园管理的本质就是协调和利用幼儿园的各项相关资源，优质高效地实现幼儿园双重目标。

幼儿园管理的本质对幼儿园管理工作提出了以下两项基本要求：第一，一切幼儿园管理活动必须围绕幼儿园“培养好幼儿，服务好家长”的双重目标进行。为了培养好幼儿，幼儿园要通过科学的管理，努力克服幼儿园教育“小学化”现象，促进幼儿健康快乐地成长。同时，相关行政部门要通过合理的管理措施发展学前教育，尽量为幼儿家长的工作和学习解除后顾之忧。第二，幼儿园管理应当追求优质高效。幼儿园管理强调效果和效率的有机结合，追求幼儿园组织的高效能。混乱而低效的幼儿园管理活动实质上偏离了幼儿园管理的本质要求，不是真正的幼儿园管理。

落实幼儿园管理的本质要求，实施真正的幼儿园管理，一方面要有正确的幼儿园管理本质观，另一方面还需要幼儿园管理者的专业化。

三、幼儿园管理的要素

管理的基本要素是人、财、物、事、时间、空间和信息。幼儿园管理也不例外。了解幼儿园管理的要素，并对幼儿园管理要素进行分析是幼儿园管理中非常重要的工作。

“人”，包括幼儿园管理者和被管理者。人是幼儿园管理的核心要素，任何管理都是通过人去计划、指挥、协调和控制，并同时实施对人的管理。教师、保育员、医务人员、后勤工作人员等既是管理对象，也是管理者。

“财”，是指资金，这是幼儿园管理的物质基础。幼儿园的资金管理最主要的就是要做好开源节流工作。此外，还应严格执行国家的财务纪律要求，并把有限的资金合理使用，最大限度地提高效益。

“物”，是指各种仪器设备、玩教具、材料、能源等物质条件，这是办好幼儿园的硬件条件。对物的管理要选择购置、科学保管、合理使用、维护保养等，做到物尽其用，充分发挥物质条件的效能。

“事”，是指育人活动和管理工作，如贯彻国家的法规、方针、政策和地方教育行政部门的指令；研究本园发展建设规划；对教养业务、思想教育、卫生保健等工作进行计划的安排；建立常规制度，协调人际关系；提高育人工作质量，开展工作评价等。

“时间”，是指管理活动的持续性，是最稀有的无形资源。幼儿园管理是以高效的时间管理为基础的。管理者应抓住时机，珍惜时间，力求在有限的时间内，最大限度地做好工作，获得最大的效益，创造出更多的价值。

“空间”，是指管理活动的广延性，包括物理空间和心理空间。幼儿园的物理空间管理，包括园舍的规划布局、空间环境的设计布局等；幼儿园的心理空间管理，包括幼儿园的组织文化建设，良好的干群、师生、家园关系建立，和谐友善、积极向上的心理环境营造等。

"信息"，包括幼儿园内部教育管理信息和外部大环境信息及其沟通、处理、运用与储存等，它和时空一样是一切活动不可缺少的特殊资源。西方的企业管理者甚至把信息同资本、劳动力并列为生产的三要素。幼儿园应尽量使信息流通及时、迅速、准确并有针对性，以便更好地为决策、计划和调控服务。

上述七大要素是任何管理活动的基础，管理的效率和质量主要取决于对这七大要素的处理，幼儿园管理也不例外。幼儿园的管理工作应当围绕保教目标，全面统筹、协调各种相关要素，使管理活动有序运转，获得理想的管理效能。

四、幼儿园管理的特征

幼儿园管理属于教育科学范畴，是从管理的角度来研究教育现象。总体来说，幼儿园管理既有一般管理的共性，也有与教育学紧密联系而形成的特征，具体表现为以下几个方面。

(一)复杂性

幼儿园是培养和教育学前儿童的场所。幼儿园管理工作涉及幼儿的生活、饮食、学习、成长、健康等多方面，同时又要通过对各种资源的整合达到幼儿园作为一个组织而应达到的综合效益，是一项非常复杂的管理。

(二)教育性

幼儿园是教育机构，幼儿园管理要遵循一定的教育方针和保教工作的客观规律，在不断提高教育质量的基础上，寻求生存空间与发展目标，以此提高幼儿园的社会效益和经济效益。教育质量是幼儿园生存和发展的根本。

(三)程序性

幼儿园管理的实质是组织全体成员按照计划有步骤地进行共同活动的程序。有效的管理活动总是按照计划、执行、检查、总结这四个环节，阶梯式地向前循环推进。幼儿园管理作为管理的一个分支，也不例外。

第二节　幼儿园管理的任务与内容

一、幼儿园管理的任务

幼儿园管理的任务是多方面的，具体表现为以下几个方面。

(一)确定管理目标

管理目标是方向，没有了方向就像大海中的船没有了航标。幼儿园管理的首要任务是确定明确的管理目标。通俗地说，管理目标就是通过管理活动使幼儿园的各项工作达到什么水平或什么标准。一名幼儿园园长要善于确定本园的管理目标，管理目标不是主观臆断，而是经过科学分析制定出来的，幼儿园管理目标的制定一般要经历以下几个阶段。

1. 明确自己的期望

管理者应善于抓住自己的期望，使其清晰化、明确化。因为目标就是在期望基础上发展起来的，期望是目标的雏形，所以明确期望是确定目标的第一步。

2. 认清形势

了解幼教事业发展的大环境，包括政治、经济、文化、国家对幼儿教育发展的政策、法规条例，同时还要了解幼儿教育发展的动态与趋势，这是制定目标的重要依据。

3. 分析自身的条件

幼儿园的条件包括许多方面，如园舍、各种物资设备、经费、保教人员的素质等。制定幼儿园管理目标必须考虑本园的条件，否则，制定出来的管理目标就会成为空中楼阁，难以实现。

4. 确定目标

经过大量的分析、调查，最终确定管理目标。管理目标应明确具体，具有可操作性。另外，每一阶段的目标不宜过多，要有可行性。目标的制定过程要有教职工的参与，整个过程应是民主的过程。

(二)建立管理系统

幼儿园管理系统按照幼儿教育的任务、内容、工作范围和工作规律，主要包括目标管理、计划管理、教养业务管理、幼教科研管理、行政事务工作管理、规章制度管理、工作质量管理、保教队伍管理和园长自身建设以及幼儿园工作评价等。这些基本内容是系统的组成部分，它们既相对独立，又相互联系、相互作用、相互制约，在相互融合中有机地构成幼儿园管理系统。

(三)理顺关系

组织机构建立并不等于管理工作可以顺利进行，因为各机构、岗位、人员之间存在着错综复杂的关系，若不理顺这些关系，工作是很难开展的，理顺关系可从以下几个方面入手。

1. 建立明确的岗位责任制，使各岗有明确的分工

管理者对那些具有交叉性质、一次不能明确的岗位。可在动态中不断地调整；由于在客观现实中各岗位工作性质存在着千丝万缕的联系，很难将其分清，管理者就要人为地加以规定，明确岗位职责。

2. 提高各层次管理人员的管理水平

管理能力经过训练是可以得到提高的。如果各层次人员的管理能力不强，就会使他们不知如何配合，出现人员与人员之间的各种不协调，甚至会出现矛盾。故提高各层次管理人员的管理水平是理顺人员关系的有效措施。

3. 维持良好的工作秩序，养成良好的工作习惯

良好的工作秩序与习惯可以转化为无形的管理力量，可以确保组织机构的正常运行和各种规章制度的有效执行。良好的工作秩序与习惯的形成依赖于规章制度在管理过程中的严肃性，规章制度一经形成，就必须严格执行。

4. 形成良好的园风

即使员工树立高尚的情操和正确的价值观念，将个人的需要与组织的需要紧密地结合起来，形成团结友爱、敬业爱岗、勇于奉献的良好风尚。这种工作环境可以减少或及时调整各种冲突，将教职工的精力和关注点都吸引到做好工作上。

二、幼儿园管理的内容

幼儿园是一个复杂的系统，根据幼儿教育的目标和内容，以及幼教的工作范围和规律，幼儿园管理的内容主要包括以下几个方面。

(一)幼儿园的组织文化与组织机构

在幼儿园管理工作中，幼儿园要因地制宜，建设有特色的园本文化，树立自己的文化价值是获得长足发展的必要措施。此外，幼儿园作为一种教育组织，建立合理的组织机构，使各部门形成相互联系的整体系统，是实现幼儿园管理目标和管理职能的必要手段。

(二)幼儿园人力资源管理

在幼儿园管理中，最活跃的因素是人，最大限度地发挥人的潜能是幼儿园管理的焦点。幼儿园人力资源管理就是要充分了解幼儿园的园长、教师以及其他各岗位工作人员的任职条件、素质要求、岗位职责等，并通过协调使人尽其职，保证幼儿园各项工作的顺利进行。

(三)幼儿园规章制度管理

幼儿园规章制度是科学管理幼儿园的重要保障，是为了实现幼儿园的工作目标，对幼儿园各项工作和各类人员的要求加以条理化、系统化，规定工作人员必须遵守的行为准则和工作流程。

(四)幼儿园保教工作管理

保教工作管理是幼儿园中工作量最大，也是最基本的工作，是幼儿园教育质量最明显、最直接的表现。幼儿园管理者应该重视提高保教工作的水平、质量和效率，从而提高幼儿园的办园质量和幼儿的发展水平。

(五)幼儿园总务工作管理

总务工作管理是幼儿园管理工作的重要组成部分，总务工作的好坏直接关系到幼儿园各项工作能否顺利开展，保教质量是否能够得到保证。

(六)幼儿园环境创设与管理

幼儿园环境并不是简单的设施、设备和空间，而是重要的教育要素和教育手段，具有

潜移默化地促进幼儿内在发展的巨大教育功能。因此，创设和管理良好的幼儿园环境可以使幼儿与环境相互作用，达到全面和谐发展的目的。

(七)幼儿园卫生保健与安全管理

幼儿园要保证幼儿的身体健康、正常发育和人身安全，卫生保健与安全工作非常重要。为了保护幼儿的健康成长，幼儿园要保证供给幼儿全面合理的营养、加强体格锻炼、落实有效的伤病防护措施。

(八)幼儿园公共关系管理

幼儿园作为一个社会组织、一种教育机构必然需要与社会各领域相联系。因此幼儿园要求生存、求发展，必须搞好与家长、社区、上级教育行政部门、媒体等的公共关系。

(九)幼儿园工作评价与管理

幼儿园工作评价是幼儿园管理不可缺少的内容和重要环节，也是教育评价的重要组成部分。实施有效的工作评价，对于推动幼儿园各方面的管理工作，提高保教质量都有着重要意义。

综上所述，以上的各项管理内容是幼儿园管理系统的基本组成部分，没有严格意义的划分，它们之间既相互独立又相互联系，构成一个完整的幼儿园管理系统。

第三节 幼儿园管理的过程与原则

一、幼儿园管理的过程

管理作为客观存在的现象，是一个不断发展变化的过程，有自身发展的科学规律，掌握管理过程理论会提高管理工作的自觉性。幼儿园管理作为管理的一个分支，同样是一个有自身发展规律的不断发展变化的过程。

(一)幼儿园管理过程的概念

任何事物都有一定的过程，都是运动、发展变化的，管理现象也不例外。管理过程是指为实现预定的管理目标，管理者组织全员按计划、有步骤地进行的共同活动的程序。管理者要追求管理活动过程的优化有效，必须学会运用管理过程的相关理论，遵循管理活动过程的规律，科学地组织管理活动。

幼儿园管理过程是指幼儿园管理者为了实现幼儿园工作目标，组织全体教职工，以教养工作为中心所进行的有计划、有步骤的共同活动的程序。

(二)幼儿园管理过程的理论

威廉·爱德华兹·代明(W. E. Deming)，美国著名质量管理专家、统计学家、作家，1950年代明首创全面质量管理的思想方法和步骤，提出了管理过程理论，该理论被称为“代明环”。

1. 代明环

代明认为，一切有过程的活动如人的生产活动、科学研究等，都是由四个环节构成，即计划、实行、检查、总结，这四个环节或阶段构成了管理活动的周期。他将这四个阶段有顺序地安排在圆环中，形成一个完整的管理过程。圆环不断旋转，反复循环，将过程活动不断地向前推进。

(1) 计划：贯穿于管理活动的始终，是管理过程的起始环节和归宿。计划阶段的管理活动包括制定目标，规定工作任务、活动项目和设计方法步骤，制订行动方案。

(2) 实行：是按计划的要求实施作业，将计划付诸行动，去做，去执行，是为实现预定目标而开展的所有活动和采取的所有措施。

(3) 检查：是对照计划检查工作是否按计划执行，对活动和成果进行诊断和总结，肯定成绩，发现问题，找出原因。

(4) 总结：回顾计划实施的全过程，总结和调整改进，将效果好的做法、措施标准化、规范化，为下一阶段管理工作奠定基础。

“代明环”理论作为一种较为成熟的管理过程理论，在幼儿园管理中得到普遍采用，不仅对提高幼儿园教育质量，改善幼儿园经营管理起了积极作用，而且对幼儿园管理领域也产生了深远的影响。

2. 幼儿园的管理过程

幼儿园的管理过程由计划、实行、检查、总结四个环节共同构成，是一个循环、动态的管理过程。

(1) 计划。

计划既是幼儿园管理过程的起点，也是实行、检查和总结三个管理环节实施的依据。计划是保证幼儿园工作顺利开展的前提。制订合理的计划，可以有效避免管理活动的盲目性、片面性和随意性等问题，使园内各项工作有序开展。

幼儿园的计划可以按照不同的标准分为多种不同的类型：依据工作时间，可以分为长期计划、中期计划和短期计划或学年计划、学期计划、月计划、周计划及日计划；依据工作范围，可以分为全园计划、部门计划、班组及个人计划；依据工作性质，可以分为常规计划和专项计划。每种类型的计划都有其独特的作用，不同的计划相互联系、相互补充，纵横交错地构成复杂的幼儿园计划体系。

计划的制订要考虑以下准则：坚持正确的办园方向、发扬民主作风、符合幼儿园实际情况、规范制订计划的程序(调查分析—确立目标—拟订方案—选择方案—制订派生计划等)、内容表述规范简明(背景分析、计划目标、工作内容、方法步骤、时间安排、保障条件等)。

(2) 实行。

实行是幼儿园管理过程的中心环节，也是实施时间最长、最复杂的一个环节。实行是将计划变为行动，将设想化为现实的管理活动。只有通过实际行动执行计划，才有可能实现既定的组织目标。没有实行，再好的计划都是“纸上谈兵”。

在执行计划的过程中，从管理活动的职能上看，主要有组织协调、指导激励等管理活动。做好组织协调工作，幼儿园管理者首先要健全组织机构，发挥组织作用，这是有效实行计划的基本前提；其次要合理分配资源，协调各种关系，这是计划顺利实行的保障。做好指导激励工作，幼儿园管理者首先应该深入实际调查研究，对各个岗位和各类人员的工作给予指导，帮助计划执行人员进一步明确工作目标，不断改进工作方法；其次应当注意激励教职工，激发和调动他们工作的积极性、主动性和创造性。这是保证计划实施的基本手段。

实行幼儿园的计划，应当考虑以下准则：重视计划执行的严肃性、注意计划实行的整体性、把握计划实行的灵活性、提高计划实行的协作性。

(3) 检查。

检查是幼儿园管理过程的中继环节，也是总结工作的前提和依据。通过检查，管理者可及时掌握计划实行的情况，同时还可督促指导教职工的工作并验证计划的科学性和可行性，以便于对计划及时进行调整和优化。

幼儿园的检查按照不同的标准可以划分为多种类型：依据检查内容，可分为全面性检查和单项或专题性检查；依据检查时间，可分为定期检查和不定期检查；依据检查主体，可分为自检、他检和互检。在管理实践中，每种类型的检查都有其独特的作用，管理者要根据实际需要综合而灵活地使用。

实行检查的准则包括：检查目的明确；检查形式多样化；检查与指导紧密结合；检查评价科学化。

(4) 总结。

总结是管理活动的最后一个环节，是对工作的全面回顾，即对计划、实行和检查做出总的分析与评价、对工作的过程及其结果做出质和量的评价，通过总结得出经验教训，探讨工作规律，并成为下一周期制订计划的依据。总结起着承上启下、积累经验、增强工作的预见性与自觉性、促进管理水平提高的作用。

总结有多种类型。一般来说，有一个计划就需要做相应的总结。幼儿园工作应通过适时进行周期性总结，推动管理过程不断运转，促使教育和管理走向科学化。

二、幼儿园管理的原则

原则是人们行动的行为准则、指导思想和基本要求。幼儿园管理原则就是为实现幼儿园管理目标，正确处理管理过程中的一系列矛盾、关系和问题时所遵循和依据的准绳，是幼儿园管理工作的行动准则和指导思想。

具体来说，幼儿园管理应遵循以下五条基本原则。

(一)方向性原则

方向性原则是指幼儿园管理必须依照国家的教育方针，坚持正确的办园方向。我国现阶段的教育方针是：“教育必须为社会主义现代化建设服务，必须与生产劳动相结合，培养德、智、体等方面全面发展的社会主义事业的建设者和接班人。”

我国的教育方针要求幼儿教育要与社会主义性质相适应，在幼儿园的性质、任务、培养人才的规格、各项工作的要求、标准等方面要反映社会主义性质，保证党的教育方针的实现。方向性原则的作用是指导人们端正办园的思想和方向。

(二)整体性原则

整体性原则是指幼儿园管理要依照幼儿教育自身规律，坚持以保育工作和教育工作为中心，整体安排，全面规划，使幼儿园管理的各个要素、各个部门、各项工作协调配合，有序运行。贯彻整体性原则，幼儿园教师要保护幼儿的身心健康，丰富其知识经验、发展其智力和语言能力，形成良好的社会适应性，培养积极情感和良好的个性品质。促进幼儿全面和谐发展、培养高素质的复合型人才，是每一个幼儿园管理者义不容辞的责任。整体性原则的作用是指导人们处理园内各项工作的关系。

(三)民主性原则

民主性原则是指幼儿园管理中要充分发扬民主，帮助幼儿园教师树立主人翁意识，充分调动每个人的积极性，促进幼儿园办园目标顺利实现。贯彻民主性原则，幼儿园管理者必须强化民主意识，树立依靠幼儿园教师办园的思想，同时要健全规章制度，建立幼儿园教师参与决策、咨询、监督的组织和制度，如教职工代表大会制度、园务委员会制度、党政工团联席会制度等。实行民主管理，创新管理方式。民主性原则的作用是指导对人的管理，处理管理和管理对象的关系。

(四)有效性原则

有效性原则是指幼儿园管理工作要在正确的目标指导下，通过科学管理，合理组织人、财、物等资源，高质量、高效益地实现培养目标。管理的根本目的在于提高效率，以最小的投入创造最大的社会效益和经济效益。贯彻有效性原则，首先要坚持幼儿园的公益性，应将办园的社会效益摆在第一位，一切工作应以幼儿身心和谐健康发展为追求目标。其次要建立合理的组织和制度，促进管理工作科学化、高效化。有效性原则的作用是指导制度建设，指导处理幼儿园的投入和产出的关系，即工作效益和服务社会的关系。

(五)协调性原则

协调性原则是指幼儿园管理要注重幼儿园与社会环境的联系，加强与家庭的联系，通过内外协调，实现双向互动与服务，不断提高保教工作质量和管理水平。贯彻协调性原则，首先幼儿园必须面向社会、开拓发展，搞好公共关系；其次对内要处理好各部门各类人员及各项工作之间的关系，使教育管理有秩序地开展；最后要注重家长工作，密切家长与园所的联系和沟通，提供帮助和指导。协调性原则的作用是处理幼儿园内部关系和与外部环境之间的关系。

幼儿园管理的以上五项原则之间紧密联系、相互制约，是不可分割的整体，共同作用于幼儿园的管理过程。管理者要在实践中加深对这五条原则的理解，并将这五方面原则作为完整的体系，综合运用，以取得良好的工作效果。

第四节　学习幼儿园管理的意义与方法

在这个经济日益全球化和信息大爆炸的时代，幼儿园管理作为管理学的一个重要分支，越来越受到人们的重视。如何将科学的管理理论与幼儿园管理这个基础教育的实体联系起来，是每一个幼儿园教师应该不断探讨和研究的问题。

一、学习幼儿园管理的意义

作为一名学前教育专业的学生，应该了解学习幼儿园管理具有以下几点意义。

(一)幼儿园管理是我国幼教事业发展的客观需要

当前，我国幼教事业正在从城市走向农村，从数量的扩大转向教育质量的提高，其发展的关键在于管理。同时，在市场经济条件下，幼儿园管理要适应经济体制改革的需要，幼儿园管理的矛盾和问题也日益复杂，更需要科学管理理论的指导。这是我国幼教事业发展的客观需要。每一个从事或即将从事幼教管理工作的人都要加强对幼教管理问题的学习和研究，努力探索规律，以更好地指导实践。

(二)幼儿园管理是办好幼儿园，提高幼儿教育质量的根本保证

人们常说，一个好园长，就意味着一所好的幼儿园。因此，管理者只有不断地提高自身的素质和能力，不断地反思和调整自己的管理行为，拥有高的管理水平才能办好幼儿园，才能搞好幼儿教育，才能走在教育改革的前沿。好的管理可以造就一个成功的领导者，也可以成就一批优秀老师，还可以使幼儿园声名鹊起。因此，科学管理是办好幼儿园，全面提高教育质量的源泉。

(三)幼儿园管理是探索规律、发展学前教育管理理论的需要

新中国成立以来，幼儿园管理实践积累了丰富的经验，但是使这些管理实践系统化、概念化，上升为理论形态还很不够，学科仍处于初创阶段。因此，我国理论工作者和实践工作者应携起手来，共同加强对幼教事业的研究，正确分析各方面工作及内外环境的相互关系，积极探索提高教育质量和办园效益的规律，努力创建具有中国特色的学前教育管理的理论体系。

二、幼儿园管理的研究方法

幼儿园管理的研究方法有很多，常用的方法有以下几种。

(一)观察法

观察法是指幼儿园管理和研究人员通过感官或借助于一定的辅助仪器，在一定的时间内有目的、有计划地对处于自然状态下的客观事物进行感知、考察并收集资料的一种科学研究方法。

观察法的特点是在“自然发生”的条件下进行观察，对观察对象不加任何干预和控制，因此收集到的信息较为真实、全面。例如，皮亚杰关于儿童认知发展的研究、苏霍姆林斯基关于儿童全面发展的研究、陈鹤琴关于儿童心理发展的研究，都是在细致观察的基础上进行的。

(二)调查法

调查法是以客观事实为对象，通过问卷、访谈、测试，收集分析有关现象和资料，了

解真实情况的一种研究方法。这种方法可以对市场经济条件下，幼儿园管理实践中的一些热点、难点问题进行调查。如家长“择园”问题、幼儿园招生编班问题、教师的自主权利意识问题等。它的特点是样本大、误差小、定量性、间接性等。

调查的一般步骤是确定调查目标、制订调查计划、设计调查工具、实施调查、整理调查数据资料、撰写调查报告。调查问卷与访谈提纲设计的科学性、被调查者的合作态度与实事求是精神等都直接影响调查研究结果的可靠性和有效性。

(三)比较法

比较法是根据一定的标准，对某一类教育管理现象，在不同情况下的不同表现进行比较，主要比较对象的同类性、可比性和差异性。“有比较才有鉴别”，这种方法通过比较研究，从事物的相互联系和差异中观察事物、认识事物、探索事物发展的规律。比较法的目的在于学习他人的管理所长。比较法的一般步骤是明确比较的主题、统一比较的标准、解释比较的内容、得出比较的结论。例如，通过比较，学习借鉴国内外不同地区、不同类型幼儿园的先进管理经验等。

(四)案例法

案例法是通过对一些真实的或模拟的，能够反映幼儿园管理活动中矛盾和问题的案例进行分析，研究幼儿园管理的基本理论和实践问题的一种研究方法，是理论联系实际，培养管理人员创新精神的好方法。运用案例法选择的案例反映个体(或群体)的思想和行为，具有时代性、有效性、准确性和典型性，其局限性是不能重复做。例如，美国哈佛大学管理学院的一些典型教学案例，因为极富生命力和学术价值，受到世人瞩目。近年来，我国的《早期教育》《学前教育研究》《教育导刊》等一些期刊上都有很多有价值的幼儿园管理案例。

(五)经验总结法

经验总结法是根据幼儿园管理实践提供的事实，分析概括幼儿园现象，揭示幼儿园管理规律，将感性认识上升到理性认识的一种有效方法，是简便的，具有普遍意义的研究方法。经验总结法的一般步骤是确定研究课题和对象、检索和查阅掌握相关资料、制订总结计划、收集具体事实、进行分析综合、总结研究成果。运用经验总结法应当注意正确区分管理现象与本质的关系，揭示管理经验中蕴含的客观规律；要全面系统地进行研究，不要以偏概全；要以实践成果为基础，坚持求实的科学态度；要将理论分析与量化数据相结合。

(六)历史研究法

历史研究法又称文献法，是通过对文献进行查阅、鉴别、整理、分析，揭示事物属性的一种研究方法，是旨在研究前人或同代人的成果，“站在巨人的肩膀上”获得新发现的研究方法，具有历史性、批判性、创新性等特点，但在运用时需注意文献的真实性和可靠性。

拓展阅读

美国的托幼机构

这里主要介绍半日制托幼机构和全日制托幼机构及其教育服务特点。

美国的半日制托幼机构有幼儿园、学习中心或早期教育中心，开放时间最多四小时，主要目的是为入小学前的幼儿提供丰富的教育经验。通常为2～6岁的幼儿提供服务，有的托幼机构还把服务延伸到婴儿和学步儿。私立托幼机构分设上午班和下午班以维持收支平衡。

好的幼儿园注重为幼儿的全面发展做准备，包括社会、情感、认知和身体等方面。成人和幼儿有许多相互交流的机会，帮助幼儿发展社会技能和语言。成人往往会以积极的方式鼓励幼儿形成独立、自信和控制冲动的品质。学习中心或个性化的教育方案鼓励幼儿去探索并发展认知技能。户外活动提供可以滚动的玩具、攀爬器械、沙箱和大障碍物的游戏，用于发展幼儿的大肌肉能力。室内有剪纸、绘画和操作材料等活动，以帮助幼儿发展良好的肌肉协调能力。这类学校的主要关注点是幼儿的教育，要求教师等人员在早期教育课程方面有比较扎实的背景知识。教师要具备设计激发幼儿兴趣的活动的知识、利用环境激发幼儿自发学习方面的经验。注重园长和职员的继续学习。

全日制托幼机构有日托中心或幼儿护理中心，服务时段为每天10小时左右。其主要目的是为外出工作的家长，提供照料幼儿并确保安全的环境，设计能够激发兴趣、适合年龄特点的活动。

全日制托幼机构主张"让学校成为幼儿安全和快乐的场所"，职员应该具有的独特素质。这意味着每个人都喜欢和孩子待在一起。厨师欢迎幼儿参观厨房，并保证能激发食欲的饭菜香味弥漫于整个校园，营造令人愉悦的氛围。有司机接送幼儿，他们必须热情和令人信赖。秘书也需要和幼儿接触，能够对幼儿做出适当的反应。教师应该让幼儿按照自己的水平发展，而不是急于让幼儿达到不现实的水平。他们应该为幼儿提供帮助，对幼儿的需要保持敏感。全日制学校的每一个人都应该健康并充满活力。

全日制托幼机构需要有许多人一起工作，相互之间的交流极为重要。园长和园长助理每天都要沟通。上午班的教师必须让下午班的教师了解上午发生的异常情况。每个人包括厨师、司机和秘书都应成为"交流"环节的一部分，关注幼儿发生的一切。家长需要知道孩子在幼儿园都做了些什么，幼儿园也应该向家长了解孩子在家的情况。

(资料来源：[美]菲利斯·M.科里克. 托幼机构管理[M]. 韦小冰等译. 北京：北京师范大学出版社，2007.)

本章小结

广义的幼儿园管理，是指对幼儿园所实施的一切管理活动，包括相关行政部门的管理和幼儿园的内部管理。相关行政部门的管理，是指各级各类的相关行政部门，如教育、卫生、物价、妇联等，通过制定学前教育方针政策与法规制度，规定学前教育行政体制，自上而下地实施教育规划，开展督导与宏观调控等活动，以实现对幼儿园的指导、调节与控制的管理活动。狭义的幼儿园管理，是指幼儿园的内部管理人员，依据国家相关教育方针政策及保教工作规律，科学地运用各种管理方法与手段，充分发挥各项管理职能，组织协调幼儿园的人、财、物等各种管理要素，优质高效地实现幼儿园工作目标的管理活动。

科学的幼儿园管理有助于幼儿园整体工作的开展，促进保教工作质量的提高。幼儿园管理区别于其他社会组织管理的不同特征是复杂性、教育性和程序性。幼儿园管理的基本要素是人、财、物、事、时间、空间和信息。幼儿园管理的任务包括确定管理目标、建立管理系统和理顺关系。幼儿园管理的内容主要包括幼儿园的组织文化与组织机构、幼儿园人力资源管理、幼儿园规章制度管理、幼儿园保教工作管理、幼儿园总务工作管理、幼儿园环境创设与管理、幼儿园卫生保健与安全管理、幼儿园公共关系管理、幼儿园工作评价与管理。

幼儿园的管理过程由计划、实行、检查、总结四个环节共同构成，是一个循环、动态的管理过程。幼儿园管理要坚持方向性原则、整体性原则、民主性原则、有效性原则和协调性原则。幼儿园管理的常用方法包括观察法、调查法、比较法、案例法、经验总结法和历史研究法等。

【推荐阅读】

[1] 张慧敏. 幼儿园组织与管理[M]. 北京：首都人民邮电出版社，2014.

[2] [美] 菲利斯·M. 科里克. 托幼机构管理[M]. 韦小冰译. 北京：北京师范大学出版社，2007.

[3] 张燕. 幼儿园管理[M]. 北京：人民教育出版社，2013.

思考与练习

一、名词解释

幼儿园管理　幼儿园管理过程　幼儿园管理原则

二、简答题

1. 幼儿园管理包括哪些要素和内容？
2. 简述代明环管理过程理论。
3. 简述幼儿园管理方法在实际运用时应注意的事项。
4. 简述学习幼儿园管理的现实意义。

三、论述题

请结合实际阐述如何贯彻幼儿园管理的原则。

【实践课堂】

分析下面案例中李老师转变了工作态度的原因及解决问题的办法，并结合案例谈谈幼儿园管理中应坚持哪些原则。

李老师为什么转变了工作态度？

幼儿园的李老师为人正直，活泼大方，热爱幼教工作，精通业务，深得家长和小朋友的喜爱。她也敢于向领导传达家长的意见，积极为幼儿园工作献计献策，得到教职工的好评，年年被评为优秀。可是她最近无精打采，沉默寡言，不接受领导的工作安排，也不参加幼儿园组织的各种活动。这的确不是她一贯的为人之道，究竟是为什么呢？

原来，在一次职评会上，会议成员已基本同意园长的方案，当李老师正要说出自己的方案时，园长却制止了她，一是由于时间关系，二是怕她的话有导向性作用。李老师认为园长不讲民主，于是开始对抗园长的指令。

第二章　幼儿园管理概述.pptx

管理是一种严肃的爱。

——西洛斯·梅考克(美国国际农机商用公司董事长)

第三章　幼儿园管理体制

本章学习目标

- 了解幼儿园领导体制、园长负责制、组织机构、幼儿园规章制度的含义。
- 理解幼儿园实行园长负责制的必要条件；组织机构设置的模式和设置原则；组织机构的层次和类型；幼儿园规章制度的作用和内容。
- 掌握幼儿园规章制度制定的原则；实施幼儿园规章制度的要求。

核心概念

领导体制(leadership system)　园长负责制(dean responsibility system)　组织机构(institutional framework)　规章制度(rules and regulations)

引导案例

分粥机制

故事说，有七个人住在一起，每天共食一锅粥，因人多粥少，争先恐后，秩序混乱，还互相埋怨，心存芥蒂。于是，他们想办法解决每天的吃饭问题——怎样公平合理地分食一锅粥。

他们试验了不同的方法：

第一种方法，指定一个人分粥，很快大家就发现，这个人为自己分的粥最多，于是又换了一个人，结果总是主持分粥的人碗里的粥最多。

第二种方法，大家轮流主持分粥，每人一天，虽然看起来平等了，但是几乎每周下来，他们只有一天是饱的，就是自己分粥的那一天。

第三种方法，推选出一个人来分粥，开始这位品德尚属上乘的人还能公平分粥，但没过多久，他开始为自己和溜须拍马的人多分，搞得整个小团体乌烟瘴气。

第四种方法，选举一个分粥委员会和一个监督委员会，形成监督和制约机制，公平基本上做到了，可是等互相扯皮下来，粥吃到嘴里全是凉的，大家也很不满意。

第五种方法，轮流分粥，而分粥的人要等到其他人都挑完后才能取剩下的最后一碗。令人惊奇的是，采用此办法后，七只碗里的粥每次都几乎一样多，即便偶有不均，各人也认了，大家快快乐乐，和和气气，日子越过越好。

分粥，本来是一项简单的小事。但是，俗话说“民以食为天”，分粥关系到七个人的切身利益，对管理者来说，又是一项大事。

(资料来源：http:// baike. sogou. com/v6529559. htm)

案例分析

分粥的故事给当今的管理带来诸多启示：管理的真谛不仅仅在于“管”，还在于“理”。管理者的主要职责就是建立一个像“轮流分粥，分者后取”那样合理的制度，这个制度必须兼顾集体利益和个人利益，使二者相统一。

学习指导

本章的重点是幼儿园组织机构的含义、层次、类型及其设置的模式和原则，以及幼儿园规章制度的含义、作用、内容及其制定的原则。在学习的过程中，首先要仔细阅读教材，掌握相关的理论；其次要结合自己的学习，理解幼儿园组织机构设置的模式和原则；最后根据教学实践活动，掌握幼儿园规章制度制定的原则。

幼儿园管理体制，是指幼儿园的组织系统和幼儿园的规章制度等多方面的结构体系。它主要包括领导体制、组织机构和规章制度三部分。

科学健全的幼儿园管理体制，对幼儿园管理来说是具有决定性意义的根本性制度，对办园方向和工作具有直接的、全局性的影响。

第一节　幼儿园的领导体制

一、幼儿园领导体制的含义

幼儿园领导体制是幼儿园领导机构体系和有关规章制度体系的综合，其核心内容是对幼儿园组织系统内的领导机构、领导权限、领导关系及领导活动方式用制度化的形式进行规范。

幼儿园领导体制是幼儿园管理体制的核心，是幼儿园管理的根本组织制度，是进行决策、指挥、监督等领导活动的具体制度或体系。它决定着幼儿园工作由谁决策、由谁指挥，规定着幼儿园领导者的产生、职责、权力、地位和作用等问题。因此，它影响着幼儿园的办园方向和全部工作的开展。好的领导体制，能调动管理人员的积极性，能强有力地推动各项管理工作有条不紊、高效率地进行。

计划经济向市场经济的转轨，导致幼儿园的领导体制发生了根本性的变革。我国《幼儿园管理条例》和《幼儿园工作规程》明确规定，幼儿园要实行园长负责制。

二、幼儿园的园长负责制

幼儿园园长负责制是我国幼儿园基本的领导体制。只有正确理解园长负责制，才能够正确地去实施。

(一)园长负责制的含义

1989 年，国家教育委员会颁布的《幼儿园管理条例》第三十二条规定："幼儿园园长负责幼儿园的工作。"1996 年正式颁布的《幼儿园工作规程》第九章第五十二条明确指出："幼儿园实行园长负责制。园长在举办者和教育行政部门领导下，依据本规程负责领导全园工作。"园长负责制是指幼儿园在上级宏观领导下，以园长对园内工作全面负责为核心，同党支部保证监督、教职工民主管理有机结合，为实现幼儿园的工作目标，充分发挥领导职能的"三位一体"的幼儿园领导体制。作为一个结构概念，园长负责制反映了幼儿园内部领导关系的结构方式，是个人负责与各方面制约关系的统一，具体可以从以下三个方面来理解。

1. 园长对幼儿园工作全面负责

园长是幼儿园的法人代表，对内统一指挥和领导幼儿园工作，对外代表幼儿园，对上级承担幼儿园管理的全部责任。园长负责制明确了园长对幼儿园工作具有最高行政权，园长有决策指挥权、人事管理权、财务管理权等。

(1) 决策指挥权。园长有权决定幼儿园的具体教育目标和规划幼儿园的发展，并统筹幼儿园的全面工作。

(2) 人事管理权。园长有权向上级提出"组阁"意见，改变幼儿园机构组织和权限关系；有权聘用、考核和奖励工作人员；有权在符合国家要求的范围内制定规章制度。

(3) 财务管理权。园长有权在国家规定的范围内支配幼儿园财经费用，规划和使用幼儿园的财产设备。

2. 幼儿园党组织发挥监督保障作用

幼儿园党的基层组织应当发挥政治核心作用。党支部的领导作用主要体现在政治领导、思想领导和组织领导三个方面，是三者的有机结合。园长负责制的实行，可以使党政明确各自职责，充分发挥党组织的政治核心作用。幼儿园党组织具体发挥以下三方面的作用。

(1) 监督保证作用。党支部在办园方向、幼儿园发展规划以及干部与教职工任免等问题上，参与决策，有审核权；负责监督园长与行政部门贯彻执行党的路线、方针政策的情况。

(2) 协助行政工作。党支部支持园长与行政部门行使职权和履行职责，协助行政领导听取各方面意见，与园长一起共同保证幼儿园各项任务的完成。

(3) 做好思想工作。教育激励群众、调动教职工工作积极性、做好思想政治工作是党支部的重要职责。党支部应当加强党的思想建设与组织建设，组织和领导教代会、工会、共青团等群众组织，发挥其在组织、团结、教育群众工作中的纽带和助手作用。

3. 教职工民主参与管理

园长负责制是一种民主集中制的管理制度。《幼儿园工作规程》规定："幼儿园应建立教职工大会制度，或以教师为主体的教职工代表会议制度，加强民主管理和监督。""幼儿园可建立园务委员会。园务委员会由保教、医务、财会等人员的代表以及家长的代表组成。园长任园务委员会主任。"幼儿园通过建立教代会和园务委员会等制度，形成了相应的民主管理和监督机制。教代会和园务委员会是广大教职工对幼儿园工作进行民主管理和民主监督的组织形式。

(1) 教代会。即教职工代表大会，可以建立定期会议制度，其主要职责是维护教职工民主管理的权益。教代会具体职责包括：听取园长的工作报告，审议办园方针、发展规划、教育改革方案、管理制度以及经费使用等有关幼儿园建设和改革的重大问题，提出意见和建议；团结教育广大教职工，支持园长正确行使职权；监督评议园长和其他幼儿园领导干部的工作业绩，就有关幼儿园建设和改革的重大问题提出意见、建议，决定有关教职工生活福利的重要事项，支持园长正确行使职权；关心教职工生活，决定有关教职工生活福利的重要事项，维护其权益。

(2) 园务委员会。即园长决策的咨询审议机构，具有审议作用。园务委员会要建立定期或不定期召开会议的工作制度，由保教、医务、财务人员的代表及家长代表组成，园长任主任。园务委员会具体职责是审议幼儿园工作计划、工作总结、人员奖惩、财务预算和决算方案及规章制度的建立和修改，不设园务委员会的小型幼儿园，可由园长召开全体教职工大会进行商议。

(二)实行园长负责制的必要条件

我国虽已实施了园长负责制，但在现实中由于受传统管理思想作风和管理模式的影响、配套机制的不健全，再加上一些地区实施细则的不完善，园长负责制经常得不到切实落实。落实园长负责制需要完善以下条件。

1. 简政放权，自主办园

落实园长负责制，上级行政管理部门需要转变思想，理顺体制，充分"放权"，不能随意干涉甚至代替园长的工作，使幼儿园成为相对独立的办园实体，面向社会自主办园。因此，上级行政管理部门应该将工作重点放在对幼儿园进行宏观指导和有效监督上。

另外，幼儿园的上级主管部门或举办者需要做好幼儿园园长的选拔任用工作，需要做好对幼儿园的服务和支持工作。当园长被选定，良好领导班子建立起来之后，就应当放权给幼儿园管理者，并积极帮助幼儿园自主办园，主动发展，在必要的时候给予适当的帮助。

2. 完善制度，强化督导

放权不等于放任。为了保障园长行使办园自主权，强化对幼儿园的监督和指导，幼儿园的上级主管部门需要建立和完善相关的法规制度。例如，需要制定科学完善的园长选拔任用制度及幼儿园管理工作规范，需要制定对园长工作及其履行职责的奖惩规则等，从而对幼儿园的管理和保教质量进行科学的评价和督导。完善制度、强化督导既是有效落实园长负责制的基本保障，也是上级教育行政部门实施督导的依据。

3. 选贤任能，重视培养

实行园长负责制对园长个人的综合素质提出了更高的要求。好园长是实行园长负责制的前提，只有合格的园长才能充分发挥园长负责制这一领导体制的优越性。这就需要上级主管部门严格依据《全国幼儿园园长任职资格、职责和岗位要求(试行)》和《幼儿园园长专业标准》等法规文件的要求，通过一定的程序把好园长的选拔任用关。同时，还应当加强对园长的培训，并为他们参加岗位培训提供支持，将选拔任用和培养培训紧密结合，不断提高园长的专业素质，保证园长负责制的有效实施。

总之，只有在幼儿园管理上简政放权，加强督导，不断提升幼儿园领导的专业化水平，才能够真正落实园长负责制。

第二节　幼儿园的组织机构

组织是人类社会生活中最普遍、最常见的社会现象。人们正是通过各种组织，把人力、物力、财力、时间、空间、信息等管理要素组合配置、利用开发，从而达到特定的目标。幼儿园无疑也是一种组织。

引导案例

究竟是谁的职责?

学校快开学了，教导处正忙于编班、安排课务、制订教学计划等工作。总务处正忙于修缮设备，添购教学设施，为新来的老师安排住房。这时，新华书店发来通知：新学期学生的课本已到，请学校即日去取。教导处将通知转总务处，意思是让总务处派人派车去取。总务处主任找到教导处主任说："有关教学的事情应该由你们教务处管，怎么让我们去取？"教导处主任说："这怎么是教导处的事情呢？教导处只负责有关教学的事。""难道课本不是有关教学的事吗？"两位主任都有点不冷静了。教导处主任继续说："如此说来，学校的事情都与教学有关，岂不是都得由我们教导处包下来？那你总务处干什么？"总务处主任仍不服气："我们并没有把什么都推给你们教导处，建校修房，购置教学用品、柴米油盐，这么大一摊子事情，哪一件不是总务处干的？"教导处主任说："课本问题，教导处只负责填征订单；至于课本供应，完全是你们总务处的工作，历来如此。"总务处主任对"历来如此"这几个字感到刺耳，反感地说："咱们照章办事，该谁管就由谁管。如果你们教导处忙不过来，总务处可以帮忙，但不要把你们工作范围内的事情硬压给我们做。"教导处主任说："搬运课本正是你们工作范围内的事情，总务工作的重要任务就是为教学服务。"总务处主任很不以为然地说："为教学服务得有个范围，得照章办事。"两个人争论了半天没有结果，只得请校长裁决。校长沉思了一会儿，没有马上判定谁是谁非，而是请总务处和教导处各派一人随车先将课本领回，以后再解决两个人争论的问题。

案例分析

教导处主任与总务处主任的争执，问题出在分工协作方面。事实上学校虽有各种机构设置，但并不是每一件事情都能分得那么清楚。学校要有分工，但更要有合作。有分工而无合作，学校的工作效率就难以真正提高。

一、组织概述

(一)组织的概念

组织是指人们为实现一定的目标，互相协作结合而成的集体或团体，如党团组织、工会组织、企业组织、军事组织等。从静态角度来看，组织是一个集团内各种关系系统的总和；从动态角度来看，组织是人与人之间的行为构成模式，是人们为了完成共同的目标而彼此分工合作、相互影响的活动系统，是一个复杂的、永远处于活动状态，又不断在自我调整和自我发展的综合系统。

(二)组织的功能

组织在人类社会存在和发展中发挥着巨大的作用。

1. 组织是实现组织机构目标的工具

著名管理学家巴纳德提出："组织有三大要素，即协作的意愿、共同的目标以及信息联系。"任何组织都有特定的共同目标，任何社会活动都是协作性活动，需要人们共同的意志和共同的步伐作为基础。

2. 组织满足着成员的需要

组织集中和放大各种单个的力量，满足每个成员的物质和精神的合理需要，使他们在付出自己的才智和努力之后得到相应的报酬。不能满足成员的需要，组织也就无法确保成员对组织的信任和忠诚。

3. 组织确定了每个成员的位置

组织通过分工、建立权力等级等手段，使组织中每个成员都能够清醒地认识到自己在组织中所处的地位、职责、权利和义务，进一步高效而协调配合地完成组织的任务。

4. 组织发挥着沟通和教育作用

组织有严密的结构、严谨的行为规范和行之有效的沟通手段，在内部及内部与外部之间形成良好的沟通渠道，使上情下达。此外，组织作为个人社会化的基本机构，其动力机制如从众、模仿和暗示等对人们各种观念和行为习惯的形成会产生一定的影响。

(三)组织的管理幅度

组织的管理幅度主要是指组织结构的层次和管辖范围。管理学家孔茨指出："我们所以要进行组织工作，理由是为了使人们能有效地进行合作，而与此同时，我们却发现由于管理幅度的限制而形成了组织机构中的等级层次。换句话说，由于一个主管人员所能管理的下属人数有限(尽管这个限度因情况不同而异)，因而出现了组织层次。"①

① 哈罗德·孔茨，等，管理学[M]. 黄砥石，等，译. 北京：中国社会科学出版社，1987：384.

管理学家们经过大量的研究发现，一个组织的管理幅度以七个人为宜，这是一个领导所能保持彼此间有效沟通的最大数目。较小的管理幅度意味着主管能更有效地控制属下，但如此需要雇佣较多的管理人员，花费较高的费用。较大的管理幅度虽可为组织省下部属的管理人事费用，但如此也需冒较大的风险，因为多数员工的操作未受到充分的监督，且管理人员无法确知什么人正在进行什么工作。[①]

(四)组织的基本结构形式

组织的结构形式是组织结构框架设置的模式，包括纵向结构设计和横向结构设计两个方面。通过机构、职位、职责、职权及它们之间的相互关系，实现纵横结合，组成不同类型的组织结构。

1. 直线式

直线式是一种最早的和最简单的组织形式。这种组织形式没有职能机构，从最高管理层到最低层实现直线垂直领导。

2. 职能式

职能式是指设立若干职能机构或人员，各职能机构或人员在自己的业务范围内都有权向下级下达命令或指示。

3. 直线职能式

直线职能式又称直线参谋职能制或生产区域制。它是把直线指挥的统一化思想和职能分工的专业化思想结合起来，在组织中设置纵向的直线指挥系统的基础上，再设置横向的职能管理系统而建立的复合模式。

4. 事业部式

事业部式也叫联邦分权化，是指在公司总部下增设一层独立经营的“事业部”，实行公司统一政策，独立经营的一种体制。

5. 矩阵式

矩阵式又叫规划-目标结构，它由纵横两套管理系统叠加在一起组成一个矩阵，其中纵向系统是按照职能划分的指挥系统，横向系统一般是按产品、工程项目或服务组成的管理系统。

二、幼儿园组织机构的概念及特点

(一)幼儿园组织机构的概念

组织机构是指把人力、物力和财力等按一定的形式和结构，为实现共同的目标、任务或利益有秩序有成效地组合起来而开展活动的社会单位。幼儿园组织机构是指幼儿园为实现教育幼儿和服务家长的双重目标，通过建立适宜的机构及工作规则，确定领导关系和职

---

① R. A. 韦伯. 组织理论与管理[M]. 吴斯华，等译. 台北：长桥出版社，1979：397.

权分工，将幼儿园拥有的人、财、物等组织起来，形成的组织结构系统。

幼儿园组织机构既是人们在幼儿园共同目标下结合起来的社会实体单位，又是为实现这一目标任务进行分工合作、实施管理职能的一种管理机制。

(二)幼儿园组织机构的特点

幼儿园组织机构具有以下五个特点。

1. 整体性

整体是由事物的各内在要素相互联系构成的有机统一体及其发展的全过程。幼儿园组织的整体性是指幼儿园由很多人力、物力组成，下属保育组、教研组、后勤组等部门，各个部门有着内在的联系，密切合作。幼儿园的发展是各个部门共同努力的结果。

2. 目的性

目的是指行为主体根据自身的需要，借助意识、观念的中介作用，预先设想的行为目标和结果。幼儿园组织的目的性是指幼儿园通过各部门的共同努力，为社会提供幼儿教育、保育等服务，进而获得一定的社会效益和经济效益。

3. 纪律性

纪律是在一定社会条件下形成的一种集体成员必须遵守的条例总和，是要求人们在集体生活中遵守秩序、执行命令和履行职责的一种行为规则。幼儿园组织的纪律性是指幼儿园通过一定的制度来约束成员的思想与行为，并伴随一定的奖惩。

4. 合作性

组织具有合作性，能达成一个人无法完成的目标。园长不能单打独斗，需要建立良好的组织结构，才能完成艰巨烦琐的保教任务。幼儿园只有团结一心、充分发挥各个部门的力量，才能形成合力，合作共赢。

5. 稳定性

组织具有相对的稳定性。稳定是一种状态，是指所处的环境或者心境在一定时间之内不轻易变化。幼儿园组织的稳定性是指幼儿园的组织结构、人员构成以及制度具有一定的稳定性。幼儿园组织的稳定性是相对的。

三、幼儿园组织机构的设置

美国当代著名管理学家德鲁克曾说：“没有机构就没有管理，没有管理就没有机构。”幼儿园的机构设置就是为了有效实现幼儿园的目标任务，划分部门岗位，明确分工职责，确立不同部门岗位之间的关系，构建幼儿园系统组织工作的过程。

(一)幼儿园组织机构设置的意义

幼儿园组织机构设置的意义具体表现在以下三个方面。

1. 教育活动的载体和管理活动的工具

幼儿园组织机构是幼儿园教育活动的载体，同时也是发挥幼儿园管理职能和实现管理目标的工具。没有幼儿园组织机构，幼儿园的保育教育及管理活动将无所依托、无从谈起。幼儿园管理的基础性和前提性工作就是建立合理的幼儿园组织机构，并通过它来开展幼儿园的各项教育和管理活动。

2. 合理组织和利用管理资源

建立科学合理的幼儿园组织机构，可以将幼儿园的人、财、物等管理要素合理地加以组织和利用，从而高效地完成教育幼儿和服务家长的双重任务，有效地实现幼儿园的工作目标。幼儿园组织机构不健全、结构不合理将会影响资源有效充分地利用。另外，机构臃肿、人浮于事无疑也会造成各种资源的浪费。

3. 放大幼儿园组织的功能

合理的幼儿园组织机构是一个内外各要素高度整合的有机体，它有高度的内外协调性。一方面通过合理的幼儿园组织机构与规范来协调全体教职工的意志和行为，统一目标，一致步调，实现最佳合力；另一方面，通过幼儿园各部门和岗位人员的信息沟通和相互协调，使幼儿园的各项活动更加符合规律性，更加科学有效。当以上两个方面同时发挥作用时，便会出现复合叠加现象，产生聚合放大作用，从而放大幼儿园组织的功能。

(二)幼儿园组织机构设置的原则

幼儿园组织是一个实体机构，是发挥管理效能的工具。设置合理的组织机构是幼儿园有效管理的基础，要遵循以下组织机构设置的基本原则。

1. 目标任务原则

组织机构的建立和设置就是为了有效实现组织的目标和任务。因此，在进行幼儿园组织机构设置的过程中，管理者首先要明确组织的总目标和总任务，以及不同层次、不同阶段的具体目标和任务。要坚持以“事”为中心，因“事”设职，因“职”设岗，围绕幼儿园的目标实现和任务完成开展组织机构的设置工作。

2. 分工协作原则

各个机构之间既要有明确的分工，又要积极协作，建立良好的横向关系。分工是为了明确责任，达到协作的目的；协作是为了各岗位人员协同配合，取得效果。[①]因此，在重视岗位分工的同时，还需要关注不同部门和岗位之间的协作。比如，幼儿园班级的教师和保育员，他们各自有各自的分工，但是只有相互配合才有可能做好班级工作。

3. 责权利一致原则

责指的是责任，权指的是权力，利指的是利益。责权利一致原则是指在设置幼儿园组织机构时应明确划分不同岗位的职责范围，同时赋予该岗位与其职能相匹配的权力和利益，

---

① 苏东水. 管理心理学[M]. 4 版. 上海：复旦大学出版社，2002：290.

做到责任、权力、利益相一致，即每个人在一定的岗位上，有一定的权力，负一定的责任，得一定的利益。同时职务要实在，责任要明确，权力要恰当，利益要合理。

4. 有效跨度原则

有效跨度原则包括管理幅度和管理层次两个方面。管理幅度是指一个领导者能直接高效地领导下属人数的限度。管理层次是指在职权等级链上所设置的管理职位的级数。管理幅度和管理层次是两个相对的概念。管理幅度大，则管理层次少；管理幅度小，则管理层次多。幼儿园管理要集中领导，宽度适当，层次合理，提高管理效率。

5. 统一指挥原则

幼儿园管理工作的顺利开展，需要建立良好的指挥系统。幼儿园组织建设的指挥线路要清晰，联系渠道要畅通，确保每一个部门或个人只对一个领导负责，避免多头领导。一个下级只对一个上级负责，不越级指挥和管理。幼儿园领导班子之间需事先协商，统一意见后，再下达命令，否则就会出现混乱局面。

拓展阅读

手表定律

手表定律(watch law)又称为两只手表定律、矛盾选择定律。一个人有一只表时，可以知道现在是几点钟；当他同时拥有两只表时，却无法确定。两只手表并不能告诉一个人准确的时间，反而会让看表的人失去对准确时间的信心。要做的就是选择其中较信赖的一只，尽力校准它，并以此作为你的标准，听从它的指引行事。

手表定律给予我们的管理启示是：对同一个人或同一个组织的管理不能同时采用两种不同的方法，不能同时设置两个不同的目标，一个人不能由两位领导同时指挥，否则将会使得组织或个人无所适从。

(三)幼儿园组织机构设置的依据

幼儿园组织机构的设置是一项专业性较强的工作，做好幼儿园组织机构的设置工作，既要遵循组织机构设置的基本原则，还要依据上级有关规定和本园实际情况。

1. 上级有关规定

为了规范幼儿园的管理，国家和地方教育及有关行政部门出台了相关的规定，提出了不同类型幼儿园组织机构设置的基本要求。例如，《幼儿园管理条例》《幼儿园工作规程》《幼儿园教职工配备标准(暂行)》等法规文件，就对幼儿园的基本条件、审批程序、招生、编班、教职工配备等方面做了规定。幼儿园组织机构设置必须把握国家和地方教育及相关行政部门有关文件的内容和精神，并将其作为幼儿园组织机构设置的基本依据，根据规定编制幼儿园的组织机构，依法办园。

2. 本园实际情况

幼儿园组织设置还要考虑幼儿园的实际情况，主要涉及以下四个方面。

(1) 幼儿园地理位置。由于地域社会条件、地方政策等因素的影响，幼儿园的办园条件各不相同，相应地在人员配备、机构设置方面也会有所不同。

(2) 幼儿园规模。幼儿园规模包括幼儿园招收幼儿的人数、年龄分布及各年龄班班数。不同规模幼儿园的组织机构应当有所区别，规模越大，组织机构就会越复杂。

(3) 幼儿园类型。全日制、半日制和寄宿制幼儿园的人员配备应该有所不同，供应餐点和不供应餐点的幼儿园所需人员也各不相同。

(4) 幼儿园性质。不同性质的幼儿园所需人员有所不同，组织机构的设置也会不同。比如，公办园、民办园、私立园，独立设置幼儿园和附属幼儿园，一般性幼儿园与示范性幼儿园或实验性幼儿园等。

3. 组织机构设置的原则

任何组织机构的设置都必须遵循组织设置的基本原则，幼儿园组织机构设置也不例外。

总之，幼儿园的机构设置在遵循国家和上级部门的规定的前提下，要从本地和本园实际情况出发，因地制宜，科学合理地设置幼儿园的组织机构，提高管理效率，保证保教质量。

四、幼儿园的一般组织机构

荀子曰：“人，力不若牛，走不若马，而牛马为用。何也？ 曰：人能群，彼不能群也。”合理的组织机构有利于合理组织幼儿园人力、物力、财力等管理要素，调动每个成员的积极性，提高管理效率。

(一)幼儿园组织机构的类型

1. 行政组织

幼儿园行政组织机构的核心是园长，负责主持全园的行政工作。幼儿园的行政架构主要依据工作性质和范围分设相应的职能组织和职务。例如，规模较大的幼儿园通常设有园务委员会，由园长主持，研究决定幼儿园工作的重大问题，为决策指挥层。下设保健组、保教组与总务组三方面的职能组织。班级或班组是幼儿园的基层行政单位，在园长、保教主任及相应管理部门的领导管理下，担当保育和教育幼儿的双重责任与其他具体工作职责。

2. 非行政组织

(1) 业务组织：幼儿园是育人的场所，其特点是以保教工作为中心，因此，业务组织是幼儿园工作开展的主体，幼儿园通常专设业务园长和教研组长等，承担育人的具体工作。

(2) 党群组织：主要包括党组织、团组织、教代会、工会等，起着对行政工作予以配合、监督、制约并审议决策的作用，是有效的幼儿园管理活动不可缺少的组成部分。

(3) 其他组织：根据幼儿园工作性质和规模大小等，还设有家长委员会、园务委员会、治安保卫小组等，它们配合幼儿园共同完成保教任务。

(二)幼儿园组织机构的管理层级

幼儿园组织机构一般分为三个管理层级，即决策指挥层、执行管理层和具体工作层，各层级之间要逐级授权。

1. 决策指挥层

决策指挥层是幼儿园管理的高层，由组织的最高管理人员园长、书记和副园长组成。其职责是把握组织的方向和大政方针，负责组织的决策。幼儿园主要实施园长负责制，园长是幼儿园的最高行政领导。按照幼儿园编制标准，三个班以下的幼儿园设一位园长，四个班以上的幼儿园设一正一副两个园长，十个班以上的或寄宿制幼儿园设一正两副三个园长，副园长协助园长工作。

2. 执行管理层

执行管理层是幼儿园管理的中层，由组织的各个职能部门负责人组成，如保教主任、总务主任、教研组长、保健主任等。其职责是将高层所做出的决策布置下去，使决策能成为行动。执行管理层是连接园长与基层人员的纽带，一方面要接受园长的指挥领导，另一方面又要负责本部门教职工的管理，将本部门的各项工作进行总结，并向决策指挥层汇报。

3. 具体工作层

具体工作层是幼儿园管理的基层，由组织的各班级或班组等职能部门组成，主要包括一线工作的教师、保育员以及负责各类具体工作的其他人员。其职责是负责幼儿园各项工作的具体开展。任何好的决策总是离不开具体操作，没有操作决策就不能转化为现实。具体工作层是幼儿园的主体层，占组织的绝大部分。

总体来说，高层出思想、中层出思路、基层抓实施，逐层授权，明确分工，通力协作，最终高效地完成组织目标。

(三)幼儿园组织机构的管理模式

由于幼儿园的性质、规模、类型的差异性，其组织机构呈现出不同的管理模式。这些管理模式在管理层次、机构设置、职能部门划分、人员的安排配备上都有所不同(见图 3-1～图 3-5)。

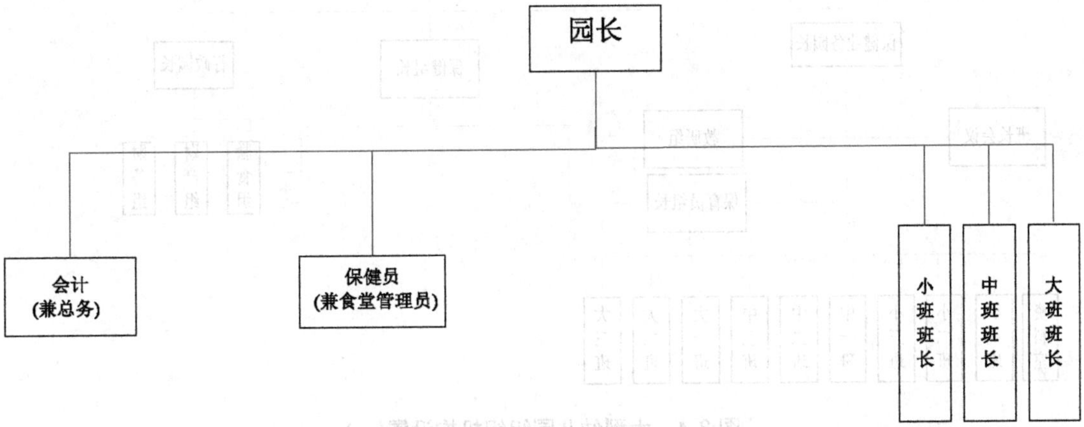

图 3-1 小型幼儿园组织机构设置

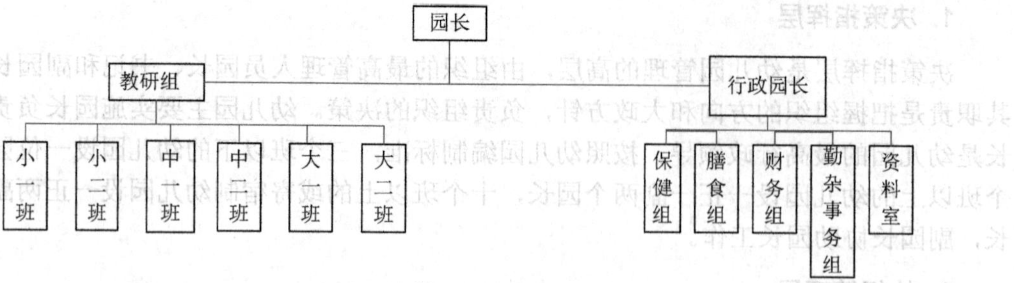

图 3-2　中型幼儿园组织机构设置(一)

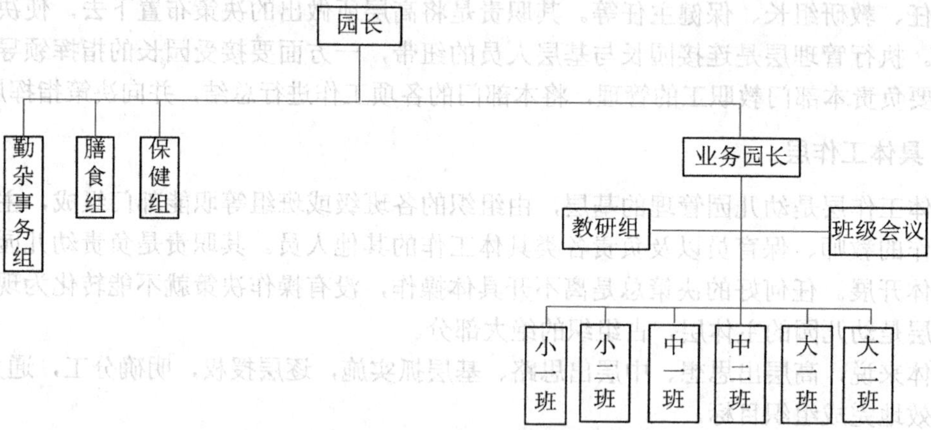

图 3-3　中型幼儿园组织机构设置(二)

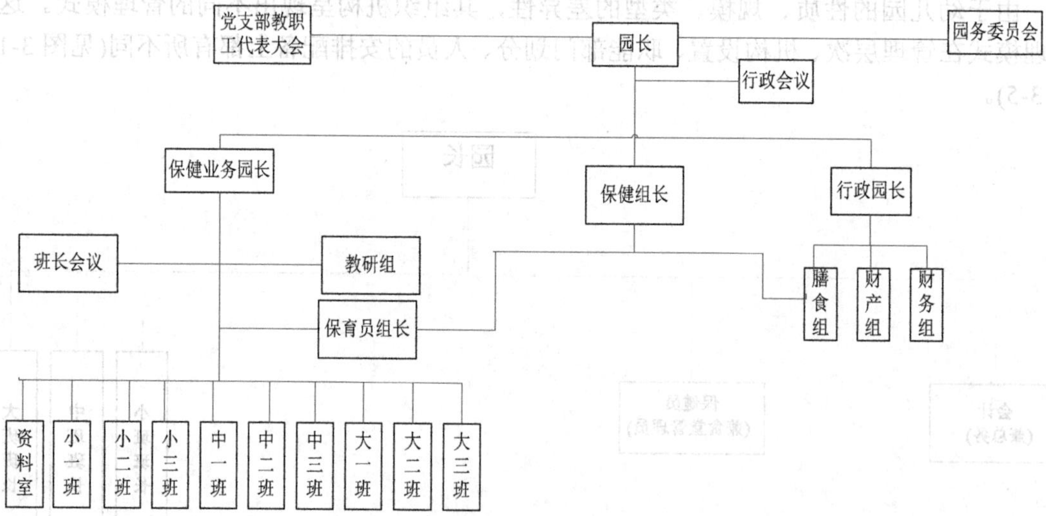

图 3-4　大型幼儿园组织机构设置(一)

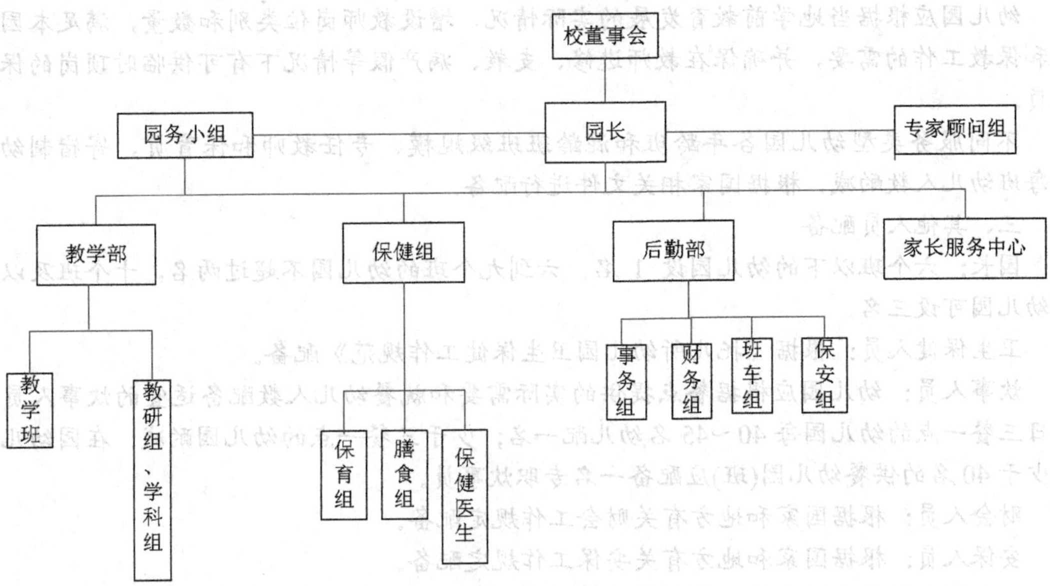

图 3-5 大型幼儿园组织机构设置(二)

拓展阅读

《幼儿园教职工配备标准(暂行)》(教师〔2013〕1号)

幼儿园教职工配备标准是幼儿园办园标准的重要内容，是促进幼儿园教师队伍建设的重要手段。为规范幼儿园办园行为，促进幼儿园教师队伍建设，满足幼儿在园生活、游戏和学习的需要，确保幼儿接受基本的、有质量的学前教育，促进幼儿健康成长，特制定本标准。

一、教职工与幼儿的比例

幼儿园教职工包括专任教师、保育员、卫生保健人员、行政人员、教辅人员、工勤人员。幼儿园保教人员包括专任教师和保育员。幼儿园应当按照服务类型、教职工与幼儿以及保教人员与幼儿的一定比例配备教职工，满足保教工作的基本需要。

二、专任教师和保育员配备

幼儿园应根据服务类型、幼儿年龄和班级规模配备数量适宜的专任教师和保育员，使每位幼儿在一日生活、游戏和学习中都能得到成人适当的照顾、帮助和指导。

全日制幼儿园每班配备两名专任教师和一名保育员，或配备三名专任教师；半日制幼儿园每班配备两名专任教师，有条件的可配备一名保育员。

寄宿制幼儿园至少应在全日制幼儿园基础上每班增配一名专任教师和一名保育员。

单班学前教育机构，如村学前教育教学点、幼儿班等，一般应配备两名专任教师，有条件的可配备一名保育员。

对所辖社区或村级幼儿园(班)负有管理和指导职责的中心幼儿园，应根据实际工作任务和需要增配巡回指导教师。

招收特殊需要儿童的幼儿园应根据特殊需要儿童的数量、类型及残疾程度，配备相应的特殊教育教师，并增加保教人员的配备数量。

幼儿园应根据当地学前教育发展的实际情况，增设教师岗位类别和数量，满足本园发展和保教工作的需要，并确保在教师进修、支教、病产假等情况下有可供临时顶岗的保教人员。

不同服务类型幼儿园各年龄班和混龄班班级规模、专任教师和保育员、寄宿制幼儿园每班幼儿人数酌减，根据国家相关文件进行配备。

三、其他人员配备

园长：六个班以下的幼儿园设 1 名，六到九个班的幼儿园不超过两名，十个班及以上的幼儿园可设三名。

卫生保健人员：根据《托儿所幼儿园卫生保健工作规范》配备。

炊事人员：幼儿园应根据餐点提供的实际需要和就餐幼儿人数配备适宜的炊事人员。每日三餐一点的幼儿园每 40～45 名幼儿配一名；少于三餐一点的幼儿园酌减；在园幼儿人数少于 40 名的供餐幼儿园(班)应配备一名专职炊事员。

财会人员：根据国家和地方有关财会工作规定配备。

安保人员：根据国家和地方有关安保工作规定配备。

幼儿园应根据实际需要配备数量适宜的教职工，积极实行一岗多责，提高用人效益。

四、本标准为各级各类幼儿园的合格标准。各地可根据当地经济社会发展水平和学前教育发展的实际情况，制定适合本地的具体实施方案。

五、本标准自发布之日起实行。

第三节　幼儿园的规章制度

“国有国法，家有家规。”治理国家靠法制，组织管理靠制度，幼儿园管理自然也离不开严格完善的规章制度。

引导案例

小和尚撞钟

有一个小和尚担任撞钟一职，半年下来，觉得无聊至极，“做一天和尚撞一天钟”而已。有一天，住持宣布调他到后院劈柴挑水，原因是他不能胜任撞钟一职。小和尚很不服气地问：“我撞钟难道不准时、不响亮？”老和尚耐心地告诉他：“你撞的钟虽然很准时，很响亮，但钟声空泛、疲软，没有感召力。钟声是要唤醒沉迷的众生，因此，撞出的钟声不仅要洪亮，而且要圆润、浑厚、深沉、悠远。”

(资料来源：秦明华，张欣. 幼儿园组织与管理[M]. 上海：复旦大学出版社，2008：42.)

案例分析：本故事中的住持犯了一个常识性的错误，小和尚“做一天和尚撞一天钟”是由于住持没有提前公布规章制度和确定工作标准造成的。如果小和尚进寺庙的当天就明白撞钟的规则标准，他也许不会因未达到工作要求而被调离岗位。

一、幼儿园规章制度的含义和作用

(一)幼儿园规章制度的含义

规章制度是指用人单位制定的组织劳动过程和进行劳动管理的规则和制度的总和。幼儿园规章制度是指为了实现幼儿园组织机构的目标，根据国家有关法律法规以及幼儿园的实际工作情况，采用条文的形式，对幼儿园各项工作和各类人员的行为活动提出的具有约束力和一定强制性的准则和规范。

幼儿园规章制度是教职工的行为指南与考核依据。缺乏规章制度，往往会导致教职工的努力方向与幼儿园的整体发展方向不统一，造成大量的人力、物力资源浪费。在制定制度时应明确具体，同时，在执行过程中还要有检查，否则教师也不知道自己是否做到了相关要求。

(二)幼儿园规章制度的作用

幼儿园规章制度是幼儿园管理的重要手段，是约束幼儿园教职工行为以及幼儿园本身行为的内部准则和规范。规章制度就是幼儿园的“法”，一旦发布生效，所有人都必须不折不扣地执行，因为规章制度可以起到如下作用。

1. 保障作用

规章制度为幼儿园各项工作提供基本的制度保障。规章制度具有规范性、强制性，制约组织成员按一定的要求去行动，从而保障幼儿园各项工作的顺利开展，避免混乱无序的状态。

2. 规范作用

规章制度是组织活动的准则，对组织成员的行为有强制规范作用。规章制度明确了幼儿园各岗位的职责、权力和利益，对一些常规性工作的目标、内容、过程与方法，以及工作中不同岗位之间的协作关系等做了详细的规定，使相关机构和工作人员在工作中有章可循，从而发挥对教职工行为的制约、规范作用。

3. 评价作用

幼儿园规章制度是一个重要的、普遍的评价准则，即根据已经拟定的规章制度来判断某教职工的行为是否合理规范。如果缺乏一定的评价标准，幼儿园管理者很容易在评价的时候加入自己的感情色彩，容易戴有色眼镜看待别人的行为。规章制度可以尽量避免评价者的个人主观意愿，使得评价更加客观、理性。

二、幼儿园规章制度的层次与类型

幼儿园规章制度具有系统整体性，是由不同层次和类型的制度所组成的制度体系。

(一)幼儿园规章制度的层次

幼儿园规章制度按照制定和颁布的主体大致可以分为以下两个层次。

1. 政府政策法规

国家立法机关和各级教育行政部门为了指导和规范幼儿园工作，统一制定了有关的教育法律、法规和规章制度。例如，《中华人民共和国教育法》《中华人民共和国教师法》《幼儿园管理条例》《幼儿园工作规程》《幼儿园教育指导纲要(试行)》《3～6 岁儿童学习与发展指南》等。此外，还包括各级地方教育行政部门制定的法规、管理办法、制度规章等。国家通过制定法律和法规政策，实现对学前教育机构的宏观指导和控制。遵循和贯彻执行国家和各级教育行政部门的法令和法规是幼儿园举办者和管理者的义务。同时，依法办园也对建立幼儿园正常秩序具有重要作用。

2. 园内规章制度

园内规章制度是幼儿园依据国家法律和教育行政机关制定的政策法规，结合本园实际自行制定的规章制度。建立健全幼儿园内部规章制度，是办好幼儿园的一项基础性工作。

(二)幼儿园规章制度的类型

幼儿园内部的规章制度主要有全园性规章制度、部门性规章制度、岗位责任制、考核与奖惩制度和会议制度五大类，构成了幼儿园管理的制度化体系。

1. 全园性规章制度

全园性规章制度，即适用于整个幼儿园的规章制度，与部门性制度相区别，具有组织和指导全园的共同活动，统一各类人员行为，建立全园工作常规和行为规范的作用。

全园性制度不是针对某部门，也不是针对某一个人的，而是面向幼儿园所有教职工的，包括园长、主任、教师、保育员、后勤人员等。全园性规章制度主要包括教职工职业道德规范、教职工从业行为规范、教职工考勤制度、交接班制度、值班制度、学习制度、个人卫生与环境卫生制度、收托儿童制度、接送制度、安全制度、家长联系制度等。

2. 部门性规章制度

部门性规章制度，即规范某部门工作，适用于部门所辖领域的规章制度。建立和完善幼儿园各部门的规章制度，可以起到明确各层次、各部门工作任务和职责，加强科学管理的作用。

部门性规章制度主要包括卫生保健部门的规章制度，如生活作息制度、体格锻炼制度、健康检查制度、卫生防疫制度、伙食营养卫生制度及卫生保健登记制度等；保教部门的规章制度，如学籍管理制度、保教人员工作常规、备课听课制度、计划与记录制度、教研活动制度等；总务部门的规章制度，如财务制度、财产管理制度、物资采购与验收制度、档案资料管理制度、安全保卫制度、收发工作制度等。

3. 岗位责任制

岗位责任制是明确每个工作岗位的职责，规定每个岗位的工作任务、内容、质量与数量等，并将它落实到具体负责人的一种制度，即使一定工作岗位上的人，同这个岗位该做的事之间建立有机联系的一种制度。岗位责任制起着明确职责、调整和处理各个岗位之间的职务、责任、权力关系的作用，使组织的各类人员能够在其位、行其事、尽其责。

岗位责任制是幼儿园各项规章制度的核心。抓好岗位责任制，其他制度的执行才有保障。幼儿园应注重建立各类人员的岗位责任制，如园长职责、保教主任职责、教师职责等。岗位责任制的建立和执行有利于提高工作效率，同时也有益于培养人人尽职尽责的良好风气。

4. 考核与奖惩制度

考核制度是对幼儿园各岗位工作人员履行岗位职责和完成工作任务的情况进行检查评定的制度。考核的方式有自评、群众互评及领导评价检查，这三者应结合起来，定期或不定期的进行，并形成制度。

奖惩制度是在考核评定基础上进行的，对集体或个人考核结果给予肯定或否定的评价制度，是对考核加以强化的管理措施。奖惩的方式有综合的或单项的，有对个人的奖惩，也有对班组集体的奖惩。

建立考核与奖惩制度，能够保证岗位责任制和其他规章制度的贯彻执行。否则，没有考核评价就可能造成有章不循，幼儿园各项规章制度就可能流于形式，各项工作就会难以落实。此外，依据考核与奖惩制度及时进行奖优罚劣、奖勤罚懒，会起到鼓励先进、鞭策后进的作用。否则，就会挫伤广大教职工的积极性。

5. 会议制度

会议是一种重要的管理手段。幼儿园行政管理需要建立各种会议制度，对全园工作进行管理。建立会议制度，不仅可以使园领导之间、园管理层级之间以及各部门之间互通信息，还有助于园长统一指挥，研究部署工作，实现对各部门的调控。同时，会议也是科学决策和民主管理的重要形式。

幼儿园的会议制度包括园务会议制度、年级组长会议制度、班长会议制度、教研组长会议制度、教工代表大会制度、家长会或家长委员会制度，以及卫委会、伙委会制度等。要发挥管理成效，就要注意提高会议效率，要规定召开会议的时间期限、任务与内容、主持者或负责人。

拓展阅读

考勤制度

一、调休制度

(1) 调休必须在不影响园内工作、学习的前提下进行(以半小时为调休单位，目前上午空班调休半天时间为2.45小时，下午空班调休半天时间为3.15小时)。离园前须在考勤表上写明调休时间。早班迟到不能用调休替代，迟到时班级幼儿发生事故，由迟到者本人负责。

(2) 在教研日、政治学习日、听课日、讲座日等，不得调休，如果有特殊情况需要调休者，需征得领导同意后，交调休单，方可调休。

(3) 因病或有急事需调休一天者，需征得领导同意，本人安排好代班教师，并交8小时调休单，方可调休。每月最多可调休2个整天。

(4) 带班时间内遇突发事件者，必须向领导请假，本人安排好代班教师，根据实际时间交调休单。

(5) 外调人员或有多余调休结算按每小时 2.5 元计算。

二、看病及病假制度

(1) 教职工看病除急诊外，必须空班时间去医院就诊，特殊情况需在带班时间内看病(或来不及赶回带班)必须本人安排好带班老师，回园后交出就诊证明方可准假。

(2) 病假者应事先交出病假单，连同看病挂号单、结账单，经教研组长审核后，由教研组长安排代班，病假单交园长。连续病假者应隔天去医院就诊，并交出病假单及相应证明。

(3) 病假带班第一天为搭班老师带班，一周内本级组内解决，一周以上全园代班。

(4) 病假后来上班无岗位者，在本单位待岗。需服从学校统一安排。

三、事假制度

(1) 凡需请事假者由本人提出书面申请，教研组长同意，园领导批准方可准假。

(2) 事假带班第一天为同班老师带班，以后本级组轮流。

(3) 一学期内累计病、事假，将按比例扣除寒暑假休息。

(4) 产假、婚假、丧假按有关政策休假。

四、旷工制度

(1) 上下班不如实签到者，其迟到与早退时间做旷工处理。

(2) 擅自调休一天者，视作旷工。

(3) 在无调休单的情况下调休而缺勤视作旷工。

(4) 无病假单及相关证明或持未经领导批准的事假单而缺勤的视作旷工。

(5) 有旷工现象，甲方可解除岗位合同。

教代会制度

一、交流沟通制度

定期或不定期地采取多种形式，组织教职工代表或教代会各小组组长与学校领导，就教职工普遍关心的问题，特别是学校的改革发展问题以及与教职工切身利益有关的问题，直接进行交流沟通，以达成共识。

二、教职工代表培训制度

对换届当选的教职工代表，进行教代会及民主管理基本知识培训，每次教代会开会前，结合主要议题，进行专题培训。

三、立卷归档制度

教代会会议文件、会议资料等，按照文书档案管理规范立卷归档，由学校档案管理部门统一管理。

四、教代会评价制度

教代会的评价指标主要有下列内容。

(1) 学校党政对教代会工作的重视程度，即党政领导在思想认识上、制度建设上及物质条件上是否重视并支持教代会工作。

(2) 教代会四项职权的落实程度。这是教代会工作评价的重点内容。四项职权是指对校长工作报告，学校发展、改革等重大工作的审议建议权；对学校内与教职工切身利益密切相关的改革方案(如劳动人事制度改革、分配原则和方法)以及规章制度的审议通过权；对教职工的福利、物质利益等具体工作的审议决定权；对学校领导干部的评议监督权。

(3) 教代会工作经常化、制度化和规范化的实施程度。这是指教代会各项制度的建立和执行情况、教代会各项工作是否符合要求、会议期间是否充分民主、教代会在开会及闭会期间发挥作用的情况如何。

(4) 教代会工作机构的工作情况。这是指学校工会委员会承担教代会工作机构各项任务的开展情况。

五、教代会的职权

(1) 听取校长的工作报告，审议学校的办学方针，发展规划和年度、学年计划，重大教改方案及财务预决算方案等。

(2) 审议通过校长提出的任期目标、岗位责任制方案及教育基金颁发事项。

(3) 评议、监督学校领导干部，每年进行一次。向主管部门提出奖惩和任免的建议。

教师岗位职责

(1) 落实《幼儿园工作规程》和《幼儿园管理条例》及全园工作计划，结合本班幼儿特点和个性差异制订教育教学工作计划，合理安排幼儿生活并组织实施。

(2) 积极参加政治、业务学习及保教科研活动，摸索教育幼儿规律，探索教育方法，提高保教质量。

(3) 指导并配合保育员做好本班的卫生保健工作，给幼儿创设良好的环境。

(4) 按时完成保教计划、教养笔记、效果及经验，分析观察幼儿的身心发展规律并做好记录。

(5) 定期或不定期地向教研组长汇报工作，接受其检查和指导。

(6) 保证幼儿的生命安全，杜绝任何危害幼儿生命安全的事故发生。

(7) 与家长保持经常联系，通过各种方式与家长密切配合，共同完成保育和教养任务，使幼儿健康成长。

教师奖励制度

为了充分调动员工的工作积极性，及时肯定员工的优秀表现及成绩，现制定以下奖励措施。

(1) 安全方面：全月没有发生任何安全事故的(包括挠伤、划伤、磕肿等未产生任何医疗费用或探望费用的)奖励30元；整学期无任何大小安全事故的，每学期末奖励100元。

(2) 教学评比：包括听评公开课、技能大赛、玩教具制作等各种业务评比。第一名奖励150元，第二名奖励120元，第三名奖励100元，进步较大的奖励100元。

(3) 每学期末教学考核成绩优秀的(全园分两组进行排名，托班—中班为一组，大班—学前班为一组，各组分别评选)，第一名奖励200元，第二名奖励150元，第三名奖励100元，进步较大的奖励100元。

(4) 每学期末全园评选优秀教师，被评为优秀教师的，召开表彰大会，颁发荣誉证书和奖金，奖励100元。

(5) 家长认可度：收到家长表扬信的奖励100元；家长通过具体事件表扬教师的奖励100元；每学期末进行家长问卷调查，对教师的认可度达到95%的奖励100元，认可度达到100%的奖励200元。

(6) 全月无任何违纪记录或扣款处罚的奖励20元，每学期无任何违纪记录或扣款处罚记录的奖励100元。

凡被评选为“幼儿园优秀教师”的教师，由学校开会表彰，颁发荣誉证书和奖品。在政策允许的情况下，从中选取部分优秀教师外出考察学习。

三、制定幼儿园规章制度的原则

陶行知指出，要建立科学的学校管理制度，就必须重视规章制度的制定。他认为，规章制度是“学校所以立之大本”，是师生“共同的约言”。因此，幼儿园需要制定完善的规章制度。当幼儿园建立起符合教育规律，符合现代管理原理，并充分体现社会主义道德观念和行为规范的规章制度时，就等于向全体教职员工提出了要求：应该做什么，不应该做什么；应该怎样做，不应该怎样做；自己的主要职责是什么等。规章制度的制定是一项十分严谨而又严肃的工作，不能主观臆断或草率行事。制定科学的幼儿园规章制度应遵循以下原则。

(一)合法性原则

幼儿园规章制度的合法性是指幼儿园各项制度的制定应以遵循国家的法律法规为前提，要体现党和国家的教育方针和政策，不能与国家的法律和法规相矛盾，不得违背《劳动法》《教师法》《未成年人保护法》《消防法》等。已经制定的制度，若与国家的法律法规相冲突，则是无效的，甚至是违法的。

(二)科学性原则

幼儿园规章制度要体现科学性。各项规章制度既要体现幼儿教师教育工作的本质属性，又要符合教育与管理的客观规律。只有各项规章制度的基本要求和质量标准合乎教师工作特点，符合幼儿身心发展规律，才能发挥其行为指向的作用。此外，要形成一个科学完整的制度体系，幼儿园各项规章制度应保持目标一致，相互补充，而不能互相矛盾。

(三)可行性原则

幼儿园规章制度要体现可行性。幼儿园具有很大的差异性，同样的规章制度不一定适合所有的幼儿园。因此，幼儿园管理者在制定规章制度时，不能盲目采用“拿来主义”，照搬照抄其他幼儿园的制度。要从本园实际情况和工作需要出发，考虑到地理位置、师资水平、物资条件、经费状况等客观因素，考虑到教职工的可接受性，进而制定出适合本园的规章制度。

(四)民主性原则

民主性原则是指幼儿园在拟定管理制度的时候应适当考虑教职工的意见，调动教职工参与幼儿园管理的积极性与创造性，坚持精心研究与广泛征求群众意见相结合。规章制度涉及全园教职员工的个人利益，在制定阶段应考虑让全园教职员工共同参与，既广泛论证、集思广益，同时又起到凝聚人心、共担责利的作用，在规章制度制定的过程中深入人心，从而提高执行规章制度的自觉性和主动性，达到较高的自我管理、自我调控的管理层次。

(五)稳定性原则

幼儿园规章制度要体现稳定性。规章制度一经颁布，就应该保持一定的稳定性，不能朝令夕改，并持之以恒地坚决贯彻。因此，幼儿园管理者在制定规章制度时一定要反复斟酌，多次论证，使之成熟完善。如果制度经常变动，会让教职工无所适从，质疑制度的权威性。当然，制度不是一成不变的，随着幼儿园的变化发展，制度也需要定期修改完善，从而增强管理功能。

(六)精练性原则

精练性原则是指幼儿园规章制度的条文应该简明具体，要有明确的业务规范要求、工作程序和基本方法，便于记忆和操作。制度是行动的准则，也是教育的手段。因此，幼儿园管理者在制定规章制度的过程中，应明确制度的执行目的和内容要求，制度的内容要精练扼要，条文言简意赅，内涵明白准确，尽量使用量化概念，便于理解和记忆，便于执行，同时也便于管理者的指导工作和督促检查。

四、实施幼儿园规章制度的要求

幼儿园规章制度建设的落脚点在于是否得到很好的贯彻执行。要充分发挥规章制度作为管理手段的作用，幼儿园管理者应当做好以下几个方面的工作。

(一)宣传教育

内化于心，方能外化于行。幼儿园各项制度的实施需要做好宣传工作，通过宣读、讲解、讨论等多种形式，让教职工了解规章制度的目的和意义，理解制度的具体内容和基本要求，使制度广为人知，使制度深入人心。如果教职工不知道制度的意义，认为制度只是领导对下属的约束，可能会有抵触情绪；如果教职工不熟悉制度的内容，可能会无意识违反制度，遭到处罚，引来不愉快的争执。

制度不应该是外在的一种约束，应该是一种大家自觉遵守的行为规范，从“要我做”到自觉的“我要做”的过程。因此，规章制度的宣传教育要持之以恒，经常进行，这样才能增强教职工的是非观念，提高自我调控能力，养成遵纪守法、照章办事的习惯，才能更好地形成自觉遵守的良好氛围。

(二)以身作则

“其身正，不令而行；其身不正，虽令不从。”领导者和管理者的制度执行力直接影响幼儿园各项规章制度作用的发挥。因此，幼儿园管理者首先应该做出表率，以身作则，带头遵守幼儿园各项规章制度。只有管理者自己率先遵守制度，下属才有可能心甘情愿地遵守制度。否则，如果管理者本身践踏制度，即便再三令五申，制度的执行力也会大大降低。其次，管理者必须以身作则，带头严格执行幼儿园规章制度，坚持制度面前人人平等的原则，凡是制度涉及的所有人，都不应该搞特殊，无人置身规章制度之外，才能增强制度的严肃性和约束力。再次，管理者必须把握好规章制度的灵活性，明确各项规章制度的意义和作用，在坚持基本原则的基础上，处理好规章制度的严肃性和灵活性之间的关系，避免过分机械地执行规章制度。最后，管理者应当充分重视和尊重教职工的主动性和积极性，坚持民主性和群众性原则，不断地在规章制度执行过程中提高执行规章制度的自觉性。

(三)监督指导

幼儿园规章制度的实施要做到有法必依，需要建立健全监督指导机制。因为现实中不是所有的人都可以有效地进行自主管理，如果大家没有按照制度的内容去做，或者即便做了不应该做的事情也无人管理的话，制度久而久之就会成为摆设，这就需要监督和指导。必要的监督和指导对教职工遵守幼儿园规章制度会起到帮助的作用，尤其是在幼儿园遵章守纪的良好风气没有形成之前，各项规章制度只有在严格的监督指导下，才能切实发挥管理手段的作用，在全园建立起良好的工作秩序，保证各项工作顺利进行。

(四)奖惩结合

幼儿园规章制度的实施要建立科学合理的评价奖惩机制，通过评价及时发现问题，将评价结果与奖惩适当挂钩，奖罚分明。对模范遵守幼儿园制度者要及时表扬、奖励，有利于调动教职工遵守制度的积极性。惩罚也是提高制度执行力的重要手段。如果制度执行过程中，不管做得好坏，结果都一样，制度势必会流于形式。缺乏严格的奖惩机制，处罚失之于软，失之于宽，违反制度的成本太低，难以树立制度的权威。因此，制度的实施要“违法必究”，奖惩结合，真正发挥制度的约束力和强制性。

本章小结

幼儿园管理体制，是指幼儿园的组织系统和幼儿园的规章制度等多方面的结构体系。它主要包括领导体制、组织机构和规章制度三部分。

幼儿园领导体制是幼儿园领导机构体系和有关规章制度体系的综合，其核心内容是对幼儿园组织系统内的领导机构、领导权限、领导关系及领导活动方式用制度化的形式进行规范。本章重点分析了园长负责制的含义和实施的必要条件。之后，以案例导入，以组织的基础知识为铺垫，解读了幼儿园组织机构设置的意义、原则、依据、类型、层级和模式。最后，以案例导入，讲解了幼儿园规章制度的含义和作用、层次和类型、制定原则和实施要求。要实现幼儿园的基本任务，就要科学合理地设置幼儿园组织机构，建立并完善幼儿园的各项规章制度，不断深化内部管理体制改革，使管理过程科学化，向管理要效益。

【推荐阅读】

[1] 王瑜，贺燕丽. 幼儿园组织与管理[M]. 北京：高等教育出版社，2003.

[2] 罗长国，胡玉智. 幼儿园管理[M]. 北京：高等教育出版社，2011.

[3] 吴绍萍. 幼儿园管理与实践[M]. 南京：江苏教育出版社，2012.

[4] 程凤春. 班级管理的50个经典案例[M]. 上海：华东师范大学出版社，2011.

思考与练习

一、名词解释

幼儿园领导体制　园长负责制　幼儿园组织机构　幼儿园规章制度

二、简答题

1. 实施园长负责制的必要条件是什么？
2. 幼儿园组织机构设置的依据和原则有哪些？
3. 幼儿园规章制度的含义和作用是什么？
4. 简述幼儿园规章制度的层次和类型。
5. 实施幼儿园规章制度有哪些要求？

三、论述题

请结合实际阐述如何制定幼儿园规章制度。

【实践课堂】

分析下面园长以“退”为“进”的做法取得了良好效果的原因，分析园长的做法贯彻了规章制度制定的哪些原则。

“退”是为了“进”

青青幼儿园刚建立不久，教职工短期内陆续从外单位调入，带来了好的经验，同时也带来了不良习惯。劳动纪律松散、上班迟到早退现象严重，动辄请假，领导忙于调剂人员顶班代班的事务性工作，严重地影响了教学秩序。早上家长送孩子入园，由于教师未按时到岗，耽误家长的上班时间，家长对此颇有意见。园长决定加强管理，制定了《考勤制度》，通过制度规范工作秩序，调动教职工的积极性。制定了奖励部分分月奖和年终奖。违反制度除了扣除当月考勤奖外，还和年终奖挂钩：一次月奖被扣，年终奖拿 80%；三次月奖被扣，年终奖拿 60%等。经过园务会讨论决定后，向全体教职工宣布执行。

第一个月奖罚结果公布，有半数人员仍在违章被罚之列，这就意味着这半数人员拿不到年终全额奖。一时间，教职工议论纷纷，吵闹者有之，冷眼旁观者有之。这一实际情况引起了园长深思。制定《考勤制度》的目的是更好地调动员工的积极性，如按《考勤制度》的规定进行奖惩，半数人员都在被罚之列，这样罚了以后，能否真的调动积极性呢？但是，不罚又该如何处理呢？不罚，制度就失去了严肃性和权威性，就变成了一纸空文，会给以后的管理带来严重的负面影响。

园长经过反复思考后，及时召开全体员工大会，让大家针对实际情况认真讨论：我们新建幼儿园，面对市场上激烈的竞争，应该怎么样才能求得生存？怎么样才能更好地提高保教质量、取信家长、吸引生源？如果幼儿园办不下来，我们的出路将如何？大家在讨论中认真地分析了自身存在的问题及原因，并对管理上存在的问题提出了一些具体的措施和建议。

讨论结束后，园长提出一条建议，让大家讨论决定。本月违反了《考勤制度》的人，扣除当月奖，但不与年终奖挂钩；从下月起，完全按照制度执行。她的建议立即得到大家的认同，受罚的人也表明了自己的决心："原认为反正拿不到年终全额奖，再迟到几次也无所谓，在这样处理后觉得很满意，今后好好干，争取全额奖。"

在以后的日子里，教职工遵章守纪的自觉性大大提高了，幼儿园的保教工作也走上了科学规范的轨道，质量的提高得到了广大家长的信任。园长再也不为教职工的迟到早退等而费心，而是把精力放在了抓保教质量提高上。

这位园长的"退"确实达到了"进"的目的。

(资料来源：张燕．邢利娅．幼儿园管理案例及分析[M]．北京：北京师范大学出版社，2009.)

第三章　幼儿园管理体制.pptx

制定正确的战略固然重要，但更重要的是战略的执行。

——联想集团总裁兼CEO　杨元庆

战略越精练，就越容易被彻底地执行。——花旗银行董事长　约翰·里德

第四章　幼儿园目标管理

本章学习目标

- 了解目标、目标管理、幼儿园教育目标、幼儿园管理目标的基本内涵。
- 理解幼儿园目标确立的依据及要求。
- 掌握幼儿园目标管理的过程。

核心概念

目标(objectives)　目标管理(management by objectives)　幼儿园教育目标(kindergarten education objectives)　幼儿园管理目标(kindergarten education objectives)

引导案例

为贯彻落实《3～6岁儿童学习与发展指南》，调动幼儿园教师创造性地开展幼儿游戏活动的积极性，全面提高幼儿园游戏活动质量，我市准备举办幼儿园创意小游戏比赛活动。我园小、中、大班必须各出一个创意小游戏。为此，我们召开教研组长、骨干教师会议。对于人选，园长是胸有成竹的，特别是几位经验丰富、年富力强的骨干教师，更使她底气十足。但是，轮到这几位骨干教师发言的时候，会场却冷了下来。无言的沉默令园长十分被动与尴尬，会议最后草草收场。会后，园长与这些老师个别沟通，他们都以各种理由拒绝了。

“把机会让给小年轻吧，让他们锻炼锻炼。”

“做了这些年，每次都是我们，累了，烦了，换点新面孔吧。”

“我的那些都是老套路了，跟不上时代，让我做代表，会影响整个幼儿园的。”

“我们大班还有毕业典礼要弄，天天挤时间排练节目，典礼搞不好，怎么向领导交代？”

三四十岁就老了？工作十多年就腻了？后面的二十年怎么办呢？

无奈之下，我们召开了园务会议，对每一位教师的课程执教能力进行了全面分析，最终小班、中班、大班各指定一位老师作为人选。

园长再一次与指定的三位老师进行个别交流，不过这一次的谈话更加严肃。首先重申了年级组长、骨干教师的责任与义务，对她们一一说明了这次活动的重要性，并且表明了行政推荐的人选是经过商量，从综合能力考虑的。最后也承诺，她们展示的活动的每一个环节，事先都会由相关人员把关，给予意见和建议，让她们知道，她们不是在“单独作战”，她们背后有一个团队在支持，结果好与不好，不是针对她们个人的，而是整个幼儿园的业务管理能力。最后，这三位老师终于接下了任务。

第二天，在全体教职工会议上，园长对这三位教师平时的工作给予高度评价和充分肯定，也非常感谢她们这次主动承担重任，并要求其余教师向她们学习。会后，她们三人一同来到园长办公室跟园长表态：“之前，我们的态度的确不对，有愧于骨干教师的称号，您在全体教师面前这样夸奖我们，我们真的很感动。我们一定会努力，顺利完成任务，放心！”

案例分析

职业倦怠是各个行业都会出现的普遍现象，尤其是在幼儿园教师群体里，中年教师上有老、下有小，既要照顾好家庭，又要认真敬业地做好工作，体力和精力都面临巨大的挑战。中年教师在多重压力下还能保持旺盛的工作劲头实属不易。但是中年教师恰恰是幼儿园里经验最丰富的骨干教师，如何让这些教师克服得过且过“混日子”的消极工作状态？该案例为幼儿园管理者提供了可供借鉴的成功经验。

马斯洛提出了著名的需要层次理论，他认为，社交、归属的需要，尊重的需要与自我实现的需要属于高级的需要。尊重的需要既包括对成就或自我价值的个人感觉，也包括他人对自己的认可与尊重。教师大都有着强烈的尊重需要。作为管理者，应关注管理细节，注重管理艺术，尊重教师人格。案例中，当出现教师行为违背行政意愿的现象时，园领导采取个别沟通和表扬激励等手段，充分肯定了教师的业务能力和自我价值，满足了教师自我实现的需要。园长的激励使骨干教师和年级组长充满了责任感，在享受一定待遇的同时，愿意更多地承担相应的责任和义务，积极地发挥引领和辐射作用。

但是，要使骨干教师更多地发挥模范带头作用，仅靠几次个别谈话是不够的，幼儿园要做的工作还有很多。坚持制度管理和人性管理相结合，加强团队建设和完善激励机制，这才是真正解决问题的长效机制。

学习指导

本章的重点是目标管理的内涵，即各项活动以紧紧围绕目标并服务于目标为中心，以分解和执行目标为途径，以最佳达成目标为宗旨的管理方法和过程。要实施目标管理，必须树立目标管理意识，认识目标的内涵、特征和功能，明确幼儿园教育目标与管理目标的关系及其内容要求，学会分解、落实目标和控制目标管理过程，掌握目标管理的考核、评价方法。

任何单位开展任何工作或活动，都必须有明确的目标，并通过管理来实施。没有目标的活动或者没有目标的管理，都是盲目的行为。目标确立的科学程度与明确程度制约着管理效能，并与效应成正比。因此，确定目标，实施目标管理，是领导管理活动的首要环节和核心内容。

第一节 目标与目标管理的内涵

一、目标的含义及其特征

(一)目标的含义

“目标”是什么？目前还没有形成一个统一的定义。从词义上来说，“目标：目的，如为一个共同目标而奋斗。”[①]管理学中的目标通常是指一个组织、群体或个体在一定时期内进行各种活动所追求的最终目的，即预期结果所要达到的标准、规格或状态。目标既可以是外在的实体对象，如完成一定数量、质量、工作量指标或者获得奖金、奖品等物质奖励，也可以是精神的或理想的对象，如达到一定的思想水平、理论水平、技术水平或者荣誉、赏识等精神鼓励。

目标是主观见之于客观的东西。目标的内涵在于其主观愿望与客观实际的辩证统一。人们的主观意识对客观要求，即对客观规律有了正确的认识与反映后，才能制定出正确的目标，因此只有符合客观规律的目标才能付诸实践。可以从三个方面来理解目标的内涵：第一，目标作为一种行动期望，是人对各种活动所追求的结果在主观上的超前反映；第二，目标是管理工作的核心、计划的方向、行动的向导、举措的依据，也是检验的基准；第三，目标是人们为之奋斗的目的，它在组织管理中既是组织活动的出发点，也是归宿。

(二)目标的特征

不同的组织往往有不同的目标，目标是多种多样的，一般有以下特征。

1. 方向性

目标总是遵循客观规律、指向未来而设计的。幼儿园的工作目标，体现着幼儿教育的性质和任务，制约着幼儿园工作的进程和发展方向，指引各组织机构、管理人员及其管理活动朝着预期目的而奋斗。

2. 社会性

目标反映社会发展的需求，体现社会精神、社会价值和社会前进的趋势。它虽由人来制定，但必须是对客观事物的正确反映。主观与客观的统一，是保证目标正确性的前提和基础。幼儿园是社会的组成细胞，其教育活动、管理活动的方式都受社会要求制约，并为社会发展服务，所以目标具有社会性。

3. 多样性

个体需求与实践活动的多样性决定了目标的多样性。在众多目标中，目标有主目标与次目标之分。主目标是指个体、群体或组织的某一行动要达到的主要目的，具有根本性；而其他同时可以达到的效应，则为次目标。了解目标的多样性，有助于园领导正确地确定目标和充分发挥目标的作用。

---

① 辞海. 上海：上海辞书出版社，1983：1665.

4. 层次性

目标是可以分解的，具有从属、递进关系。

幼儿园有全园的整体目标，也有分类目标或部门、班级、个体的局部目标；有长期目标，也有中期、近期目标。它们有机地构成有层次的目标体系。高层次的目标具有战略性和概括性特点，低层次的目标则具有战术性和具体化特点。同时，目标与目标之间相互关联，上下贯通，彼此协调，融汇成一个整体的目标体系。

5. 可行性

制定目标是为了付诸实践，必须是经过人们的努力奋斗才可以实现的。不能实现的目标是空想，空想则失去了存在的意义。目标的可行性表现为合乎规律、符合实际；指向明确、要求具体，能为人所理解、控制和实践；能够分解为可以计量的行动指标，便于操作实施。目标只有可行，才能在实施过程中使其潜在能量转化为现实能量，产生效果。

6. 时间性

按时间长度，可以将目标分为长期目标、中期目标和短期目标，体现为目标的时间性。任何目标的达成都有时间限制，只不过有时是弹性时间要求，有时是刚性时间要求。

7. 可考核性

按考核目标的性质，可以将目标分为定量目标和定性目标，即做出量的描述或是质的阐述。不管是定量目标还是定性目标，确立的目标应当是可以通过一定的手段来考核的。模棱两可，无法考核的目标则不能起到目标导向的作用。

二、目标管理理论的产生与发展

1954 年，美国著名管理学家、“现代管理学之父”彼得·德鲁克提出了目标管理的思想。他在《管理的实践》一书中第一次提出了“目标管理和自我控制”的主张，认为“企业的目的和任务必须转化为目标”，如果一个领域没有目标，则这个领域必然被忽视。并不是有了工作，才有目标，而是反过来，有了目标，才能确定每个人的工作。管理应当通过对目标的管理来动员和协调全体人员的行动，实现组织的目标。

德鲁克的目标管理思想，后来又经管理学家施莱和孔茨等人的完善和具体化，成为很有价值的观念和具有实效的管理方法，广泛运用于企业管理、行政管理、军事管理等领域，同时也被引进了教育管理领域。实践证明，这种管理方法在管理实践中是富有成效的，尤其是有利于实现被管理者的自我控制和自主管理。

目标管理理论的产生是当代管理理论与管理实践发展的必然结果。在管理科学理论发展的过程中，经历了古典科学管理时期和人际关系-行为科学时期。古典管理理论强调正式组织的职能，强化劳动监督，注重组织的工作效果；行为科学管理理论则重视组织中的人，强调管理应满足个体的需要，注重改善人际关系和发挥非正式组织的作用。这两个时期的管理理念虽然各有其合理成分，然而又失之片面。目标管理思想正是吸收了这两者的合理成分，并将二者有机结合起来，一方面通过制定和实施目标来完成组织的任务，实现组织的目的；另一方面又以目标层层展开的方式强化组织成员的参与意识和行为，使他们以目标为中介与组织产生认同，在工作中实行自我控制。

总之，目标管理是一种既注重工作又重视人，并使二者有机结合起来的科学管理方式。但也存在重目标而轻过程的情况，管理中对过程的指导也相对较弱。

三、目标管理的含义及其功能

(一)目标管理的含义

目标管理是以目标为中心进行管理活动的一种现代管理方法。

目标管理是管理者围绕组织与个人制定目标、实施目标、评估目标、更新目标所展开的一系列管理活动。其内容是动员全体员工参与目标的制定并保证目标的完成；其目的是通过目标的激励，最大限度地调动和发挥员工的积极性；其核心是注重工作成果和成果评价，强调“自我控制”；其标志是“组织目标与个人目标融为一体”；其特点是以目标作为各项管理活动的指南，并以实现目标的绩效评价其贡献大小。[①]

(二)目标管理的功能

目标是人的奋斗方向和目的，不仅能调动人的积极性、主动性和创造性，而且具有多种管理功能。越是自觉实施目标管理，这种功能就越大。目标管理的功能主要有下列五种。

1. 启动功能

确立正确的目标，显示着管理者尤其是决策者主动适应未来发展需求的自觉意识，反映着他们追求理想结果的强烈愿望。科学可行、明晰明确、广泛认同的工作目标是一种强大的内在驱动力，对人们的具体行动具有引发和推动的作用，能够促进人们为实现共同的目标而奋发努力。这是一个由需要而产生动机并变为行动的过程。目标这种内在的引发作用和驱使作用，就是目标的启动功能。

2. 导向功能

目标能起方向盘、指南针的作用。没有明晰正确的目标，就没有实际有效的行动。目标的明确度与管理的成效是成正比的，即目标方向×工作效率=管理效能。科学可行的目标有一种内驱力，推动组织成员为实现目标而努力。自觉的目标意识支配着集体或个体的行为方向，制约着人们的思维、情绪和实践活动。在管理过程中，目标发挥控制和调节作用，能促使教育活动和人的行动沿着既定方向健康发展。可见，这就是目标导向功能的表现。具体目标为具体活动或行动导向，远大目标为长期活动导向，甚至为人的一生导向。

3. 激励功能

激励，是指使人产生积极向上的一种推动力。它不仅取决于需要、动机的驱动，而且取决于人对目标的期望程度。目标越具有深刻意义和价值，越能激励人的需要、动机和期望，不断强化人们积极努力的自觉程度，汇成强大能量去实现最终目的。与此同时，目标管理所确立的工作目标，只有将目标的可行性与挑战性结合起来，才能使人们为实现目标积极进取，并在实现目标的过程中不断实现个体的自我价值，以促使他们寻求新的更高的

---

① 张燕. 学前教育管理学[M]. 北京：北京师范大学出版社，2010：132.

起点，激励他们朝着确定的目标更加积极努力地工作。

4. **聚合功能**

"我们都是来自五湖四海，为了一个共同的革命目标，走到一起来了。"毛泽东同志这句名言就是强调目标的聚合作用。也就是说，目标使人心往一处想、劲往一处使。目标越明确地反映人们的共同愿望，聚合作用就越大。在目标管理中，只有把每个人、每个组成部分的积极性、努力程度和力量都联结聚集起来，使之处于相互协调、相互合作、相互补充、相互促进之中，工作才能不断开创新局面，才能最终实现组织目标。幼儿园领导和保教人员为了共同的目标，相互间才有了共同的认识、情感和语言，也更加容易相互沟通与了解，共同克服困难，分享实现目标的欢乐。

5. **衡量功能**

目标管理以确定总体目标为开端，以评估目标的达到度及成效为终结。在管理过程中，必须有检查、考察、测量、分析和总结的环节，目标在总结检查时起到了标准作用。目标规格是衡量质量的根本内容，也是确定衡量尺度的总依据。强调目标是管理活动的归宿，就在于目标规格具有内在的衡量功能。部门、个人工作的优劣以目标的完成情况来衡量，目标就成为评价部门、个人工作的依据，成为评价管理工作的尺度。目标的衡量作用可使领导者在评价中减少主观性，增强客观性和公正性，也可增强全体教职工自我控制和自我评价的意识与操作能力。

实践中，幼儿园领导者应认真学习目标管理的理论与方法，实施目标管理，向管理要质量、要效益，不断提高幼儿园保教工作和管理工作的整体水平。

第二节 幼儿园的目标及目标确立

一、幼儿园总体目标的结构

幼儿园总体目标的结构是由幼儿园的性质及其职能所决定的。幼儿园工作主要包括教育工作和管理工作两大类，两类工作的目标就是教育目标和管理目标，二者有机地构成"目标管理"系统，统称为幼儿园工作目标，如图 4-1 所示。

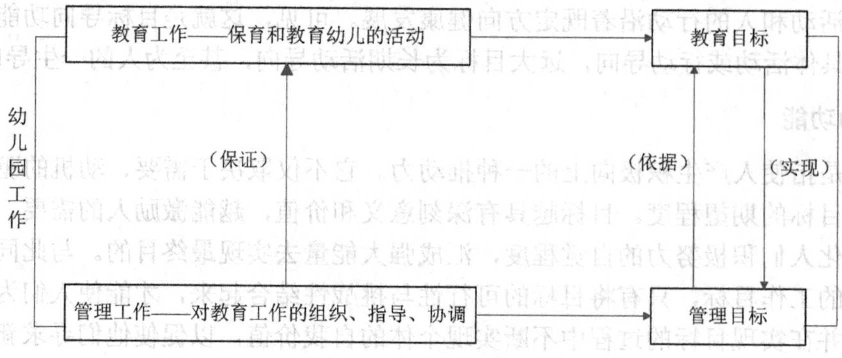

图 4-1 幼儿园工作目标构成图

(一)幼儿园教育目标

幼儿园教育工作是指直接作用于幼儿的一切活动，涉及育人工作的全部，如游戏活动、教学活动、生活安排等，是保教结合、促进幼儿全面发展的全部活动，是指向实现幼教机构教育目标的工作。

我国的教育目的是由国家教育行政的最高决策层规定的，是对全国各级各类教育提出的统一人才培养的规格和要求。由于各级各类教育情况不同，为实现教育目的，必须根据各级各类教育的特殊性而将之具体化，因此就出现了教育目标。幼儿园教育目标是教育目的在幼儿园阶段教育的具体化，是幼儿园培养幼儿的规格和要求，它决定着要把幼儿培养成什么样的人，即教育对象的质量标准。

《教育法》对我国教育目的有明确的表述："培养德、智、体等方面全面发展的社会主义事业的建设者和接班人。"在幼儿教育阶段，这一目的在《幼儿园工作规程》第一章第三条表现为："实施体、智、德、美诸方面全面发展的教育，促进幼儿身心和谐发展。"第一章第五条提出了幼儿园体、智、德、美各方面教育的具体目标，对幼儿园教育目标的内容做出了较详细的规定，体现了国家、社会对新生代培养的总要求。

幼儿园应根据学前教育的总目标，结合本园实际情况，确立本园的教育总目标，然后将目标按照目标管理的方法逐层转化，具体化为各层次的可操作性目标，即大、中、小等年龄班教育目标，学期教育目标，月、周、日教育目标，再具体到每项活动的教育目标。通过各层次分目标的实现，最终实现学前教育的总目标。通过目标的层层具体转化，形成对儿童发展的具体要求，由教师操作实施，以实现幼儿个体的真实发展，最终实现教育目标。

(二)幼儿园管理目标

幼儿园管理工作是指组织育人活动的一系列活动，如建立一定的组织机构，确定园长、教师及各类工作人员的职责，制定规章制度，实施计划管理，开展评估活动，加强师资队伍建设，改善办园条件等，都属于管理活动。

管理的定义阐明了管理活动的目标就在于有效地实现组织的预定目标。幼儿园管理目标是指管理活动应达到的要求和标准，即把幼儿园办成什么样的规格和水平。幼儿园的管理活动是从幼儿园教育活动中分化出来的相对独立的活动。幼儿园设置与存在的根本价值，就在于通过幼儿园教育为社会和幼儿发展服务。良好的幼儿园管理对幼儿园教育目标的实现会起到保障和加速作用，幼儿园管理活动的根本目的就是促使幼儿园更加优质高效地实现其教育目标，为幼儿健康快乐成长服务，更好地为家长服务。

教育目标和管理目标是幼儿园全部工作中的两个方面，二者之间存在着必然的联系。教育目标是确定管理目标的依据；管理目标是实现教育目标的保证和前提。教育目标的实现又体现出全部管理工作的结果，两者是辩证统一、相互影响的关系。确立幼儿园的总目标，应该在正确的办园指导思想引领下，将管理目标与教育目标恰当整合，充分发挥幼儿园管理的保障作用，又好又快地实现幼儿园的教育目标。

从整体上来看，幼儿园的工作目标即总目标，既包括教育目标，又包括幼儿园各项管理活动的质量标准。确立幼儿园的总体目标，应有正确的办园指导思想，应注重管理目标与教育目标的整合一致。

二、幼儿园目标确立的依据及要求

(一)确立幼儿园教育目标的依据及要求

1. 确立幼儿园教育目标的依据

在幼儿园里，起主导作用的不是园舍和设施等物质条件，而是要把幼儿培养成怎样的人。明确的教育目标体现着办园方向，统率着幼儿园全部教育活动，并制约着全部管理活动。因此，确立科学的教育目标是管理的首要任务。

(1) 社会发展的客观要求。

教育目标必须适应社会发展需求。一个国家在不同的发展阶段，对新一代人应具备的素质要求是不同的。20 世纪 50 年代初，我国要求幼儿园完成教养幼儿、为生产建设服务(含解放妇女劳动力)两大任务。20 世纪 70 年代末 80 年代初，我国进入“四个现代化”建设的新阶段，席卷全球的新技术革命高潮也同时到来，因此“多出人才、快出人才、出好人才”成为社会发展的迫切需求，使原来只注重传授知识的传统教育观和人才质量观面临时代的严峻挑战。邓小平同志提出“教育要三个面向”的方针，为教育改革和培养目标注入了新的内涵和活力。于是国家明确规定培养“四有”“三热爱”“两精神”的一代新人。随着幼教改革的深入，20 世纪 80 年代以来，强调在丰富幼儿知识、经验的过程中，要注重开发智力和才能、培养良好个性、发展社会性品质和适应能力等。21 世纪，要求进一步深化教育改革，全面推进素质教育，运用现代教育技术，开拓创新教育，强调培养创新精神和实践能力等新方向。这些不断发展的新要求，都是为适应社会发展需要而提出的。

(2) 幼儿身心发展的客观规律。

全面促进幼儿素质和谐发展是幼儿教育的中心任务。发展包括身体和心理两个方面，前者指身体的发育和体质的增强；后者指知识技能的获得，生活经验的丰富，智力才能的开发，思想品质的培养，以及情感、兴趣、爱好、志向和性格的发展等。由于幼儿“身”“心”是一个有机统一的整体系统，因此必须保证二者同步、协调、和谐发展，即常说的“体、智、德、美全面发展”。幼儿身心发展是有规律的，既有连续性，又有阶段性。发展的实质是不断开发其个体潜能，即表现为各方面都由“现有发展区”向“最近发展区”不断发展的过程。如果对幼儿提出过高、过难或过低、过易的教育要求，都会违背幼儿身心发展规律，达不到发展潜能的目的。所以，制定教育目标必须以幼儿身心发展的客观规律和要求为依据。

(3) 幼儿教育的启蒙性质。

幼儿教育是启蒙教育。这是因为幼儿对客观世界的认识尚处于朦朦胧胧的阶段，还不能分门别类地接受系统科学知识。所以，幼儿教育的任务是为入小学打好基础，为造就一代新人打好基础。这一启蒙性质的特点是：第一，幼儿认识的内容应是幼儿周围生活环境中所常见的、有代表性的、具体形象的、浅显易懂的自然知识和社会知识，初步培养幼儿数量、时空等概念，发展语言表达与审美能力等。例如，让幼儿认识客观世界的具体事物，认知物体的形态、结构、色彩、气味、大小、长短、粗细等外部特征及其数量关系、时空关系等；知道事物的名称、用途、与人们的关系，学会排序、比较异同和分类，了解事物之间或自然现象之间的相互联系、因果关系等，而不要求幼儿掌握抽象的理论。第二，对幼儿认知要求虽是粗略、浅显的，但必须是科学的、唯物的、辩证的。第三，幼儿教育的方式应形象、具体、直观、生动活泼，并要求多种形式、手段、方法合理结合，综合运用，创设立体、开放的教育环境。第四，强调幼儿教育不以传授知识的多少为主要目标，重在发展幼儿素质，开发幼儿智能和创造性才干，培养良好个性品质，提高适应社会环境的能力等。总之，把握幼儿教育的启蒙性质，在于严格区别于小学教育，防止小学化或成人化倾向，使教育目标切实建立在幼儿教育工作规律的基础上。

只有把握好上述三个方面的依据，才能确立起科学的教育目标。

2. 幼儿园教育目标的结构体系

预期的教育目标，是通过目标结构及其整、分、合的运转过程实现的。结构是功能的保证。我国幼儿园教育目标结构，是在国家幼儿教育总目标的宏观指导下，由各教育领域和教材分类目标、幼儿身心素质发展目标、学段目标、单元主题教育目标及一个个具体教育活动目标等组成的。这是通过“综合—分析—综合”思维过程而形成的纵横交叉、有机结合的目标系统。

(1) 幼儿教育总目标。

1996 年国家教育委员会颁发的《幼儿园工作规程》第三条明确规定：“幼儿园的任务是：实行保育与教育相结合的原则，对幼儿实施体、智、德、美诸方面全面发展的教育，促进其身心和谐发展。”

第五条又具体规定了幼儿园保育和教育的主要目标：“促进幼儿身体正常发育和机能的协调发展，增强体质，培养良好的生活习惯、卫生习惯和参与体育活动的兴趣。

发展幼儿智力，培养正确运用感官和运用语言交往的基本能力，增进对环境的认识，培养有益的兴趣和求知欲望，培养初步的动手能力。

萌发幼儿爱家乡、爱祖国、爱集体、爱劳动、爱科学的情感，培养诚实、自信、好问、友爱、勇敢、爱护公物、克服困难、讲礼貌、守纪律等良好的品德行为和习惯，以及活泼、开朗的性格。

培养幼儿初步的感受美和表现美的情趣和能力。”

应该注意，这里规定的是“主要目标”，以四个方面为主线提出，但并不意味着幼儿的发展只限于这些内容。例如，发展幼儿与他人友好相处的交际能力、自律能力，开发创造性思维和创新精神，萌发环保意识，培养对环境的适应能力等，都属于幼儿素质发展内容，也都是现代社会所需求的。这一精神，国家教育委员会基础教育司在《幼儿园工作规程》《幼儿园管理条例》的“讲解提纲”中已做了说明。

(2) 教育领域分类目标。

实施教育活动，首先应确定教育内容，而教育内容因各教育领域的不同特点又有不同的分类。

教育领域的分类，目前我国划分为五大领域，即健康教育、科学教育、社会教育、语言教育、艺术教育等。

在各大教育领域中，又包括不同的内容类别。例如，健康领域分为卫生保健、体育活动、心理健康；数学领域分为数概念、10 以内的加减运算、量的感知和几何形体、时空关系的认识以及感知集合(物体归类)；科学领域分为生命科学、环保科学、科技产品、科学现象；社会领域分为社会意识、社会环境、人际关系、社会行为、社会文化；音乐领域分为唱歌、律动、音乐欣赏、器乐演奏；美术领域分为绘画、手工、作品欣赏。

按照上述领域和类别，分别确定教学内容和要求的分类目标，依传统说法称为“教学大纲”。

(3) 幼儿身心素质发展目标。

根据规定的教育内容和要求，实施全面发展教育，欲使幼儿身心素质在哪些方面获得发展并达到怎样的实际水平，这种最终目的(或规格标准)的追求就是幼儿发展目标。因为教育内容只有通过教育实践而转化为幼儿身心素质的实际水平，才能算是真正的教育质量。

幼儿身心素质的发展领域应包括身体发育与体质、知识与经验、动作与技能、智力与才能、个性与社会性品质五个方面。在这五个方面具体规定幼儿的发展规格。只有达到了预期的结果或状态，才算实现了幼儿素质发展目标。

(4) 学段目标。

由于教育活动和幼儿发展都既有连续性，又有阶段性，是一个循序渐进、螺旋上升的运转过程，也是幼儿素质不断由“现有发展区”向“最近发展区”持续递进的过程。因此，要制定不同的学段目标。学段目标包括各年龄班的学年目标和学期目标，即综合性地规定每个学段的教学内容、教学要求、主要教育活动与幼儿发展的预期目的等。形式可采用条文规定或表格式，也可以二者结合运用。

(5) 单元主题教育目标。

单元主题教育目标即把学段规定的各个教育领域内容，按照以科学知识为主导，以事物发展规律和幼儿思维逻辑为顺序，确定一个个主题的排列组合，建成循序渐进、有机结合的系列性单元主题教育活动，并相应地一一制定主题教育目标。由于教育内容是紧密围绕主题组合的，因此，主题教育目标具有显明的综合性和有机性，而不是各领域要求的分割并列，即让幼儿获得的知识、经验、动作、技能、智力、才能以及个性、社会性品质等要求都体现在主题教育目标中。目标要重点突出，简要、明白、确切，富有针对性、关联性、综合性和有机性。主题目标还应包括教幼儿一些基本的学习方法，如引导幼儿体验学习、操作学习、探索学习、发现学习等，即变幼儿被动学习为积极主动、创造性地学习，使之真正成为学习的主体。

(6) 教育活动目标。

幼儿教育任务和培养目标都要通过一个个的具体教育活动而实现。每个主题教育可包括若干个具体教育活动(多少由教师策划确定)，可以是综合性的，也可以侧重于某个教育领域内容。不管如何组合，具体活动目标都要落实学段目标和贯彻主题教育目标，并密切针对幼儿身心发展的实际水平和新需求，把握在“最近发展区”内开发其潜能。教育活动目标比主题教育目标更应突出针对性、儿童性、趣味性、活动性和可操作性。

上述六种目标有机地构成了教育目标结构体系。幼儿教育总目标主导其他目标，其他目标是在纵向或横向上层层落实，分别围绕总目标运转，充分发挥“卫星”作用。

3. 幼儿园教育目标的要求

上述教育目标的内容，是幼儿教育质量的基本规格，是每个幼儿教师教育实践的指南，也是幼儿园管理必须遵循的方向和要求。因此，深刻理解目标精神，是有计划、有步骤实施教育的关键。幼儿园教育目标的实质要求包括以下四点。

(1) 执行党的教育方针。

中共中央、国务院1993年颁发的《中国教育改革和发展纲要》第二十七条指出：“教育改革和发展的根本目的，是提高民族素质，多出人才，出好人才。”要求各级各类教育机构都要“认真贯彻‘教育必须为社会主义现代化建设服务，必须与生产劳动相结合，培养德、智、体全面发展的建设者和接班人’的方针”。文件规定的任务和方针，是全国各级各类教育机构(包括幼儿园)都必须遵循的。《幼儿园工作规程》第二条指明：“幼儿园是对三周岁以上学龄前幼儿实施保育和教育的机构，是基础教育的有机组成部分，是学校教育制度的基础阶段。”它说明幼儿教育是我国教育大系统中的子系统，是基础教育中的基础，是培养人才的第一道工序。因此，幼儿教育必须坚决执行党的教育方针。事实上，幼儿园上述教育目标就是依据教育方针制定的育人方向和目的，是教育方针在幼儿园中的具体化。

(2) 全面实施素质教育。

社会要求培养人的素质全面发展。个体素质的全面发展是提高民族素质的细胞和基石，造就各类专门人才必须以发展素质为基础。因此，基础教育的根本任务是全面实施素质教育，培养全面发展的社会主义建设者与接班人。

幼儿园教育目标是促进幼儿素质全面、和谐发展。“全面”，指体、智、德、美发展的整体性，缺一不可；“和谐”，指体、智、德、美的有机性，不可分割。说明在实施幼儿教育目标的教育过程中，“四育”是相互联系、相互制约、相互促进又相互融合的有机结合体。单从幼儿心理发展讲，如强调知、情、意、行与个性、能力的培养，也是一个诸要素有机结合体；只有把素质培养融于体、智、德、美的全面教育过程中，才能使幼儿获得卓有成效的和谐发展。总之，“全面、和谐发展”是幼儿园教育目标的核心要求，既是出发点，也是归宿。

(3) “面向全体幼儿”与“因材施教”统一。

教育目标对幼儿园来说，是实施教育活动的工作目标；对幼儿来说，是成长过程的发展目标。“面向全体幼儿”，是实施教育目标的立足点，也是我国幼儿教育的优良传统。有些教师把它与强调“因材施教”对立起来，是片面的。其实，这是一个问题的两个方面：“面向全体”是强调共性要求，让每个幼儿都得到发展；“因材施教”则是强调关注个性特点，让每个个体在各自不同的水平上发展。因为每个幼儿都是独立的个体，其身心发展因先天基质、原有基础、发展速度的不同，不可避免地存在差异，呈现着个体发展特点；集体中的每个幼儿又都在不断发展着，共性与个性总是处在对立统一之中。因此，要求教师在实施教育活动中，既要“面向全体幼儿”，又要“因材施教”，注重每个幼儿的个性发展。只有面向全体，才能保证每个幼儿的发展；只有因材施教，才能促进幼儿个性发展。也只有二者统一，才能培养出多样性人才，适应社会的不同需求。

(4) 幼儿发展寓于“保教结合”之中。

“保教结合”，在幼儿园是一种教育思想，也是一条教育原则。这是由幼儿身心发展的统一性所决定的，也是幼儿教育工作规律所要求的。在实践中应做到“教”中有“保”，“保”中有“教”，二者并举、有机结合，渗透于幼儿一日生活和全部教育活动之中，统一在幼儿全面发展上。保教结合，是我国解放区幼儿教育历史经验的总结，中华人民共和国成立后得到发扬光大，1989年又写进“两个法规”之中。《幼儿园管理条例》明确规定：

“幼儿园应当贯彻保育与教育相结合的原则。”《幼儿园工作规程》规定的教育目标也是把保教作为一个统一体而具体阐述的。所以保教结合的教育思想，必须渗透于实施教育目标中，贯穿于全部管理过程中。

(二)确立幼儿园管理目标的依据及要求

实施幼儿园管理，不仅应把握“将幼儿培养成怎样规格”的育人目标，而且必须确立“把幼儿园办成何等水平”的管理目标。前者是中心，后者是保证。

1. 确立幼儿园管理目标的依据

(1) 理论政策。

科学理论和反映社会需求的政策，是幼儿园管理目标确立的重要依据。政策依据主要包括党和国家的有关方针政策，尤其是教育方针、幼儿园法规，以及上级部门对某一时期、某项工作任务的要求或指示等。对幼儿园管理领域产生指导作用的科学理论主要包括马克思主义基本原理、辩证唯物主义认识论和方法论等哲学理论、管理理论、教育理论、幼教改革和研究动态等。重视这些依据可以确保幼儿园管理目标的科学性和方向性。

(2) 教育目标。

从整体上讲，管理是幼儿园实施育人活动的中介和保证，最终目的是实现教育目标。因此，确立管理目标必须以贯彻教育目标为准则，以实现教育目标为归宿。例如，教育目标规定了促进幼儿体、智、德、美全面发展的素质教育任务，在管理上就必须善于把人、财、物、事、时空、信息等要素都围绕推进素质教育这个方向进行科学安排、有机结合，组织开展纵横交叉、动态有序、时空统一、立体开放的素质教育活动；同时，必须加强保教结合、教养统一，积极地、科学地创设教育环境，为幼儿身心全面和谐发展提供良好的条件、场所和机会。总之，管理目标要依据教育目标的要求而确定，才能发挥其保证作用。

(3) 管理规律。

管理活动同教育活动一样，都是有目的、有计划、有组织进行的，各种管理要素或各个工作环节都在相互联系、相互促进中，主导着管理活动的发展趋势，这就是客观规律。各种管理活动既受其自身规律的支配，也受社会和教育发展规律的制约。管理规律是人类通过总结实践经验并理论上升华而获得的。管理目标的确定及其效能的大小，取决于遵循客观规律和应用现代管理原理。一切成功的管理，都是按规律办事的结果。

(4) 社会环境。

社会环境是幼儿园活动的空间及生存和发展的基础，主要是指所在地区的社会状况，包括所在地的政治、经济、文化、科技、教育等方面。幼儿园在制定管理目标时，必须对各方面社会环境进行分析和预测，才能为组织进行目标定位并制定出切实可行的符合社会需要的管理目标，主要包括了解当前社会环境对幼儿园的影响和要求，了解幼儿园所在社区人口结构及发展趋势，了解周边社区环境条件以及居民对幼儿教育的需求状况，了解教育改革的发展趋势及其对幼儿园的影响等内容。

(5) 幼儿园实际。

幼儿园自身的主客观条件也是管理者制定管理目标的重要依据。制定管理目标是为管理活动提供导向，即把预想的目的转化为现实的管理实践和质量。因此，只有符合幼儿园实际情况和需要的幼儿园管理目标，才真正富有实际操作性和可行性。各园实际各不相同，如客观条件的人、财、物、工作基础、发展现状等；主观条件的管理者及教职工的领导能力、知识水平、心理素质以及幼儿园的凝聚力、环境氛围等方面的情况。所以要因园制宜，应根据自己的实际情况确定切实可行的管理目标。

总之，幼儿园管理目标的确定需要考虑理论政策、教育目标、管理规律、社会环境和幼儿园实际情况，只有这样才能够全面了解幼儿园的内外条件，在此基础上分析幼儿园的优势、劣势、机遇与挑战，确定科学合理、切实可行的目标。

2. 幼儿园管理目标的要求

要确保幼儿园管理机制有效运转，应在管理体系、办事机构、工作队伍、管理方式和管理措施等方面确立下列要求。

(1) 建构整合一致、运转有序的管理体系。

整合一致、运转有序的管理体系反映在目标体系中，具体表现为横向上的全园总目标和部门分目标，管理者的岗位责任目标和个体的具体实践目标以及纵向上的长期目标、中期目标和近期目标。所以，在管理过程中要求这些目标纵横交叉，时空统一，协调一致，形成“心往一处想，劲往一处使”的最佳管理状态，以谋求整体功能。这就是整合一致、运转有序的管理体系的建构方向。

(2) 建立职责分明、工作高效的组织机构。

组织机构是办园的基本条件，实施管理目标靠组织机构的职能。职责分明、工作高效的管理组织活动具体表现为树立目标意识，科学分工，职责分明，各谋其政、各司其职，齐心协力去实践目标；与此同时还要树立制度化、规范化意识，树立“全园一盘棋”的全局意识，使管理活动有条不紊地运转，以整体为准则实施综合管理，勇于创新，勤于调控，善于总结，注重质量，不断提高管理整体功能。

(3) 建设事业心强、业务水平高的工作队伍。

管理的核心要素是人，机构是由人组成的，工作效率也是由人创造的，人的能动性是使管理卓有成效的关键。幼儿园工作队伍包括领导干部、教师、保育员、医务人员、总务人员等，他们是一个各司其职、同舟共济的协作集体。从某种意义上讲，他们都是管理者，也是被管理者，其素质、业务水平高低，主观能动性大小，事业心、责任感和潜在能力发挥得如何，都决定着幼儿园管理的优劣。所以，抓工作队伍建设，是确立管理目标的重要内容。

(4) 实行民主集中的管理方式。

实行既民主又集中的管理方式，能促进全园上下一条心，使领导者和被领导者的积极性、主动性、创造性融于一体，共同把幼儿园管理好。

对领导者来说，发扬民主、走群众路线，既要充分发挥全体工作人员的聪明才智和创造性，善于集中他们的智慧和力量，又要勇于到群众中接受批评和监督，敢于在充分发扬民主、集思广益的基础上，果断决策。

对于教职工来说，在参加管理活动中，既要发扬主人翁精神，乐于贡献自己的力量，积极施展自己的一切才能，又要以强烈的事业心和责任感，勇于献计献策，提出批评意见。

对于管理活动来说，要把民主集中制贯彻于幼儿园管理的始终，坚持一切大事经过民主讨论后再做决定；凡经充分论证后决策的问题，不轻易按个别人意见变动；一切常规性工作要按规章制度办理，不以感情行事。

(5) 学习现代科学管理理论。

管理是一门科学，幼儿园领导者必须学习现代科学管理理论，并将其运用到管理实践活动中，才能实行科学的管理。现代科学管理理论是以马克思主义的认识论和唯物辩证法为理论指导的，在此基础上加强调查研究，进行科学预测，把握目标方向和管理工作规律，领导者才能不断提高决策水平。学习运用“系统论”“信息论”“控制论”的基本原理和方法论是实行科学管理的基础，领导者通过对管理系统的优化、管理程序的科学设计、管理进程的有效控制，不断提高管理效果。此外，现代科学管理理论还包括把现代化技术应用于管理活动，通过实行定量分析与定性分析相结合的方式，对管理效果做出正确评价，从而进一步提高管理水平。应该指出，实行科学的管理，不是排斥和否定传统的管理经验，而是应自觉地把经验提高到理论上分析论证。因此，领导者既要深入学习历代管理理论与方法，又要深入总结符合规律的传统管理经验，善于把二者有机地结合起来，力求形成科学的幼儿园管理机制与方法。

第三节　幼儿园目标管理的过程

幼儿园各项管理工作基本上是按照计划—实行—检查—总结这样的程序进行的。幼儿园目标管理过程是依照确定目标—展开目标—实施目标—考评目标的顺序运行的。实际上，目标管理过程就是目标管理实行的活动程序、步骤及方法，是与一般管理过程基本一致的，或者说二者表现为同一过程。有学者将目标管理的过程概括为“一个中心、三个阶段、四个环节、九项工作”是很贴切的，为实践提供了启示[①]，如图 4-2 所示。

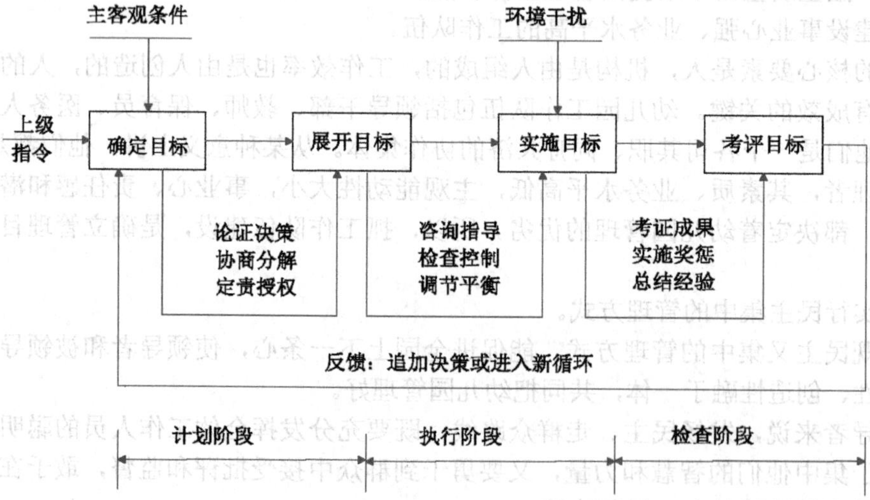

图 4-2　目标管理过程图

① 陈孝彬. 教育管理学[M]. 北京：北京师范大学出版社，1999：356.

一、计划阶段

计划阶段包括确定目标和展开目标两个环节，论证决策、协商分解和定责授权三项活动。

1. 论证决策，确定目标

论证决策是指选择目标的活动，要求目标方向正确，目标项目具体明确，目标值适当，具体包括明确上级任务、预测未来、调查研究、分析比较等一系列目标论证决策活动。这是目标管理的关键一步，是保证目标正确必不可少的工作。

教育的迟效性决定了教育的过程是一个较长时间的过程。幼儿园管理，即育人活动的组织工作也是一个长期的过程，它涉及幼儿园各方面工作水平的提高、办园条件的改善、师德园风的改变等，这些都不是在短时间内能有成效的。因此，幼儿园需要通过详细科学的论证，制定较长时间的发展规划，确立长期发展目标，从全局考虑，从整体上安排各方面的工作和步骤措施，统筹兼顾，切实保证幼儿园各类管理目标和保教目标的实现。很多幼儿园在体制改革中，实行的是园长任期目标责任制，因此可以结合园长聘任期限的3～5年，规划设计幼儿园发展的远景目标，可使园长本人对全部管理工作心中有蓝图、有目标，以目标自觉推动管理团结协作，努力使目标付诸实现。

例如，某幼儿园近三年的目标规划是："力争三年内把我园办成具有科学管理水平，以游戏为特色的××市一级一类示范性幼儿园。"

幼儿园发展的总体战略目标也称为观念性目标，通常是一种具有方向性的奋斗口号，起着鼓舞斗志的作用。此外，还需要进一步将这种观念性目标或奋斗口号具体化、操作化，提出各年度要落实的措施和主要的工作安排。

2. 展开目标，协商分解，建立目标体系

确立了幼儿园管理的总目标，就明确了幼儿园管理的基本方向和任务。在此基础上，为了确保总目标的实现，还需要进一步通过协商将目标层层分解、展开，使其转化为各方面较具体的、可操作的和便于检验的部门目标与成员个人目标，这样就构成了一个层级分明、完整有序的目标体系。作为目标管理过程的重要环节，目标展开得好与坏，直接影响着目标实施和整个目标管理活动的成效。

例如，前面谈到的某幼儿园在确立了三年达到一级一类示范园的管理目标后，还需要将这一总体工作目标分解为各个工作领域或具体部门的工作目标，如关于领导班子建设方面应达到的目标、保教工作质量的内容和要求、办园条件改善方面的要求以及本园教职工队伍提高方面的要求等。

该目标体系要求分目标要与总体目标方向一致，内容上下贯通；同一层次的各分目标之间在内容和时间上要协调、平衡；各分目标应简明扼要，有具体的目标值(定性或定量)和完成的时限。①

整个目标体系的建立和形成如图4-3所示。

① 张燕，邢利娅. 幼儿园组织与管理[M]. 北京：北京师范大学出版社，2002.

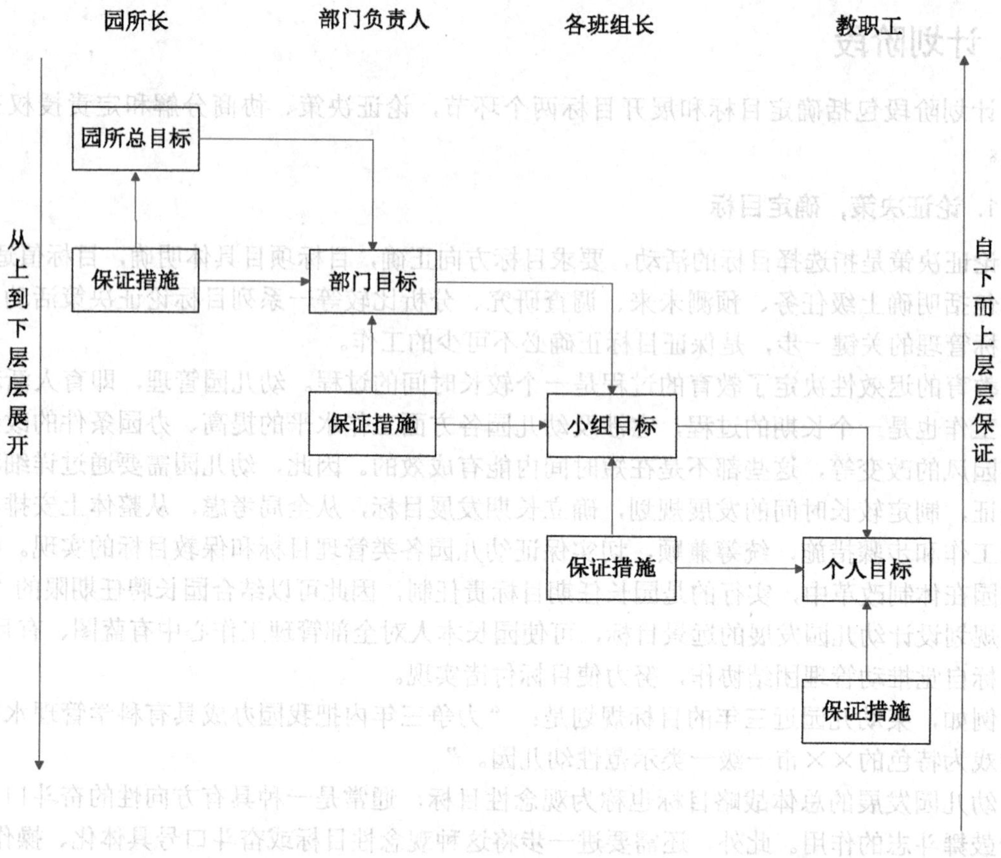

图 4-3　目标展开程序图

3. 定责授权，责权明确

在协商、分解目标的基础上建立管理目标体系后，管理者还需要实行定责授权，建立目标责任体系，即使每个教职工都明确自己的工作内容、应承担的责任及应享有的权利和利益。同时，还应明确各部门和每个教职工的具体责任范围、任务、内容、数量、质量、时间要求和达到的程度等指标。

二、执行阶段

执行阶段主要包括实施目标环节，咨询指导、检查控制和调节平衡三项活动。

1. 咨询指导

咨询指导的作用是推动管理工作的开展，是目标管理活动中具有特色的管理行为。在幼儿园管理中，目标管理强调给下级较多的自主权，所以对下属工作较少直接发布命令，而更多地通过咨询指导，出主意，想办法，提供人、财、物、技术、信息等方面的支援，帮助或指导下级把问题解决好。

2. 检查控制

检查不仅指对下属工作进行检查，而且还指对下属应有权益的享有情况进行检查，如管理者向下级所授之权和所应提供的资源是否到位等。控制是通过检查及时反馈、纠正偏差的管理行为，目标管理的控制应注重每个员工的自我控制，在内容上要对关键方面实施控制，如幼儿园生存发展等工作，而不要事无巨细地干涉园内的各项工作。

3. 调节平衡

调节平衡就是在目标实施过程中，对目标进度和各项管理要素，如人、财、物等的组织和协调工作来提高计划的均衡性，以保证幼儿园总目标的实现。

三、检查阶段

检查阶段主要包括考评目标环节，考评成果、实施奖惩和总结经验三项活动。

1. 考评成果

考评成果就是按照目标管理方案中的计划和要求，对目标的达成情况或目标的实施结果进行考核评价。

2. 实施奖惩

实施奖惩就是按目标成果和奖惩制度，依照奖优罚劣的原则对承担目标责任的集体或个人实施奖励和处罚，奖罚兑现，以达到激励的目的。

3. 总结经验

总结经验就是总结目标实施过程中取得的成果和经验以及存在的问题，为制定下一阶段新目标和指导今后的工作提供基础性参考依据。

以上“一个中心、三个阶段、四个环节和九项工作”，是连续的、不可分割的有机整体，它们相互影响，相互依赖，构成完整的目标管理过程。实施目标管理应当重视管理过程的连续性和整体性。

拓展阅读

权力的三种类型

韦伯十分强调权力对组织的作用，并且对权力进行了分类。他认为任何社会组织都是以某种形式的权力为基础的，否则，组织将没有秩序，出现混乱而无法继续生存和发展。所以，权力是组织生存与发展的需要。从权力来源的角度，他将权力分为三种类型。

一是合理—合法的权力，即源于法律和职位的权力。

二是传统权力，即源于古老传统的不可侵犯的权力。

三是魅力权力，即源于个人的特殊尊严、英雄主义或典型的品格拥戴的权力。

韦伯认为，在这三种权力类型中，合理—合法的权力是组织最好的权力形式，是组织持续发展的基础。

本章小结

管理学中的目标是指一个组织、群体或个体在一定时期内进行各种活动所追求的最终目的，即预期结果所要达到的标准、规格或状态，具有方向性、社会性、多样性、层次性、可行性、时间性和可考核性等特点。目标管理是管理者围绕组织与个人制定目标、实施目标、评估目标、更新目标所展开的一系列管理活动，具有启动、导向、激励、聚合和衡量等功能。

幼儿园总体目标是教育目标和管理目标有机构成的“目标管理”系统，统称为幼儿园工作目标。幼儿园教育目标决定着要把幼儿培养成什么样的人，即教育对象的质量标准。幼儿园管理目标是指管理活动应达到的要求和标准，即把幼儿园办成什么样的规格和水平。

两者是辩证统一、相互影响的关系。

幼儿园教育目标的确立要依据社会发展的客观要求、幼儿身心发展的客观规律以及幼儿教育的启蒙性质；幼儿园管理目标的确立要依据理论政策、教育目标、管理规律、社会环境以及幼儿园实际。为了确保幼儿园管理机制有效运转，应在管理体系、办事机构、工作队伍、管理方式和管理措施等方面确立目标管理的要求。

幼儿园目标管理过程是依照确定目标—展开目标—实施目标—考评目标的顺序运行的。

具体概括为“一个中心、三个阶段、四个环节、九项工作”，它们是连续的、不可分割的有机整体，它们相互影响，相互依赖，构成完整的目标管理过程。

【推荐阅读】

[1] 张燕. 关于中国幼儿教育现代化的思考[J]. 学前教育，1998(4).
[2] 罗慧. 好的幼儿教育人文关怀畅想[J]. 学前教育研究，2000(9).
[3] 张宏亮. 幼儿园管理[M]. 北京：高等教育出版社，2001.
[4] 张燕，邢丽娅. 幼儿园组织与管理[M]. 北京：北京师范大学出版社，2002.

思考与练习

一、名词解释

目标　目标管理　幼儿园教育目标　幼儿园管理目标

二、简答题

1. 目标有哪些内涵和特征？
2. 管理目标有哪些功能？
3. 幼儿园目标结构是怎样的？教育目标与管理目标是怎样的关系？
4. 幼儿园教育目标与管理目标的确立各有哪些依据？
5. 幼儿园如何实施目标管理？

三、论述题

请结合实际试分析一个幼儿园目标管理的状况及其经验教训。

【实践课堂】

分析下面北京某大型企业幼儿园的发展经验，找出其成功的原因。

未雨绸缪谋发展

基于对国有企业改革及社会主义市场经济体制发展大趋势的深入分析，北京某大型企业附属幼儿园的管理者意识到，企业附属幼儿园从国有企业中分离出来，面向社会自主办园是一种必然趋势，于是该园在1992年就制定了“以质量求生存，以改革求发展，逐步走上以园养园、自我发展的新路子”的幼儿园发展战略，并制定了三年改革发展的方法。到1996年，企业正式把幼儿园从企业中分离出去时，这个园已完全具备了独立办园、自我发展的机制，没有因为企业的改革影响幼儿园的发展，反而在经济体制转型中立住了脚，在此过程中他们进一步挖掘办学资源，扩大了办园规模，提高了保教质量，扩大了社会影响，办园整体效益良好。

第四章　幼儿园目标管理.pptx

员工培训是企业风险最小、收益最大的战略性投资。

——著名企业管理学教授 沃伦·贝尼斯

第五章 幼儿园资源管理

本章学习目标

- 了解幼儿园人力资源、财力资源、物力资源管理的基本内涵。
- 理解幼儿园人力资源、财力资源、物力资源管理的内容及过程。
- 掌握幼儿园人力资源、财力资源、物力资源管理的原则、方法及策略。

核心概念

人力资源(human resources) 幼儿园人力资源(kindergarten human resources) 幼儿园财力资源(kindergarten financial resources) 幼儿园物力资源(kindergarten material resources) 幼儿园人力资源管理(human resource management in kindergarten)

引导案例

“走动式”管理

“走动式”管理是当下流行的一种创新管理方式，主要体现在企业主管体察民意，了解实情，与部属打成一片，共创业绩。

麦当劳快餐店创始人雷·克罗克是美国最有影响的大企业家之一，他不喜欢整天坐在办公室里，大部分时间都用在“走动式”管理上，即到所属各公司、各部门走走、看看、听听、问问。公司曾有一段时间面临严重亏损的危机，克罗克发现其中一个重要原因是，公司各职能部门的经理官僚主义突出，习惯躺在舒适的椅背上指手画脚，把许多宝贵的时间浪费在抽烟和闲聊上。于是克罗克想出一个“奇招”，要求将所有经理的椅子靠背都锯掉，经理们只得照办。开始很多人骂克罗克是个疯子，不久大家悟出了他的一番苦心，纷纷走出办公室，开展“走动式”管理，及时了解情况，现场解决问题，终于使公司扭亏转盈，有力地促进了公司的发展。

日本经济团体联合会名誉会长士光敏夫采用“身先士卒”的做法，一举成为日本享有盛名的企业家。在他接管日本东芝电器公司前，东芝已不再享有“电器业摇篮”的美称，生产每况愈下。士光敏夫上任后，每天巡视工厂，访遍了东芝设在日本的工厂和企业，与员工一起吃饭，闲话家常。清晨，他总比别人早到半个钟头，站在厂门口向工人问好，率先示范。员工受此气氛的感染，促进了相互间的沟通，士气大振。不久，东芝的生产恢复正常，并有很大发展。

(资料来源：张慧敏. 幼儿园组织与管理[M]. 北京：人民邮电出版社，2014：58.)

案例分析

看到这些有效的管理方式，我们不禁在想：幼儿园对人员的管理过程同样需要讲求方式和方法，幼儿园如何调动教职工的工作积极性？如何做好人力、财力、物力资源的合理配置？本章将就这些问题进行探讨。

学习指导

幼儿园管理和其他管理活动一样，其最终目的就是要做到人尽其才、物尽其用。也就是说，幼儿园管理是通过对资源的投入和利用，以期取得最佳效果的一种活动。幼儿园管理涉及的资源包括人力、物力、财力、时间、信息等，其中最重要的是人力。本章的重点是探讨如何在“人力”这个最活跃的因素上去更好地实现幼儿园管理的目的。在学习的过程中首先要仔细阅读教材，掌握相关的理论。其次，要结合自己的学习情况，理解幼儿园资源管理的原则。最后，通过管理的实践活动，掌握幼儿园资源管理的策略。

任何管理都是离不开资源的，在诸多资源中，人力、物力、财力等资源对管理者来说尤为重要。本章我们将进入幼儿园资源管理的学习。

第一节　幼儿园人力资源管理

人是管理中最活跃和最核心的要素，如何调动人的因素，最大限度地发挥人的潜能，一直以来都是管理者关注的焦点。

一、人力资源管理概述

(一)人力资源管理的含义

“人力资源”这一概念最早在1954年由彼得·德鲁克在其著作《管理的实践》中提出并加以明确界定。人力资源是指在一个国家或地区中的人口总体所具有的劳动能力的总和，或者是指能够推动整个经济和社会发展的、具有智力劳动与体力劳动能力的人们的总和。

人力资源管理是一门新兴的学科，问世于20世纪70年代末，在其发展过程中不同学者从不同的立场和视角对其内涵提出了不同的解释，其中有两种观点比较具有代表性。

一种观点认为人力资源管理就是预测组织人力资源需求并做出人力需求计划，招聘选择人员并进行有效组织，考核绩效，支付报酬并进行有效激励，结合组织与个人需要进行有效开发以便实现最优组织绩效的全过程。

另外一种观点则认为人力资源管理就是指运用现代化的科学方法，对与一定物力相结合的人力进行合理的培训、组织和调配，使人力、物力经常保持最佳比例，同时对人的思想、心理和行为进行恰当的诱导、控制和协调，充分发挥人的主观能动性。

综上观点，人力资源管理(human resource management，HRM)就是运用科学方法，协调人与事的关系，处理人与人的矛盾，充分发挥人的潜能，使人尽其才，事得其人，人事相宜，以实现组织目标的过程。

20 世纪 80 年代以来，人力资源管理理论不断成熟规范，并在实践中得到进一步发展，为企业所广泛接受和喜爱。20 世纪 90 年代初，人力资源管理首先运用于我国企业界，这种管理体现了两个基本观念：一是人是最宝贵的财富和资源。人是能动的，只要发挥人的潜能和积极性，就能创造出巨大的财富。而传统的观念把人看成是被动的，只是强调对人的监督和控制。二是人力资源是可开发的，开发的主要途径是培训。

(二)人力资源管理的功能

现代人力资源管理，具有以下五种基本功能。

1. 获取功能

根据组织目标确定的所需员工条件，通过规划、招聘、考试、测评、选拔，获取所需人员。

2. 整合功能

通过组织文化建设、信息沟通、人际关系和谐、矛盾冲突化解等，组织内部的个体与群体的目标、行为、态度趋向组织的要求和理念，形成高度的合作与协调，发挥集体优势，提高组织效率和效益。

3. 保持功能

开展薪酬、考核、晋升等一系列管理活动，保持员工的积极性、主动性、创造性，维护劳动者的合法权益，保证员工工作场所的安全、健康、舒适，以增加员工满意度，使之安心满意地工作。

4. 评价功能

对员工工作成果、劳动态度、技能水平以及其他方面做出全面考核、鉴定和评价，为相应的奖惩、升降或去留等决策提供依据。

5. 发展功能

通过员工培训、工作丰富化、职业生涯规划与开发，员工知识、技巧和其他方面素质得以提高，劳动能力得到增强和发挥，最大限度地实现其个人价值和对组织的贡献率，达到员工个人和组织共同发展的目的。

(三)人力资源管理的内容

现代人力资源管理，具体包括以下几个方面的内容。

1. 职务分析与设计

对组织中各个工作职位的性质、结构、责任、流程，以及胜任该职位工作人员的素质，知识、技能等进行调查分析，在所获取相关信息的基础上，编写出职务说明书和岗位规范等人事管理文件。

2. 人力资源规划

把组织人力资源战略转化为中长期目标、计划和政策措施，包括人力资源现状分析、未来人员供需预测与平衡，确保组织在需要时能获得所需要的人力资源。

3. 员工招聘与选拔

根据人力资源规划和工作分析的要求，为组织招聘、选拔所需要人力资源，并录用、安排到一定岗位上。

4. 绩效考评

对员工在一定时间内对组织的贡献和工作中取得的绩效进行考核与评价，及时做出反馈，以便提高和改善员工的工作绩效，并为员工培训、晋升、计酬等人事决策提供依据。

5. 薪酬管理

薪酬管理包括对基本薪酬、绩效薪酬、奖金、津贴以及福利等薪酬结构的设计与管理，以激励员工更加努力地为组织工作。

6. 员工激励

采用激励理论和方法，对员工的各种需求予以不同程度的满足或限制，引起员工心理状况的变化，以激发员工向组织所期望的目标而努力。

7. 培训与开发

开展培训，提高员工个人、群体和整个组织的知识、能力、工作态度和工作绩效，进一步开发员工的智力潜能，以提高人力资源的贡献率。

8. 职业生涯规划

鼓励和关心员工的个人发展，帮助员工制定个人发展规划，以进一步激发员工的积极性。

9. 人力资源会计

与财务部门合作，建立人力资源会计体系，开展人力资源投资成本与产出效益的核算工作，为人力资源管理与决策提供依据。

10. 劳动关系管理

协调和改善组织与员工之间的劳动关系，进行组织文化建设，营造和谐的劳动关系和良好的工作氛围，保障组织经营活动的正常开展。

二、幼儿园人力资源管理的含义及内容

(一)幼儿园人力资源管理的含义

人力资源管理的目的，不是简单地把理想的人招进来，把不理想的人调出去，其最终的目的是追求组织与员工发展的一致性。

幼儿园人力资源管理就是采用现代化的科学方法，对幼儿园人力进行合理的培训、组织与调配，同时对人的思想、心理和行为进行恰当的诱导控制和协调，使人力、物力保持最佳比例，充分发挥人的主动性和积极性，以达到管理目标的过程。

根据以上观点，我们可以从两个方面来理解幼儿园人力资源管理。

1. 对幼儿园人力资源外在要素——量的管理

对幼儿园人力资源进行量的管理，就是根据幼儿园人力和物力及其变化，对幼儿园的人力进行恰当的培训、组织和协调，使二者经常保持最佳比例和有机的结合，使人和物都能充分发挥出最佳效应。

2. 对幼儿园人力资源内在要素——质的管理

这主要是指采用现代化的科学方法，对幼儿园员工的思想、心理和行为进行有效的管理(包括对个体和群体的思想、心理和行为的协调、控制和管理)，充分发挥每个员工的主观能动性，以达到组织目标。

幼儿园科学的人力资源管理，有利于开发人的智力，充分调动其积极性和创造性，有利于资源的合理配置。

(二)幼儿园人力资源管理的内容

人力资源的理念虽然来自企业，但当我们确立起教师是幼儿园中最重要最活跃的人力资源的认识后，将人力资源开发和管理的理念引进幼儿园就十分自然了。

人力资源管理关心的是人的问题，其核心是认识人性、尊重人性，强调“以人为本”。就其任务角度来看，现代人力资源管理就是一个人力资本获取、整合、保持激励、控制调整以及开发的过程。通俗来说，即求才、用才、育才、激才、留才。

幼儿园的人力资源主要包括管理者、教师、后勤人员。幼儿园人力资源管理主要包括以下几大方面。

(1) 人力资源的战略规划、决策管理。

(2) 人力资源的成本核算与管理。

(3) 人力资源的招聘、选拔与录用管理。

(4) 人力资源的教育培训与职业发展设计管理。

(5) 人力资源的工作绩效考评管理。

(6) 人力资源的薪酬福利管理与激励管理。

(三)幼儿园人力资源管理的原则

幼儿园人力资源管理是一项系统工程，它涉及园内外大小环境、精神、物质等诸多方

面，因此要顺利地完成任务、实现目标，就需要遵循科学的工作原则来实施管理。实践证明，以下几项原则是顺利完成任务、达成目标的有效保证。

1. 前瞻性原则

人力资源管理是适应当代经济发展的新的人事管理模式，因此必须关注社会形势的发展，跟上时代发展步伐，及时更新观念。人力资源管理者应以前瞻性的目光，把人力资源管理看成是一门学问，认真地学习、研究并通过管理实践来充实丰富它。近年来，人力资源管理的时代观念、人性化观念、民主化观念和市场化观念的确立和发展，促进了幼儿园人才管理的科学化，有效地提高了人才质量。

2. 系统性原则

幼儿园是一个整体，管理者要有整体观念。管理者首先要对幼儿园人力资源管理有全面的规划和设想，如要设岗设职，制定规章制度、工作条例、运行流程等。其次要明确人力资源管理在幼儿园整体中的地位和作用，不偏重也不偏轻，不顾此失彼。再次要全面看待各职各岗，要站在全局的高度，统观各部、各人在这一整体中的地位和作用，致力于发挥其各自的能量，形成一个协力的系统。然后要懂得"牵一发而动全身"，一个岗位的设或撤，一个人员的调动、调整，都要照顾到全局的得失，不妄动不轻率。最后要具有系统外的系统观念，要明确幼儿园本身是一个系统，系统外还有行业系统，行业系统外还有更大的社会系统，要有大系统的观念，使自己的一个小系统适应大系统，并领先于同类的小系统。

3. 教育性原则

幼儿园是教育机构，幼儿园的人力资源管理必须符合教育机构的特点，反映教育的属性。幼儿园教育对象的身心发展规律决定了教育具有全面性、生活化、隐形化的特点，每一位教职工都是教育者，都会对幼儿身心发展产生影响和作用。因此，幼儿园全体工作人员需要树立教书育人、服务育人和管理育人的意识，共同创设有利于幼儿全面协调发展的良好环境。另外，还要注意减少幼儿园人事制度的行政色彩。管理者在管理过程中应善用情感管理的艺术，建立和谐的人际关系，创设温馨、和谐、民主的人文环境，如真诚地关心和爱护员工，关注每个人的价值和奉献，积极倡导全园员工互相帮助、互相学习的风尚，与教职员工坦诚相见、平等对待等。

4. 发展性原则

幼儿园是教育机构，其宗旨是培养人、发展人。在这个机构中获得发展的管理者应树立发展的、动态管理的理念，实行合理的人员编制和岗位设置、科学的分配制度、完善的聘任制、规范的教师考评制度和培训制度。管理者应创设条件，为教职工招聘、报酬测算、人员培训和人力资源开发等方面提供支持和服务，通过制定政策、规范程序、发布信息和开展培训，为教职工提供一个舒适的、能充分发挥个人聪明才智的工作环境。

5. 民主化原则

民主化原则是做好一切工作的重要原则。古人云："智者千虑，必有一失；愚者千虑，必有一得。"再聪明、再能干的人做事也不可能万无一失，只有集思广益，才能避免独断专行、顾此失彼、顾一漏万的失误。因此，人力资源管理者的民主意识是个必备的重要素质、因为只有具备这一良好的素质，才会具有海纳百川的胸怀，善于倾听大家的意见，善于尊重各人的差异，把握各人的能力优势，帮助他们找到最适合的工作岗位，使他们的才能得到充分的发挥。此外，幼教工作者都有一定的文化素养，比较重视精神层面的需求，他们都有一定的民主议事能力和强烈的参与管理的意识，所以管理者发扬民主精神有助于他们主人翁意识的激发和增强，从而产生团结奋斗的力量，形成和谐奋进的局面。

6. 激励性原则

激励性原则是当前人力资源管理中最人性化的管理原则。每个人都有上进的要求，都希望受到赏识和奖励，所以管理的实质是调动员工的积极性，通过各司其职、人尽其力、人负其责、物尽其用，最大限度地形成集体的合力，以完成组织的目标。幼儿园人力资源管理要解决的主要问题之一，就是了解教职工的内在需求，以及如何通过制度供给或其他形式来满足教职工的合理需求。只有及时和较好地满足教职工的合理需求，才能充分调动教职工的工作热情和积极性，使其发挥潜能，具有活力和创造性。经济激励是目前幼儿园采用比较多的激励方式，但幼儿园领导要意识到不同的职工有不同的需求，经济激励应该结合目标激励、奖惩激励、竞赛与评比激励、关怀与支持激励、榜样激励等方式，使教师从中获得(或不失去)利益，物质与精神上的需求都能得到满足。

三、幼儿园人力资源管理的过程

幼儿园人力资源管理工作内容丰富，大致可分为三个阶段：规划阶段、实施阶段、总结评价阶段。

(一)制定人力资源规划

幼儿园管理者应根据幼儿园中长期发展规划、员工队伍的素质状况以及幼儿园自身的经济条件等，制定中长期人力资源发展规划，使人力资源管理既具有前瞻性，又与幼儿园的日常管理紧密结合。其具体包括以下工作。

1. 制订幼儿园人力资源计划

根据幼儿园的发展战略和经营计划，评估幼儿园的人力资源现状及发展趋势，收集和分析社会上人力资源供给与幼儿园人力资源需求方面的信息和资料，预测人力资源供给和需求的发展趋势，制订幼儿园人力资源招聘、调配、培训、开发及发展计划等政策和措施。

2. 幼儿园人力资源成本会计工作

幼儿园人力资源管理部门应与财务等部门合作，建立幼儿园人力资源会计体系，开展幼儿园人力资源投入成本与产出效益的核算工作。幼儿园人力资源会计工作不仅可以改进人力资源管理工作本身，而且可以为决策部门提供准确的信息和量化管理的依据。

3. 幼儿园岗位分析和工作设计

对幼儿园中的各个工作岗位进行分析，确定每一个工作岗位对教职工的具体要求，包括技术及种类、范围和熟悉程度；学习、工作与生活经验；身体健康状况；工作的责任、权利与义务等。这种具体要求必须形成书面材料，这就是工作岗位职责说明书。这种说明书不仅是招聘工作的依据，也是对教职工的工作表现进行评价的标准，以及对教职工进行培训、调配、晋升等的根据。

(二)人力资源管理实施

本阶段是人力资源管理的中心环节。人员的选聘、使用、培训及发展等都是在这一过程中实现的。幼儿园管理者要用全面的、发展的眼光看待人才，不拘一格使用人才，秉公用人，把握时机，委以重任，为他们创造脱颖而出的机会和条件。应树立人本管理理念，努力为员工创设一个温馨、和谐、向上、进取的工作氛围，积极为员工提供自我展示、自我发展、自我提升的平台。在用工管理上，本着既满足幼儿园的发展需要，又维护教职工合法权益的原则，依据《劳动法》的相关规定，尊重员工合同续签意见，依据考核制度进行工作总结和工作评议，根据人员流动情况和岗位需求及时进行调整补充等。具体包括以下工作。

1. 幼儿园人力资源的招聘与选拔

根据幼儿园内的岗位需要及工作岗位职责说明书，利用各种方法和手段，如接受推荐、刊登广告、参加人才交流会或职业介绍所登记等从组织内部或外部吸引应聘人员。经过资格审查，如受教育程度、工作经历、年龄、健康状况等方面的审查，从应聘人员中初选出一定数量的候选人，再经过严格的考试，如笔试、面试、情景模拟等方法进行筛选，确定最后录用人选。幼儿园人力资源的选拔，应遵循平等就业、双向选择、择优录用等原则。

2. 雇佣关系的协调

被幼儿园聘用的人员与幼儿园形成了一种雇佣与被雇佣的、相互依存的劳资关系，为了保护双方的合法权益，有必要就教职工的工资、福利、工作条件和环境等事宜达成一定协议，签订劳动合同。

3. 入职教育、培训和发展

任何一个应聘进入幼儿园的新教职工，都必须接受入园教育，这是帮助新教职工了解和适应幼儿园、接受幼儿园文化的有效手段。入职教育的主要内容包括本幼儿园的历史发展状况和未来发展规划、职业道德和组织纪律、劳动安全卫生、社会保障和保教质量管理知识与要求、岗位职责、教职工权益及工资福利状况等。

为了提高教职工的工作能力和技能，有必要开展富有针对性的岗位技能培训。对于管理人员，尤其是对即将晋升者有必要开展提高性的培训和教育，目的是促使他们尽快具有在更高一级职位上工作的全面知识、熟练技能、管理技巧和应变能力。

4. 帮助教职工职业生涯的发展

幼儿园人力资源管理部门和管理人员有责任关心和鼓励教职工的个人发展，帮助其制订个人发展计划，并及时进行监督和考察。这样做有利于促进幼儿园的发展，使教职工有归属感，进而激发其工作积极性和创造性，提高办园效益。幼儿园人力资源管理部门在帮助教职工制订其个人发展计划时，应考虑其与幼儿园发展计划的协调性或一致性。也只有这样，幼儿园人力资源管理部门才能对教职工实施有效的帮助和指导，促使个人发展计划的顺利实施并取得成效。

5. 教职工工资报酬与福利保障设计

合理、科学的工资报酬福利体系关系到幼儿园中教职工队伍的稳定。幼儿园人力资源管理部门要从员工的资历、职级、岗位及实际表现和工作成绩等方面，来为教职工制定相应的、具有吸引力的工资报酬福利标准和制度。工资报酬应随着教职工的工作职务升降、工作岗位的变换、工作表现的好坏与工作成绩进行相应的调整，不能只升不降。

教职工福利是社会和幼儿园保障的一部分，是工资报酬的补充或延续。它主要包括政府规定的退休金或养老保险、医疗保险、失业保险、工伤保险、节日慰问等，并且为了保障教职工的工作安全，提供必要的安全培训教育、良好的劳动工作条件、体检等。

应指出的是，近年来民办幼儿园教师队伍不稳定，流失严重，人员轮换频繁，这与保教人员工资低、福利待遇差有直接关系。

6. 建立和保管教职工档案

幼儿园人力资源管理部门有责任保管员工入园时的简历以及入园后关于工作主动性、工作表现、工作成绩、工资报酬、职务升降、奖惩、接受培训和教育等方面的书面记录材料。

(三)人力资源管理的总结评价

人力资源规划及实施状况如何，需要不断地进行总结评价。总结评价包括人力资源管理工作本身的评价，也包括员工的工作绩效考核。

工作绩效考核以长期导向为主，注重员工较长一段时间的工作结果与行为。工作绩效考核，就是对照工作岗位职责说明书和工作任务，对教职工的业务能力、工作表现及工作态度等进行评价，并给予量化处理的过程。这种评价可以是自我总结式，也可以是他评式的，或者是综合评价。考核结果是教职工升降、接受奖惩、发放工资、接受培训等的有效依据，它有利于调动教职工的积极性和创造性，检查和改进人力资源管理工作。

四、幼儿园人力资源管理的策略

(一)科学选人——人力资源管理的前提任务

人力资源管理的第一步就是科学选人，选好人是合理用人的基础。幼儿园各类教职员工的选聘，要根据《幼儿园工作规程》中对各岗位任职资格的规定来执行。《幼儿园工作规程》第三十四条中明确规定：“幼儿园按照编制标准设园长、副园长、教师、保育员、医务人员、事务人员、炊事员和其他工作人员。”明确各类教职员工的任职资格，把好用人第一关。特别是幼儿园教师的选聘还要符合《教师资格条例》中的相关条件和要求，这样才有助于建立一支高起点、高素质的幼儿园保教队伍。

幼儿园管理者在科学选人时应该注意以下几点。

1. 管理者要具有虚怀若谷、甘当伯乐的优秀品格

善于将思维敏锐、朝气蓬勃、德才兼备的人才引进，并能委以重任。既要注重教师外在的技能技巧，又要考察内在的发展潜力，如学习能力、个性特点、人格因素等。

2. 管理者要着眼长远发展，以德才兼备为标准，立足全面建设

坚持大胆引进和严格控制相统一的原则，通过引进人才，使幼儿园逐步自立、自强。

3. 管理者要结合实际需要，采用技术手段(如心理学与各种测试)与非技术手段、定性与定量、口试与笔试相结合的方法

要对员工进行全面的、细致的考察。这种考察不仅仅是为了挑选员工，也是为对所挑选的员工今后的使用提供依据。

(二)合理用人——人力资源管理的基本任务

优化人力组合，建立合理的用人结构是幼儿园管理者实现合理用人的基本途径。幼儿园人力的组合，不是一种人力的简单凑合或叠加，也不是一种单纯劳动的组合，而是一种以工作关系为背景的人际关系的组合体现。幼儿园的人力及其组合经常处于一种变动的状态。管理者的用人艺术，也就体现在对这种人力及其组合的变动状态的把握。在组合过程中充分调动员工的工作积极性，使有限的人力通过优化组合实现 1+1>2，即“整体大于各部分的总和”之目的。

幼儿园管理者在合理用人时应该注意以下几点。

1. 年龄结构应是老、中、青结合

使每个年龄段都有骨干力量和不同的优势，以便相互取长补短，并把幼儿园的先进经验和优良传统不间断地传递下去，防止出现“断层”现象。

2. 学历结构要合理

要求园长、教师、医务人员、保健员、保育员、会计等应经过系统的专业训练，并取得相关行政部门的资格认可。

3. 多种素质结构齐头并进

在思想意识、政治观点、道德修养、业务水平、个性品格、心理状态及社会行为等方面的素质还应达到一定要求。

4. 智能结构包括具有从事幼儿教育必备的知识

智能结构包括具有从事幼儿教育必备的知识，如科学文化知识、专业理论知识、专业基本技能、表达能力、操作能力、组织能力、综合实践能力、对知识信息的摄取驾驭能力，对社会环境的适应能力等。

5. 能级结构指人才的类型与层次构成

例如，人才有“一般人才”和“创新型人才”、特殊人才之分；专业职称有“高级”“中级”“初级”之别。具有不同类型、不同层次的人才群体，可产生协调、互补的功能。

6. 性别结构指男女教职工的合理搭配

幼儿的成长需要接受男性教师与女性教师双方面共同的影响，大力克服幼儿园中的女性化倾向是目前值得重视的问题。管理者应采取鼓励措施吸引男性担任幼儿教师，至少应

在配备的医务、财会、保管、膳管、司机、传达等工作人员中加大男性比例，规模较大的幼儿园配备一位男性园长，更有利于开展管理工作。

(三)精心培养——人力资源管理的核心任务

人力资源管理的实质是对人力资源的开发与利用，由此使管理过程中的用人与培养人结为一体，而现代管理则更是凸显了培养人对组织发展的重要意义，只有不断培养人，才能保持组织的新鲜血液。不同的教职工可以采取不同的培养方式。

幼儿园管理者在精心培养人时应该采用以下几种培养方法。

1. 全方位培养法

全方位培养法是一种对教师进行全面性培养的方法，在对教师进行培养的过程中，管理者既要重视对教师的教学技巧、业务能力的培养，又要重视对教师的人格素养、团队精神、品德行为的培养，如果缺失了人格培养，组织管理的最终目标也就难以实现。所以，管理者要正确处理人格培养与工作培养的关系，保证培养内容的全面性与完整性。

2. 全员式培养法

全员式培养法是一种着力于组织系统中的订每一个教师都能得到培养的方法。这种方法要求管理者针对每个教师的实际情况，量身订制相应的培养计划，使每个教师都能在原有的水平上获得发展，成为有用之才，这是一种融公平性、针对性和发展性为一体的培养方法。只有让每个教师的潜能都得到充分发挥，组织才具有真正的发展动能。

3. 网络式培养法

网络式培养法是将幼儿园对教师的培养方法与培养内容以及培养制度与相应的管理措施系列化，形成培养工作的网络系统，以确保工作有序进行的培养方法。为了确保教师培养的有序进行，管理者应该构建教师培养的网络工程，用建立网络的方式来推动培养工作的系统开展。这种网络是以幼儿园组织机构为基础，由系列化的培养制度、系列化的培养内容、系列化的培养方法所构成的“三位一体”的组织运行的系统工程。

4. 规划式培养法

规划式培养法是指对每个教师根据各自的实际情况，在自我设计与组织策划相结合的基础上，用规划的形式对教师进行培养的方法。这种培养方法是对全方位培养法、全员式培养法和网络式培养法的综合运用。规划式培养法是在每个教师自我规划的基础上，由幼儿园组织根据工作需要对其进行规划，然后将双方的草案对照，通过协商，形成正式的培养规划方案。

(四)调动积极性——人力资源管理的关键任务

管理决策理论的提出者西蒙认为：“管理工作的关键在于领导者，领导艺术的核心在于激励下属积极主动地工作。”因此，能否调动教职工的工作积极性是幼儿园管理工作成功与否的关键。幼儿园管理者在调动积极性时应该采用以下几种方法。

1. 以满足需要来调动积极性

要想调动员工的积极性，必须首先了解员工在想什么，有什么问题需要解决。根据需要的层次性，在幼儿园管理中管理者应区别对待，满足各个层面的需要，从而充分挖掘人的潜能。

(1) 新入职教师：多注重基础需要的满足，生活上，多关心和爱护，使他们心理上产生愉悦；工作中，多鼓励和指导，使他们形成自我激励效应。

(2) 中青年教师：物质上，根据教职工的工作绩效给予适当的奖励，多帮他们解决家庭中的后顾之忧。高层次需要的满足上，结合幼儿园发展需要和人才特点，秉公用人，委以重任，让他们在工作中产生满足感和成就感。

(3) 离退休教师：生活上，细致周到地安排曾为幼儿园发展做出贡献的老人；工作中，虚心向他们学习，返聘或邀请他们继续为幼儿园服务。

2. 以竞争机制来调动积极性

竞争意识是激发自我提高的动机源泉，在它的激发和鼓励下，每个人或组织都能为了取得理想的绩效积极展开各种形式的竞争。对幼儿园来说同样如此，有竞争才会有发展，有竞争才会有活力，有竞争才会有机遇。

竞争能提高教职工队伍的整体素质和水平，优胜劣汰，为园长任用人才提供条件，进一步调动教职工的工作积极性。例如，通过竞争选拔幼儿园的中层干部，实行教职工竞争上岗，开展教学观摩竞赛、演讲比赛、技能技巧比赛，定期总结评优评先等，都可以促进教职工业务水平的提高。

3. 以激励机制来调动积极性

激励，是指激发人的动机，使人有一股内在的动力，朝着组织所期望的目标努力的心理活动。简单地说，激励也就是调动人的积极性的过程。日本著名人际关系学家山田阪二郎对日本7000多名卓有成就的管理人员和技术人员进行调查时发现：单纯依靠自身的高素质而缺乏外界给予激励的人员，成功的仅占4.35%，自身具有高素质而又及时地得到社会组织给予重视和激励的人，成功的占84.77%。有效的激励方法主要有以下几种。

(1) 目标激励。

松下电器创始人松下幸之助说过：“企业的目标是吸引人的强力磁场，所以经营者应该找出一个最适当的目标。”通过设置目标来激发人的动机，指导人的行动，使员工的需要与组织目标紧密联系在一起，以激发员工的积极性、主动性和创造性。

(2) 参与激励。

幼儿园管理者要提供机会，通过教代会、教学问题研究、各种工作小组等形式，让员工参与幼儿园管理工作，把员工的需要与组织的目标结合起来，形成民主的管理氛围。同时，“参与”可以增强员工的工作责任心和自觉性。

(3) 奖惩激励。

奖功惩过是调动员工积极性的有效方式之一，它可以激发人的动机，发掘人的潜能。在激励员工时，要奖惩并用。美国教育心理学家詹姆士说：“人类本质中最殷切的要求是：渴望被肯定。”所以，管理者要做到及时表扬和求实表扬。批评的目的是唤醒人的自我意识，从而改变他的想法和外部行为。所以，惩罚批评管理者要做到适度惩罚、及时惩罚、公平惩罚及一语中的。

(4) 榜样激励。

榜样的激励作用主要源自两个方面。一方面是来自管理者自身的言行。古人云："其身正，不令而行；其身不正，虽令不从。"管理者自身的模范表率作用对员工积极性的调动起着直接的、重要的作用。另一方面是来自员工熟悉的先进典型。他们使员工学有榜样、赶有目标。管理者要善于树立教职工身边的榜样和模范。

拓展阅读

"一分钟"管理

西方许多企业纷纷采用"一分钟"管理法则，并取得了显著的成效。其具体内容为：一分钟目标、一分钟赞美及一分钟惩罚。

所谓一分钟目标，就是企业中的每个人都将自己的主要目标和职责明确地记在一张纸上，每一个目标及其检验标准，应该在250字内表达清楚，一个人在一分钟内能读完。这样，便于每个人明确认识自己为何而干，如何去干，并且据此定期检查自己的工作。

一分钟赞美，就是人力资源激励，具体做法是企业的经理经常花费不长的时间，在职员所做的事情中，挑出正确的部分加以赞美。这样可以促使每位职员明确自己所做的事情，更加努力地工作，使自己的行为不断向完美的方向发展。

一分钟惩罚，是指某件事应该做好，但没有做好，对有关的人员首先进行及时批评，指出其错误，然后提醒他，你是如何器重他，不满的是他此时此地的工作。这样，可使做错事的人乐于接受批评，感到愧疚，并注意避免同样错误的发生。

"一分钟"管理法之妙就妙在它大大缩短了管理过程，有立竿见影的效果。一分钟目标，便于每个员工明确自己的工作职责，努力实现自己的工作目标；一分钟赞美可使每个职员更加努力地工作，使自己的行为趋向完善；一分钟惩罚可使做错事的人乐意接受批评，促使他今后工作更加认真。

（资料来源：张慧敏. 幼儿园组织与管理[M]. 北京：人民邮电出版社，2014.）

第二节 幼儿园财力资源管理

引导案例

同"煮"不同"效"

有一家日本餐厅和一家中国餐厅都卖煮鸡蛋，两家餐厅的鸡蛋都同样受欢迎，价格也一样，但日本餐厅赚的钱比中国餐厅多，这令人大惑不解。成本控制专家对日本餐厅和中国餐厅的煮蛋过程进行了比较，终于找到了答案。

日本餐厅的煮蛋方式：用一个长宽高均为4厘米的特制容器，放进鸡蛋加水(估计只能加50毫升左右)，盖上盖子，打火，一分钟左右水开，再过三分钟关火，利用余热再煮三分钟。

中国餐厅的煮蛋方式：打开液化气，放上锅，添进一瓢凉水(大约 250 毫升)，放进鸡蛋，盖锅盖，3 分钟左右水开，再煮 10 分钟，关火。

专家计算的结果：前者起码节省 4/5 的水、2/3 的煤气和将近一半的时间，所以日本餐厅在水和煤气上就比中国节约了 70%的成本，并且日本餐厅利用节省的这一半时间为客户提供了更快捷的服务。

问题：为什么都是煮蛋，产生的却是不同的效率和效益呢？

(资料来源：周丹，江东秋. 卓越园长 21 条幼儿园管理策略[M]. 南京：江苏教育出版社，2012.)

案例分析

从案例中我们体会到了“财务精益管理思想”中成本控制之道的精髓，其核心思想是企业要时刻关注其每一项经济活动能否为客户创造实实在在的价值。要把所有不能为客户创造价值的流程进行精简、合并、优化甚至删除，以便更好地节省时间成本和费用成本，把更多资源用于更好地服务于顾客，以创造更多的企业价值。财务精益管理思想同样可以运用到幼儿园园长对本园的财务资源管理中去。

现代财力资源管理，一般包括财务管理、成本管理、利润管理等方面内容。财务管理包括对资金的筹集、投资管理、资金使用管理等；成本管理主要涉及如何降低成本费用、成本费用的审核等；利润管理主要进行利润的预测、计划、控制及其分配。

幼儿园财力资源是幼儿园人力资源与物力资源消耗的货币反映，财力资源管理效率的高低在一定程度上能反映出幼儿园的发展潜力与前景，混乱的财力资源管理，势必导致幼儿园的混乱，乃至无法运营。

本节主要介绍幼儿园财力资源管理中财务管理的一些基本知识，以便提高管理者财力资源管理效率。

一、幼儿园财务管理的含义

(一)财务管理的含义

财务就是资金运动及其所产生的经济关系。财务管理是“基于企业再生产过程中客观存在的财务活动和财务关系而产生的，是组织企业财务活动、处理财务关系的一项经济管理工作，是企业管理的重要组成部分”。[①]财务管理利用资金、成本、收入等价值指标，来组织企业中价值的形成、实现和分配，并处理这种价值运动的经济关系。因此，财务管理区别于其他管理的特点，在于它是一种价值管理，是对企业再生产过程中的价值运动所进行的管理。

通俗地讲，财务管理就是“理财”，这里的“理”指的是管理，这里的“财”指的是资金。财务管理是利用资金、成本、收入等价值指标，进行领拨、使用、管理和监督的一系列活动，包括财务计划、会计核损、日常财务管理、财务监督和审计等内容。古人云：

---

① 樊莹，罗淑贞. 财务学原理[M]. 广州：暨南大学出版社，2002.

“财为庶政之母。”没有必要的财，组织的生存与发展就是一句空话；有了财还需要管理者的有效、高效利用，否则也会影响组织目标的实现。

(二)幼儿园财务管理的含义

幼儿园的财务管理，是指幼儿园组织财务活动与处理财务关系的管理，是按照国家财政法规的要求，依据幼儿教育事业的发展计划，对预算内、外资金的筹措、计划、组织、使用、监督、调节以及由此产生的各种经济关系的管理。

幼儿园的财务管理工作是整个幼儿园工作的重要组成部分，很多方面涉及国家在经济活动中的法律法规，牵涉许多经营管理之道。幼儿园各项资金的安排和使用，都直接关系到政策的贯彻和执行，关系到幼儿园各项工作的有效开展。作为一园之长，有必要尽快熟悉幼儿园经费的来龙去脉，知晓幼儿园财务管理必须遵循的法规制度，运用管理学的原理，指导专业财会人员管理好幼儿园的经费。

二、幼儿园财务管理的目标及其意义①

(一)幼儿园财务管理的目标

为使幼儿园财务管理工作能有序、有效地进行，管理者必须明确幼儿园财务管理的目标。幼儿园财务管理的目标取决于幼儿园办园的总目标，财务管理的目标和幼儿园的总目标是一致的。幼儿园的总目标包括教育目标和管理目标，管理目标是为教育目标服务并保证教育目标达成的，财务管理目标是管理目标的重要组成部分，二者有机地构成“目标管理”系统。

幼儿园财务管理的目标就是依法多渠道筹集资金；合理编制幼儿园预算，并对预算执行过程进行控制和管理；科学配置幼儿园各种资源，努力节约支出，提高资金使用效益；加强资产管理，防止资产流失；建立健全财务规章制度；如实反映幼儿园财务状况，对幼儿园经济活动的合法性、合理性进行监督。

为了达到上述目标，管理者必须做到幼儿园资金的来龙去脉是清楚的，资金配置、调节和使用是有效的，同时又是经得起检查的。只有这样，幼儿园的财务管理才是有效的，才能发挥出其应有的作用。

(二)幼儿园财务管理的意义

幼儿园的财务管理能使有限的财力资源尽可能发挥出最大的效益。因此，有效地进行财务资源管理对幼儿园有着举足轻重的作用和意义。

1. 能迅速反映幼儿园的经营状况

在幼儿园管理中，园长的决策是否得当，经营是否合理，管理是否有效，都会迅速地在幼儿园的财务指标中得到反映。财务可以为盈利目标提供决策依据，财务是超越业务形态进行价值预测、评价和控制的工具，有助于创造价值和配置资源。园长应及时地公开通报有关财务指标的变化情况，努力实现财务管理目标。

---

① 张慧敏. 幼儿园组织与管理[M]. 北京：人民邮电出版社，2014.

2. 财务管理有助于幼儿园正确地筹措和分配资金

筹措和分配资金是财务管理的首要职能。幼儿园管理者每年都应该根据幼儿园的实际情况编制综合财务计划，按国家有关方针政策和现行财务制度正确地筹措资金，以保证幼儿园发展对财务的需求。

拓展阅读

教育经费来源①

(1) 财政预算内教育经费拨款。

(2) 各级政府用于教育的税费。

(3) 企业办学教育经费。

(4) 校办产业、勤工俭学和社会服务收入用于教育的经费。

(5) 社会团体和公民个人办学经费。

(6) 学费、杂费。

幼儿教育作为我国教育的重要组成部分，教育经费的来源却有一定的差异。公办幼儿园和私立幼儿园亦存在差异，但共同点在于经费来源都是多元化的。这样既给予了幼儿园办园自主权，但也使得一部分幼儿园在经费收入方面不规范操作，严重损害了家长和幼儿的利益。因此，在筹措经费时，财务管理要严格收费标准。

此外，在收费筹措的基础上，分清轻重缓急，合理分配人员经费和公用经费，使得经费的投放最大限度地发挥效益。

3. 财务管理能监督幼儿园资金使用时“双增双节”

我国经济建设的重要方针是“双增双节”，即增产节约、增收节支。通过建立健全各种财务管理制度，建立公开透明的良好监督机构和监督制度，幼儿园才能走上健康发展的轨道。有句格言说：“财富的长度应以理财的水平来丈量。”对于幼儿园的发展可以说：“幼儿园的发展速度应以财务管理的水平来丈量。”

幼儿园财务管理从资金筹措、分配和使用上三位一体，共同影响幼儿园整体的运行。

三、幼儿园财务管理的内容

财务管理的基本职能是财务计划和财务控制。财务管理的主要内容为财务体制管理、预算管理、决算管理、收支管理、财务分析管理等。

(一)幼儿园的财务体制建设

幼儿园的财务体制建设，主要体现在以下两个方面。

1. 实行财务工作园长负责制

园长掌握一定的财务管理知识，熟悉和了解本园的财务工作，对幼儿园的工作全面

① 文红欣. 幼儿园组织与管理[M]. 北京：教育科学出版社，2012：121.

负责。

2. 建立财务管理的制度体系

园长需要考虑上级相应的财务规范、本园的实际需要等，针对财务工作的所有环节制定出合理可行的一系列制度。具体包括以下方面。

(1) 财务人员岗位责任制。

(2) 财务计划和财务决策制度。

(3) 基本建设财务管理制度。

(4) 收费标准管理制度。

(5) 费用开支标准管理制度。

(6) 财产物资管理制度。

(7) 工资资金管理制度。

(8) 资金结算管理制度。

(9) 收据和发票管理制度。

(10) 会计档案管理制度。

(11) 经营承包财务管理制度。

建立和健全幼儿园各项财务制度，有助于在经济问题上防微杜渐，合理收支，使幼儿园财务管理有章可循。

(二)幼儿园的财务预算管理

幼儿园的财务预算是指幼儿园根据发展计划和任务而编制的年度财务收支计划，是幼儿园各项计划的具体量化，这种量化有助于管理人员之间协调、贯彻各种计划。预算管理是财务管理的核心、是幼儿园管理的重要组成部分。因此，幼儿园要重视预算管理，建立健全预算管理制度，编制科学、合理的预算，使预算更接近实际。幼儿园预算管理对幼儿园的财务管理活动具有重要的意义。

幼儿园的财务预算管理主要包括预算的制订、预算的执行和控制、预算的调整及预算的分析考核等内容。

1. 预算制订

预算制订是幼儿园在预测和决策的基础上，围绕幼儿园的总体目标，对一定时期内幼儿园资金取得和投放、各项收入和支出等资金运作所做的具体安排。幼儿园编制预算，一般应按照“上下结合、横向协调、逐级汇总”的程序进行。其预算的编制程序为制订幼儿园年度计划、幼儿园各部门编制预算、幼儿园财务部门审核、预算确认、下达执行。

2. 预算执行和控制

确定幼儿园年度计划并以此编制了幼儿园预算后，关键在于如何组织实施，如何按预算进行控制。预算控制由事前控制、事中控制和事后控制三部分组成。其中，事前控制主要指事前要对某一行为或某一事项按预算编制详细的实施方案；事中控制主要指在实施过程中严格按预算执行，不得超预算范围；事后控制主要指事后审计绩效，检查是否达到预算目标。

预算控制的手段主要包括财务手段、法制控制、制度控制和权势控制。控制的层次应界限分明，做到逐级控制。

3. 预算的调整

由于编制预算时掌握的情况不可能全面、完整，或由于幼儿园外部因素发生了变化，导致编制预算的基础发生了变化，如仍按原预算执行显然不合理，预算的调整十分必要。

4. 预算的分析和考核

幼儿园财务在整个预算控制中的工作重点是分析预算与实际发生活动的差异因素，不论是有利的还是不利的，均找出差异的主要环节，将信息及时反馈到幼儿园财务部门，督促有关部门制定解决办法。通过分析出现差异的原因，找出管理中的强项和弱项，总结经验教训，加强管理，为奖惩做准备。

(三)幼儿园的财务决算管理

幼儿园的财务决算是对预算执行情况的检查和总结，通过决算检查预算执行情况，总结经验，找出存在的问题，采取措施，改进和加强幼儿园财务管理，提高幼儿园财务管理水平。财务决算通常是年度(特殊情况下以学期为周期)经费预算的结算报告，是预算执行结果的总结。

幼儿园的财务决算管理程序可以分为以下几个步骤。

1. 拟订和颁发决算的编制办法

为了提高决算的质量，园长应协同财会人员在总结上年度预决算工作经验的基础上，根据当年的财政政策和有关制度，确定本年度决算编制的基本要求和具体办法，其主要内容包括编制决算的原则、要求，有关问题处理意见，编制方法和决算报送期限等。

2. 清理年度末收支

清理年度末收支包括清理核对年度预算数字和各项拨款；清理各项往来款项；清理财产物资，对各项固定资产和库存物资，应在年度末前进行认真清点盘存，保证做到账物相符、账账相符；清理各项预算外收支款项，属于当年的收支，要及时进账。

3. 制定和颁发决算表格

基本上所有经费的决算表格按反映的内容，可分为决算支出总表、决算支出明细表、资金活动情况表、基本数字表、其他附表或说明书。

4. 填列决算表格

相关执行人员要按照规定的决算表格进行详细的填列。应遵循的方法是先由执行预算的基层单位做决算，自下而上、层层编制、审核汇总。

幼儿园的经费决算，由园长协同财务人员共同进行，但也可吸收教师代表参加。幼儿园的决算完成后，要经上级单位汇总，逐级上报，最后由教育主管部门编成部门的决算，报送同级财政部门。财政部门对教育主管部门编制的决算进行审核，列入年度财政决算，逐级批准核销。

(四)幼儿园的财务收支管理

幼儿园收支管理是幼儿园财务管理中重要的组成部分，主要包括收入管理和支出管理两个方面。

1. 收入管理

幼儿园收入是指幼儿园开展教学、科研及其他活动依法取得的非偿还性资金，具体包括财政补助收入、事业收入、经营收入、附属单位上缴收入和其他收入。

(1) 财政补助收入，是指幼儿园从财政部门取得的各类事业收入。包括教育经费拨款、科研经费拨款、其他经费拨款。

(2) 事业收入，是指幼儿园开展教学、科研及其辅助活动的收入。包括幼儿学费、住宿费、培养费、各种办班收入、实验教学服务收入、成教收入和承接科技项目、开展科研协作、转让科技成果、进行科技咨询所取得的收入和其他收入。

(3) 经营收入，是指幼儿园在教学、科研及其辅助活动之外，不具备法人资格的非独立核算部门开展的社会服务取得的收入。

(4) 附属单位上缴收入，是指幼儿园附属独立核算部门按照有关规定上缴的收入。

(5) 其他收入，是指幼儿园在上述规定范围之外取得的各项收入。包括投资收益、捐赠收入、利息收入等。

幼儿园各项收费必须严格执行国家规定的收费范围和标准，使用国家规定的合法票据，各项收入全部交由财务处纳入幼儿园预算，统一管理和核算。

2. 支出管理

幼儿园支出是指幼儿园开展教学、科研及其他活动发生的各项资金耗费和损失，具体包括事业支出、经营支出、自筹基本建设支出、对附属单位补助支出等。

(1) 事业支出，是指幼儿园开展教学、科研及辅助活动发生的支出，事业支出的内容包括基本工资、补助工资、其他工资、职工福利费、社会保障支出、助学金、公务费、业务费、设备购置费、修缮费、业务招待费和其他费用。

(2) 经营支出，是指幼儿园在教学、科研及其辅助活动之外开展非独立核算经营活动所发生的支出，经营支出与经营收入应相互配比。

(3) 自筹基本建设支出，是指幼儿园用财政补助收入以外的资金安排基本建设所发生的支出。幼儿园应统筹安排自筹基本建设支出，随年度预算报上级主管部门核批，列入基本建设计划，并与国家拨给的基建投资统一纳入基本建设财务管理，按项目进行核算。

(4) 对附属单位补助支出，是指幼儿园用财政补助收入以外的收入对附属单位进行补助所发生的支出。

为加强对预算支出的管理，幼儿园各部门的财务支出审批，应指定一名财务支出审批人和一名财务负责人，实行专人负责。幼儿园的财务支出施行源头控制，各类开支应严格按照预算控制，须在支出发生前依照审批顺序和审批权限予以审批，对超出预算和无预算的支出，财务部门有权拒绝办理。

(五)幼儿园的财务分析管理

幼儿园的财务分析是财务管理工作的重要组成部分，依托于幼儿园的财务报表分析。管理内容包括幼儿园发展的预算执行、资产使用管理、收入、支出和专用基金变动以及财务管理情况，存在的主要问题和改进措施等。

1. 幼儿园财务报表

财务报表是反映幼儿园一定时期财务状况和发展成果的总结性书面文件，包括资产负债表、收支情况表、有关附表及财务状况说明书。

(1) 资产负债表，亦称财务状况表，是表示幼儿园在一定日期的财务状况的主要会计报表。资产负债表通过前后期资产负债的比较，可以反映幼儿园财务变动状况。

(2) 收支情况表，是反映幼儿园一定时期内财务收支及分配情况的报表，收支情况表的项目要按照收支结构和分配情况分项填列。

(3) 财务状况说明书，主要说明幼儿园收入及其支出、结余及其分配、资产负债变动、专用基金变动的情况、对本期或下期财务状况发生重大影响的事项以及需要说明的其他事项。

2. 幼儿园财务报表分析

财务报表分析包括资产负债表分析、财务收支情况表分析和财务报表综合分析。

(1) 资产负债表分析，是指基于资产负债表而进行的财务分析。分析幼儿园的资产负债表能够揭示出幼儿园偿还短期债务的能力，以及幼儿园经营管理总体水平的高低等。此外，还能了解幼儿园财务状况的变动情况及变动原因，评价幼儿园会计对幼儿园经营状况的反映程度，评价幼儿园的会计政策，修正资产负债表的数据。

资产负债表分析的内容包括资产负债表水平分析、资产负债表垂直分析。

资产负债表水平分析是将分析期的资产负债表各项目数值与同期上年数或预算数进行比较，计算出变动额、变动率以及该项目对资产总额、负债总额和所有者权益总额的影响程度。资产负债表垂直分析是通过计算资产负债表中各项目占总资产或净资产的比重，分析评价幼儿园资产结构和变动的合理程度，进而评价幼儿园资产及财务结构的稳定性和安全性。

(2) 收支情况表分析，分析收支情况表能够了解掌握幼儿园的各项收入是否符合有关规定，是否执行了国家规定的收费标准，是否完成了核定的收入计划；各项应缴收入收费是否及时足额上缴，超收或短收的主客观因素是什么，是否有能力增加收入。此外，还能掌握各项支出是否按进度进行，是否按规定的用途、标准使用，支出结构是否合理等，找出支出管理中存在的问题，提出加强管理的措施，以节约支出、提高资金使用效益。

(3) 幼儿园财务报表综合分析。综合分析财务报表涉及幼儿园财务管理及相关活动的各个方面。概括起来主要有以下几个方面。

① 幼儿园预算的编制和执行情况分析。主要是分析幼儿园的预算编制是否符合财务制度规定的要求，是否适应幼儿园发展和工作任务的需要，是否符合幼儿园预算编制的指导思想和工作重点，预算编制的计算依据是否充分可靠等；在执行过程中，则要分析预算执行的进度是否合理，收入、支出明细项目有无较大的出入，与往年同期相比有无特殊变

化及变化的原因，发现偏离预算较大的项目及时预警，并适时加以控制以保证全年预算的完成。

② 幼儿园预算执行情况分析主要是分析财政补助收入、财政专项资金等是否及时拨付入账、列支科目是否正确、资金投向是否符合政策要求；事业支出、专项支出是否符合收入来源要求，资产、事业基金、专项基金的增加、减少是否符合财务制度的规定等。

③ 发展能力分析。主要是分析幼儿园有无核心能力，核心能力是幼儿园拥有的最主要的资源或资产，包括有形的物质资源和无形的智力资源。核心能力种类很多，如师资力量、咨询服务能力等，从财务报表分析角度可以通过总资产增长率、专用设备占固定资产的比率等指标来反映。

④ 幼儿园财务分析。主要指标包括经费自给率、资产负债率和人员支出、公用支出占事业支出的比例等。经费自给率衡量幼儿园组织收入的能力和满足经常性支出的程度；资产负债率衡量幼儿园利用债权人提供资金开展业务活动的能力，以及反映债权人提供资金的安全保障程度；人员支出、公用支出占事业支出的比例衡量幼儿园事业支出结构。

⑤ 财务管理情况分析。主要是分析各项内部控制制度是否健全，各项管理措施是否符合国家有关规定和幼儿园的实际情况，措施落实情况怎样，财务管理岗位责任制是否切实执行，会计业务流程是否顺畅，有无流程再造的改进点，会计制度的监督和反馈机制能否有效地防范舞弊和腐败的发生等。通过分析找出存在的问题，提出改进的方向，进一步健全和完善各项财务规章制度和管理措施，提高财务管理水平。

四、幼儿园财务管理的策略

(一)树立科学的财务管理观

对园长和财务人员而言，科学地进行财务管理，关键是要尊重财务管理的客观规律，把管理、控制、协调有机结合起来。通过控制，形成良好规范和秩序，约束资金的安排和使用；通过协调，缓解人际关系紧张，降低内耗，提高资金的使用效率。

(二)积极筹措资金

在现阶段，无论是公立幼儿园还是私立幼儿园，经费的筹措来源都呈现多元化，园长有责任也有必要开辟资金筹措的各种渠道。但是，向外界征收的各种费用，必须符合国家政策的要求，按照各地教育行政部门和物价部门所核定的标准收费。

(三)高效使用资金

1. 园长高效领导

首先，园长要认识到强化财务管理是幼儿园管理的中心工作，根据教育活动和经济活动的客观规律，科学管理和合理使用各项教育经费。其次，园长应联合专业人员进行深入分析、讨论研究，广泛征求各方意见，谨慎做出科学决策，把有限的教育经费管理好。最后，要加强对幼儿园财务人员的领导，让他们明确各自的责任和权利，高度重视财务管理工作。

2. 合理分配资金

幼儿园管理者应提高资金使用效率，将有限的资金合理分配，以确保幼儿园稳步、全面地向前发展。首先，将幼儿园的各项工作按照轻重顺序排列好，先保证最重要事情的完成。其次，实行多劳多得、优劳优酬，科学分配员工收入。在同一职级的岗位上，工资收入可设有一定的弹性制度，根据岗位要求的完成情况给予分配，激励员工工作的积极性。最后，考虑到特殊需要，预算要留有余地。

3. 强化财务监督

幼儿园应建立一整套关于教育经费的安排、使用以及效益评估的规章制度，通过教职工代表大会监督、财务人员的控制来保证资金的规范运行。同时，园长定期或不定期地接受上级主管部门、审计部门的审计，以确保各项规章制度落实到位，资金运行规范。

(四)培养高素质的幼儿园财务队伍

幼儿园财力资源管理是一项专业性、政策性很强的经济管理工作，一支高素质的财务管理队伍决定着财务工作的质量。首先，要配备精良的财务人员，选聘政治素养好、责任心强、有专业财务知识的人员承担财务工作。其次，要做好财务业务培训，无论是管理者还是财务人员，都需要通过不同形式的培训不断学习了解国家财政法规、财务规章制度。最后，要提高财务队伍的职业道德水平，园长应以身作则，自觉做到时刻用道德规范约束自己的行为，确保教育经费合理安排、高效使用。

第三节 幼儿园物力资源管理

一、幼儿园物力资源管理的含义

(一)物力资源管理的含义

物力资源是指投入于生产领域用来生产出各种产品或服务的物资资源总和。在现代企业中，物力资源管理是对现代企业生产经营所需的各种物资、设备进行计划采购、使用和节约等的组织和控制，关系到现代企业生产经营的正常连续进行和流动资金的节约。

加强物力资源管理对提高产品质量、促进工艺和装备的变革、降低消耗成本、加速资金周转、增加现代企业盈利等都有重要意义。

(二)幼儿园物力资源管理的含义

幼儿园物力资源管理是指对幼儿园各种物资条件、物品、财产等的管理，主要包括建筑物、专用设备、一般设备、玩教具、图书、其他固定资产等。物力资源管理是幼儿园管理的有机组成部分。

《幼儿园管理条例》第八条规定：举办幼儿园应当具有与保育、教育的要求相适应的园舍和设施，而且必须符合国家的卫生标准和安全标准。因此，幼儿园应按照要求，按照幼儿身心发展的需要，从安全、卫生和教育的要求来设置环境，修建房舍，安装设备和购置用具。

二、幼儿园物力资源管理的内容

幼儿园物力资源管理主要包括园舍建筑管理、环境条件管理、玩教具管理、图书资料管理四个方面。

(一)园舍建筑管理

幼儿园的基建管理应依据国家的有关法令而开展，直接的法规依据有两个：其一是1987年9月由原城乡建设环境保护部、原国家教育委员会共同颁发的《托儿所、幼儿园建筑设计规范》；其二是1988年7月由原国家教育委员会、建设部公布的《城市幼儿园建筑面积定额(试行)》。认真研究这两份文件，将有助于园长或幼儿园的主办方对幼儿园基本建设的管理。

对园舍建筑的管理主要包括园舍的选址、房屋的建筑、房屋的设计和房屋的维护等。

1. 园舍的选址

园舍选址既要考虑自然要素，还应考虑社会要素。

(1) 自然要素。首先是安静，幼儿园应远离喧闹的交通要道、车站、机场、铁路、工厂、市场等场所。其次是空气清新，幼儿园应远离医院和工业区，如属这类单位的自建园，应建于上风地带，以减少粉尘、有害气体的污染。再次是地势平坦，场地干燥坚实，易于排水。最后是日照充分，安全、卫生，幼儿园应与四周建筑物保持一定距离，应远离煤气站、酒精厂、农田、垃圾场、废品收购站、饲养场、监狱、精神病院等场所。

(2) 社会要素。首先是人口密集的地方，幼儿比例相对较高，既可以解决双职工子女的入托问题，又可保障幼儿园生源稳定。其次是便利的交通，既方便骑自行车和坐公交车接送幼儿的家长，又便于教职工上下班，以保证教职工按时出勤，还便于园所与外界联系。再次是已有园所的分布情况，如果已有的园所已基本满足周围居民幼儿入园的需求，要慎重考虑再建园所的问题。最后是停车情况，停车车位的多少以及停车费的高低也会影响幼儿园的招生。

2. 房屋的建筑

幼儿园的建筑有平房和楼房，楼房不宜太高，一般以二层或三层为宜，以方便幼儿上下活动。房屋建筑宜采用较集中的形式，以便尽可能提供较多的户外活动场地。园舍的方向以南向或东向为宜，以增加阳光的照射量。楼顶平台必须有护栏，楼梯的设计要尽量平缓，为幼儿增设扶手，以利于幼儿安全地上下楼。整个房屋的建筑应将安全意识摆在首位，保证房舍有较高的建筑质量。

3. 房屋的设计

幼儿园的园舍使用一般可分为三类。

(1) 幼儿学习生活用房，包括每班必须有一个活动室、寝室、卫生间、贮藏室。现今许多全日制幼儿园将活动室与寝室合并使用，但合并设计时，其面积按国家规定应至少是两者面积之和的80%。此外还有幼儿园公用的音乐、体育活动室等。

(2) 办公服务用房，主要包括教职工办公室、会议室、资料室、医务保健室(包含隔离室、晨检室)及教职工值班宿舍、卫生间等。

(3) 后勤供应用房，主要包括幼儿食堂 (或称厨房)、清毒室、开水室、洗衣室及库房等。

4. 房屋的维护

房屋是幼儿园的不动产，通过维修和保养，既可以延长其使用寿命，又能够确保使用安全，使房屋资源最大限度地发挥应有的作用，所以房屋管理维护很重要。在对待房屋的管理维护问题上，要避免“重建设轻管理”和“重使用轻维护”的倾向。要注重对房屋的保养和检查维修，应通过建立制度和计划，采用有效措施，定期整修，保持房屋的整洁完好。

(二)环境条件管理

幼儿园环境中的各种物质条件，具体包括室外环境的绿地、植物、活动场地，室内环境的墙面、装饰等。对环境物质条件的管理包括以下几个方面。

1. 室外活动场地

幼儿园室外活动场地是幼儿游戏和活动的主要场所，便于幼儿充分呼吸新鲜空气，接触阳光，进行体育锻炼。

(1) 空间管理：以人均面积 $3m^2$ 为宜，每班的活动场地面积应不小于 $60m^2$。全日制幼儿园幼儿每天户外活动的时间不得少于 2 小时，寄宿制幼儿园每天不得少于 3 小时。

(2) 绿化管理：绿化不仅美化环境，还可以净化空气、减少尘埃。做好绿化应讲究总体规划，要种植草坪、树木扩大绿地面积，绿化面积可占户外场地总面积的 15%～50%。

(3) 美化管理：可建成优美洁净的庭院模式，或建成花园、果园的形式，使幼儿园真正春有花、夏有荫、秋有果、冬有青，真正成为幼儿的生活乐园。

(4) 器械管理：供幼儿攀、爬、钻、滑、跳，设幼儿玩水池、玩沙池等，还需要工作人员自己动脑动手，利旧利废，因地制宜地巧妙布置，使幼儿的户外活动内容更丰富，提高活动的实际效果。

(5) 安全管理：相关总务人员要保证场地没有危险物(如玻璃屑、钢筋、铁钉、尖石块等)，以便于幼儿开展活动。运动器械要定期检修，避免年久失修而造成安全事故。

(6) 卫生管理：清洁工或其他工作人员要保持场地清洁，基本上要做到每天一小扫，每周一大扫，要设立包干区、定期检查评比等。

2. 室内活动场地

室内根据幼儿年龄和季节等布置环境，使环境为幼儿服务。

(1) 墙面管理：活动室墙面布置、装点要本着整体性原则，统筹全局、整体设计。在 1.3m 以下墙面可设置 1 块白瓷砖墙，供幼儿在上面画画、粘贴等；高于 1.3m 的墙面布置要适当控制最高点，以幼儿视野可以达到的范围为宜。此外，墙面要合理、综合地渗透各方面教育内容，发挥墙面作为辅助教育手段的作用。墙面布置切忌色彩过于鲜艳，应留有适当空白，增加审美中的静感。

(2) 屋顶管理：可充分利用活动室的屋顶空间。可制作一些悬垂饰物如灯管、吊灯等房顶悬挂物，也可将师生的立体作品悬在上面，悬垂高度一般在 1.9～2m 为宜。

(3) 布局管理：室内布局是指活动室内家具、玩具柜、教学辅助用具的合理摆放和幼儿活动空间的合理分配。活动室室内布局是婴幼儿生活、学习、游戏等活动的无声向导。科学、合理安排幼儿活动室室内布局应注意以下几点。

首先，要注意动、静的间隔，如图书架与玩具柜的摆放应有一定距离；供幼儿观察的动、植物应设置在幼儿活动少的角落；应留有供全班幼儿集体活动、进餐的空间。

其次，要注意区域的明显划分，以便使幼儿认识不同的活动内容，并给幼儿一个相对安全、独立、充满想象的活动空间。

最后，要注意采光，室内各种家具、玩具柜、教学用具的布局要注意保证正常的采光，如在窗台下方摆放玩具低柜，不应将高于窗台的家具摆在窗下，遮挡阳光照射，影响室内采光。

(4) 安全管理：首先，要保证幼儿活动的通道畅通，如在活动室的摆放布局不应挡住门的开关，以能将门全部打开为准；其次，幼儿睡床摆放应离幼儿活动区域远一些，以便幼儿活动；最后，餐具柜等家具宜靠墙摆放，既能保证幼儿安全，还可利用家具挡住不安全的室内设施，如室内暖气片等。

(5) 卫生管理：室内环境的卫生应由各班保育员负责，坚持每天清洁，日日整洁美观，应检查记录，开展评比，为幼儿创造卫生、舒适的成长环境。

(三)玩教具管理

幼儿园玩教具是幼儿教育中最重要的学习资源，是促进幼儿情感、态度、能力、知识、技能等多方面发展的重要媒介，对幼儿发展具有非常重要的作用。鉴于玩教具在幼儿发展中的重要作用，幼儿园玩教具管理尤为重要。幼儿园玩教具的管理主要有玩教具配备计划的管理、玩教具采购的管理、玩教具制作的管理、玩教具使用的管理等几个方面。

1. 玩教具配备计划的管理

(1) 制订计划。

调查研究可以为玩教具配备提供依据。调研应由园领导挂帅并有保教管理人员、班级教学人员、财务人员、资产管理人员等参加。玩教具配备调研应从两个方面着手，一是园内调研，二是市场调研。

园内调研要根据各省市、地方玩教具配备标准，幼儿园发展和教育教学实际需要，进行充分的玩教具需求调研，为科学合理地配备玩教具提供依据。主要应考虑班级需求和幼儿园需求，并确定数量。

市场调研是为了了解玩教具品种及市场价格，据此确定玩教具配备计划。市场调研可以通过互联网、专卖店、商场柜台、专业制造商、同行业介绍等方式获得有效信息。玩教具品种的调研可以参考一些供货厂家或专业玩教具厂商的宣传图册，就能基本达到幼儿园需求。玩教具市场价格的调研要注意信息的真实性、合理性。

(2) 编制计划。

玩教具配备计划一般包括玩教具配备申请、玩教具配备目录及经费预算。

玩教具配备申请应包含以下内容：幼儿园概况，如园所规模、班额设置、容纳幼儿数、教职工编制数或教职工人员数、专用教室情况等；指导思想，如发展愿景等；配备依据，如国家地方的相关标准；园所需求，如发展的需求、特色建设的需求、专业教室的需求、办园质量的需求等；各类玩教具经费预算，如根据玩教具的分类分别罗列经费预算，并写出合计预算。

玩教具配备目录及经费预算，建议使用 Microsoft Office Excel 表格，制作成一个文件。该文件可包含多个工作表，第一个工作表为玩教具配备经费预算汇总表，第二个工作表为体育类经费预算表，后面依次为不同种类玩教具经费预算表。各类玩教具经费预算表包含项目名称、规格、单位、数量、单价、金额、备注等内容。

(3) 审核、确定、通过计划。

园务会是幼儿园的决策机构，玩教具配备作为幼儿园的一件大事，一定要经园务会决策。

玩教具配备计划制订后，应请相关幼教专家或专业人员进行审核，或请不同的玩教具供应商提出建议，根据多方建议，幼儿园有选择地吸纳，修改完善玩教具配备计划。经园务会确定后的玩教具配备计划，还要经教代会或全员会通过。

2. 玩教具采购的管理

对幼儿园玩教具采购进行管理是为了在需求时间内从合格的供应商处，以合理价格获取符合质量要求的玩教具和服务，最终完成节约采购成本、提高采购工作效率的任务。因此，玩教具的采购管理也是重要的管理内容。

(1) 采购过程的管理。

幼儿园玩教具的采购过程分为前期准备、采购交易和购买后评价三个部分。

前期准备是完成幼儿园玩教具最终购买的决策准备。根据信息收集和调研的结果，幼儿园采购组要从众多供应商中甄选最优秀者名单，并逐一进行深入接触，确定供货渠道。甄别供货商通常在基本遵循一个统一标准的前提下开展，如对供应商进行资格认证，围绕供应商进行核心因素评价等。在进入采购招标程序前，采购者要善于听取供应商的建议，并对这些建议进行分析，择优采纳。这是完善幼儿园玩教具配备计划的一条捷径。

采购交易是玩教具采购的执行阶段，一般情况下，采购交易主要采用招标投标程序。因此，采购交易也主要围绕招标投标工作展开。这些工作主要有确定和发布招标书、公开招标、评审与确认拟中标人、签署采购合同。

购买后评价是幼儿园要成立玩教具采购验收小组，在购买后填写质量验收报告，还要求玩教具使用部门及人员，在指定时间内按照统一的标准对玩教具质量、使用情况等进行评估，这些评估作为供应商的重要资信内容存档并作为考核供应商的主要指标。

(2) 采购过程的风险管理。

建立完善的采购制度是幼儿园玩教具采购风险管理的核心措施，主要包括采购审核制度、采购决策制度和供应商评价制度。

采购审核制度包括提出需求(采购申请)、确认需求(审批制度)、财务控制(财务人员参与合同条款审核)、验收。

采购决策制度包括建立采购审批流程，大批量采购成立采购组并启动招标程序(专家把关)，在决策中保持客观、专业和集体力量。

供应商评价制度包括建立日常购买或小批量购买的供应商数据库，按照统一标准对供应商进行评价，依据评价结果划分供应商的信用等级；依据评价结果及时调整供应商。

3. 玩教具制作的管理

幼儿园自主研发制作的玩教具被称为自制玩教具，是相对于需要花钱购买的商品化玩教具而言的。自制玩教具是一种教学或辅助教学的用品，它是成人(教师)根据教学需要和幼儿发展需求，对各种自然资源和材料进行收集、分类、加工、改造、组合，重新融入玩具教育因素设计后的产物，是一种创造性的活动，是幼儿游戏的需要，是幼儿学习与发展的需要。因此，玩教具的自制管理也是重要的管理内容。

(1) 自制玩教具材料的种类。

幼儿园自制玩教具可使用的材料很多，大多数为生活中的废旧材料，划分种类的标准也很多。瓶罐材料可分为易拉罐系列、饮料瓶系列和瓶盖系列；自然物材料可分为种子系列、树叶系列、蔬菜水果系列、秸秆系列、石子系列、蛋壳系列；泥质材料可分为贴画系列、泥塑系列；纸制、印刷材料可分为纸雕塑系列、包装盒系列；布、线、绳材料可以收集一些旧衣、旧床单、旧毛衣、孩子的旧鞋袜等；竹木材料可分为竹子系列、树枝系列、木板系列、原木系列；轮胎材料系列等。

(2) 自制玩教具材料选择的要求。

自制玩教具最重要的就是选材，生活中的很多废旧材料都可以作为自制玩教具的可选材料，幼儿园在材料收集阶段就要有所甄别，切忌盲目收集，以防造成对幼儿的伤害或材料的浪费。教师和家长在引导幼儿收集材料的过程中应注意：严禁收集含有有毒物质、受过污染的材料；严禁使用易造成幼儿意外伤害的材料；严禁使用体积过小、线头过长、零配件易松动的物品；制作填充类玩教具应注意材料的质量；选择的材料要考虑完成后作品的大小和重量等；材料的选用应有利于环境保护和可持续发展。

4. 玩教具使用的管理

(1) 玩教具日常使用管理。

玩教具日常使用管理主要是发挥教师的指导与管理作用，包括以下几个方面。

首先，教师自己学会使用玩具。教师玩玩具的过程是了解幼儿玩玩具过程的有效方式，可以对幼儿的学习方式和行为方式加深认识和理解，对教师指导幼儿使用玩教具将起到很好的促进作用。因此，幼儿园新购买的每件玩具，都应从教师开始玩起，在探索操作中，教师就能体会到玩具插接需要一定的手指力量；玩教具在造型中具有创新的难度；幼儿在玩桌面玩具时可能会遇到多种问题；多种玩具的交互使用可以提高玩具的趣味性和使用率；有些玩教具必须合作才能玩等。由于幼儿年龄阶段的不同，教师必须掌握所在班级幼儿的平均发展水平，掌握幼儿群体在探索玩具时的发展程度。

其次，教师指导幼儿使用玩教具。教师在幼儿操作、使用玩教具过程中，要扮演好观察者、支持者和研究者的角色。观察者，要求善于观察幼儿在操作过程中的学习态度、认知能力及幼儿间存在的个体差异，要照顾到这种差异，并及时进行指导。支持者，需要教师先向幼儿示范玩教具的操作方法，在幼儿掌握后变直接指导为隐性指导，在关键的时刻启发引导幼儿获得发现和创造。研究者，要求教师记录幼儿的活动过程，了解幼儿的学习认知方式，掌握投放玩教具所达到的效果和目的，为以后的教学活动提供理论依据和实践准备。

再次，制定玩教具使用常规。制定玩教具使用常规是玩教具使用过程中保证幼儿安全的需要，所以幼儿园要依据园所实际情况、幼儿实际情况，保教人员共同研究、制定科学合理、切实可行的玩教具使用常规要求。幼儿常规制定后，管理者要指导教师通过多种方式让幼儿明确玩教具使用的具体要求与相应的正确行为。此外，还应注意时常督促和检查、提醒，使幼儿良好的习惯不断得到强化，逐步形成自觉的行为。

最后，明确目标与内容，合理安排玩教具。在幼儿园的教育教学活动与游戏中，玩教具的合理投放有助于激发幼儿的学习兴趣。玩教具的投放不是越多越好，应依据目标使用，以完成任务为评价点。 此外，还应结合幼儿发展需要，定时更新玩教具。一种玩教具长时间投放会使幼儿失去兴趣。教师要根据班级幼儿发展的需要，结合季节变化、活动区角设置、主题教育活动开展等有计划地不断更新、补充、调整玩教具。

(2) 玩教具制度管理。

幼儿园要建立切实可行的玩教具管理制度，确保玩教具在幼儿园的安全、合理、有效使用。玩教具使用制度一般有玩教具安全使用制度、玩教具消毒制度、玩教具保管制度、玩教具更换制度及玩教具制作制度等。幼儿园玩教具管理制度应根据幼儿园具体情况加以制定，切合幼儿园实际，有特色教室或功能教室的应制定该教室的使用管理制度；有种植园地的应制定相应的农具使用管理制度；有独立玩具室的应制定相应的玩具借用制度等。

幼儿园玩教具管理是一项复杂、烦琐的工作，需要管理者及全体教职员工认真对待，管理切实到位。

(四)图书资料管理

图书资料管理是对各类图书资料进行收集、整理，通过多种手段提高书刊利用率，以为教师和幼儿提供图书资料相关信息服务为目的的工作。幼儿园图书资料管理工作，通过向读者提供书刊借阅、宣传介绍图书、提供目录检索书刊等，为教师和幼儿服务，提高教师业务素质及理论水平并丰富幼儿知识，培养阅读兴趣及阅读习惯；同时还为一线教育教学服务，为教育教学研究服务，提高幼儿园教育教学质量和保教工作水平。

幼儿园图书资料的管理主要包括对图书资料的采购、图书资料的整理等。

1. 图书资料的采购

图书资料的采购配备应遵循规范性原则和实用性原则，既要符合相关法规文件的配书要求，又要考虑幼儿园教育教学活动、科研活动、幼儿的年龄特点等有针对性地配备补充书籍。

(1) 制订购书计划。购置图书计划要根据幼儿园、教师、幼儿的需要，参考相应的教学纲要、册数、价格等来制订。优先采购国家教委、各级教育部门评审推荐的图书，注意保持书刊的完整性、连续性，品种丰富，副本适量。购置适宜的工具书，教学参考书，教育、教学方面的理论著作，少儿读物等。

(2) 收集补充图书。图书收集补充方式包括购入方式与非购入方式。购入方式是指书店购买、书市购买、邮购、网购等。对于有条件的幼儿园，可以提供场地吸引有关书商在园内举办专题小型书市。另外，对于非常重要而不易购买的图书，可以复印。非购入方式包括接收与调拨等。

(3) 验收新到图书。验收包括发票或清单核对，拆包图书，核对单价、总册数、总金额是否相符；对照图书补充计划，核对新到图书是否与计划补充的品种、册数完全相符，在清单上签字盖章，完成验收工作。对购置的幼儿读物应发放到班级，充实到阅读角中，应做好发放记录(包括发放时间、班级、册数、签字)。

2. 图书资料的整理

图书资料整理工作包括图书的登记、分类、编制分类目录、加工整理、排架等。其中图书的分类工作包括图书分类的准备、分类原则、分类工作程序等。

(1) 登记。登记包括总括登记和个别登记。总括登记是将收进的书刊按批量进行整体登录的工作，分别记录每批书刊的总册数、总金额，各类别书刊的种数、册数等。个别登记是先对新到馆图书加盖馆藏图章，再按到馆顺序给每本图书一个个别财产号(个别登录号)，然后在“图书馆图书财产登记本”上，按照每本书进行登记工作。最后将每本书的各项信息输入图书管理系统，按照财产登记号自动生成财产登记目录。

(2) 分类。学习《中国图书馆图书分类法(儿童图书馆、中小学图书馆版)》的有关论述，了解有关图书分类的要求，再根据本园实际及教育特色等具体情况进行调整，形成适合本园实际又符合专业规定的本园图书分类表。根据本园图书分类表，制定分类制度和规则，应对分类工作的工作程序、图书分类细则做出书面规定，保持分类工作的连续性。

(3) 编制分类目录。将图书信息录入图书资料管理系统，通过分类筛选，自动生成分类目录。

(4) 加工整理、排架与摆放。使用图书资料藏书专用章，口取纸，打印书号机，红、蓝印泥，透明胶条等给图书盖章、贴标签。图书资料藏书专用章盖在书名页下方正中，个别登录号印在书名页上方靠近书脊处，图书分类号及顺序号写在口取纸上，并贴在书脊下方 2 厘米处。图书资料应严格按类摆放，并做好标记。

(5) 建立电子书库。其过程包括筛选图书，逐页扫描，整理目录。

三、幼儿园物力资源管理的原则和方法

(一)幼儿园物力资源管理的原则

1. 为保教工作服务的原则

保教活动是幼儿园工作的中心环节，物力资源管理是幼儿园教学的物质保障。管理人员要根据幼儿园保教工作要求和安排，有计划地改善教学条件，保证教学工作所需要的各种教学设备用品，努力营造良好的学习和工作环境，满足教学的实际需要。

2. 节约高效的原则

任何组织的资源都是有限的。物力资源管理既要为幼儿园的工作提供充足的物力资源，又要本着节约高效的原则，精打细算，达到物尽其用，提高物品的使用效率。同时还要严格执行物力资源管理制度，在全园营造勤俭办园、高效管理的良好氛围，建设“节约型组织”。

(二)幼儿园物力资源管理的方法

1. 建立健全物力资源管理制度，责任到人

建立健全物力资源管理制度，能够提高幼儿园设备和物质材料的使用效率，避免浪费

和无意义的损耗。常用的管理制度包括物品采购制度、验收制度、供应制度、定期清点核对制度、物品领用登记制度、公物损坏赔偿制度等。

责任到人，是指物品管理责任人要及时上报财产使用及消耗情况，如教师使用的教学设备、保育员使用的班级生活物品、炊事员使用的厨房用品等，并对幼儿园物资资源管理提出建设性意见。同时，管理者要经常过问、监督物品的购买、维护和使用，以减少内耗。

2. 物力资源管理规律化

(1) 按管理计划购买材料。采购人员要根据每学期所需材料的种类、数量、时间等规律购买。财产管理人员必须根据购进的实物和有关凭证对其名称、数量、金额等核对验收，物品验收后，按规定的分类代码对物品进行编号、入库、入账等。

(2) 按管理规范领用物品。教职工因教学或工作需要领用设备、教玩具、办公用品及其他物品时，领用人须填写领用单或办理领用登记手续。消耗品的领用以节约为原则，领用大量及特殊用品必须经过领导签字之后方能领取。

(3) 定期盘点仓库物品。新采购的物品要及时登记入库。每个月定期盘点、及时了解物品库存情况。把握物品使用规律，如每学期用到哪些材料，什么时间段、什么材料要用多少，进行统计分析，总结规律，做到采购针对性强，不浪费、不重复、不积压。

(4) 科学管理仓库物品。可利用计算机等现代信息技术手段，充分管好用好现有物力资源。仓库内物品有序摆放，分类造册，便于查找，提高物品领用效率，及时根据库存量补仓。

(5) 做好物品保养维修。物品的使用保养是资源管理不容忽视的内容。物品保养可采用物品使用和培训同步进行的方式，即在物品投入使用之前先进行操作规范培训，将使用规范和正确具体的操作方法告知大家，避免使用不当而造成物品损坏。此外，物品在使用过程中要定期检查维修。定期检查维修可以延长设备设施、财产物品的使用寿命，确保使用安全。同时，还要了解各类物资设备的使用寿命，保证其在正常寿命内使用，以防设备老化酿成事故。

本章小结

任何管理都离不开资源，在诸多资源中，人力、财力、物力等资源对管理者来说尤为重要。人是管理中最活跃和最核心的要素。幼儿园人力资源管理就是采用现代化的科学方法，对幼儿园人力进行合理的培训、组织与调配，同时对人的思想、心理和行为进行恰当的诱导控制和协调，使人力、物力保持最佳比例，充分发挥人的主动性和积极性，以达到管理目标的过程。

现代人力资源管理具有五种基本功能：获取功能、整合功能、保持功能、评价功能和发展功能。幼儿园人力资源管理策略包括：科学选人——人力资源管理的前提任务；合理用人——人力资源管理的基本任务；精心培养——人力资源管理的核心任务；调动积极性——人力资源管理的关键任务。

幼儿园财务管理就是幼儿园组织财务活动与处理财务关系的管理，是按照国家财政法规的要求，依据幼儿教育事业的发展计划，对预算内、外资金的筹措、计划、组织、使用、监督、调节以及由此产生的各种经济关系的管理。幼儿园财务管理的内容包括：健全幼儿园财务管理体制；幼儿园预决算管理；幼儿园收支管理；幼儿园财务分析管理等。幼儿园财务管理的实施策略：树立科学的财务管理观；积极筹措资金；高效使用资金；培养高素质的幼儿园财务队伍。

幼儿园物力资源管理是指对幼儿园各种物资条件、物品、财产等的管理，主要包括建筑物、专用设备、一般设备、玩教具、图书、其他固定资产等。物力资源管理是幼儿园管理的有机组成部分。幼儿园物力资源管理的内容主要包括园舍建筑管理、环境条件管理、玩教具管理、图书资料管理四个方面。幼儿园物力资源管理本着为保教工作服务和节约高效的原则，在管理中力争做到：建立健全物力资源管理制度，责任到人；物力资源管理规律化。

【推荐阅读】

[1] 金泓汎，沈洪. 企业发展的理论与实践[M]. 北京：经济管理出版社，2009.
[2] 夏昌祥. 现代企业管理[M]. 重庆：重庆大学出版社，2005.
[3] 刘晓欢. 企业管理概论[M]. 北京：高等教育出版社，2009.
[4] 吴承健，博培华，王姗姗. 物流学概论[M]. 杭州：浙江大学出版社，2009.
[5] 王绪池，郑佳珍. 幼儿园总务管理[M]. 重庆：重庆大学出版社，2013.

思考与练习

一、名词解释

幼儿园人力资源管理　幼儿园财务管理　幼儿园物力资源管理

二、简答题

1. 现代人力资源管理的基本功能有哪些？
2. 简述幼儿园人力资源管理过程。
3. 幼儿园人力资源管理的基本原则有哪些？
4. 幼儿园财务管理的内容有哪些？
5. 简述幼儿园财务管理的实施策略。
6. 幼儿园物力资源管理的内容有哪些？

三、论述题

请结合实际阐述如何对幼儿园的物力资源进行管理。

【实践课堂】

分析下面案例中园长在财务管理方面存在哪些问题，并帮助她找出问题的原因。

被挪用的伙食费

青青幼儿园是一所私立幼儿园，办园 7 年，在园幼儿 300 多名，教师认真负责，肖园长和蔼可亲，整个幼儿园充满了童趣和爱心，是一所很受家长信赖的幼儿园。幼儿园一直以来精打细算，节约开支，经过多年的积累，伙食费有了一些结余款，肖园长想用这笔钱购置一套奥尔乐器，以丰富各类乐器的数量，方便孩子使用。刘老师是一名敢说敢做的优秀教师，本科毕业于北京师范大学，对学前教育具有深厚的理论基础。在知道园长的决定后，刘老师去园长办公找肖园长提建议，刚一进门，刘老师就开门见山：“园长，听说您想用剩余的伙食费买乐器啊？”

“是的，你消息还真灵通，我是有这个想法。”

“这样会不会不太好呢，一般伙食费应该专款专用吧。”

“嗯，这个我也知道，不过这是多年节约出来的，不用放着干啥呢，而且伙食费余款一直这么积累也会一直多下去的，用来买乐器对孩子们来说也是很好的啊!”

“是啊，从表面看我们为孩子用节约的钱买乐器是合情合理的，但是我们可以想一些办法将伙食费用完又不做其他用途啊，比如我们可以进一步提高孩子的用餐质量啊！”

“小刘啊，这事我已经决定好了，不用再说了。”

“……”

第五章　幼儿园资源管理.pptx

第六章　幼儿园常规工作管理

本章学习目标

- 了解幼儿园保育与教育工作的关系和保教工作的地位。
- 掌握幼儿园保教工作管理的内容与程序。
- 理解幼儿园班级保教工作特点。
- 掌握幼儿园班级保教工作内容及对保教人员的要求。
- 熟悉幼儿园各年龄班保教工作的要求及内容。
- 了解幼儿园卫生保健工作的意义和任务。
- 理解幼儿园卫生保健工作管理的内容及要求。
- 掌握幼儿园卫生保健工作管理的程序。
- 了解幼儿园安全管理的重要性。
- 掌握幼儿园安全管理工作的内容、方法及要求。
- 理解幼儿园班级安全管理的内容与要求。
- 了解幼儿园教研与科研工作的意义。
- 理解幼儿园教研与科研工作管理的内容。
- 掌握幼儿园教研与科研工作管理的措施。

核心概念

保育和教育(child care and education)　保教工作管理(management of child care and education)　卫生保健工作管理(management of health work)　安全工作管理(safety management)　教研工作管理(management of teaching research)　科研工作管理(management of scientific research)

引导案例

虚设的规章制度

为了保证幼儿的安全和提高幼儿园保教工作质量，某幼儿园的规章制度明确规定教师和保育员带班时间要一心放在幼儿身上，不能打电话。但长期以来，教师和保育员并没有严格遵守这条规定，甚至有时候园长看到带班的老师接听电话，也未予以制止和严肃处理。

一天，某班保育员张某在给幼儿洗澡时，在浴盆里先放了开水，突然有电话找她，她连忙跑出去接电话。这时，教师带着幼儿走进浴室。由于保育员不在，教师照顾不过来，当教师去照看后面的幼儿时，排在最前面的两个幼儿打闹着走近了浴盆，一个孩子一推，另一个孩子坐进了盛着滚烫开水的浴盆里。结果，这个孩子的下肢皮肤被严重烫伤，有可能造成终身残疾。事后，幼儿园被起诉，结果当然是幼儿园败诉，并在幼儿家长和社会中造成了极坏的影响。

(资料来源：张燕，邢利娅. 幼儿园管理案例及评析[M]. 北京：北京师范大学出版社，2002：79.)

案例分析

现在的幼儿园都有规章制度，虽然幼儿园制定了规章制度，但如果不能严格执行，形同虚设，是幼儿园一日常规工作管理的大忌。幼儿园的规章制度一旦确定，就要严格执行，园长不能因为"面子薄"而一味地迁就，使规章制度失去了严肃性和规范性；也不能擅自更改甚至"打折"，使规章制度失去了客观的标准。案例中发生的这起对幼儿的伤害事故，就是幼儿园管理者在常规工作管理过程中没能严格执行规章制度，长期有令不行、有禁不止，导致的严重后果。

学习指导

本章重点是幼儿园常规工作管理，即保教工作管理、卫生保健工作管理、安全工作管理和教研与科研工作管理的内容、要求和策略。在学习的过程中首先要仔细阅读教材，掌握幼儿园常规工作管理相关理论。其次，要结合幼儿园管理实际，理解幼儿园常规工作管理中各项管理的内容。最后，根据教学实践活动，掌握幼儿园常规工作管理策略。

第一节　幼儿园保教工作管理

一、幼儿园保教工作的地位

幼儿园以保教工作为中心，这是由幼儿园的性质和任务所决定的，同时也反映了幼儿园管理的特点和规律。保教工作的中心地位体现在幼儿园全部工作过程中。从幼儿园的性质和任务来看，教育幼儿是幼儿园的本质特点和中心任务，其他各项工作都为保教工作服务；从教育目标来看，保证保教质量是培养人的关键，也是保证幼儿全面发展的前提；从时间维度来看，保教工作贯穿幼儿园一日工作的始终，每个环节都渗透着保教工作；从内容维度来看，幼儿园全部工作都以保教结合为出发点，以幼儿全面发展为目的；从管理维度来看，幼儿园强调在一日生活各个环节对幼儿实施保育和教育，教育研究重视保教工作，班级管理也离不开保教工作；从各类人员的岗位职责来看，每个人所肩负的任务中，保教工作所占的比例最大。保教工作的质量体现着办园的水平，是幼儿园全部工作的中心，它决定着幼儿园各项工作目标的制定和实施。围绕该中心开展工作，是办好幼儿园的关键。

二、幼儿园保育与教育工作的关系

《幼儿园工作规程》明确指出，幼儿园的任务是“实行保育与教育相结合的原则，对幼儿实施体、智、德、美诸方面全面发展的教育，促进其身心和谐发展”。保教结合是由学前儿童身心和谐发展的本质所决定的，也是幼儿教育的基本规律。保教结合对幼儿园教育目标的实现起着保障和促进作用。在实践环节上，要做到保中有教，教中有保，二者并举，有机结合，渗透于幼儿一日活动和全部教育过程中，从而构成幼儿园工作的整体。

(一)幼儿身心发展是一个整体

幼儿教育是以 3～6 岁幼儿作为对象的教育，其中心任务是促进幼儿全面素质的发展和提高。幼儿的发展不是某一方面素质的提高，而是体、智、德、美诸方面和谐发展，这就决定了幼儿教育是协调多种教育资源，发挥多方面教育影响的系统工程。同时，幼儿的生活具有促进幼儿多方面发展的价值。生活本身就是一个整体，儿童在生活中学习，在生活中成长，在生活中发展，这同样要求整体地看待幼儿的发展。把幼儿的发展视为一个整体，是符合幼儿身心发展特点和成长规律的。

(二)保教内容相互包含，保中有教，教中有保

保教结合是幼儿园教育的基本原则，它决定了幼儿园保育工作中包含着教育性因素。在物资匮乏的年代，幼儿园保育往往侧重于保护幼儿机体健康和身体发育，缺乏教育性，保育的对象使幼儿处于被动接受的地位。在教育观念和日常生活发生质变的今天，保育被赋予积极的含义，强调保护和增进幼儿的健康，注重激发幼儿的积极自主性，培养活动兴趣，增强幼儿生活能力和自我保护、安全意识等。保中有教，可以较好地适宜幼儿在生活中学习的特点，使教育更接近幼儿实际，更结合其生活经验，因而更富有成效。另外，幼儿园教育中有着保育的内容，特别是将教育因素渗透到健康领域，对幼儿心理健康具有重要意义。《幼儿园工作规程》着重指出：“尊重、爱护幼儿，严禁虐待、歧视、体罚和变相体罚、侮辱幼儿人格等损害幼儿身心健康的行为。”教师在教养过程中通过创设宽松的教育氛围，在教师与幼儿之间形成良好的人际心理环境，这是深层次的保育，也是对教中有保所做的新诠释。

幼儿园工作的双重任务，决定了为幼儿服务与为家长服务不能顾此失彼。但实践过程中，往往存在片面为家长服务或片面为幼儿服务两个错位。有的幼儿园一味迎合家长，而不管家长的要求是否合理，其实质就是单纯迎合家长好恶而忽视孩子的成长。如教育内容安排过于小学化，片面强调教幼儿读书、认字、做算术题、学英语等。还有些幼儿园过分强调幼儿园的教育功能，忽视了家长的合理需求，对家长提出的一些正当意见不予采纳，对于一些特殊的要求也缺乏理解，从而间接地影响了为幼儿发展服务的质量。上述错位产生的原因是多方面的，但关键是没有把握好幼儿园双重任务的本质。

三、幼儿园保教工作管理的内容

(一)合理进行保教管理人员分工

幼儿园保教管理工作的最高指挥者通常是由业务副园长或园长助理来承担，也有些幼

儿园由正园长直接承担。不管怎样，由于保教工作质量的高低很大程度上决定了幼儿园的办园质量，幼儿园必须设专门的、懂业务、有能力的园级领导统管幼儿园的保教工作，如负责组织制定幼儿园的保教工作目标、计划；制定保教规章制度；建立有效的保教组织机构、合理调配各班保教人员；制定保教工作流程要求；组织各种保教工作检查等。中、大规模幼儿园，在保教管理上设有保教主任这样的中层管理人员，直接领导和管理各班级的保教工作。也有较大规模的幼儿园分别在小、中、大班各设年级组长一名，负责组织协调年级保教业务管理工作。班级是保教工作的基层组织，一般由三名保教人员构成。在班级保教管理工作中，三名保教人员的合理搭配是必须考虑的一个重要问题。一般要注意三位搭配教师合理的年龄结构、性格特点，并使其特长优势互补，从而协调一致地做好班级保教工作。

(二)制定幼儿园保教工作管理制度

幼儿园保教工作的正常运行需要管理制度的保障，如保教计划与记录制度、备课制度、保教人员常规工作检查制度、保教人员工作程序要求、保教人员岗位责任制、保教人员考核制度等。完善的制度可以保证幼儿园保教工作的正常进行，形成良好的工作程序。

(三)科学决策，制定保教战略目标

管理者在保障幼儿园保教工作正常运行的前提下，还要深刻学习领会国家幼教法规，掌握最新的幼儿教育及管理理念，分析本园的环境、师资和各种资源优势，创造性地开展工作，突出本园特色，制定本园保教战略目标，以保持幼儿园持久的生命力。

四、幼儿园保教工作管理的程序

(一)保教工作计划的制订

1. 保教工作计划的要求

计划是一切工作的开始，幼儿园保教工作也是如此。幼儿园保教工作的起始环节就是制订保教工作计划。所以，制订幼儿园保教计划很重要，一定要遵循严格的要求进行。

(1) 一日活动科学化。幼儿的发展正是在幼儿园生活的每一天中进行的，因而幼儿园一日活动安排得是否科学，直接影响到幼儿的身心发展。幼儿园的保教工作计划要体现科学的一日活动安排。如做到动静交替、室内外交替、集体活动和个别活动交替等，让幼儿在愉快、轻松的活动中获得健康的发展。

(2) 保教活动内容丰富、形式多样。制订幼儿园保教工作计划时，要考虑设计内容丰富、形式多样的保教活动内容，促进幼儿的发展，特别要注意游戏是幼儿的基本活动，在保教活动中要有一定的比例。

(3) 创设有利于幼儿发展的环境。幼儿园要创设一个丰富多样、多功能多层次、具有选择自由度的环境，让每个幼儿有机会接触符合自身特点的环境，用自身特有的方式同化和吸收外界环境中的积极成分，促进自身个性化的发展。教师则需要在此过程中了解孩子，敏锐地觉察孩子之间的差异，进行有针对性的引导。幼儿园的环境要满足孩子运动的需要、与同伴交往的需要、探索环境的需要和表达的需要，这就要求关注幼儿成长环境的生态平

衡，以幼儿发展的需要来平衡各种环境因素。

2. 保教工作计划的类型

(1) 全园的保教工作计划。幼儿园应针对幼儿园保教工作的长远发展和近期工作制订切实可行的工作计划。在计划中，要对保教工作的各个方面提出具体的要求，同时对每个部门所承担的保教工作任务提出要求或目标。长远计划一般为3～5年，是对幼儿园保教工作的前景进行描述，其中包括工作目标、工作内容、工作措施等，同时还对长远计划的完成从时间上进行大致的分段。全园的近期工作计划一般为一个学年，具体对幼儿园在一个学年内所要完成的工作进行阐述，其中包括上一学年的工作状况分析，本学年的工作任务安排，工作中的重点、难点说明。在近期工作计划中，还应该对各部门在幼儿园保教工作中所承担的任务进行分解，并且在时间上做出较为详细的安排。

(2) 班级保教工作计划。班级承担着幼儿园保教工作全面实施的任务，班级又是幼儿生活、学习、游戏的具体场所，班级工作质量直接影响到全园工作的水平，所以提高班级工作的针对性和计划性是非常必要的。班级计划应对班级保教工作进行全面安排，既要承担幼儿园总目标分解下来的各项任务，更要针对本班教师集体、幼儿状况、家长情况等进行详尽的分析，从有利于幼儿发展的角度出发，从有利于每位工作人员发挥自身的优势出发，制订出可操作的、细致的工作计划。班级计划包括学期保教工作计划、逐月工作计划和周工作计划。

(二)保教工作计划的执行

为确保幼儿园保教工作各个环节的连续性，使每个部门都能按时、按量、按质完成任务，必须对各项工作提出规范的程序要求。

1. 建立保教工作程序的要求

(1) 各部门之间协调配合。幼儿园保教工作是一个系统工程，各部门虽然各有分工，负责相对独立的工作任务，但就整体来说，各部门又存在着有机的联系，好比一个机器的各个部件，只有协调一致，才能保证机器的正常运转。因此，部门之间的配合，是保教工作程序化的基本保证。

(2) 建立保教工作制度。制度是规范保教工作的标尺，幼儿园应根据保教工作的特点，在充分讨论的基础上，建立各类人员和各项工作的管理制度。同时要形成人人遵守制度、以制度进行管理的良好风气。在大家都遵守制度的前提下，良好的工作程序才有可能形成。

(3) 科学作息的安排与遵守。幼儿园一日活动的安排，既是针对幼儿发展的需要，也是对各类工作人员所做工作在时间上的规定。科学的作息好比企业的流水线，大家共同遵守，按规操作，这样才有一个良性的循环，否则幼儿园保教管理容易出现混乱。

2. 保教人员一日工作程序

(1) 程序化的工作是提高管理质量的保证。保教人员一日工作程序化，不仅在时间上确保了班级管理工作任务的落实，同时在工作量上也有了可视性的效果，这对保教质量的提高是一种可靠的保证。

(2) 程序化的工作在明确分工的基础上确保合作的完成。按照程序化运作的班级，保教人员都有着自己明确的工作内容和任务，避免了教师和保育员之间的相互推诿。同时因为在程序化的内容上考虑了保教人员对幼儿发展所承担责任的交叉，因而又保证了保教人员之间的密切合作。

(三)保教工作计划执行效果的检查与总结

1. 保教工作计划执行效果的检查

要保证保教工作计划的贯彻执行，保教管理人员还要经常对保教工作计划的执行情况进行检查，以便及时发现问题及时调整。检查分为领导检查和教师自查两种形式。园领导检查保教工作要注意有目的有计划地进行并尽可能细致观察、认真记录保教人员实施计划的活动情况。然后做出详细的分析和评价，并多与当事人沟通和交流，使被检查者明确工作中的优点和问题，促使其工作不断得到改进和提高。教师自查主要以保教工作记录的形式进行，便于教师对照计划不断反省自己的保教工作实施情况，发现问题，及时做出自我调整。检查要注意多种方式的综合运用，将定期检查与经常性检查结合，全面检查与重点检查结合。通过检查与记录，可以积累事实资料和典型事例，为总结工作奠定基础。检查中要注意随时发现好人好事，推广优秀经验，促进班级保教人员之间的相互学习和交流。

2. 保教工作计划执行效果的总结

不断总结计划执行情况，探索保教工作规律，是提高保教工作水平的重要途径。一般每学期要进行一次较全面的总结，在月度、季度结束时可做适当小结。要对班级的全面工作做总结，也要对某些重点部门工作做专题总结。同时，学年或学期末也要求教师做个人总结，使总结成为提高工作水平，促进相互学习的手段。

五、幼儿园以班级为基本单位实施保教工作的管理

班级是幼儿园的基层组织，是实施保教工作管理的基本单位。幼儿园保育与教育要通过班级保教工作的实践落实到幼儿身上。

(一)幼儿园班级保教工作概述

1. 幼儿园班级保教工作的特点

(1) 直接性。班级保教工作是根据社会的要求，以国家的教育方针、教育目标为依据，结合幼儿园教育任务和工作目标，同时针对本班实际，将目标具体化，从而实施教育工作，使教育目标真正落实到本班幼儿身上，所以具有直接的针对性。班级的各项工作，如，生活制度的制定与执行、常规的建立、活动的安排、环境的创设与利用等教育与管理手段都应有教育性。幼儿园班级保教人员言行举止会在潜移默化中影响幼儿，对幼儿有示范性。

(2) 全面性。班级的保教目标是促进幼儿全面发展，保教工作不仅限于丰富知识技能、发展智力，而且还要注重培养良好的品德行为，促进幼儿身心全面健康发展，即德、智、体、美的全面发展。班级保教人员应树立综合整体的教育观念，在教育过程中注意途径和手段的全面性，多种教育内容的有机结合，发挥教育整体效能。班级保教过程中还需要面向全体，照顾全班整体水平，同时又能针对每个幼儿的不同特点进行引导，注意处理统一性和多样性的关系。班级保教人员要对班级幼儿全面负责，将幼儿全面发展教育贯彻到各

项活动中。

(3) 控制性。班级保教人员是保教活动的主体，教师既是教育者，又作为班级教养工作的组织管理者，在班级保教工作中起主导作用。幼儿园班级保教工作管理是为了保证幼儿的身体正常发育，心理健康成长，保教人员围绕幼儿在园内的起居、饮食等生活方面的需要而从事的管理工作。班级保教工作的控制性是指教师的主导作用只能加强不能削弱。教师主导作用主要表现为教师要组织和控制整个教育过程，包括制定目标、选择内容、设计方法、安排时间和步骤等环节，使保教工作科学合理地实现教育总目标；教师要积极组织创设和利用有利条件，注意消除和减弱不利因素；在具体教育活动中，在教师与幼儿双边相互作用的过程中，教师成为矛盾的主要方面，应引导幼儿的发展方向，激发教育对象即作为发展主体的幼儿的积极能动性。教师应增强教育目的，自觉引导幼儿向社会要求的方向发展。

(4) 整体性。幼儿园保教工作是班级集体的保教方式。教师应注意良好的集体保教秩序，并发挥幼儿群体或集体的影响力，以及幼儿之间的相互作用、相互影响，使幼儿在集体环境中学习社会生活所必需的知识技能，培养正确地对待自己、他人、集体的态度和行为，培养良好的社会适应能力。班级保教人员是一个工作整体，教师要共同制订班级教育计划、目标，在教养过程中，密切配合，分工不分家，注意对幼儿教育的一致性和一贯性，共同完成保教工作的任务，保证班级保教质量。

(5) 创造性。幼儿园保教工作形式不局限于一种教育活动，幼儿园教育活动涉及幼儿生活、游戏、观察、教学、劳动等多种形式。大量的教育是在一日生活和游戏中进行的。幼儿教师需要针对幼儿身心发展特点，更多地结合幼儿生活经验，组织教育活动，为他们提供充分的感知、操作、活动实践的机会，获取大量直接经验，增长知识和能力。

(6) 开放性。班级保教工作要取得预期成果需要与幼儿家庭、家长密切配合。教师要和家长常联系，勤沟通，相互学习，对幼儿进行配合一致的教育。此外，还需要通过家长工作和社区密切联系，取得广泛的支持与协商，有效地利用家庭和社区资源，开展好班级保教工作。

2. 幼儿园班级保教工作的内容

班级保教工作涉及幼儿的一切教育活动及对这些活动的组织管理，主要包括以下几个方面。

(1) 保教结合，全面安排幼儿的生活和活动。

(2) 在观察了解幼儿的基础上制定保教工作目标和计划，组织多种形式的活动。

(3) 创造良好的、有利于幼儿身心发展的环境。

(4) 做好班级的卫生、安全工作。

(5) 与家长联系配合，共同一致教育幼儿、促进幼儿发展。

3. 幼儿园班级保教人员的工作要求

(1) 班级保教工作人员要具有认真负责的工作态度。班级保教人员是幼儿园保教工作的具体实施者。首先，保教人员直接接触幼儿，她们的言行举止对幼儿都具有一定的榜样示范作用，会使幼儿受到潜移默化的影响和感染。其次，班级的一切工作、一切教育与管理手段均具有教育性，如室内外环境的创设、一日活动的安排与组织、生活制度的制定与执行等对幼儿都具有教育影响。因此，班级保教工作人员要端正教育思想，在不断提高自身修养的同时，增强教育责任意识，努力做好保育与教育工作，使各项保教工作都能对幼儿产生积极的影响，保证幼儿身心的健康发展。

(2) 班级保教工作人员要具有整体合作意识。首先，班级保教人员是一个工作集体，是作为统一的整体对幼儿实施影响的，只有保持整体教育方向的一致性才能取得良好的教育效果。因此，班级保教工作人员要具有整体合作意识，共同制定班级保教工作的目标和计划。在教养工作中，加强协调，密切配合，注意对幼儿教育的一致性和一贯性，共同完成保教任务，提高保教工作质量。其次，班级保教工作要取得良好的效果，还要与幼儿家长密切配合。保教工作人员要具有一定的家庭教育知识，要经常与家长取得联系，互相沟通信息，互相学习交流，互相配合一致地教育好幼儿。最后，要注意通过家长与幼儿园所在社区联系，取得更广泛的支持与协助，有效地利用家庭和社区资源，开展好班级保教工作，这样也有利于家、园、社区一体化教育环境的形成，更好地实现幼儿教育培养目标。

(3) 班级保教工作人员要创造性地开展工作。幼儿教育要遵循一定的规律和原则，但教育情境不同、一日生活各环节的内容不同，幼儿的教育要求也会发生变化，这决定了幼儿教育不可能有固定的模式，它要求保教人员要创造性地开展班级保教工作，必须根据当地环境条件、本园本班级实际及班上每个幼儿的特点采取灵活多样的教育方式。首先，它要求保教人员根据本班幼儿实际和特点，创造出适合本班的教育风格和特色。其次，它要求教师充分发挥一日活动中各种活动的多方面教育功能，在一日活动中创造性地处理各种问题，把教育工作的计划性与灵活性很好地结合起来。最后，它要求保教人员能根据教育对象的不断变化，钻研探索，开展有针对性的教育指导工作。

(二)幼儿园各年龄班的保教工作管理

素质教育要求根据幼儿个性特征来确定幼儿园保教的具体任务和内容，使幼儿在原有基础上得到发展。对于幼儿来说，不同年龄的幼儿及每个幼儿都有自己的特点。虽然幼儿期只有三年时间，但是每个年龄班存在着很大的差异。年龄越小，年龄特征表现越明显。因此，在幼儿园保教过程中，不同的年龄班应采取不同的管理方法。

1. 幼儿园小班的保教工作管理

小班，一般是指 3～4 周岁的幼儿。小班幼儿已经能够自如行走，用语言表达简单的想法，从事一些初步的活动，包括生活活动与游戏活动。小班的幼儿刚刚入园，环境和要求都发生了很大的变化，加之小班幼儿语言和行为的发展还很不完善，在进行管理时有一定的难度。小班管理得如何直接影响到以后各年龄班的管理，如果幼儿在小班没有养成良好的习惯，会给中大班的管理带来一定的困难。因此，加强小班的管理是十分必要的，有的人总认为小班幼儿什么都不懂，老师让做什么，就做什么，很好管，不用太费心，这种认识是片面的。我们一定要重视小班的管理，开个好头，为中大班管理奠定良好的基础。

(1) 小班保教管理的要求。小班幼儿刚刚从家庭来到幼儿园，幼儿园环境与家庭有了很大变化，小班保教的特点是让幼儿尽快适应环境。幼儿园的人际关系非一对一的关系。在家里，幼儿主要与自己的教养人相处，教养者长期与幼儿相处，他们之间的关系十分密切，至少是一对一的关系，甚至是几位成人对一名幼儿。在幼儿园里，教师承担着教育全体幼儿的任务，教师不是只面对一个孩子，而是一群孩子，这些孩子都是教师关注的对象，很难做到一对一，常常是一位教师对许多幼儿。幼儿园与家庭的氛围不同。在家里，生活气息较浓，生活的计划性不是很强，幼儿的活动比较随意，自己想做什么就做什么。幼儿园是正规的教育机构，它的目的性、计划性都很强，幼儿要按照教师的要求从事各种活动。幼儿生活在班集体中，要受到集体纪律的约束。幼儿园与家庭的要求不同。在家里，教育的内容较少，而幼儿园有系统的教育教学要求，幼儿将学习集体生活的规则、自我服务的本领等内容，这些学习需要幼儿付出一定的努力，这与家庭要求不同。以上种种不同，导致幼儿入园的不适应，造成他们情绪不稳定，不愿意上幼儿园；不善于与小朋友友好相处，争执、攻击行为较多；生活不习惯，生活自理能力差，不善于管理自己的行为。因此，首先，要让小班幼儿适应环境。其次，要培养幼儿喜欢幼儿园的积极情感。为了让幼儿喜欢幼儿园，必须让他们熟悉幼儿园的环境。开学前可让家长带着幼儿到园里走走，为那些将要入园的幼儿提供参观的机会，让他们有更好的心理准备。幼儿入园后，教师不要急于教他们各种知识和技能，而是要先带他们到各处走走、看看、玩玩，熟悉本班和周围环境。在培养幼儿积极的情绪中，教师是最关键的因素，教师对幼儿要耐心、态度要温和、要及时帮助幼儿解决困难，赢得他们的信任。最后，多与家长沟通。教师应与家长建立紧密的联系，随时了解幼儿的动态，做好家长工作，争取家长的配合，以便共同帮助幼儿克服不良的情绪。教师可做家访，也可请家长来园，还可以召开家长会，请他们相互交流意见。

(2) 小班保教管理的内容。小班保教管理的内容是注重常规管理。家庭对幼儿的要求不像幼儿园那么严格，加上有些家长溺爱孩子，包办代替较多，致使孩子缺乏良好的生活习惯。小班幼儿刚刚到幼儿园，常规训练既可以帮助幼儿养成良好的生活习惯，又可以使幼儿生活具有节奏性。常规包括生活常规和教育常规两方面。生活常规包括盥洗活动常规、饮食活动常规、睡眠活动常规、卫生习惯常规、入园常规、散步常规。幼儿应该按照各项常规的要求去做，逐渐养成良好的习惯。生活常规的养成需要反复强化，多次练习。教师要讲究方法，对幼儿要有耐心。可采用示范法、模仿法，也可利用文学作品或游戏活动。教育常规包括教学活动常规、游戏活动常规、班级环境管理常规、家园活动管理常规等。各项活动都有自身的规律，教师要根据各自不同的规律训练幼儿的教育常规，为今后的学习奠定良好的基础。

2. 幼儿园中班的保教工作管理

中班在幼儿园教育中起承上启下的作用，是幼儿身心发展的重要阶段。常听有的老师说："中班的孩子最不好带，不像小班孩子那么听话，也不像大班孩子那么懂事。"这说明中班孩子的发展很有特点，只有认真观察和分析，才能掌握中班幼儿发展的特点，使班级保教管理收到更大的成效。

(1) 中班保教管理的要求。中班幼儿自我服务能力明显提高，生活自理能力增强，穿衣服、吃饭等简单动作不再需要成人帮助，他们有了很强的为他人、为集体服务的意识，愿意承担教师布置的任务，并努力去完成。此时幼儿的注意力、观察力及语言表达能力都提高了，游戏活动更丰富了，与同伴交往的能力更强了，也有了一定的创造力。中班幼儿活动的目的性增强了，当他们接受一定的任务时，他们能坚持较长的时间，初步的责任意识和任务意识开始萌芽。当然由于幼儿身心发展的局限性，中班班级也存在着一些不利的管理因素，如幼儿爱告状、攻击行为严重，致使班级冲突性行为较多。根据这些特点，教师要为幼儿创设良好的教育环境，并加以正确的引导。要充分考虑幼儿的兴趣、爱好、需要，为他们提供创造的空间和条件，以有趣的活动吸引他们的注意力，以减少他们之间的冲突。同时也要为幼儿安排好各环节活动，确保幼儿的活动程序，减少攻击性行为的出现。

(2) 中班保教管理的内容。中班保教管理与小班一样，也包括生活常规管理与教育常规管理两部分，但与小班的要求有所不同。生活常规包括清洁卫生习惯，如洗手、大小便、正确使用手帕、保持清洁等；良好的饮食习惯，如进餐的情绪、文明习惯、坐姿、卫生习惯等；良好的睡眠习惯，如睡眠姿势、睡眠时间等；来园离园要求，如穿着、语言、行为等。对中班幼儿可采用行为练习法，有针对性地加以训练，帮助他们养成良好的习惯，纠正不正确的行为。教育活动常规包括集体活动常规，如上课、参观、劳动、操作、体育活动等；游戏活动常规，如培养游戏活动的兴趣、掌握游戏规则、积极开动脑筋等；其他的教育活动，如阅读、散步、参观等。教育常规的掌握是在从事教育活动中进行的，离开了教育活动，单纯记忆教育常规是毫无意义的。中班的保教工作要通过各种教育活动，帮助幼儿掌握教育常规，并逐渐形成自觉的行为。教师给幼儿提出的要求要具体、明确，并要坚决执行，达到教育的一贯性和一致性。

3. 幼儿园大班的保教工作管理

大班是幼儿在园的最后一年，他们显得比以前更懂事、更聪明了。他们的精力更加旺盛，接受能力也增强了，学习能力提高了，并表现出各自不同的风格和个别差异。大班幼儿是心理形成的关键期，特别是语言与自我意识的发生与发展，为其社会化的发展提供了条件。

(1) 大班班级集体的特征。大班幼儿的知识面扩大了，语言表达能力增强了，他们对许多事情都表现出强烈的兴趣，不仅满足于“是什么”问题的回答，更满足于“为什么”问题的回答。大班幼儿归属感增强，他们知道自己生活在哪个班里，如果有人说自己所在的班级不好，他们会非常生气，他们认为自己的班是最好的。如果参加比赛，他们总是希望自己的班能赢。另外，他们的责任心增强，对教师布置的任务能认真对待，努力完成，如果没能完成教师布置的任务，他们会感到不安。大班的孩子特别重视结果，如比赛结果、评比结果、获奖结果等，有时为了结果，会忽视过程。

(2) 大班保教管理的内容。大班幼儿保教管理应进一步加强常规教育，逐渐养成幼儿良好的习惯；培养幼儿自我管理的能力，让幼儿学习管理自己，包括管理自己的行为、自己的生活、自己的物品、自己的语言等；培养幼儿学会正确处理自己与集体之间的关系，意识到自己是集体中的一员，应该遵守集体规则与纪律，增强责任感。在活动时不仅要考虑自己，也要考虑到他人。教师应组织集体竞赛等活动，以激发幼儿的集体意识和责任感；为幼儿入小学做准备。在生活环境布置、活动形式、要求、师生关系、教学方法等方面都应做相应的调整。还可以与小学建立联系，带幼儿到小学去参观，让他们与小学生接触，了解小学生的学习与生活，并让小学教师了解幼儿园的教学，以此缩小幼儿园与小学之间的差距。

第二节　幼儿园卫生保健工作管理

一、幼儿园卫生保健工作的意义

幼儿园卫生保健工作是公共卫生的重要方面，是儿童保健工作的一项极其重要的内容。

做好幼儿园卫生保健工作，保护和增进幼儿健康，是幼儿园管理工作的一个重要方面，也是幼儿园教育与管理区别于中小学的一大特色，具有特别重要的意义。

随着社会经济的发展和信息时代的到来，一个国家国力的强弱与这个国家人才素质的高低息息相关，国家间的竞争说到底是人才的竞争，而人才的培养需要从儿童抓起。从这个意义上来说，对幼儿健康的保护影响着未来人才的整体素质，关系到一个国家的未来和民族的兴衰。马克思提出把健康作为人的第一权利，作为一切人类生存的第一个前提。学前儿童正处于生长发育的关键时期，他们虽然已经具有人的基本结构，但是各器官、各系统尚未发育完善，适应环境的能力和对疾病的抵抗力不强，自我保护的能力较差，容易受到各种不良环境的伤害，从而感染疾病。幼儿园是幼儿集体生活的场所，是易感人群集中的地方，保护其健康成长是首要任务。卫生部和国家教委联合颁发的《托儿所、幼儿园卫生保健管理办法》中明确规定："托儿所、幼儿园应贯彻保教结合的方针，认真做好卫生保健工作。并将其作为园所评估的重要指标。"因此，幼儿园必须采取必要的保健安全措施，包括提供合理的营养膳食、科学安排幼儿一日生活、良好生活卫生习惯的培养和安全的教育、加强体格锻炼以及建立必要的安全措施等一系列工作，实施良好的保育和教育，使集体生活中的儿童减少感染疾病的机会，避免传染病的蔓延，确保全体幼儿的健康。

二、幼儿园卫生保健工作的任务

保护幼儿的生命安全和健康是幼儿园卫生保健工作的首要任务。幼儿园必须贯彻预防为主的卫生保健方针。

(一)保护幼儿身心健康

学前教育实行科学育儿，提供充足的营养，坚持体格锻炼，增强其体质，促进其生长发育；创设宽松、和谐的环境，建立民主、平等的师幼关系和友好合作的伙伴关系，采取积极有效的教育策略，保证幼儿的心理健康。同时，控制传染病，降低常见病的发病率，为幼儿全面发展奠定良好的基础。

(二)培养幼儿良好的生活卫生习惯和健康的生活态度

幼儿园卫生保健工作必须与教育结合，培养幼儿良好的生活习惯、卫生习惯和独立生活能力；培养幼儿关爱生命与健康、性格开朗、活泼、有自信等积极乐观的生活态度，养成健康生活和安全生活必要的习惯和态度。

(三)配合、指导家长，共同培育健康儿童

幼儿园卫生保健工作是保教工作的一个组成部分，涉及幼儿园工作的各个方面。幼儿园领导在管理时，一方面要注意调动全体教职工的积极性，发挥专职保健人员的专长，使班级保教工作与专职人员的工作紧密结合，各负其责；另一方面更要主动与幼儿家长配合，向家长宣传科学育儿、营养保健、心理健康教育等方面的知识，介绍幼儿园的卫生保健工作以及儿童的生活、健康状况和独立生活能力的要求，取得家长的理解、支持与合作，使卫生保健工作的任务真正落实到幼儿身上，促进其身心健康发展。

三、幼儿园卫生保健工作的内容

幼儿园卫生保健工作的内容大致可以分为以下几个方面。

(一)建立合理的生活制度，培养幼儿良好的生活卫生习惯

合理的生活制度是保证儿童身心健康的重要因素，有利于儿童神经系统的正常发育，保护消化系统的功能，培养儿童良好的生活习惯。幼儿园应参照卫生部制定的卫生保健制度，根据幼儿年龄特点和神经系统活动规律，同时考虑幼儿在园时间长短和季节特征等因素，制定科学合理的生活作息制度，合理安排幼儿一日生活中各项活动的顺序和时间，使生活管理科学化、规范化，以有利于幼儿健康发育和养成良好的生活习惯。良好的卫生习惯包括大小便、饮食、睡眠、盥洗、生活自理能力以及爱护环境、保持公共卫生等，这些都需要经过长期的培养与教育才能养成。保教人员要结合日常生活活动对幼儿这些方面的习惯进行培养。

(二)合理膳食，满足幼儿正常生长发育需要

合理营养是幼儿生长发育的物质基础。营养膳食管理工作包括定期计算幼儿进食量和营养摄取量，进行营养分析，根据计算结果制定营养平衡的食量食谱，进行烹饪指导和监督等。要根据幼儿伙食费标准及市场供应情况，在保证营养的前提下，本着节约的原则制定食谱，而且注意花色品种的多样化，尽可能一周之内不重样。膳食安排时应重点注意营养素的平衡，保证蛋白质、脂肪、糖之间的比例以及有足够的维生素和矿物质的摄入。如三餐一点中每餐的能量分配为早餐 25%、午餐 35%、午点 10%、晚餐 30%，注意荤素搭配、粗细粮交替。加强膳食管理，伙食委员会定期召开会议，研究食品卫生、伙食问题，提高膳食质量，保证幼儿获得生长发育和活动所需的营养。

(三)建立定期健康检查制度，做好疾病的防治

掌握全园幼儿生长发育动态及健康状况，建立个体健康信息卡，定期进行健康检查。对体弱、肥胖、多病及生长偏倚的幼儿，采取有效措施，使其逐步达到正常标准。建立工作人员的健康信息卡，做好入园前体检和每年一次的体检工作，工作人员患病期间应暂时调离幼教岗位，经医生证明痊愈后再回岗工作。

坚持以预防为主，提前做好常见病的预防工作。要做好日常消毒工作。做好日常消毒工作是减少疾病发生和防止传染病传染的有效措施，可有效除去或消灭机体以外各种物体上的病体(细菌、病毒)。班级中消毒包括房屋空间消毒、毛巾消毒、餐巾消毒、餐具消毒、保教工具消毒、茶杯消毒、桌椅用具消毒、玩具消毒、盥洗室消毒、床上用品消毒等。做好计划免疫宣传工作。协助卫生防疫、保健部门，及时提醒、督促家长按时完成预防接种，做好计划免疫工作，防止传染病传入和蔓延，做好检疫及消毒工作，提前做好预案，以提高幼儿的免疫力，保护幼儿的生命和健康。发现疾病应及时通知家长，及早治疗，并做好登记统计及跟踪服务工作。建立各项登记统计制度并填写报表，做好资料积累及分析工作。

(四)进行体格锻炼，增进幼儿身心健康和提升抗病能力

经常性的体格锻炼，能增强幼儿体质，提高机体对周围环境急剧变化的耐受力和对疾

病的抵抗力，有利于大脑皮质的兴奋和抑制趋于平衡，提高健康水平，同时对智力发展，良好个性培养有积极的促进作用。幼儿园应有计划有组织地开展经常性的体育活动，并注意利用自然因素(如日光、空气、水)进行幼儿体格锻炼，要保证足够的户外活动时间，增强幼儿体质，减少发病率，增强其对外界环境变化的适应能力，增进健康，同时促进其动作协调灵敏，在活动中培养活泼愉快的情绪和勇敢坚强的性格。

(五)制定各种安全措施，保障幼儿人身安全

《幼儿园教育指导纲要(试行)》中明确指出："幼儿园必须把保护幼儿的生命和促进幼儿的健康放在工作首位。"幼儿的安全涉及全园各个部门和多方面工作，如门卫、设备材料、场地、饮食、活动安全等，必须做好安全制度的建立和措施的落实工作，责任到人，增强全园教职工的安全意识，防患于未然，防止意外事故的发生。

(六)创设安全、整洁、优美的环境

幼儿园是幼儿生活和活动的场所，应根据各地实际和幼儿园自身条件，因地制宜地为幼儿创设净化、绿化、美化和儿童化的幼儿园大环境，如较宽敞平整的场地、采光通风的活动室、舒适整洁的午睡室、适合幼儿身高的桌椅、无毒无害的玩具等，使园舍、场地、设施等符合安全、卫生和教育的要求。保健人员要当好园长、教师的参谋，检查、指导个人卫生及环境卫生，为幼儿创建无毒、无害、美化、绿化的生活环境。

(七)对幼儿进行健康教育

幼儿园是对幼儿进行教育的场所，既要高度重视和满足幼儿受保护、受照顾的需要，又要尊重和满足他们不断增长的独立活动的要求，避免过度保护和包办代替。幼儿教师可利用游戏的方式，结合一日生活的各个环节，教给幼儿自我身体保健、自我人身安全防护以及心理健康的常识和方法。如视力、听力、牙齿、皮肤等身体方面的保护，防触电、防溺水、防走失、防烫伤、遵守交通规则等安全方面的常识，活泼、开朗、勇敢坚强、自信等心理品质的养成。在确保安全的情况下，鼓励并指导幼儿自理、自立的尝试，获得基本的自我身体保健和人身安全防护技能。

四、幼儿园卫生保健工作管理的要求

(一)树立正确的保健观念，坚持预防为主

预防为主是我国卫生工作的根本方针。幼儿期是儿童各器官发育不成熟、生命较为稚弱的时期，他们对环境的适应能力和抗疾病的能力均较低。工作时稍有疏忽，都可能给幼儿的健康带来不利影响，甚至造成难以弥补的损伤。因此，幼儿园各项卫生保健工作必须树立正确的保健观念，坚持贯彻"预防为主"的方针，对疾病与事故做到防患于未然，注重积极的体格锻炼，进行健康教育，保证儿童身心健康。

(二)有组织、有计划地开展卫生保健工作

幼儿园应将卫生保健工作置于管理的重要位置，建立必要的组织机构，具体负责全园卫生保健工作的开展，不仅如此，还应有目的、有计划地开展卫生保健工作。计划的制订

要做到针对性强、重点突出、任务明确、措施具体、操作可行、便于检查，使保健工作有的放矢。

(三)健全制度，重在落实

幼儿园卫生保健工作涉及全园各类人员，为保证卫生保健工作的顺利开展，必须建立相应的制度，使工作有章可循。有关卫生保健工作制度的制定应以教育部门和卫生部门的要求为准，结合本园实际，经认真研究、充分讨论确定下来。同时，为保证制度的执行，要将卫生保健制度与岗位责任制相结合，使各有关人员明了在完成好卫生保健工作中应承担的任务与职责。制度制定后，必须严格执行，重在落实，以保证幼儿健康发展。

(四)检查与指导相结合

对计划和制度执行情况要定期或不定期地进行检查和指导。在这方面要注意发挥专职保健人员作为园长管理卫生保健工作助手的作用和群众性卫生组织的监督作用，将定期阶段性检查与平时检查相结合，全面检查与单项检查相结合，以便及时掌握情况，加强指导和不断改进工作质量。例如，将阶段性营养分析与儿童饮食管理情况的检查相结合，指导并调整幼儿食谱，从而保证儿童营养的摄取量，达到膳食平衡；又如，将阶段性安全检查与平时对安全工作的巡视相结合，及时消除安全隐患，防患于未然。

(五)注重日常性的卫生保健工作

卫生保健工作是幼儿园一项日常性的工作，贵在坚持。幼儿教师要使幼儿每日来园都能得到细微的呵护和照顾，受到科学的健康教育，身心得到良好的发展。日常性的卫生保健应做好以下几方面工作。

1. 做好晨检接待工作和全日观察记录

教师每天首先要对幼儿进行晨间检查，做好“一摸、二看、三问、四查”工作。对检查后的幼儿发放晨检卡片(用颜色区别不同情况)插入袋内，以便教师能全面观察，个别照顾。在春季传染病多发季节，可口腔喷药，加强预防。根据晨检情况，有目的地观察幼儿的活动，户外活动时把握好运动量，并做好全日观察记录。

2. 精心进行生活护理

根据天气、幼儿体质的差异和户外体育活动前后等不同情况，及时增减衣服，避免着凉或受热。提醒和帮助幼儿擦鼻涕、梳头、剪指甲等。保证幼儿按时间进餐、饮水、睡眠、大小便。按时开饭，保证进餐时间和进食量，指导幼儿文明进餐，吃饭前后不做剧烈运动，饭后散步。保证幼儿饮水量，除统一安排饮水时间外，注意提醒幼儿随渴随喝。保证幼儿有充足的睡眠。睡前保持室内空气流通，睡时拉好窗帘，保持室内光线柔和与安静，帮助幼儿盖好被子。允许幼儿随时如厕，帮助幼儿擦屁股(从前往后擦)，动作轻柔。对易出汗的幼儿可在后背垫块干毛巾，睡醒后及时抽出。户外活动前帮助幼儿系好鞋带，提好裤子，检查场地安全，活动中提醒幼儿穿脱衣服。

3. 有意识地培养良好生活卫生习惯

在一日活动中培养幼儿良好的生活卫生习惯，如知道饭前便后及手脏时要洗手；能独立进餐，养成不挑食、不剩饭菜、不大声喧哗等良好的进餐习惯；不乱扔果皮纸屑，有环境保护意识；知道保持物品、玩具清洁，玩后放回原处。

4. 创设舒适的环境

环境包括物质环境和精神环境。幼儿园的室外环境、场地的利用、墙面布置、大型玩具的摆放等都应考虑到美化、绿化、儿童化、教育化，进餐、睡眠、活动环境应安静、舒适、清洁、安全，同时，保持室内空气流通，光线充足。创设良好的精神心理环境，形成平等、和谐、民主和宽松的师幼关系，热爱幼儿、尊重幼儿，坚持积极鼓励、启发诱导的正面教育，严禁虐待、歧视、体罚或变相体罚等损害幼儿身心健康的行为，始终保持幼儿愉快的情绪。

5. 保持与家长的联系

利用晨间接待、离园等时段经常与家长沟通，也可以通过家园联系手册等书面形式了解幼儿情况，以便及时和有针对性地采取相应措施，互相配合，共同做好卫生保健工作。提高全园保教人员做好卫生保健工作的意识和水平是促进幼儿身心全面发展的根本保证。

(六)加强保教人员的培训

加强保教人员的培训工作。幼儿园可根据教师、保育员、后勤人员等不同的工作性质制订不同的培训计划和内容，除全体教职工都需掌握儿童保健知识和具备安全意识，保护幼儿的人身安全和心理安全外，还应对教师进行活动中的安全教育方面的培训，对保育员进行保育工作中操作技能的培训，如玩具的消毒方式、正确地洗碗和茶杯的方法等，对后勤人员如食堂工作人员进行营养知识、食品卫生等方面的培训，同时将学习、工作情况纳入考核，奖优罚劣，激发教职工加强卫生保健工作的积极性、主动性，增强责任心。

五、幼儿园卫生保健工作管理的程序

(一)建立组织机构，制定卫生保健制度

建立有效的组织机构和制定完善的卫生保健制度是幼儿园卫生保健工作正常运转的保证。首先，要成立卫生保健工作小组。幼儿园领导班子中要有一名主管卫生保健工作，同时建立一支由园领导、保健人员、班级保教人员、后勤炊事人员组成的委员会，负责全园的保健、营养、隔离等工作，从而在组织上保证这项工作的开展和落实。其次，保健人员要专业化，受过儿童保健专业培训，有一定的专业知识水平，掌握常用的护理技术。幼儿园应根据卫生部颁布的《托儿所、幼儿园卫生保健制度》的规定，结合本园、本地区的实际，制定完善的适合本园的卫生保健制度，这些制度应包括幼儿生活制度、饮食管理制度、体格锻炼制度、健康检查制度、卫生消毒及隔离制度、疾病预防制度、安全制度、卫生保健登记统计制度、家长联系制度等。各园还可根据需要制定相关的其他制度，如体弱儿童管理制度、眼保健制度等，使卫生保健工作更加系统化、条例化、程序化和规范化。

(二)定岗定人，建立岗位职责

卫生保健工作是一项全园性的工作，幼儿园应将各类人员在卫生保健方面的各种要求、

执行步骤等通过条文的形式明确下来，根据各岗位的工作实际制定相应的工作职责，建立岗位责任制，定岗定人定责，同时制定各类人员的一日工作程序(或一日工作安排)，以便规范各方面的工作和各类人员的行为，保证各部门协调一致，较好地完成卫生保健工作的任务。

(三)制订切实可行的保健工作计划

根据卫生保健工作管理目标，针对工作中的薄弱环节，幼儿园领导在制订园务计划时应将卫生保健工作内容作为一个重要方面列入计划，各部门、各班级根据全园计划制订本部门、本班级的计划，并提出具体的落实措施和完成任务的时间及要求，确定负责执行人，实行目标责任管理及奖罚措施，使卫生保健工作层层分解，层层落实。不仅如此，在开展某项具体的工作前，也应提前做好计划，明确分工，责任到人，保证工作有条不紊地进行。如幼儿的健康检查，则须提前做好计划，包括时间、地点、被检幼儿、体检项目、负责人、参加人员、具体要求等，从而保证完成卫生保健工作的各项任务。

(四)检查评比，指导改进

定期或不定期地对卫生保健工作进行检查，可以通过深入实际进行实地观察，召开安委会、伙委会、家委会等有关会议听取汇报，查阅记录资料等方式检查卫生保健工作计划及制度的执行情况，督促全园保教人员互相协作、共同配合，按时完成保健、防治疾病、营养、体格锻炼、安全等工作。也可以通过评比、考核等方式，调动全园保教人员的工作积极性、主动性，促进工作的开展。通过检查评比找出卫生保健工作中存在的问题，鼓励先进，督促后进，进一步提高幼儿园卫生保健管理的各项工作水平。

第三节　幼儿园安全工作管理

《幼儿园教育指导纲要》中明确指出：“幼儿园必须把保护幼儿的生命和促进幼儿的健康放在工作的首位。”幼儿的生命安全和健康成长，关系到千家万户的幸福和社会的安宁，关系到国家长远发展和民族的未来。幼儿园安全工作中最重要的是保护幼儿的安全。幼儿年幼无知，缺少知识经验，缺乏独立生活能力，各种感知觉及动作发育尚未成熟，然而又好奇、活泼好动、好探索，识别危险的能力差，更没有自身防卫能力，在日常生活中，往往由于成人的一时疏忽而发生意外事故。近年来，各地屡有发生的幼儿园失火、食物中毒、犯罪分子闯入幼儿园寻衅闹事、幼儿走失等事件，给幼儿及家庭带来痛苦和损失，也给幼儿园及政府的正常工作造成影响。因此，幼儿园要高度重视安全工作，对全体幼儿的安全负责。

一、幼儿园安全工作管理的要求

(一)强化全园教职工的安全意识

幼儿园内有些儿童意外事故的发生是由于保教人员的安全意识不够，责任心不强，照顾孩子缺乏经验、不够细心，安全措施不落实造成的。如有的教师在幼儿活动时远离活动区域，疏于照顾，造成幼儿摔伤、骨折等事故；有的教师与门卫在幼儿离园时放松警惕，使幼儿丢失。幼儿园安全工作涉及全园各个部门，因此，要提高全园教职工的安全意识，形成全园重视安全工作的局面。园领导及各部门负责人应注意随时督促、提醒教职工做到人到心到，不擅离岗位，严防意外事故的发生。

(二)清除环境中的不安全因素，加强预见性

除了人的因素外，幼儿园生活环境中的安全隐患也是造成幼儿不安全的原因之一。如幼儿园设施、设备不安全(场地不平整、家具墙面有棱角、楼房的窗户碰头、楼梯阳台的栏杆低、建筑物的倒塌、设备陈旧老化且未及时修复或拆除等)都存在安全隐患，容易诱发幼儿人身伤害事故。幼儿园要注意设施、设备的经常性维修、检查，控制环境中的不安全因素，将园内不安全因素降至零，事先预料可能发生的危险，加强防范，保证幼儿的安全。

(三)加强幼儿常规训练，重视组织幼儿活动中的安全问题

幼儿园活动的时间、空间、组织不力都是幼儿活动中的不安全因素。给予幼儿的时间不够，仓促匆忙间容易造成意外；而足够的活动空间可以避免因拥挤、幼儿互相碰撞发生意外；活动中教师组织不力、秩序混乱也容易发生意外。因此，要重视幼儿活动组织的安全问题，给幼儿提供充足的活动时间、空间，加强幼儿活动常规的培养，形成和谐有序的环境气氛。

(四)注意培养幼儿的自我保护能力和安全意识，掌握安全常规

由于幼儿各系统发育尚未成熟，动作的协调性较差，反应不够灵敏，平衡能力低，加之好奇好动，对任何事务都想亲自尝试，易导致意外事故发生。如有的幼儿在奔跑时摔伤，有的幼儿用手指挖电源插座的小孔可能造成触电，有的幼儿喜欢把东西放进嘴里导致误食药物和有害物质。好奇、好动、好探索是幼儿的天性，不能因重视幼儿的安全而限制、禁止幼儿的活动。因噎废食，消极防范，是不可取的。应该在重视环境和组织工作安全的前提下，注意培养幼儿的自我保护和安全意识，加强幼儿安全常规教育，从根本上做好幼儿园的安全工作。

二、幼儿园安全工作管理的内容和方法

(一)强化安全意识，健全规章制度

幼儿园在保教工作中保证幼儿的人身安全和心理安全是前提。园领导应教育全园职工，把幼儿安全问题置于头等重要的地位，加强对工作的责任感，强化安全意识，认真细致地做好工作，避免意外事故的发生，做好预案。此外，园领导还可通过园务会议、教研活动、备课和研究班组工作等各个环节，随时督促教职工，提醒大家重视安全管理工作，加强对幼儿的安全保护。

幼儿园要建立健全各项安全制度，如安全保卫巡查制度、幼儿安全接送制度、交接班制度、门卫管理制度等，明确规定各个岗位安全工作的内容及各环节要注意的问题。园领导不仅要注意宣传教育，将各项制度上墙公布，加强群众监督，还应对制度执行情况进行定期检查和经常性督促指导，把安全隐患消除在萌芽之中。

(二)注重环境安全，消除事故隐患

幼儿园应为幼儿创造安全卫生的生活环境，避免环境中不安全因素对幼儿造成的伤害。如幼儿园房舍、场地及大型运动器械要安全、适用，定期维修保养；楼梯、平台要有护栏，高度不低于 120 cm，间距不大于 11cm，中间不设横向栏杆；材料应安全、无毒、不开裂、不掉色、无放射源、无气味；暖气应有暖气罩，不得采用明暖气管，用火炉取暖要设护挡；玩具应无毒、无味、安全，没有锐利的棱角；房中的电源插座如有过低、电线老化现象，要及时处理，避免幼儿触电或发生其他伤害等。同时还应注意使用安全，避免意外事故发生。

(三)注意一日活动各环节的安全

幼儿在园生活一天，随时都有可能发生意外，保教人员应注重一日活动各环节的安全，保证幼儿快乐来园，平安回家。如晨检时要注意检查幼儿是否携带尖利快口的物品来园；进行教育活动和游戏时教师要全面细致地照顾全体儿童，不得擅离职守；进餐时要提醒幼儿不要说笑、打闹，幼儿哭闹时不要勉强进食，以防窒息；幼儿睡眠时要来回巡视；幼儿玩攀爬、滑梯等大型玩具时要注意保护；组织幼儿外出活动要增加保教人员数量，防止走失和发生意外；幼儿在戏水池玩水或在浴室洗澡时更要注意照顾等。

(四)保证幼儿园玩教具的安全

玩教具是幼儿每天都要使用和接触的，应该避免玩教具给幼儿带来的伤害。幼儿园从玩教具的购置、使用到保管上都应从保证幼儿安全的角度考虑。幼儿园要避免购置危害幼儿安全的玩教具，如边缘锋利的玩具、容易破损或断裂的玩具、用有毒材料或涂料制成的玩具等。教师要教会幼儿玩玩具的方法，尤其是户外大型玩具，应让幼儿掌握游戏常规。对于需成人指导才能玩的玩具，一定要在教师的指导下进行，如一些需插电的电动玩具。幼儿园要注意玩教具的维修和保管，如要定期给玩教具消毒，对残旧的玩教具要及时修理或丢弃等。对大型户外玩具要经常检查、清洁，如沙池，要定期清理，避免某些尖锐物体刺伤幼儿的手指。

(五)对幼儿进行安全教育

授之以鱼不如授之以渔。幼儿园应结合幼儿年龄特点，对幼儿进行安全方面的教育，教会他们自我保护的技能和方法，这也是幼儿园安全工作的重要内容之一。幼儿园安全教育的内容和方法包括以下几方面。

1. 活动中的安全教育

幼儿园组织活动过程中在使用剪刀、棍棒等危险性工具时要注意教会幼儿使用活动用具的方法，使其掌握使用规则。如将剪刀交给别人时应将剪刀柄递出去，剪刀的尖端握在自己手掌心，以防刺伤别人；剪刀用毕要合好，放归原处不拿剪刀乱跑等。使用户外活动器械要遵循正确的运动技能和方法，遵守活动规则，不得做任何危险的动作。如爬攀登架时要抓紧护栏，不相互推拉。不随便吞吃非食用的东西，不把玩具、游戏材料、玻璃球等东西含在嘴里。户外游戏时，要整理好衣着，提好裤子，系好衣扣和鞋带，以免活动时绊倒发生危险。活动时不远离集体，走路奔跑时注意四周，学会躲闪，不猛跑、猛停，防止与同伴碰撞。上下楼梯靠右走，不能与同伴相互推拉、拥挤。不爬护栏、楼梯扶手、小床等。团体排队外出时要认清并紧跟前面的小朋友，不掉队、不随便离队。教师应有二人随行，前后照顾幼儿，并随时清点人数。

2. 交通安全教育

教育幼儿认识常见的交通标志，遵守交通规则，不闯红灯，不在街上乱跑，过马路走人行横道，横穿马路不慌张，注意看清左右有无来往车辆。乘车时不将头、手伸出窗外，抓稳扶牢，不在车上玩耍和跑动，不玩弄车门和车窗，按顺序上下车，不相互推挤等。通过各种形式指导幼儿认识交通标志，掌握交通规则；有交通车的幼儿园，要注意指导幼儿掌握乘车规则，如头、手不能伸出窗外，不能在车内打闹、跑动，车停稳后按顺序上下车等。教育幼儿注意幼儿园内的交通安全，如上、下楼梯要靠右走，不推拉。除特殊活动外，园内不允许奔跑，尤其不能猛跑、猛停，推拉碰撞。

3. 着装安全教育

教育幼儿着装要舒适、安全，避免穿太长的裙子、太大的衣服，以免影响幼儿活动，且易绊倒，发生意外。教师也不能穿太短、太窄、太长的裙子，以及太高的高跟鞋，以免当幼儿发生意外时，影响教师及时的反应动作。

4. 自我保护教育

保护身体五官，如保护自己的眼睛，不用脏手揉眼，保持正确的看书姿势，看电视的时间不宜过长、距离不要过近；不将小珠子、豆粒、碎玻璃等小东西放入口、鼻、耳中等。保护身体各器官，如保护自己的胃，不暴饮暴食，不吃不洁食品；保护大脑，保证充足的睡眠；积极参加体格锻炼，活动中注意安全等。

保护自己生命，认识身边常见的标志，如禁烟、禁火、有毒等；教育幼儿懂得火、水、电的危险，不摆弄电器，不玩火，不到河边或池塘边玩水，不在马路边玩耍，不捡拾小物件，不接受陌生人的东西，不跟陌生人走等；知道简单的自救方法，会拨打急救电话、寻求成人帮助等。保持愉快的心情，与同伴友好相处，不生闷气，不乱发脾气，活泼开朗，勇敢、有自信等。

5. 突发事件的安全教育

幼儿园要按消防部门的要求配备足够的消防设施，有足够的疏散通道。每个班应贴出一张疏散通道示意图，并组织教职工熟悉通道及消防和紧急事故。幼儿园应预先拟订紧急状况疏散计划，并让幼儿实际演习，以应付失火、地震等紧急状况。可通过比赛的方式进行，教师听见紧急信号后迅速带幼儿离开课室集中到室外空地。

三、幼儿园安全工作管理注意事项

(1) 要有安全检查制度，并有检查记录，分析造成意外的原因。

(2) 保教人员工作时要坚守岗位，全神贯注，不聊天、不串班、不干私活。

(3) 对幼儿态度和蔼，动作轻柔，严禁威胁、恐吓、体罚和变相体罚幼儿，不准用被子蒙盖啼哭幼儿的头部。

(4) 严格执行交接班制度。交接班时要清点幼儿人数，交代安全情况(幼儿在园内所发生的任何异常情况都须如实交班)，做好记录。

(5) 各种物品应放在固定、安全的位置。外用消毒药品、保教人员私人用品及有可能伤害幼儿的物品严禁进班。

(6) 给幼儿用药时，不论内服、外用，事先必须认真反复核对，如药名、用量、用药对象、时间等，无误后方可服用。

(7) 利用一切机会，加强对幼儿的安全教育。

安全工作无小事。保教人员应增强工作责任心，爱岗敬业，采取积极有效的措施，预防可能发生的危险；组织活动时要有条理有节奏，使幼儿情绪稳定，秩序井然；加强管理与指导，处理好“管”与“放”的关系等，使班级教育与管理从消极的防范变为积极的促进，防患于未然，切实保护幼儿的人身安全和心理安全。

四、幼儿园班级安全工作管理

班级是幼儿园的基本单位，幼儿园安全管理的主要载体是班级的安全管理。幼儿园班级安全管理是针对幼儿园某个班的具体情况，通过有计划地创设班级环境、创设安全氛围、开展安全教育活动、制定安全制度等来达到有效组织、指挥、协调和控制。班级安全管理的目标是预防意外伤害，增强师生安全意识，为幼儿的身心发展提供保障。幼儿园班级安全管理的内容包括硬环境的管理及软环境的管理。

(一)硬环境的管理

幼儿园硬环境安全管理的设施选择方面包括室内地面最好采用木板或水泥地；椅角、桌角、墙角以圆角为宜，以免跌伤和发生碰伤而引发安全事故；教室的门应向外开，不宜装弹簧；午睡的床要有护栏。幼儿园班级硬环境管理是在幼儿园硬环境安全管理的基础上保持并进行部分改进的，比如说保持地面的清洁干净，做好防滑工作；修补或替换损坏的桌椅等，减少或避免幼儿可能因碰到、磕倒而产生安全事故；在门缝处加塑料或橡皮垫，以免夹伤手指等。教室的环境布置还需要增强幼儿的安全感，如用有趣的图、孩子感兴趣的方式贴些安全提示的标语。教室要经常进行消毒，如早晨幼儿来园前要消毒，吃饭前用消毒水擦桌子等。教师在对玩教具的选择方面除了根据年龄特点，还应符合安全要求，不给儿童体积小、锐利、有毒的玩教具及物品，如珠子、扣子、棋子、别针、图钉等，以免塞入口、鼻中或引起刺伤、割伤等，并做到定期消毒；插座放在孩子够不到的地方；避免幼儿靠近饮水机，以防烫伤。总之，幼儿在幼儿园一日活动中的安全都与幼儿园及班级硬环境的创设有密切关系。

(二)软环境的管理

1. 服药安全

药品的管理、进服是一项细致工作，如果吃错药，就有可能酿成大祸。因此，班级安全管理要求教师从幼儿带药、放药、服药这三个方面制定要求。即幼儿所带药品包装上家长必须在外包装上注明幼儿班级姓名，同时在幼儿服药登记表上登记幼儿姓名、服药时间、服药剂量、注意事项、家长签名，这样要求的好处一是不易服错药，服多药；二是易保管，责任清。幼儿所带药品存放专门药箱，不让幼儿随便拿到。专人送服，有效保证幼儿的服药安全。

2. 户外活动安全

户外活动是幼儿最喜欢的，但又是教师们最担心的环节，许多安全事故通常是在这个环节发生的。孩子们玩得兴奋时，常常忘乎所以，大型玩具、沙池边缘、园舍地面经常会有轻者擦伤、重者磕伤的事情，因此，既要让孩子们玩得快乐，也要让孩子们玩得安全成了这一活动环节的宗旨。这就要求教师们在户外活动时指导幼儿玩得有度、玩得得法，并要做到观察全面，照顾细微，提醒教育幼儿有安全意识和自我保护意识，尽量避免安全事故的发生。

3. 食品安全

幼儿在园期间，要进食点心以及午餐，食品安全不容忽视。幼儿肠胃功能发育不完全，对刺激反应比较敏感，教师对食品安全的管理应做到定期检查点心等食物的保质期，确保新鲜。从班级外取回食物时应检查其品质。幼儿进食时也应密切关注，防止噎呛事故的发生。加热的食物分配应有专人负责，依照规定，明确责任。

4. 离班安全

教师是幼儿离园的第一道关卡，应把好离班安全关，充分了解幼儿家长情况，对于陌生接送者应提高警惕，注意核实状况。在幼儿离班活动中，教师应做到及时清点人数。

五、幼儿园事故的赔偿

幼儿园积极采取各种措施防止事故发生，切实保障在园幼儿的安全，这是每所幼儿园常抓不懈的工作。但是，天有不测风云，一旦发生了难以避免的事故，幼儿园园长要学会用法律维护幼儿园的合法权益。在幼儿园事故处理中，要遵循谁有过错谁承担赔偿责任的法律原则。在幼儿园事故中涉及赔偿责任的主体有幼儿园、监护人和保险公司。

(一)幼儿园的赔偿

幼儿园的赔偿既包括因幼儿园过错引起的伤害赔偿，也包括因教职员工过错引起的伤害赔偿。后者赔偿是先由幼儿园代替教职员工赔偿，然后幼儿园再对教职员工进行行政处分或追偿。根据幼儿园事故发生的原因、情节及过错情况，幼儿园赔偿可分为完全责任、部分责任和免除责任。完全责任是指过错全在幼儿园，如保育员将一锅滚烫的开水放在幼儿经过的路上，导致幼儿烫伤。部分责任是指幼儿园事故的发生，其过错一部分是由幼儿园或教职员工引起的，一部分是由幼儿或其他原因引起的，如幼儿在自由活动时间打闹，教师在旁看见，虽制止但并不得力酿成事故，那么教师应负一定的责任。免除责任是指幼儿园事故的发生纯由幼儿自身原因引起，或属意外，幼儿园不可预料，如某幼儿患有某种疾病，家长并未告诉幼儿园或教师，教师在不知情的情况下，实施正常教育教学活动，造成幼儿伤害，则幼儿园并无责任。

(二)监护人的赔偿

幼儿对他人造成伤害时，应由其监护人代为承担赔偿责任。所谓监护在法律上是指对无民事行为能力的人和限制民事行为能力的人的人身、财产权益依法实行的监护和保护，其中所设定的监督保护人是监护人。我国目前有三种设定监护人的方式。一是法定监护。根据《民法通则》规定有三类监护人。

(1) 近亲属，包括父母，无父母或父母丧失监护能力的，由祖父母、外祖父母或兄、姐承担。

(2) 近亲属以外的其他关系密切的亲属或朋友。但必须经“未成年人的父、母的所在单位或者未成年人住所地的居民委员会、村民委员会同意”。

(3) 在没有上面两类监护人的情况下，未成年人的父母所在单位、居民委员会、村民委员会以及民政部门可作为法定监护人。从现有法律规定的监护人来看，幼儿园并不是幼儿的法定监护人。

二是指定监护。即对担任监护人有争议的由未成年人的父母所在单位或者未成年人住所地的居民委员会、村民委员会在近亲属中指定。因此幼儿园也并非指定监护人。

三是委托监护。最高人民法院 1989 年 4 月 2 日《关于贯彻执行〈中华人民共和国民法通则〉若干问题的意见(试行)》第 22 条规定：“监护人可以将监护职责部分或者全部委托给他人。因被监护人的侵权行为需承担民事责任的，应当由监护人承担，但另有约定的除外；被委托人确有过错的，负连带责任。”根据这一“意见”，幼儿入园时，其家长从未将监护职责委托给幼儿园或教师。即使有委托，需要承担民事责任时，如果幼儿园无过错，则应当由幼儿的监护人承担，而不是由幼儿园或教师承担。寄宿制幼儿园的幼儿管理事宜，应由家长和幼儿园签订委托合同为宜。

所以，幼儿园既不是法定监护人，也不是指定监护人，同时幼儿园和家长之间也未签订委托合同，因此，监护人对其子女给他人造成的伤害，应依据事故的原因、情节承担相应赔偿责任，而不能一味归结为幼儿园负责；至于纯属由幼儿自身原因造成的伤害，监护人应承担完全责任。

(三)保险公司的赔偿

幼儿在幼儿园内发生人身伤亡，保险公司依据投保人与保险公司所签合同的险种、险别条款，承担相应的赔偿责任。应该指出的是，在赔偿责任的分担中，并不是三种赔偿主体在任何一个幼儿园事故中都负有赔偿义务；也并不是平均分配，而要根据幼儿园事故的原因、情节、过错等因素，具体问题具体分析。而对于任何一方都无过错而造成的伤害事故，根据《民法通则》第一百三十二条的规定，“当事人对造成损害都没有过错的，可以根据实际情况，由当事人分担民事责任”。所以在幼儿教育逐渐法治化的今天，幼儿园要学会依据法律来分析幼儿园事故，承担幼儿园应该承担的责任。对不该承担的责任，也要依据法律向当事人讲明原因。

第四节　幼儿园教研与科研工作管理

一、幼儿园教研工作管理

教研活动是以促进幼儿全面发展和教师专业进步为目的，以幼儿园课程实施过程和教育教学过程中教师所面对的各种具体的教育教学问题为研究对象，以教师为研究主体，以专业研究人员为合作伙伴的，以园为本的实践性研究活动。对幼儿园教研工作的认识，有利于克服幼儿园教研目的不明、任务不清、内容偏颇的倾向，提高教研质量，促进幼儿园保教工作质量的不断提高。幼儿园教研工作是以保教人员为主体，以保教实践为基础，有目的、有计划地运用教育规律与基本原则，采用科学的方法，解决保教工作实际问题，提高保教工作质量的研究活动。研究即推求、探索、认识事物的真相、本质和规律。幼儿园教研工作是推求、探索、寻找、解决保教实际工作问题的规律的活动，而不是就事论事的事务性活动。研究性是幼儿园教研工作的本质特征。

(一)幼儿园开展教研活动的意义

1. 教研活动有利于提高教育质量

教研活动针对性强，主要解决教育实践中存在的问题和难题。通过研究可以改进工作效果，促进教育与教学活动质量的提高。如某教师发现本班幼儿交往能力较差，很多幼儿都不知道如何与其他小朋友相处。针对这一情况，教师做了深入调查，找出了原因，并采取了解决措施，为幼儿提供更多的交往机会，教给他们交往技能，经过一段时间，幼儿的交往能力有了明显的提高。教师将保教实践与研究结合起来，既解决了现实存在的问题，也推动了教育质量的提高。

2. 教研活动有利于促进教师业务水平的提高

师资的业务水平直接影响着幼儿园的教育质量。教研活动是提高教师业务水平的重要途径。教研活动大体可分为五个阶段：发现问题、提出解决方案、方案实施、得出结论、将结论运用到实际活动。发现问题需要教师平时注意观察，了解各方面的情况，这是业务水平提高的前提，因为没有观察，就没有了解；没有了解，就谈不上提高，发现问题是解决问题的一半。结合实践中存在的问题，提出解决方案，这是理论在教育实践中的运用，是理论联系实际的过程。通过分析研究，提出解决措施，教师在这个过程中加深了对理论的理解，提高了运用理论的能力。方案在实施中还会遇到各种问题，需要灵活处理和解决，这既积累了教师的工作经验，也提高了他们的业务能力。教研活动注入教育教学工作之中，增强了目的性、指向性，教师的理论水平也得到了提高。研究促进了思考，在思考中教师自身的教育观念与态度都会发生变化，他们会用更加正确的眼光看待幼儿教育和幼儿，用更加科学的方法从事教育和教学活动。幼儿园教师是支庞大的研究队伍，他们身在基层，了解实践，研究的问题具有很强的现实意义。他们的参与壮大了研究队伍，使教育研究更具有广泛性和群众性，有利于改变理论脱离实践的状况，也增强了他们的研究意识和研究能力，提高了幼儿园的教学层次，极大地提高了教师的业务能力和理论水平。

3. 教研活动可以激发教师的敬业精神

兴趣是最好的老师。虽然，研究工作很苦，但也很有趣味。研究总是围绕一定的问题展开，问题常常会引起人们的关注，激发人们的兴趣，人们会不断地寻求解决问题的办法。当问题解决后，会给人们带来极大的乐趣，这种乐趣会变成新的动力，促使人进一步去研究。另外，由于教研活动目的性很强，为了实现目标，教师会更加积极地投入甚至会达到忘我的地步。有了目标，人就有了明确的奋斗方向，这将成为极大的动力，会精神百倍地实现预定的目标。

(二)幼儿园教研活动的内容

1. 组织教师的业务学习

幼儿园教研活动组织教师学习国家的教育政策、方针和有关的法律，把握国家的大政方针，提高教师的政策水平和运用政策的能力。认真学习幼教方面的政策、理论及发展动态，及时了解幼教发展的热点问题。通过学习最新的幼教理论，树立正确的教育观、儿童观。

2. 组织交流活动

为了提高教师的业务水平，应让教师经常交流，相互促进，相互学习。可采取多种形式，如观摩课、交流学习体会、专题讨论、竞赛等。交流活动关键在交流，幼儿园每学期都要有计划、有组织地安排一些交流活动，为教师相互学习提供机会、创造条件。通过交流活动将教师的精力和注意力吸引到学习业务、钻研业务上。交流的面要广，不要仅局限在几个人身上，在交流中增加教职工之间的相互了解。交流活动也可以跨国、跨地区，既可走出去，也可以请进来。每次交流活动要有一定的目的和结果，交流的目的是提高教师的业务水平，交流要有丰富的内容，要有效果，既不要搞花架子，也不要搞形式。

3. 集体备课

幼儿园教研活动平行班的教师可以一起备课。大家在一起共同探讨可以加深对教学内容的理解。老教师可带动年轻教师，起到传、帮、带的作用。通过集体备课，大家可以认真钻研教材，研究教育对象，对教学中的重点、难点可以共同研究，为教学做好充分准备。这种方式对能力较弱的教师可起到带动作用，达到共同提高的目的。

4. 研究教育实践中遇到的热点、难点问题

幼儿园教育中的热点问题往往也是难点问题，是还没有定论、需要进一步探讨的问题。由于没有定论，大家会感到很迷茫，不知如何是好，因此有必要讨论、研究。比如，幼儿学识字好不好，是否可以教幼儿识字。通过讨论大家会更加关注这些问题，会主动地寻找各种材料，由此会产生一系列针对性极强的科研课题。园长或保教主任要多留心幼教发展的动态，及时掌握热点问题，编出热点问题纲目发给教职工，请他们展开讨论。幼儿园教研活动还应特别注意本园保教等工作面临的问题或薄弱环节，通过研究，加以解决。

5. 开发编写教材，设计教学活动

各地区、各园有很大的差别，任何一本教材都难以完全符合本园或本班幼儿的特点，

因此有必要组织教师自己编写一些补充教材。这样既提高了教师的教研能力，又丰富了幼儿园的教学内容。随着教学改革的不断深入，教学内容有了很大的变化，原来的教材比较陈旧，难以适应幼儿园教育教学的发展，因此教师应发挥主观能动性，结合教学实际，创作或设计一些新的教学活动。

(三)幼儿园教研活动的管理措施

1. 建立教研制度

幼儿园保教工作需要不断研究，才能促进保教工作质量逐渐提高。教研工作正常、深入地开展需要一定的组织保证，也需要一定的制度保证。为了保证教研活动不流于形式，不断提高幼儿园的教研工作水平，幼儿园必须建立操作性强的制度。教研制度中必须明确提出参加教研活动人员的职责和权利，同时对教研活动的内容、时间、经费等，提出明确的要求。为了确保教研工作的质量，幼儿园还必须营造积极参与教研活动的氛围，激发教师参与教学研究的热情，必要时可采取一定的奖励措施。为了激发教师开展教研活动的积极性，幼儿园可建立相应的激励机制，如物质奖励与精神奖励相结合，单项奖励与综合奖励相结合，阶段奖励与终极奖励相结合，逐渐形成多层次、多渠道的奖励系统，从而进一步推动教研活动的开展与深入。

一般而言，教研制度比较具体，如教研活动的形式、时间的规定、对教研成果的要求等，各园可根据实际情况给予规定。但是这并不意味着各园在制定教研制度时可随心所欲、凭空想象。教研制度的建立必须建立在科学基础上，要有一定的依据。

(1) 提高效率，追求实效。教研活动的目的是提高教学质量。教研制度就是为了保证教研活动的顺利开展。因此，在制定教研制度时一定要考虑到它的实用性、实效性、可行性。首先，要实用，制度不要太烦琐，太脱离实际，要注意它是否有用，在实践中能否发挥作用。比如，要求教师每学期设计 100 个教学活动，这就很不实用，即使定了也不能得到落实。其次，要有实效，也就是说制度确定下来后要有效。通过制度的执行，确实可以保证教研活动的开展，提高教研活动的水平。为了确保教研活动的有效性，教研制度要详细、具体，如听观摩课，不仅要确定开观摩课的次数，还要制定对观摩课的分析、评价等方面的制度，以取得更好的效果。最后，是可行性，制度的确定要符合教师的实际水平及能力，不要盲目追求数量和形式，为了便于操作，制度要明细化，不要过于笼统，指标应具体、明确。

(2) 符合幼儿园教育教学规律。教研制度是教学管理的重要内容，它是对教育研究活动的管理，它不同于对物品的管理，要遵循教育教学规律，并为教育教学服务。教研活动要与教学实践相结合，不能脱离教学实践，教研活动要有较强的针对性，注意理论与实践的统一；在制定教研制度时要注意不要将教研活动游离于教学实践之外。教研活动必须紧紧围绕教育教学展开，不能与教育教学活动冲突；教研活动时间的安排要根据幼儿园教学的实际情况而定，教师还要自己挤时间，在保教工作之外，从事教育研究。

(3) 注意广泛性和群众性。教研活动是保教工作的重要内容，它不是几个人的事情，而是全园教师的任务。幼儿园要发挥每个教师的积极性，让大家都参与到教研活动中来。教研活动应该与保教活动紧密相连，以教研促进教学，在保教实践中寻找教研的主题和思路。在制定教研制度时，一定要具有普遍意义，通过制度使教研活动成为大众化的行为。

(4) 与幼儿园其他管理制度相一致。教研制度是幼儿园管理制度中的组成部分，因此，它的制定要与幼儿园整体管理制度相一致，不能有冲突和矛盾。教研活动是提高保教质量的重要途径，在制定相应的制度时，必须考虑到它的特点，如时间的安排、主题的确定等。教研活动又是幼儿园整体工作中的组成部分，所以，在制定教研制度时，还要考虑到幼儿园的其他工作及本园的实际情况，如园里的资金有限，如果在制度中规定每年都要保证若干次外出学习，那么就难以落实。教研制度是幼儿园管理制度的子系统，它必须与整个系统相一致，只有这样才能发挥作用。

2. 构建教研活动组织

教研活动组织是教研工作开展的基本条件，因为教研活动总是依附一定的组织来实现的。

幼儿园教研活动组织有园长层、教研组层、教师层三个层次。

园长层是决策层，要对教研活动有整体规划和设想，它决定着教研活动的方向与水平，这一层次的职责就是制定开展教研活动的总的思路方针。

教研组层是教研活动实施与开展的重要平台，教研活动主要是通过教研组得以落实的。教研组的规模与类型可多种多样，幼儿园可根据教研活动的需要及本园的实际情况而定，如年级教研组、学科(领域)教研组、上下午班教研组、专题教研组等。年级教研组是根据大、中、小年龄班，将同一年龄班的教职员工组织起来，建立一个研究集体，如大班组、中班组、小班组。学科(领域)教研组是根据学科或领域内容的不同，将同一学科或领域的任职教师集中起来建立一个教研组，如语言组、科学组、艺术组等。上下午班教研组是根据教师工作时间的不同，将同一工作时间的教师组织起来，建立一个教研组。专题教研组是根据某一阶段研究的特定问题组织的教研组，如幼儿攻击性行为研究专题、幼儿告状行为研究专题等。目前许多幼儿园都采取年级教研组的方式，教研组与年级组合二为一，其好处是研究起来方便，随时都可进行，不需要重新组织人，但缺点是交流面过窄，不易跳出备课的圈子。各种形式的教研组，都有着不可替代的优势，又有其不可避免的缺陷。所以教研活动的组织形式应根据教研活动的需要随时调整，在实践操作过程中，综合使用。不同幼儿园可以根据本园情况，选择合适的分组形式，也可以几种形式交叉使用，如在总体年级分组的前提下，定期组织各学科(或领域)的教师交流。教研组可由 5～10 人组成，可有 1～2 名小组长。小组长的产生可由本组教师或保教主任提名，报园务会和园长批准。教研组长要由业务骨干教师担任，要有较高的业务素养和一定的工作能力，有较强的责任心，在群众中享有一定的威望。

教师层是教研活动的执行层，教研活动最终要靠所有教师的共同参与来完成。教师应该自觉地参加教研活动，积极为教研活动献计献策。教师的积极参与是教研活动开展的重要保证。教研题目再好、形式再新，若没有教师的踊跃参加，也是毫无意义的。

3. 鼓励教师教研活动的自我管理

教师是教研活动的主体，教研活动是通过教师的参与得以实现的。教研制度的制定，教研组织的建立，都是为了保证教研活动更好地进行。教师的自我管理是最积极的因素，教师要增强自己的教研意识与能力，要能够管理好自己的教研工作，唯有如此，教研制度和教研组才能真正发挥作用。幼儿园在制定教研制度、建立教研组的同时，还应做好教师教研活动的自我管理。教师教研活动的自我管理包括以下几方面。

(1) 充分认识教研活动的意义。教师应认识到教研活动与教学工作的联系，以及对自己发展的重要意义，在此基础上产生参加教研活动的积极愿望。

(2) 制订教研计划。每名教师应该根据本园或本班的教研计划，制订出自己的教研计划，使自己的工作目的更明确、针对性更强。

(3) 撰写参加教研活动的体会或感想。每次教研活动后，教师都应将自己的想法写出来，不断地总结经验，提高自己的理论水平。这是一个积累的过程，对每个教师来说都是很有必要的。

(4) 自觉遵守教研制度。认真学习本园制定的教研制度，并自觉地遵守。要严格要求自己，积极主动地参加园里组织的教研活动。教研制度一旦制定，就应该坚决执行，它具有极强的严肃性，每名教师都应严格遵守。

4. 及时进行教研活动总结

教研活动总结分为阶段总结和学期总结两种形式。总结的目的是反思教研活动开展的情况，发现经验及时推广，找出问题及时改进，只有这样，教研组的工作水平才可能不断提高。

二、幼儿园科研工作管理

科研并非研究人员的专利，幼儿园既要开展经常性的教学研究，也要结合保教工作进行科学研究。幼儿园科研活动就是用已有幼儿教育和教学的理论去研究幼儿教育现象，探索新的幼儿教育和教学规律，解决新的幼儿教育问题的活动。

(一)幼儿园科研活动的意义

1. 幼儿园开展科研活动是社会发展的需要

随着全球经济一体化、文化多元化以及信息化时代的到来，在当今社会教育形势迅猛发展的形势下，在终身教育、素质教育等理念的指引下，如何进行幼儿教育的改革、实现幼儿教育的最优化、满足社会和人民群众日益增长的对幼儿教育的需求，是当今幼儿园教育面临的严峻挑战。幼儿园必须把握《幼儿园教育指导纲要》的颁布为幼教改革开创的良好机遇与氛围，转变教育观念，以科研为武器，紧跟时代潮流，遵循理论—实践—理论的研究过程，不断探索教育教学规律，适应社会发展的要求。

2. 幼儿园开展科研活动是幼儿园整体发展水平提高的需要

开展科研活动可以促使幼儿园在对自身教育、教学经验的提炼、整理的过程中，不断总结经验教训，攻克难关，促进教育、教学改革，形成自己的办园特色，为幼儿的全面发展提供一流的环境；开展科研活动有利于培养幼儿教师积极参与科研活动的意识，在全园形成科学研究的氛围；开展科研活动有利于培养幼儿教师集体良好的团队协作精神，形成教育的合力；开展科研活动可以提高幼儿教师的综合素质，培养研究型和创新型的幼儿教师。总之，幼儿园要积极开展科研活动，促进幼儿园整体发展水平的提高，实现科研兴园。

3. 幼儿园开展科研活动是教师专业化成长的必由之路

幼儿园开展科研活动的过程，就是教师不断学习、不断研究、不断提高自身素质和教育教学水平的过程。在科研过程中，教师为了选择科研课题或者解决科研难题，要不断学习有关教育理论、心理学理论、教育实践专著、科研理论以及统计学知识，促使自身知识结构不断优化。教师在教育教学过程中会遇到各种各样的教育问题，通过借助所具有的相关理论知识，积极开展教育研究，促进实践和理论的相互联系，发现新的教育规律和解决问题的科学方法，提高教育教学水平。因此，幼儿园开展科研活动是教师专业化成长的必由之路。

(二)幼儿园科研工作的组织与管理

1. 建立完善的科研管理体制

幼儿园要成立专门的科研领导小组，主要由园长、保教主任、教研组长以及骨干教师组成。科研领导小组应制定相应的责任制度，各成员有明确的分工，对科研工作进行规范管理。园长对科研工作要高度负责，从部署任务到课题申报、研究都要亲自参加；教研主任是园长的好助手，直接领导开展科研工作，领导教研组长，具体负责课题的规划与组织实施。教研组长要积极组织，负责领导教研组教师或课题组成员制订课题计划和执行课题计划。幼儿园要认真制定科研制度，并严格执行。科研制度应该包括科研人员的职责，课题选题原则、要求，课题准备、实施、总结的各阶段要求，课题成果奖励等。

2. 强化科研课题研究基础知识的学习

幼儿园应加强教职工科研课题知识的学习和培训，使教职工明确科研的一般步骤和基本方法，这是做好科研工作管理的重要前提。通过对教育理论的学习、分析、对比研究、评价等，从中发现问题，找到新课题研究的契机。培训要使教师学习和掌握科研中收集与分析资料的基本方法，并能够根据科研课题的特点和现有的各种条件制订适宜的科研目标和详尽的、切实可行的科研计划并付诸实施，形成科研报告、论文等科研成果。

3. 增强教职工的科研意识，实现科研工作的自我管理

幼儿园很多教师由于日常工作琐碎、繁忙，往往满足于已有的经验和成绩，缺少思考研究意识；还有些教师有思考的火花和研究的想法，但不知如何下手去研究。所以，幼儿园应营造宽松、浓厚的科研氛围，建立科研保障机制，鼓励教师人人参与科研活动。通过成立科研课题小组，推行集体研究方式，加强教师间的交流与合作，引导教师突破自我，积极主动学习和研究，不断提高自身素质。一旦教师具有积极参与科研的主体意识，幼儿园就能轻松实现教职工科研工作的自我管理。

4. 制订好科研工作目标和科研工作计划

要实现科研工作规范化管理，就必须制订科学合理的科研工作目标和科研工作计划，具体内容应涉及教研组建设，科研课题申报、实施、结题以及科研成果评比等。幼儿园科研工作主要以立项课题为抓手，包括国家级、省级、市级、区级和园级课题。首先要做好选题及论证工作。幼儿园的课题选择应密切联系幼儿园工作的实际，以教育教学中的问题为研究对象，则既有实际意义又不会给教师带来过多的额外负担，容易使参与研究的教师

体会到研究的乐趣和成功感。当然，幼儿园也可以作为子课题单位参与大的教育问题的研究，以不断提高教师的理论水平和研究水平。课题选好后，还要对其进行论证，将国内外关于此类问题的研究现状进行分析和评价，确定本课题研究的内容和重难点，还要对本课题预计突破的问题进行价值分析，并对预期成果进行描述。以上问题应由相关问题的专家或学术权威参与，以得到科学有效的指导，从而保证课题的研究方向、研究方法、研究阶段等安排的科学合理。经过论证后的选题应在园内得到通过，或者经上级主管部门批准立项，此后便进入实质性的研究阶段。课题立项后，课题组应根据课题研究阶段，制定详细的、可操作的实施方案。课题研究结束时要认真做好课题验收、结题工作。一个课题经过2～3年的研究后，应该按照课题申报的时间按时申请验收。在验收前要做好结题报告的撰写工作、相关研究成果的整理工作、课题原始研究资料的归档工作。课题经过专家组的验收后，会得到同意结题、暂缓结题、不予结题的结论。对验收结果，课题组应予以高度重视，同意结题的要认真总结、积极推广成果。对于其他结论要分析原因并积极寻找解决途径，争取早日结题。

拓展阅读

幼儿园科研制度(深圳市×××幼儿园)

一、根据本园实际确定科研工作重点，有计划地开展科研活动，科学合理地制定科研专题，填写研究课题申请书，撰写开题报告和科研计划，并认真安排活动。

二、成立科研组，明确职责，做到期初有计划、活动有记录，教科研活动领导组要做好每学期教科研活动的总结工作。

三、课题组成员要加强理论学习，重视对教师教科研能力的培养，并做好新教师的指导工作，提高教师群体业务素质和科研能力。

四、课题组成员都要积极参加科研活动，保证活动质量。在进行课题实验过程中，要做好记录，积累研究材料。

五、课题组要不断总结经验，每个研究阶段课题组及课题成员都要撰写与课题密切相关的科研论文。每位教师每学期至少要写一篇教科研论文。在市级以上刊物发表论文或经验材料的教师要给予奖励。

六、根据课题组成员的科研活动出勤情况和参加科研活动的质量以及所取得的科研成果，每学期进行课题组评教评学活动，对课题组成员的基本技能、组织活动等情况进行评议。

七、教师参加科研活动，不迟到、不早退，有特殊情况要经请假批准，不能无故缺席。

八、认真执行一日活动常规要求，集体研讨保教计划、内容、形式、方法、途径等，开展观摩、评价活动。同时组织教师轮流到先进幼儿园参观，观摩学习研讨，积极参加教科研培训。

本章小结

幼儿园常规工作管理包括幼儿园保教工作管理、卫生保健工作管理、安全工作管理和教研与科研工作管理。

保教工作是幼儿园的核心工作和中心工作。幼儿园保育与教育之间的关系是保中有教，教中有保，二者并举，有机结合，构成幼儿园工作的整体。幼儿园保教工作管理的内容包括合理进行保教管理人员分工；制订幼儿园保教工作管理制度；科学决策，制定保教战略目标。幼儿园保教工作管理的程序是制订保教工作计划；执行保教工作计划；检查与总结保教工作计划执行效果。班级是幼儿园的基层组织，幼儿园以班级为基本单位实施保教工作管理。幼儿园班级保教工作具有直接性、全面性、控制性、整体性、创造性、开放性的特点。幼儿园班级保教工作的内容为保教结合，全面安排幼儿的生活和活动；在观察了解幼儿的基础上制定保教工作目标和计划，组织多种形式的活动；创造良好的、有利于幼儿身心发展的环境；做好班级的卫生、安全工作；与家长联系配合，共同一致教育幼儿、促进幼儿发展。幼儿园班级保教对工作人员的要求是具有认真负责的工作态度、具有整体合作意识和创造性开展工作的能力。幼儿园小中大班保教工作管理的内容和要求，一定要符合各年龄班幼儿园的发展特点。

幼儿园卫生保健工作的任务是保护幼儿身心健康；培养幼儿良好的生活卫生习惯和健康的生活态度；配合、指导家长，共同培育健康儿童。幼儿园卫生保健工作的内容是建立合理的生活制度，培养幼儿良好的生活卫生习惯；合理膳食，满足幼儿正常生长发育需要；建立定期健康检查制度，做好疾病的防治；开展体格锻炼，增进幼儿身心健康和抗病能力；制定各种安全措施，保障幼儿人身安全；创设安全、整洁、优美的环境；对幼儿进行健康教育。幼儿园卫生保健工作管理的要求是树立正确的保健观念，坚持预防为主；有组织、有计划地开展卫生保健工作；健全制度，重在落实；检查与指导相结合；注重日常性的卫生保健工作；加强保教人员的培训。幼儿园卫生保健工作管理的程序是建立组织机构，制定卫生保健制度；定岗定人，建立岗位职责；制订切实可行的保健工作计划；检查评比，指导改进。

幼儿园安全工作管理是幼儿园管理的重中之重。幼儿园安全工作管理的要求是强化全园教职工的安全意识；清除环境中的不安全因素，加强预见性；加强幼儿常规训练，重视组织幼儿活动中的安全问题；注意培养幼儿的自我保护能力和安全意识，掌握安全常规。幼儿园安全工作管理的内容和方法是强化安全意识，健全规章制度；注重环境安全，消除事故隐患；注意一日活动各环节的安全；保证幼儿园玩教具的安全；对幼儿进行安全教育。幼儿园以班级安全管理为主要载体对幼儿进行软环境、硬环境安全的管理。幼儿园在加强安全管理的前提下，一旦发生意外事故要寻求法律的帮助，依法解决意外事故的责任与赔偿。

幼儿园教研工作管理是提高教育质量，促进教师业务水平的提高，激发教师敬业精神的有力手段。幼儿园教研活动的内容包括组织教师的业务学习，组织交流活动，集体备课，研究教育实践中遇到的热点、难点问题，开发编写教材，设计教学活动。幼儿园教研活动的管理措施包括建立教研制度、构建教研活动组织、鼓励教师教研活动的自我管理、及时进行教研活动总结。幼儿园开展科研活动是社会发展的需要、是幼儿园整体发展水平提高的需要、是教师专业化成长的必由之路。幼儿园科研工作的组织与管理要建立完善的科研管理体制；强化科研课题研究基础知识的学习；增强教职工的科研意识，实现科研工作的自我管理；制订好科研工作目标和科研工作计划。

【推荐阅读】

[1] 张燕. 幼儿园组织与管理[M]. 北京：北京师范大学出版社，2002.
[2] 张燕，邢利娅. 幼儿园管理案例及评析[M]. 北京：北京师范大学出版社，2002.
[3] 邢利娅，张燕. 幼儿教育管理理论与实践[M]. 北京：北京师范大学出版社，2002.
[4] 蔡华，周先莉. 幼儿园管理[M]. 长春：东北师范大学出版社，2009.
[5] 丁昀. 幼儿教育管理[M]. 北京：北京师范大学出版社，2001.
[6] 秦明华，张欣. 幼儿园组织与管理[M]. 上海：复旦大学出版社，2010.
[7] 阎岩. 幼儿园保育[M]. 北京：北京师范大学出版社，2001.
[8] 范喜庆，张华，周燕. 幼儿园管理[M]. 武汉：中国地质大学出版社，2012.
[9] 王普华. 幼儿园管理[M]. 北京：高等教育出版社，2005.

思考与练习

一、简答题

1. 幼儿园保教工作管理的内容是什么？
2. 幼儿园班级保教工作有哪些特点？
3. 幼儿园班级保教人员工作有哪些要求？
4. 幼儿园卫生保健工作的任务是什么？
5. 幼儿园卫生保健工作的内容有哪些？
6. 幼儿园卫生保健工作管理的要求是什么？
7. 幼儿园日常性卫生保健工作管理的要求是什么？
8. 幼儿园卫生保健工作管理的程序是什么？
9. 幼儿园安全工作管理有哪些要求？
10. 幼儿园安全工作管理的内容与方法是什么？
11. 幼儿安全教育的内容有哪些？
12. 幼儿园开展教研与科研活动的意义是什么？
13. 幼儿园教研活动的内容是什么？
14. 幼儿园科研工作管理措施有哪些？

二、论述题

1. 阐述幼儿园保教工作管理的程序。
2. 阐述幼儿园小班保教工作管理。
3. 阐述幼儿园班级安全工作管理。
4. 阐述幼儿园教研活动的管理措施。

【实践课堂】

分析下面幼儿园安全管理中的实际案例，谈谈你对幼儿园注意一日活动各环节安全管理的看法。

张老师对班级幼儿午睡的管理

幼儿园的午睡容易发生意想不到的事情，比如突然发病、将小物件塞入鼻孔或耳孔里、被子蒙头导致窒息等。张老师为加强本班幼儿午睡安全，在工作中首先了解本班幼儿身体健康状况，建立幼儿健康档案卡，与家长经常交流、沟通，及时掌握幼儿的身体健康状况。对那些身体健康状况欠佳的孩子，午睡时特别注意，加以关注。同时，对本班幼儿加强安全教育，进行安全知识学习，让幼儿充分认识到玩弄小饰品不当所带来的危害性，养成保护意识，同时留意观察幼儿的小口袋，发现如有带来的小物品要暂时交予老师保管，尤其午睡时不愿意睡觉的孩子摆弄小物件，张老师格外留心。此外，张老师还加强午睡巡视，密切关注孩子的一举一动，等孩子完全熟睡后再备课，如中途有事需要离开一会儿，一定与配班老师联系，由她暂为照管，确保午睡室里有老师在场，以便及时处理一些突发事件。张老师认为幼教工作是一项烦琐、细致的工作。作为一名幼儿教师，工作中不仅要有爱心、耐心，更要有颗强烈的责任心。

第六章　幼儿园常规工作管理.pptx

意识贯穿于幼儿一日活动的各个环节，以减少意外事故的发生。

只有创造一个教育人的环境，教育才能收到预期的效果。

——苏霍姆林斯基

个体的心理发展是环境影响或塑造的结果，有什么样的环境就有什么样的心理和行为。

——约翰·布鲁德斯·华生

第七章 幼儿园环境管理

本章学习目标

- 熟悉幼儿园环境的基本内涵和分类。
- 熟悉幼儿园环境管理的要素。
- 掌握幼儿园环境创设的策略。

核心概念

幼儿园环境(kindergarten environment) 幼儿园建筑规划(the planning and design of the kindergarten) 幼儿园精神环境

引导案例

幼儿园总体环境布局

南方九班幼儿园总平面设计将用房集中布置在用地的北半部，办公和辅助用房位于北侧，儿童活动用房全部为南向，面向室外活动场地，两部分围合形成内庭院。用地南部全部为幼儿的室外游戏场地，可以使幼儿在阳光的沐浴下尽情玩耍，与幼儿生活用房的关系十分紧密。后勤入口位于基地西北角，主入口位于基地的东侧，结合两入口分别形成后勤用地和入口广场，互不干扰，对外联系也十分方便。

案例分析

这个案例为我们提供了一个幼儿园总体环境的合理布局。环境对一个人的影响是潜移默化的，幼儿园环境亦是如此。幼儿园环境创设是一门艺术，也具有深刻的教育意义。这就要求幼儿园在进行环境创设时，既要考虑到美观、便捷、安全，又要从有利于幼儿身心发展特点的角度出发，创设出符合儿童审美和成长的环境。本案例介绍了南方九班幼儿园总体的环境布局，该幼儿园拥有儿童活动用房，室外游戏操场，办公、辅助用房，后勤用地，内庭院等，其中儿童活动用房全部为南向，有利于班级的采光；且与办公、辅助用房围合形成内庭院供幼儿玩耍，保障了幼儿的活动安全。后勤入口和主入口分别形成后勤用地和入口广场，互不干扰，交通便利。整个幼儿园的设计，完全从孩子的角度出发，是一个值得借鉴的幼儿园整体环境的布局。

第一节　幼儿园环境管理概述

一、环境与幼儿园环境

(一)环境的含义

环境(environment)是指周围所存在的条件，它总是相对于某一中心事物而言的，是围绕着某一事物(通常称其为主体)并对该事物会产生某些影响的所有外界事物(通常称其为客体)，即环境是相对并相关于某项中心事物的周围事物。按照环境的属性，通常将环境分为自然环境、人工环境和社会环境。

1. 自然环境

自然环境亦称地理环境，通俗地说，是指未经人的加工改造而天然存在的环境。自然环境按照环境要素，又可分为大气环境、水环境、土壤环境、地质环境和生物圈环境等，主要是指地球的五大圈——大气圈、水圈、土圈、岩石圈和生物圈。

2. 人工环境

通俗地说，人工环境是指在自然环境的基础上经过人的加工改造所形成的环境，或人为创造的环境。人工环境和自然环境的区别主要在于，人工环境对自然物质的形态做了较大的改变，使其失去了原有的面貌。

3. 社会环境

社会环境是指由人与人之间的各种社会关系所形成的环境，包括政治制度、经济体制、文化传统和邻里关系等。

(二)幼儿园环境

1. 幼儿园环境含义

幼儿园环境有广义和狭义之分。广义的幼儿园环境是指幼儿园赖以进行的一切条件的总和，包括幼儿园内部的小环境，以及与幼儿园教育有关的家庭、社会、自然、文化大环境。狭义的幼儿园环境是指在幼儿园中对幼儿身心发展产生影响的一切物质与精神要素的总和。狭义的幼儿园环境包括幼儿园全体工作人员、幼儿以及幼儿园的各种硬件(幼儿园房舍、设备设施、空间布局等)和软件(幼儿园教育制度、教育观念、文化传统等)[①]。

随着我国教育的不断发展，学前教育的重要性日益体现出来，国家和社会都逐渐认识到学前教育对一个人一生的发展有着不可估量的作用。而幼儿园环境是学前儿童接受教育时赖以生存的基本保障，教育部制定的《幼儿园教育指导纲要(试行)》中明确指出："环境是重要的教育资源，应通过环境的创设和利用，有效地促进幼儿的发展。"由此可见，幼儿园环境对学前儿童成长发展的重要意义。而幼儿园环境创设能改善幼儿生存环境、提高幼儿生存质量，创造环境将成为幼儿园教育的基本内容。

2. 幼儿园环境的分类

根据不同维度可以将幼儿园环境分为几种不同的类型。

从存在形式来分，幼儿园环境可以分为室内环境和室外环境。其中室内环境包括教室、走廊、活动室等；室外环境包括操场、园门、门厅等。

从其组成性质来分，幼儿园环境可以分为物质环境和精神环境。幼儿园物质环境主要包括生活设施、教玩具材料设备等有形的物质。幼儿园精神环境主要包括由集体氛围、活动气氛、心理因素等构成的一个复杂的环境系统，它与幼儿园的物质环境共同构成了幼儿园环境的整体。尽管与物质环境相比，精神环境是一个看不见、摸不着的无形的环境，但它对身处幼儿园的老师和幼儿的心理活动与社会行为，乃至这个幼儿园的教育活动，都有着不可忽视的、巨大的潜在影响力。

从幼儿的活动形式来分，幼儿园环境可分为语言环境、运动环境、劳动环境和游戏环境[②]。

二、幼儿园环境管理的含义

环境管理是指运用计划、组织、协调、控制、监督等手段，为达到预期环境目标而进行的一项综合性活动。环境管理的范畴包括物质条件设备管理、自然生态环境管理、社会环境管理、人文环境管理、安全环境管理等多个范畴。

由此可知，作为环境管理的一个分支，幼儿园的环境管理是指运用计划、组织、协调、控制、监督等手段，对影响幼儿健康成长、保证幼儿教育有效进行的一切自然、心理、社会等环境要素进行管理的一项综合性活动。

三、幼儿园环境管理的内容

幼儿园环境管理内容分为自然环境管理、心理环境管理和社会环境管理三个范畴。

(一)自然环境管理

幼儿园的自然环境，主要是指供幼儿接受教育、实现成长的环境要素，是幼儿在幼儿园游戏玩耍过程中需要的设备、空间。在幼儿园管理实践中，环境管理就是对幼儿活动空间的创设、装饰、更新、布置的活动，主要包括幼儿园总体环境的布局，幼儿园各类教学

① 袁爱玲. 幼儿园教育环境创设[M]. 北京：高等教育出版社，2010.

② 王栋材，彭越. 幼儿园教育活动设计与指导(修订版)[M]. 长沙：湖南大学出版社，2013.

器具的摆放、软件与硬件器材的有效配合，户外活动区的设计，特色活动区的创设，绿化管理等。

(二)心理环境管理

幼儿园心理环境管理，也叫作精神环境管理，是指对幼儿园里对学前儿童发展产生影响的一切心理因素的综合管理，主要包括幼儿园人际关系、幼儿园精神氛围、教师的教育观念与行为等。相较于自然环境和社会环境，心理环境作为一种隐性环境，对幼儿的发展，特别是对幼儿情绪情感、社会性、个性品质的发展起着重要的作用。

(三)社会环境管理

幼儿园的社会环境管理主要是针对幼儿园所在的社会环境和家庭环境进行有目的的管理工作。幼儿园所处社会环境的管理主要是针对幼儿园现实的社会位置，改善与幼儿园周围大的企业的关系，让其尽可能地在规定时间内减少噪声，降低对幼儿园周围环境的破坏，以让幼儿园所处的环境有利于幼儿的健康成长。幼儿园需要获得更多的家庭支持，家庭是幼儿园重要的合作伙伴。为更好地开展幼儿教育工作，应尽可能让家长参与到幼儿教育工作中，多参加幼儿园组织的活动。

四、幼儿园环境管理的意义

幼儿园环境是学前儿童赖以生存和发展最基本的条件，是幼儿生活、游戏、学习的保证，也是成人向儿童进行教育的重要资源①。良好的幼儿园环境对幼儿及教职工的思想及身心健康发展起着潜移默化的作用。《幼儿园教育与指导纲要(试行)》第三部分第八条指出：环境是重要的资源，应通过环境创设和利用，有效地促进幼儿的发展。并且对本条进行了详细的叙述。

“幼儿园的空间、设备、活动材料和常规要求等应有利于引发、支持幼儿的游戏和各种探索活动，有利于引发、支持幼儿与周围环境之间积极的互相作用。”

“幼儿同伴群体及幼儿园教师集体是宝贵的教育资源，应充分发挥这一资源的作用。”

“教师的态度和管理方式应有助于形成安全、温馨的心理环境；言行举止应成为幼儿学习的良好榜样。”

符合儿童发展需要的幼儿园园舍、设备，平等民主的师幼关系，团结友爱的同伴关系，充满轻松的生活氛围等物质环境和精神环境对幼儿的身心发展起着不可估量的作用。孟母三迁，近朱者赤、近墨者黑等都充分说明了教育对人的影响。

(一)幼儿园环境作为一种“隐性课程”，促进幼儿的身心发展

幼儿园环境对幼儿成长发展的作用表现为以下几方面。

1. 为幼儿的教学、游戏、生活等一日活动的实施提供了场所

瑞士心理学家皮亚杰的建构主义认为：幼儿是学习的主体，是知识的主动构建者。完备的幼儿园空间、设施、活动材料和常规，有利于引发、支持幼儿的游戏和各种探索活动，

① 刘晓东，卢乐珍. 学前教育学[M]. 2版. 南京：江苏教育出版社，2009.

有利于引发、支持幼儿与周围环境之间的积极作用。班级教室教学工具、区域活动区角、户外活动室、绿化区等，为幼儿提供主动获取知识的养料。在幼儿园环境中，幼儿边玩边学，边操作边发展，促进幼儿的感官发展、动作发展、身体各系统发育；幼儿园的儿童年龄主要在3～6岁，根据皮亚杰的认知发展理论属于前运算阶段，本阶段的儿童思维具有具体形象性，要借助表象进行思维，而在运用教学设备、器材的过程中，丰富了幼儿头脑中的表象，实现了其认知、智力等一系列发展。

2. 促进幼儿创造力和动手能力的发展

幼儿园环境的布置与装饰不应仅是幼儿教师的任务，适宜幼儿发展的环境应由幼儿和教师共同布置完成。例如，通过教师发布主题任务，让幼儿主动思考、制作出装饰班级的作品；在不同的节日，让幼儿对幼儿园、班级的布置提出自己的意见，教师选择合适的意见、给予整合，带领全体幼儿进行环境布置。在主动构建环境的过程中，发展幼儿的创造力和动手能力。

3. 提高幼儿的审美水平

教育部颁布的2016年《幼儿园工作规程》第一章第五条第四点指出：培养幼儿初步感受美和表现美的情趣和能力。幼儿对幼儿园环境的布置创设是教师对其实施美育的一种重要手段。通过装饰环境、美化环境，教师辅以正确的教育，培养幼儿对美的事物的敏感性、兴趣和爱好。让幼儿在潜移默化中，学会欣赏、懂得什么是美，提高幼儿初步鉴赏美的能力，并培养幼儿表现美、创造美的能力。

4. 幼儿园的精神环境有助于幼儿形成安全、温馨的心理环境

平等民主的师幼关系，团结友爱的同伴关系，充满轻松的生活氛围的精神环境有助于为幼儿形成安全、温馨的心理环境。《幼儿园教育与指导纲要(试行)》中指出：“教师的态度和管理方式应有助于形成安全、温馨的心理环境。”“幼儿同伴群体及幼儿园教师集体是宝贵的教育资源，应充分发挥这一资源的作用。”幼儿园是人一生中接触到的第一所正式意义上的学校，由于幼儿年龄较小，社会性发展较差，对幼儿园环境充满陌生与害怕的情绪，缺乏安全感。当教师努力让幼儿感受到温暖与爱，引导幼儿与同伴和谐相处时，会使幼儿产生安全感，从心底积极接纳幼儿园。这有助于幼儿形成安全、温馨的心理环境。

5. 为教育活动的实施提供了契机和条件①

“环境是第三位老师。”教师通过有意识地安排、创设一些标志，会使儿童接受暗示，做出教师所期望的行为。在幼儿园的各个地方贴的一些“温馨提示”“注意标识”都会对幼儿有间接的暗示作用，如在幼儿如厕的地方，贴上“便后洗手”的温馨提示；在幼儿睡觉的卧室，贴上“请保持安静”的标识。为教师的相关主题活动提供了契机和准备，也有利于幼儿良好习惯的养成。

(二)良好的幼儿园环境对幼儿教师的教学、发展也有着积极的作用

从幼儿园的物质环境管理角度出发，教师的教学要依靠各种物质环境要素才能得以实

---

① 王栋材，彭越. 幼儿园教育活动设计与指导(修订版)[M]. 长沙：湖南大学出版社，2013.

现。一个幼儿园的物质环境管理完善，教师的教学手段、教学设想才能有途径实现，幼儿园对教学环境的管理直接影响教师教学水平的发挥，在教学的硬件、软件设备先进的幼儿园，教师开设的教学课程、教学活动也会更加丰富，这不仅有利于孩子的身心发展，还会促进教师的专业化、职业化的不断提高，教师自身综合素质的不断提升。

从幼儿园的精神环境管理出发，一个和谐文明的“幼儿园文化”对教师的心理成长有着促进作用。一个企业有着自己的“企业文化”，是由其价值观、信念、仪式、符号、处世方式等组成的其特有的文化形象。幼儿园也有属于自己独特的“幼儿园文化”，通过幼儿园对其精神环境的管理而形成。幼儿园的教育理念、对待每位幼儿的态度，教师人际关系等，都属于幼儿园文化。好的幼儿园文化，让教师能在自己的工作岗位上，拥有一个愉快、轻松的心理体验，从而更好地工作。相反，如果一个幼儿园的“幼儿园文化”是对待儿童不平等、教师之间钩心斗角，教师的心理长期处于焦虑、烦躁的状态，不仅不能正常地进行教学活动，更甚者会对自己的教师职业产生“职业倦怠”，影响其正常工作生活。

五、幼儿园环境管理的原则

幼儿园环境管理须遵从以下原则。

(一)安全性原则

幼儿园环境管理的首要原则就是安全性。

(1) 各种教学、活动设备都要以保障幼儿的安全为第一性。教具、玩具要无毒，没有锋利的尖角，以免伤害到幼儿；体积不能过小，以免幼儿吞进肚子里。

(2) 户外活动区域中的大型运动器材要使用符合要求的材质，不能出现金属材料的锐角等安全隐患，地面要做好防护措施，铺上塑胶草坪等防护措施。

(3) 教室中带电的电源插座要在幼儿触摸不到的区域，以免幼儿因好奇触碰，发生危险。

(4) 幼儿园要有完备的救火设备、应急通道等，并定期检查。

(二)符合幼儿年龄发展特征的原则

幼儿园环境管理要符合幼儿年龄特征。学前儿童基本为3～6岁的幼儿，他们的认知、情感、社会性等方面初步发展，思维离不开具体的事物，但是小、中、大班的孩子发展水平也存在着差异，所以在管理环境时，要考虑到他们的这些发展特征，对待小、中、大班的幼儿，还要分三个不同的层次。这要求幼儿园的物质环境具有多样性，既符合幼儿的年龄特征，又考虑到幼儿之间的个体差异；精神环境是宽松、自由、平等的。

(三)符合国家学前教育有关法律法规

我国颁布的2016版《幼儿园工作规程》第六章、《幼儿园教育与指导纲要(试行)》第三部分、1988年颁布的《国家教育委员会城市幼儿园建筑面积定额(试行)》等文件都详细规定了幼儿园的环境，包括园舍、设备等方面的具体要求，幼儿园环境必须依照这些标准进行管理。

(四)可持续发展性①

在进行幼儿园环境管理时，应具备一定的可持续发展的可能性。有的幼儿园在刚刚建园时，就显露出先天缺陷。随着事业的发展，可能会扩大招生，也可能需做一些专门功能室。如果没有备用房间，就没有发展的余地，不能满足幼儿发展的需要。

第二节　幼儿园建筑规划细则

一个幼儿园的创建创办要考虑很多因素，如园舍选址、幼儿园教育设施配备、幼儿生源、教师聘任等，其中关于幼儿园园舍、幼儿园内部设施等建筑方面因素，都是幼儿园建筑规划的组成部分。幼儿园的建筑规划是幼儿园建设之初以及后续维护过程中一个至关重要的因素。幼儿园的选址、幼儿园内部的建筑、幼儿园基本建筑配备等都有明确的规定。不论是新建、扩建还是改建幼儿园，都需要遵循一定的规则，以提高幼儿园建筑质量，使建筑设计满足适用、安全、卫生、经济、美观等方面的基本原则。本节选取了2016年我国住房和城乡建设部发行的《托儿所、幼儿园建筑设计规范》中的部分内容，对幼儿园建设过程中必须遵循的细则进行阐述。

一、幼儿园建设基地

(1) 幼儿园建筑基地的选择应该符合国家现行有关标准的规定和当地总体规划要求。

(2) 幼儿园基地应符合下列规定。

① 应建设在日照充足、交通方便、场地平整、干燥、排水通畅、环境优美、基础设施完善的地段。

② 不应置于易发生自然地质灾害的地段。

③ 与易发生危险的建筑物、仓库、可燃物品和材料堆场之间的距离应符合国家现行有关标准的规定。

④ 不应与大型公共娱乐场所、商场、批发市场等人流密集的场所相毗邻。

⑤ 应远离各种污染源，并应符合国家现行有关卫生、防护标准的要求。

⑥ 园内不应该有高压输电线、燃气、输油管道主干道等穿过。

(3) 幼儿园服务半径宜为300～500 m。

二、幼儿园总平面

(1) 幼儿园的总平面设计应包括总平面布置、竖向设计和管网综合等设计。总平面布置应包括建筑物、室外活动场地、绿化、道路布置等内容，设计应功能分区合理、方便管理、朝向合适、日光充足，符合幼儿生理、心理特点的环境空间。

(2) 三个班以上的幼儿园建筑应独立设置，两个班及以下时，可与居住建筑合建，但应符合下列规定。

① 刘晓东，卢乐珍. 学前教育学[M]. 2版. 南京：江苏教育出版社，2009.

① 幼儿生活用房应建在居住建筑底层。

② 应设独立出口，并应与其他建筑部分采取隔离措施。

③ 出入口处应设置人员安全集散和车辆停靠的空间。

④ 应设独立的室外活动场地，场地周围应采取隔离措施。

⑤ 室外活动场地范围内应采取防止物体坠落措施。

(3) 幼儿园应专用室外活动场地，并应符合下列规定。

① 每班应设有专用室外活动场地，面积不宜小于 60 m^2，各班活动场地之间宜采取分隔措施。

② 应设全园公共活动场地，人均面积不应小于 2 m^2。

③ 地面应平整、防滑、无障碍、无尖锐突出物，并宜采用软质地坪。

④ 公共活动场地应设有游戏器具、沙坑、30 m 跑道、洗手池等，宜设戏水池，储水深度不应超过 0.30 m，游戏器具下面及周围应设软质铺装。

⑤ 室外活动场地应有 1/2 以上的面积在标准建筑物日照阴影线之外。

(4) 幼儿园场地内绿地率不应小于 30%，宜设置集中绿化用地。绿地内不应种植有毒、带刺、有飞絮、病虫害多、有刺激性的植物。

(5) 幼儿园在供应区内宜设置杂物院，并与其他部分相隔离，杂物院应有单独的对外出入口。

(6) 幼儿园基地周围应设有围护设施，围护设施应安全、美观，并应防止幼儿穿过和攀爬。在出入口应设置大门和警卫室，警卫室对外应有良好的视野。

(7) 幼儿园出入口不应直接设置在城市干道一侧；其出入口应设置供车辆和人员停留的场地，且不应影响城市道路交通。

(8) 幼儿园的幼儿生活用房应设置在当地最好的朝向。冬至日底层满窗日照时间不应少于 3 小时。夏热冬冷、夏热冬暖地区的幼儿生活用房不宜朝西向；当不可避免时，应采取遮阳措施，如图 7-1 所示。

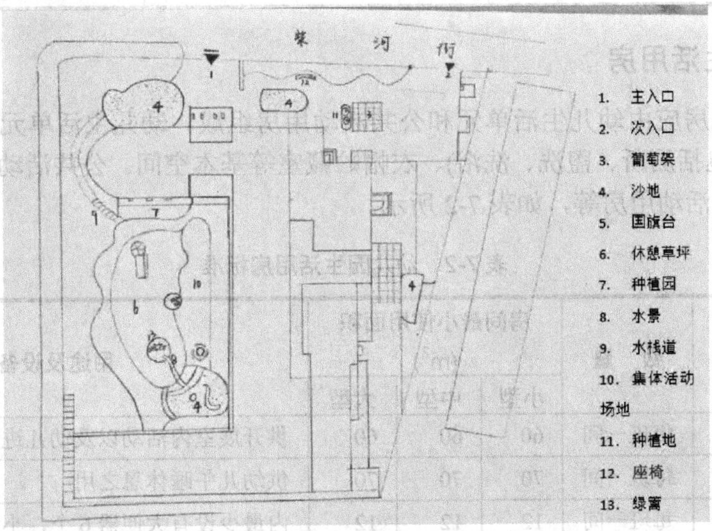

图 7-1 幼儿园平面图

图 7-1 为沈阳市某幼儿园环境的平面设计图，由室内环境和室外环境两个区域构成。根据上述规定，对该幼儿园平面的合理性进行分析。

第一，该幼儿园设有较大的户外活动场地，包括游戏器材活动区、玩沙区、戏水区、种植区等。户外环境设施十分丰富、完备。

第二，我们能够清楚地观察到包括休憩草坪、种植园、绿篱、葡萄架在内的绿化区域面积比例占总面积的 50%左右，符合 30%的标准。

第三，室外活动场地以半包围的结构包围室内环境，在幼儿园的外围围有护栏，保障幼儿日常活动的安全。并且在主、次出入口设置了大门和警卫室，警卫室对外可以清楚看到柴河街的交通等状况。

第四，幼儿园的生活用房大体朝向北偏西，避免了朝正西方向，同时有 1/2 以上的面积在标准建筑物日照阴影线之外。

由此我们可以看出该幼儿园的总体设计基本符合《托儿所、幼儿园建筑设计规范》中的内容，设计较为合理。

三、幼儿园建筑设计

幼儿园建筑应由幼儿生活用房、服务管理用房和供应用房等部分组成。其使用面积根据幼儿园规模大小建设，如表 7-1 所示。

表 7-1　幼儿园规模

幼儿园规模	班数(班)	人数(人)
小型	1～4	20～25
中型	5～9	26～30
大型	10～12	31～35

(一)幼儿生活用房

幼儿生活用房应由幼儿生活单元和公共活动用房组成。幼儿生活单元应设置活动室、寝室、卫生间(包括厕所、盥洗、洗浴)、衣帽贮藏室等基本空间。公共活动用房应包括多功能活动室、公共活动用房等，如表 7-2 所示。

表 7-2　幼儿园生活用房标准

房间名称		数　量	房间最小使用面积(m^2)			用途及设备
			小型	中型	大型	
活动室		每班一间	60	60	60	供开展室内活动以及幼儿进餐之用
寝室		每班一间	70	70	70	供幼儿午睡休息之用
卫生间	厕所	每班一间	12	12	12	内最少设有大便器 6 个，小便器 4 个
	盥洗室	每班一间	8	8	8	内最少设有盥洗台(水龙头)9 个

续表

房间名称	数 量	房间最小使用面积(m^2)			用途及设备
		小型	中型	大型	
衣帽贮藏室	每班一间	9	9	9	供贮藏中型教玩具、衣被鞋帽等物之用，也可兼作活动室的前室
音体活动室	全园一间	90	120	150	供开展音乐、舞蹈、体育活动和大型游戏、集会、放映幻灯、电影和观摩教育活动之用

注：1. 幼儿园活动室和寝室合并设置时，其房间最小使用面积不应小于 $120m^2$。

2. 寝室应保证每一幼儿设置一张床铺的空间，不应布置双层床。床位侧面或端部距外墙应不小于 0.60m。

(二)服务管理用房

服务管理用房包括晨检室(厅)、保健观察室、教师值班室、警卫室、贮藏室、园长室、财务室、教师办公室、会议室、教具制作室等。全日制托儿所、幼儿园不设保育员值宿室，如表 7-3 所示。

表 7-3 幼儿园服务用房标准

房间名称	数 量	最小使用面积(m^2)			用途及设备
		小型	中型	大型	
晨检室(厅)	全园一间	10	10	15	供医务人员每天早晨对入园幼儿进行健康检查之用
保健观察室	全园一间	12	12	15	供医务人员开展卫生保健工作之用
教师值班室	全园一间	10	10	10	供教师值班住宿使用
警卫室	全园一间	10	10	10	供保安、门卫值班使用
贮藏室	全园一间	15	18	24	供收放体育器具、总务用品及杂物之用
园长室	全园一间	15	15	18	供园长日常办公之用
财务室	全园一间	15	15	18	供管理幼儿园支出与收入、分发教职工工资之用
教师办公室	全园一间	18	18	24	供教师日常办公、休息、接见家长之用
会议室	全园一间	24	24	30	供员工查阅资料，阅览报纸、杂志，开会及对外接待之用
教具制作室	全园一间	18	18	24	供制作陈列教具之用

注：1. 晨检室宜设在建筑物的主出入口处。

2. 保健观察室与幼儿生活用房应有适当距离。

(三)供应用房

(1) 供应用房应包括厨房、消毒室、洗衣间、开水间、车库等房间。厨房应自成一区，并与幼儿活动用房有一定的距离。

(2) 幼儿园建筑应设玩具、图书、衣被等物品专用消毒间。

(四)一般规定

(1) 幼儿活动用房不应设置在地下室或半地下室，且不应布置在四层以上。

(2) 幼儿园外廊、室内回廊、内天井、阳台、上人屋面、看台、平台及室外楼梯等临空处应设置防护栏杆，栏杆应以坚固、耐久的材料制作。防护栏杆的高度应从地面计算，且净高不应小于 1.10 m。防护栏杆必须采用防止幼儿攀爬和穿过的构造，当采用垂直杆件做防护栏杆时，其杆件净距离不应大于 0.11m。

(3) 幼儿使用的楼梯，当楼梯井净宽度大于 0.11m 时，必须采取防止幼儿攀滑措施。楼梯栏杆应采取幼儿不易攀爬的构造，当采用垂直杆件做防护栏杆时，其杆件净距不应大于 0.11m。

(4) 幼儿园建筑窗的设计应符合下列规定。

① 活动室、多功能室的窗台面距地面高度不宜大于 0.60 m。

② 当窗台面距楼地面高度低于 0.90 m 时，应采取防护措施。

③ 窗距离楼地面的高度小于或等于 1.80 m 的部分，不应设内悬窗和内平开窗。

④ 外窗开启均应设纱窗。

(5) 活动室、寝室、多功能活动室等幼儿使用的房间应设双扇平开门，门净宽不应小于 1.2 m。

(6) 严寒和寒冷地区幼儿园建筑外门应设门斗。

(7) 幼儿园出入门应符合下列规定。

① 距离地面 1.20m 一下的部分，当使用玻璃材料时，应采用安全玻璃。

② 距离地面 0.60m 处宜加设幼儿专用拉手。

③ 门的双面均应平滑、无棱角。

④ 门下不应设门槛。

⑤ 不应设旋转门、弹簧门、推拉门、不宜设金属门。

⑥ 活动室、寝室、多功能活动室的门均应向人员疏散方向开启，开启的门扇不应妨碍走道疏散通行。

⑦ 门上应设观察窗，观察窗应安装安全玻璃。

注：在上述条目中，出现“宜”“应该”“必须”等程度词，《托儿所、幼儿园建筑设计》在《规范用词》中特此说明。

表示很严格、非这样做不可的：正面词采用“必须”，反面词采用“禁止”。

表示严格，在正常情况下均应该这样做的：正面词采用“应”，反面词采用“不应”“不得”。

表示稍有选择，在条件许可时首先应这样做的：正面词采用“宜”，反面词采用“不宜”。

表示有选择，在一定条件下可以这样做的，采用“可”。

第三节　幼儿园户外活动环境

幼儿园户外活动环境是与幼儿园内部建筑环境相对应的环境单元，是幼儿园一个专门供幼儿游戏、运动、探索、交往的户外活动空间。在户外活动环境时，幼儿受到的制约大大减少，成为活动的主动参与者、探索者，充分发挥了幼儿的想象力和创造力，实现了其在教育中的“主体”地位。在户外活动中，幼儿走进大自然，亲近大自然，与玩伴一起奔跑、一起玩耍，放松心情，忘记烦恼，促进了幼儿身体机能的发展，大脑、智力的发展，社会性和情绪情感等方面的发展。

许多幼儿园的教学、生活忽略让幼儿自己动手、自己解决问题的真实生活环境的创立，往往偏重于灌输、模仿和千篇一律的效果，儿童所接触的东西多是现成、精密以及昂贵的玩具和乐器，而不是自然中的泥土、石头、果实、枝条、小动物、自然声响等触发幼儿创造性思维的原生态环境和媒介[①]，难以满足幼儿多方面发展的需要。根据幼儿身心发展特点和幼儿园场地现实情况，应创造出一个既可以供幼儿玩耍又可培养和训练幼儿智力的户外环境。

一、幼儿园户外活动环境设计标准

(一)面积规划

在 2016 年中华人民共和国住房和城乡建设部发行的《托儿所、幼儿园建筑设计规范》指出：托儿所、幼儿园应设室外活动场地，并应符合下列规定。

(1) 每班应设有专用室外活动场地，面积不宜小于 60 m^2，各班活动场地宜采取分隔措施。

(2) 应设全园公共活动场地，人均面积不应小于 2 m^2。

(3) 托儿所、幼儿园场地内绿地率不应小于 30%，宜设置集中绿化用地。

2017 年 1 月 1 日起实施的《幼儿园建设标准》第十三条规定：室外地面游戏场地人均面积不应低于 4 m^2。其中，共用游戏场地人均面积不应低于 2 m^2，分班游戏场地人均面积不应低于 2 m^2。分班游戏场地宜邻近活动室布置，其数量应至少能容纳 n−2 个班(n 为全园班级数)同时游戏活动。室外地面游戏场地宜为软质地坪，应保证 1/2 以上的游戏场地冬至日日照时间不少于 2 小时。

结合以上条例和《幼儿园建设标准》中的幼儿园面积指标，整理如表 7-4 所示。

表 7-4 幼儿园建设标准

用地面积(m^2)	规模班(人数)			
	3 班(90 人)	6 班(180 人)	9 班(270 人)	12 班(360 人)
建筑总面积	560	1315	1887	2400
公共活动场地	180	360	540	720
班活动场地	180	360	540	720
绿化用地	108	216	324	432

注：使用面积均采用最低标准计算。

(二)场地设施

《幼儿园工作规程》第三十五条明确指出：“幼儿园应该有与其规模相适应的户外活

① 武艳艳. 生态学视野下的幼儿园户外活动空间设计研究[D]. 山东师范大学，2014.

动场地，配备必要的游戏和体育活动设施，创造条件开辟沙地、水池、种植园等，并根据幼儿活动的需要绿化，美化园地。”《托儿所、幼儿园建筑设计规范》指出：“公共活动场地应设有游戏器具、沙坑、30 m 跑道、洗手池等，宜设戏水池，储水深度不应超过 0.30 m，游戏器具下面及周围应设软质铺装。”

二、幼儿园户外活动环境设计的原则

幼儿园户外活动环境设计需要遵循一定的原则，具体包括以下几个方面。

1. 游戏性原则

游戏是儿童的天性，也是幼儿全面发展教育的重要形式。《幼儿园教育指导纲要(试行)》指出：“幼儿园应当因地制宜创设游戏条件(时间、空间、材料)。游戏材料应强调多功能性和可变性。”“应充分尊重幼儿选择游戏的意愿，根据幼儿的实际经验和兴趣，在游戏过程中给予适当的指导，保持愉快的情绪，促进幼儿能力和个性的全面发展。”游戏适合幼儿身心发展规律，户外游戏拥有广阔、新鲜、自由、刺激的游戏环境，可以为幼儿提供丰富的游戏内容。在户外环境中，设计有户外特色的活动区，如戏水区、种植区、饲养区等，给幼儿提供游戏的场所，让幼儿在活动中激发和满足探索欲，锻炼身体，发展社会性。

2. 安全性原则

安全性是户外活动环境设计必须遵循的原则，贯穿在幼儿园户外环境设计的整个过程中。《幼儿园工作规程》第十三条明确规定：幼儿园的园舍应当符合国家和地方的建设标准，以及相关安全、卫生等方面的规范，定期检查维护，保障安全。幼儿园不得设置在污染区和危险区，不得使用危房。幼儿园的设备、装修装饰材料、用品玩具和玩教具材料等，应符合国家相关的安全质量标准和环保要求。幼儿年龄小，机体发育不完善，安全意识和自我保护意识较弱，这就要求幼儿园在环境设计过程中，不能放过每一个可能出现安全隐患的细节。例如，户外活动的地面要使用软质草坪，在大型器械底部以及周围应铺上垫子；应避免带有锋利尖角的器具，使用有一定柔软性的材料等。

3. 生态化原则①

幼儿园户外活动环境的生态性原则，强调一种有机的、自然的、生态式的、有点生活气息的环境，幼儿园空间各要素要相互联系、相互支持、相互补充。《幼儿园工作规程》第二十三条规定：“幼儿园应当积极开展适合幼儿体育活动，充分利用日光、空气、水等自然因素以及本地自然环境，有计划地锻炼幼儿机体，增强身体的适应能力和抵抗能力。”在生态学视野的引领下，幼儿园户外活动环境应营造一种回归自然、充满趣味和诱惑的环境氛围，空间各要素发挥着不同的价值功能，形成一个和谐的生态循环系统。

4. 兴趣性原则

兴趣是最好的老师，幼儿园户外活动的设计还应遵循趣味性的原则。在设计的过程中要充分体现幼儿的主体性，从幼儿的角度出发，营造一个满足幼儿好奇心和探索未知事物欲望的环境。在场地内提供丰富多彩的活动机会，给予多种选择的机会，幼儿会在环境中

① 武艳艳. 生态学视野下的幼儿园户外活动空间设计研究. 山东师范大学，2014.

寻到自己感兴趣的事物，然后完全忘我地探索他在环境中注意到的事物，这种环境会使幼儿将内在的力量和注意集中到热爱的事物上去。

5. 教育化原则

朱家雄教授在《幼儿园活动设计与指导》一书中，对幼儿的课程做了划分，认为幼儿的课程分为：无结构化课程、低结构化课程、高结构化课程和完全结构化课程四种，最适合幼儿身心发展的一日活动形式是这四种课程结合，协调发展。其中幼儿在户外进行的自发的游戏或老师参与度较低的教学活动就属于结构化较低，甚至无结构化的课程。幼儿园户外活动环境的设计要遵循教育化的原则，使幼儿在游戏的过程中，能实现自我探索、自我发展，实现“做中学，做中教，做中求进步”的教育意义。

三、幼儿园户外活动环境的优化

(一)固定游戏器材活动场地

户外固定游戏器材活动区包括大型体育器材，如滚筒、平衡器、跳床等；游戏活动器材，如滑梯、秋千，如图 7-2、图 7-3 所示。表 7-5 为《幼儿园玩教具》中户外活动部分玩教具表。

图 7-2 滚筒

图 7-3 攀登架

表 7-5 固定游戏器材投放标准

名 称	规 格	名 称	规 格
攀登架	限高 2m	秋千	高 1.9m
爬网	高 1.6m，斜网式	小推车	
滑梯	高 1.8m 或 2m，与地面夹角 34°～35°，缓冲部分高 0.25m，长 0.45m	压板	中间支柱高 0.4～0.5m，长 2～2.5m，距两端 0.3m 处高把手，缓冲器高 0.2m
荡船或荡桥	2m×1.7m×1.6m	体操垫	长 2m，宽 0.15m，厚 0.1m
球	直径 0.1～0.2m	球拍	

续表

名　称	规　格	名　称	规　格
滚筒	高 1.2m，宽 1.8m	钻筒	钻爬式，高 0.7m，宽 0.8m
体操器械(任选一种)	彩旗、彩圈、彩棒、哑铃	沙包	重 100～150g，直径 0.06～0.07m
小三轮车		绳	长、短

(二)玩沙游戏区

玩沙活动属于建构类活动，沙子是自然界元素，而且可塑性强，幼儿可以无拘无束地根据自己的想象在沙地中塑造各种形状，堆沙造山、挖沙藏物，满足孩子亲手创造的欲望，也实现了幼儿园户外环境的生态性。

玩沙区设计的要点①如下。

(1) 玩沙区要设置在被风向的角落，以免沙尘扬起。

(2) 尽量在阳光充足的地方，这样雨后很快会干，而且强烈的日照还能给沙子消毒。

(3) 不要靠近道路，以免路上的行人不经意从中穿过影响正在活动的幼儿。

(4) 幼儿园中沙地面积不能超过 30 m^2，并且达到活动时每个幼儿 1m^2 的面积。

(5) 沙地的边框设计不仅要起到遮栏作用，还要防止沙子被水冲走，不宜太高，方便幼儿坐下及跨越。沙地深度为 0.3～0.5 m，如图 7-4 所示。

图 7-4　沙坑

① 汪颖赫. 幼儿园户外空间环境设计研究[D]. 东北林业大学，2011.

(三)戏水区

幼儿在胎儿期生长在妈妈的子宫里，自受精卵起一直被羊水包围，因而对水有一种天生的兴趣。在婴儿期，孩子就会因为洗澡戏水感受到快乐。长大一点后，给孩子一盆水，他便可以坐着自娱自乐玩半天，衣服湿了也阻止不了他们玩水的兴致。根据研究表明：在戏水池开展的各种具有创造性的游戏、利用各种水的道具，能够帮助幼儿逐渐从表象思维转向运算思维，有效地开发幼儿的智慧，并培养幼儿的想象力。

戏水区设计要点如下。

(1) 在戏水区的设计过程中，戏水池的储水深度不应超过 0.3 m，面积不应超过 50 m^2，以保护幼儿的安全，避免幼儿失足掉落水中，发生危险。

(2) 对戏水池的水质进行监控管理，定期换水，以保证水质的干净卫生。

(3) 戏水区的地理位置应位于户外活动场地中较为中心、显眼的区域，方便教师、工作人员对幼儿的照料，避免幼儿在戏水时发生危险情况，无人知晓，如图 7-5 所示。

图 7-5 戏水池

(四)种植区

户外活动设置种植区，让幼儿能有属于自己的一片天地，种植植物，从小培养幼儿的动手能力，让其热爱劳动，珍惜劳动果实。让幼儿感受阳光、雨露、微风、土壤在植物成长过程中的重要作用，感受到大自然催发植物生长的神奇力量。幼儿亲身播种、浇水、观察果实成熟，幼儿会从中体验到极大的成就感。

种植区设计要点如下。

(1) 一般位于建筑后院，靠近建筑或角落，不要有道路从中穿行。

(2) 菜园土地分隔的畦宽应为 60～70 cm，这样能够方便幼儿站在菜畦间的小路上栽培管理，路宽应为 40 cm，如图 7-6 所示。

幼儿园户外环境是一个主体，在创设时应综合考虑各方面因素，提供一个有利于幼儿玩游戏、与同伴共同玩耍的户外环境，以促进幼儿的身体发育及动手能力、认知、情感、社会性等方面的发展。

图 7-6　种植角

第四节　幼儿园室内环境

幼儿园室内环境作为幼儿进行一日活动的主要场所，时时刻刻影响着幼儿。一个区角设计丰富多样、教学设备完善、符合幼儿年龄特点的室内环境能够促进幼儿认知能力、创造能力的提高，激发幼儿的学习兴趣，培养幼儿的审美；教学设备齐全的室内环境有利于教师更好地践行自己的教育理念，促进师幼共同进步发展。相反，一个没有创造力、设备匮乏的室内环境，会失去环境对幼儿潜在的教育作用，使教师失去主动探索的动力，甚至产生职业倦怠。

《幼儿园工作规程》中对室内外环境的有效创设做了以下阐述：“幼儿园应当将环境作为重要的教育资源，合理利用室内外环境，创设开放的、多样的区域活动空间，提供适合幼儿年龄特点的丰富的玩具、操作材料和幼儿读物，支持幼儿自主选择和主动学习，激发幼儿学习的兴趣与探究的愿望。”由此，幼儿园应该提供符合上述条件的室内环境，给幼儿提供一方有利成长的沃土。

一、室内环境中玩教具设备配备

一个幼儿园室内环境由教师、幼儿、教学玩教具设备等因素构成，是供幼儿学习和成长的场地。幼儿是学习的主体，主动、积极汲取周围的知识，在实践中获取经验；教师是幼儿学习的指导者、引路人，同时“教师”这一因素不仅包括教师对幼儿在生活方面的看管、照料，也包含教师的教育理念、教学方法；但教育理念、教学方法再先进的教师，没有了教学媒介都无法全面地引导幼儿，俗话说巧妇难为无米之炊，只有完善的软、硬件设施，教师和幼儿之间才能产生反应[①]。下面列举一些幼儿园配备物资设备细目。

① 刘晓东，卢乐珍. 学前教育学[M]. 2 版. 南京：江苏教育出版社，2009.

(一)家具类

1. 桌子

(1) 儿童桌。有长方形、正方形等(桌角要为弧形或者有防护措施)，供幼儿进餐、学习、活动使用，一般坐 6 人、4 人或 2 人。《3～6 岁儿童学习与发展指南》中对儿童的桌子的高度做如下阐述："桌子的高度以写画时身体能坐直，不驼背、不耸肩为宜。"

(2) 教具桌。教师经常需要一张桌子摆放教具。可以用儿童桌替代，也可以有一张略高于儿童桌的教具桌。

(3) 教职工办公桌。这些桌子可以集中放在教职工办公室里，亦可以分散在各个班级的睡觉房里，每位教职工应有一个位子或一张桌子。

(4) 会议桌。一些较讲究的托幼机构，应有专门的会议室和椭圆形的会议桌。

2. 椅子

(1) 儿童靠背椅。每人一把。公共活动室，如美工教室、科学室等应另外配备与进室活动最多人数相当的椅子。这些椅子既可供儿童活动使用，也可以在必要时做机动椅使用。《3～6 岁儿童学习与发展指南》中对儿童的椅子的高度做如下阐述："椅子的高度以幼儿写画时双脚能自然着地、大腿基本保持水平状为宜。"

(2) 教椅。每个班应有两张略高于儿童椅的教椅，在组织某些集体活动时，为教师所坐。

(3) 成人办公用椅。每位职工一张。

(4) 沙发。成人用沙发一般安置在园长室或接待室内，可根据需要和条件设置。儿童用的沙发椅，可放在游戏区角里或需要放一些椅子的地方。

3. 橱柜

(1) 儿童玩具柜。玩具柜一般靠墙或临窗摆放，可根据室内的容量来配置。玩具柜有固定式和带有轮子可移动的两种。可移动的玩具柜，长约一米，可用作间隔区角。其缺点是稳定性差。两种柜可兼有，取长补短，也可使幼儿认识"轮子"的作用。

(2) 生活柜。儿童生活、学习用品橱柜，存放幼儿的用品，全托园所应有服装柜，每人一格，可根据场所条件进行设计。

(3) 消毒柜。消毒班级毛巾、茶杯等使用。

(4) 儿童衣帽柜(架)。每人一格。

(5) 鞋柜。每人一格

(6) 茶杯柜。每人一格。

(7) 成人用的教具、资料、用品柜。按需要设置。

4. 儿童床

有固定的单层床、高低双层床和交叉的双层床，也有可折叠或可搬动的单人床等，以一床一铺为宜。近年来也有榻榻米式的通铺，既可以卷起来当游戏区，还可以展开铺盖当床使用，充分利用了空间，但透气性较差，适用于较干燥的地区。此外，榻榻米因高度太低，成人照料时不太方便，因此不适宜在托班使用。此外《3～6 岁儿童学习与发展指南》中规定"床不宜过软"，如图 7-7 所示。

图 7-7　儿童床

(二)活动室专用设备

(1)　电子琴。
(2)　手风琴。
(3)　收录机。
(4)　投影仪。
(5)　黑板，可选用 150 cm×100 cm 的规格(附磁块)。
(6)　幻灯片。
(7)　钢琴。
(8)　木偶戏台。
(9)　幼儿书架。

(三)区角玩教具

1. 结构玩教具

垒高、砌接类的搭建类玩具，如木质积木、塑料泡沫盒纸质积木；可插接、可组装类的插装类玩具，如低结构的或主题性的插塑、齿轮安装玩具等；还有益智类的拼图、配对玩具、智力积塑片等。

2. 角色游戏玩教具

以各种主题相配的玩具，如“娃娃家”中一些桌、椅、床、柜、家用电器、娃娃、厨具；以医院为主题的角色游戏区，应有医生突出的办公用具、听诊器、打针用的小玩具、病床等；以餐厅为主题的角色扮演，配备一些模拟食品和制作食品所需的工具。

3. 美工区玩教具

彩笔、油画棒、彩纸、皱纹纸、剪刀、生活中的废旧物品，还可配置反映民间艺术的各种材料，如各种民俗艺术类的纸、布、绳、面具等乡土材料，可以开阔幼儿的视野，体会民族风情的精神魅力，激发幼儿对艺术的爱好和审美情感。

4. 语言及科学教学教具

图书、绘本、卡片、昆虫盒、挂图、木偶、服装、寒暑表、温度计、饲养槽、电磁游戏盒、磁性显示器、地球仪、教学试验盒、镜面教具等。

5. 音乐教学区

小铃鼓、鼓，儿童简易打击乐器——三角板、响板、手铃、木鱼、撞铃、沙锤、小钹等。

(四)园所公用的教具设备

(1) 投影仪。
(2) 幻灯片。
(3) 交互式电子板等。

二、五大领域活动中的室内环境创设

为了促进幼儿体、智、德、美全面协调发展，我国将幼儿学习的内容划分为健康、语言、社会、科学、艺术五个领域，环境作为一种隐性课程，对幼儿的发展起着潜移默化的作用，因此在进行幼儿园室内设计时，应针对不同领域的特点，进行相关的环境创设。下面每个领域都附有相对应的幼儿园实际图片。

(一)健康领域的环境创设

《3～6 岁儿童学习与发展指南》对幼儿的健康有如下的阐述：“幼儿阶段是儿童身体发育和机能发展极为迅速的时期，也是形成安全感和乐观态度的重要阶段。”幼儿健康总体上分为身体健康和心理健康，室内环境由于场地限制，主要应该完成心理健康环境的创设。促进心理健康要求幼儿园要创设温馨的人际环境，让幼儿充分感受到亲情和关爱，形成积极稳定的情绪情感，帮助幼儿养成良好的生活与卫生习惯等。

教师可通过在班级中设计各种小贴士、小标语，帮助幼儿在日积月累中形成良好的行为习惯。例如，在幼儿盥洗池的墙面上，设计有关洗手的步骤图，洗手不打闹的话语；在卫生间，贴上便后冲水、洗手的温馨提示；在饮水机旁贴上应该如何接水、接多少水，多喝水的提士；在午休室，贴上保持安静的提示。让幼儿时时刻刻都能看到这些带有教育意义的温馨贴示，可使幼儿在潜移默化中，有意识改变自己的行为，形成良好的行为习惯。值得注意的是，幼儿园阶段，孩子大多不认识汉字，应该利用图文并茂的形式，促进幼儿的理解，采用幼儿喜欢的一些卡通人物，也更加能够吸引儿童的注意，按照指示去做，如图 7-8 所示。

图 7-8　洗手间标语

(二)语言领域的环境创设

语言是交流和思维的工具。幼儿时期是语言迅速发展的重要时期。幼儿的言语能力是在交流和运用的过程中发展起来的。《3～6 岁儿童学习与发展指南》在语言领域提出：“为幼儿提供丰富、适宜的低幼读物，经常和幼儿一起看书、讲故事，丰富其语言表达能力，培养阅读兴趣和良好的阅读习惯。”

幼儿园活动室中应设置读书角、语言(阅读)区，为幼儿提供适宜其身心发展的绘本、读物。值得注意的是，幼儿的语言区应设置在一个相对安静、无人打扰的环境，给幼儿提供舒适、自由、安静阅读的区域，有助于其阅读习惯的养成，也促进其语言的发展，如图 7-9、图 7-10 所示。

图 7-9　读书角

图 7-10　语言区

(三)社会领域的环境创设

幼儿园社会领域的学习与发展过程是幼儿社会性不断完善并奠定健全人格基础的过程。《3～6 岁儿童学习与发展指南》中提出：“幼儿的社会性主要是在日常生活和游戏中通过观察和模仿潜移默化地发展起来的。”教师应该鼓励幼儿积极融入集体，参与小朋友的游戏，为幼儿提供自由交往和游戏的机会。

将幼儿的社会性发展融入室内环境的创设中去，幼儿园活动室中可创设角色扮演区，如“娃娃家”，以医院、餐厅、银行、邮局、商店等为主题的扮演区。角色游戏可以培养幼儿的交往能力，这种游戏反映成人社会、反映成人活动。幼儿在很大程度上通过模仿各种角色来认识社会、了解社会。教师提供了一个游戏的场景，创设了一个游戏情节，让幼儿在其中与同伴进行互动，促进他们语言的交流、良好人际关系的形成，如图 7-11、图 7-12 所示。

图 7-11　“娃娃家”主题角色扮演区

图 7-12　“医院”主题角色扮演区

(四)科学领域的环境创设

1. 科学探究

幼儿园科学领域学习是教师引发、支持和引导幼儿对周围物质世界进行主动探究，帮助幼儿形成科学情感和态度，掌握科学方法，获得有关周围物质世界及其关系的科学经验。幼儿的思维特点以具体形象思维为主，幼儿通过直接感知、亲身体验和实际操作进行科学学习。《3～6 岁儿童学习与发展指南》中提出：“经常带幼儿接触大自然，激发其好奇心与探索欲望。”

在幼儿园内可设置植物角，摆放一些植物种子标本，让幼儿了解植物都是由小小的种子长成的；种植食物，用废旧的铁罐头盒、小碗、小盘等种植一些黄豆、蚕豆、花生、蒜、芹菜根等，教师每天提醒、鼓励幼儿观察它们发芽生长的过程及变化；种植一些容易存活、无太多尖刺的绿色观赏植物，如绿蕨、吊兰、芦荟，不仅能使幼儿感知生物的多样性和独特性，以及生长发育、繁殖和死亡的过程，还能缓解幼儿眼部疲劳，净化空气。

2. 数学认知

《3～6 岁儿童学习与发展指南》提出：“幼儿在对自然事物的探索和运用数学解决实际生活问题的过程中，不仅获得丰富的感性经验，充分发展形象经验，而且初步尝试归类、排序、判断、推理，逐步发展逻辑思维能力。”为幼儿提供一些有趣的探索工具，发现并观察身边的事物，引导幼儿在观察、探索的基础上，尝试简单的分类、概括。

应设置大小形状不同的积木、纸盒、拼板等材料的建构区，投放有序排列的一些玩教具，供幼儿主动探索、发现其中的规律，如图 7-13、图 7-14 所示。

图 7-13　建构区

图 7-14　积木区

(五)艺术领域的环境创设

艺术是人类感受美、表现美和创造美的重要形式，也是表达自己对周围世界的认识和情感态度的独特方式。学前教育要求培养德、智、体、美全面发展的幼儿，艺术领域的学习就是培养幼儿审美的重要途径。《3～6 岁儿童学习与发展指南》中指出："每个幼儿心里都有一颗美的种子。幼儿艺术领域学习的关键在于充分创造条件和机会在大自然和社会文化中萌发幼儿对美的感受和体验。"引导幼儿学会观察美，拥有一双善于发现美的眼睛。

幼儿园可设置美工区和音乐区来促进幼儿艺术学习和发展。

美工区，提供丰富的工具和材料，支持幼儿自主绘画、手工等活动，也可投放反映民间艺术的各种材料，如各种民俗艺术类的纸、布、绳、面具等乡土材料，使幼儿能用多种工具、材料表现自己的感受和想象。美工区还应准备符合幼儿审美水平、颜色丰富的绘画、剪纸等艺术作品，供幼儿欣赏。

音乐区，提供小铃鼓、三角铁、响板等简单的乐器，让幼儿通过打击，感受不同乐器的音色，体验韵律之美，如图 7-15、图 7-16 所示。

图 7-15　美术区

图 7-16　手工区

三、幼儿园主题环境创设

在教育发展的长河中，幼儿园的环境创设一直是幼儿在园生活的重要部分，也是幼儿园教育教学的有效手段。作为教师，我们应成为环境的准备者、保护者和管理者，在实践中改造教学环境，营造美观、宽敞、有序、丰富、温馨，便于幼儿生活、活动，以幼儿为本的环境。幼儿园主题环境创设是与教学活动密切相关的，是根据主题的开展，进行相关的环境创设。环境的创设要追随主题，支持主题的开展。根据幼儿现阶段的认知发展水平，提供大量幼儿可操作的材料，进行经验的积累与巩固，让不同水平的幼儿进行原有基础上的提高。这样，幼儿就对环境有了兴趣，环境提供了多种、适合不同幼儿水平和爱好的机会，最终，促进幼儿的发展。如何开展幼儿园主题环境创设呢？

(一)着眼于幼儿的实际需要来创设环境，让幼儿以主人的身份直接参与环境的创设

主题环境要根据孩子的需要而经常更新，增强幼儿对它的亲近感，满足幼儿的心智体验，从而实现幼儿与环境之间的互动。这就要求主题环境的创设必须有弹性。同时我们经常根据幼儿的需要进行修正，并允许幼儿在活动时根据自己的经验调整墙饰，使他们在主题环境的创设活动中构建自己的知识主角。

教师要改变观念，把墙面环境创设的主动权交给孩子，那么教师的角色就会从原先的直接动手、动脑者变为观察者、倾听者、支持者。首先，教师要多关注孩子，观察孩子的兴趣点、观察孩子的需求。激发他们创设主题墙饰的积极性，然后多倾听孩子创设墙饰环境的所思、所想，给孩子提供适度的支持。发动幼儿讨论，最后共同定出墙饰的内容。其次，将收集布置材料和创设环境的过程作为幼儿的学习过程。教师应和幼儿一起准备材料，在这个过程中，教师应充分调动幼儿的积极性，孩子能做得到的应尽量让他们自己去做，他们能想得到的让他们自己去想，通过多渠道让幼儿利用已有的知识经验，通过看、听、问等途径获取信息和材料，发展他们获取信息材料的能力和探究解决问题的能力等。在收集材料后尽量让幼儿自己协商如何装饰主题墙饰，这样幼儿的交往能力就能得到很好的发展，而此时教师只是作为一个观察者随时观察幼儿，当发现幼儿的确有困难并真的需要帮助时，可轻声地问幼儿：“需要我的帮忙吗？”征得幼儿同意后再介入。

(二)主题环境创设要有趣味性，这样有利于幼儿自主探索、主动学习

创设环境的目的主要是为幼儿的发展创造条件，调动他们的积极性和主动性，发挥他们的创造潜力。因此，趣味性的环境更容易吸引孩子去操作、去探索，成为一个主动的学习者。例如，新入园的幼儿最喜欢“娃娃家”，因为他们对家庭生活的依恋可以在游戏中得到满足。

(三)主题环境创设的呈现形式要多元化、立体化、动态化

第一，主题墙面的创设内容不是一成不变的，可以随时变化、增减。如随着幼儿兴趣需要布置墙饰，而又随着季节的变化或是主题的变化而变化。可以重新布置，也可以逐步地深入与丰富。墙饰根据孩子的需要不断丰富和变化，在这个过程中，幼儿不断收集、储存、整理、交流与分享信息，他们的观察、思维、交往以及表达的能力均获得了提高。

第二，创设方法的多样化。教师可以从幼儿的角度，以孩子的眼光来创设环境。如通过观察询问、提供材料等手段了解幼儿的兴趣和需要，并根据不同年龄段的差异，从而创设出不同教育价值的环境。另外，也可以让幼儿参与环境创设。教师在创设环境的过程中，

采纳和吸收幼儿的建议，并请幼儿参与环境创设，不仅能给幼儿提供参与活动的机会，满足幼儿自我表现的欲望，而且能发展他们的动手操作能力。如在“好吃的蛋糕”活动中，可以让幼儿一起参与布置教室。在一面墙上张贴幼儿收集来的不同蛋糕及师生共同设计的制作流程图，不仅丰富了幼儿的知识经验，也大大提高了环境所带来的教育价值。

第三，环境创设应生动、直观、真实，环境布置不要局限于“墙”上，不要局限于贴，譬如教室的某个角落、某个窗台、某个柜子，适时提供物质材料，调整环境设置。环境创设不仅有主题，而且还能动，或是悬挂或是有序列摆放或是放在孩子自己的小柜里，教育活动能有所延伸，主题墙同样也可有所延伸。

另外，要充分发挥环境材料的作用。在墙饰设计制作过程中，由于墙饰的内容和材料均来源于幼儿的生活和幼儿关注的话题，所以幼儿很感兴趣也易于接受。教师在幼儿的兴趣点上不断提出新的问题，把环保教育引向深入，并与幼儿的日常行为联系起来。这些做法为幼儿真正理解环保的意义、形成自觉的环保行为打下了良好的基础，并用自己的实际行动保护周围环境。

总之，以幼儿的发展需要为目的，紧紧围绕教育目标和教学内容，发挥孩子的主体作用，共同创设幼儿所喜爱的与之产生互动的主题墙面环境。主题环境的创设不仅为幼儿也为教师搭建了一个共同的舞台，老师通过对孩子的深入了解和观察为孩子建构自由、广泛的空间，让幼儿的主体性得到充分的培养和发挥，充分调动他们参与的积极性，使它对幼儿在认知、情感等方面产生隐性的影响，让幼儿关注生活、学会生活、适应生活，从而在与环境的互动中捕捉灵感、获得启示、习得经验，如图 7-17 所示。

图 7-17　幼儿园感恩节主题墙

第五节 幼儿园精神环境

幼儿园精神环境是指幼儿园的心理氛围，它是一种重要的潜在课程。精神环境对人的影响具有广泛性、潜移默化性、持久性的特点。特别是对于正处在身心发展过程中的幼儿来说，精神环境的影响更是潜在而深刻的。民主、向上、和谐的心理氛围是一种"润物细无声"的教育，身处其中的教职工和幼儿会萌发工作和学习的热情、获得情感的满足、得到心灵的陶冶。幼儿园精神环境的范围很广，包括影响教职工和幼儿精神状态、情绪的一切因素。[①]精神环境构成要素的分类有很多种说法，在刘晓东所著的《学前教育学》一书中将幼儿的精神环境分为：教师的教育理念、教育行为及人际关系和情感氛围等；还有在许多教育期刊中提到的精神环境，主要包括幼儿园在一定时期内形成的大众心理、幼儿园文化、幼儿园的人际关系等方面。本书从幼儿园和幼儿教师实用性和可操作性的角度出发，选择教师的教育理念、教育行为及与幼儿园人际关系和情感氛围等方面，对精神环境进行分析。

一、幼儿园精神环境的意义

幼儿园环境，从广义上说是指影响幼儿园教育的一切条件的总和，从狭义上说是指影响幼儿发展的各种物质和精神要素的总和。精神环境是一种心理氛围，是一种重要的潜在课程。精神环境与物质环境相辅相成，共同促进幼儿的发展。幼儿园在物质环境，如幼儿园园舍、设备上的充分创设，能保障幼儿游戏、生活等基本活动的顺利开展，有利于教师实施教育理念、教学方法，从而发挥保教作用和实现保教目标。如果幼儿园能够在创设丰富多样的物质环境的基础上，重视良好精神环境的创设，会对上述目标的达成和实现起到事半功倍的效果，也将有利于幼儿的心理发展，为幼儿社会性、认知等方面的发展保驾护航。

精神环境作为一种心理氛围，直接作用于幼儿的情意系统。由于情意系统在心理过程中的动力作用，精神环境对幼儿身心发展的所有方面如认知、自我意识、社会性等都有着深刻的影响。[②]它与身处其中的每个人——园长、教职工、家长相互作用，通过多种媒介和途径，使幼儿感受到每种氛围，从而影响幼儿的心理发展。每个人都深受精神环境的影响，幼儿园秉承的管理理念和管理方式形成的幼儿园整体文化环境影响和约束着教职工的行为，同时，教师通过自身行为和对幼儿的教育将这种精神层面的文化传递给幼儿，层层交互影响，最终积极向上、健康和谐的文化会在相互的不断影响中愈加稳定，形成良好的精神环境，完成环境和人的正向、循环的作用；相反，消极糟粕的文化也会不断侵蚀人的内心，形成一个不利于幼儿园发展的精神环境。此外，人具有主观能动性，个人的言行有着影响和改造精神环境的作用，这时就需要教师通过自己的言行举止来改造幼儿园的精神环境。在思想积极、阳光健康、热爱生活的幼儿教师教育下的幼儿大多也活泼开朗、对生命充满热情，而消极悲观、整天哀天怨地的幼儿教师也对幼儿的心理发展或多或少会产生一

① 张雪. 幼儿精神环境的构成要素探析[J]. 教育导刊，2003.

② 张雪. 试析幼儿园精神环境对幼儿心理发展的影响[J]. 教育导刊，2004.

定不良的影响。这就要求幼儿教师要端正自己的精神状态，保持积极乐观的心态。思考如何营造一个平等、和谐的师幼环境、同伴环境，为幼儿提供一个健康、适宜发展的精神氛围。

拓展阅读

幼儿园教育中的隐性文化逻辑(节选)

……

研究者们发现，每个国家的幼儿教育都存在隐性的、约定俗成的观念和实践，它们不会引起政策方面的争论，各国的幼儿园教师们在实践中都默默遵循着他们自己的隐性文化逻辑。

例如，在日本的幼儿教育中，约定俗成的或隐性的文化观念和实践包括观察等待，在孩子打架时教师不过于干预，强调幼儿移情心的培养，关注幼儿的情感(特别是孤独感和悲伤感)，珍视幼儿的"稚气"以及大孩子与小孩子在一起游戏和照顾婴幼儿。在日本，1∶30的师幼比是明文规定的，用这个师幼比来倡导幼儿教育中的教学目标和实践是日本隐性的文化逻辑，这一逻辑的主旨是幼儿多的班级必然有利于幼儿的人际交往意识和共同社会生活技能的发展。没有日本人会将美国幼儿园典型的1∶10的师幼比当作评估幼儿园质量的要素而要求幼儿园进行改革。由于该逻辑是约定俗成的，对于大多数日本人来说，是习以为常的，没有必要也很难去解释。

又如，在美国，尽管各种幼儿教育的观念和方法存在诸多不同，但是幼儿园中的很多做法都是约定俗成的，反映了美国的隐性文化逻辑，超越了形形色色的意识形态。这些幼儿教育实践包括强调选择，如要求孩子在"选择时段"必须选择自己要去的活动区玩；强调自我表达，如鼓励孩子用语言表达感情以及用理性的方式解决争端；强调教师与班级中每个孩子之间双向关系的质量，等等。在美国，师幼比是与评估教育质量的高低联系在一起的，在幼儿园中，1∶30的师幼比对美国人来说是不可想象的。

社会达尔文主义学者预言，随着时间的推移，最合理、最有效的教育理念和方法会得到广泛普及，并取代受传统束缚的本土教育理念，这一发展趋势的结果是教育实践和理念在全球化过程中不断趋同。根据社会达尔文主义"适者生存是人类社会中普遍存在的现象"的学说，运用先进的、普适的教育理念"一统天下"是必然的、合理的。这样的理念和想法，在全球化的背景中，随着物品交换、思想观念交融和人才交流增多似乎变得合情合理，但实质上隐藏着产生文化殖民的危险，因为这些所谓先进的、普适的教育理念和实践只是一些经济强大的文化输出国的产物。

在一个文化系统中，各种观念、做法是一个互相联系、互为支持的连贯系统，这个系统中存在着规范或准则。在各种文化系统中，没有普适的、最好的幼儿教育理念和实践，多种适用于特定系统的理念和实践可以共存，这就是所谓的："世界上并不存在一种能适合不同文化背景中不同幼儿的最好的幼儿园教育，而各种不同的幼儿园教育能分别适合各种不同文化背景中的不同幼儿。"

中国幼儿园教育应该传承和发展中国文化，能持续发展的中国幼儿园教育的培养目标应该是为"做现代的中国人"打下基础。

(资料来源：《重访三种文化中的幼儿园》，
它是一个运用民族志研究方法做出来的研究报告，中文版2016年出版。)

二、教师的教育理念和教育行为

学生好比是没有发芽的种子，教师是每天给种子浇水的园丁，而教育环境是培育种子的沃土。教师作为教育者，是教育的三要素之一。韩愈在《师说》中写道："师者，所以传道授业解惑也。"教师在日常的教学过程中，将已有的知识传授给学生，通过一言一行对学生产生影响。在教师这个大集体中，每位教师由于价值观和人生观的不同，教育理念也存在差异，并作用在日常教育行为中。

教师的教育理念具有一定的个性。教育理念的形成受制于个人的人生观、价值观和已有的教育经验、思考能力，以及看待问题的角度。幼儿由于年龄小，世界观、人生观、价值观处于建构时期，对世界的认知和看法大多依靠成人的评价和行为来获取。所以教师自身对待世界的态度、处理问题的方法等教育理念，潜移默化地影响着幼儿的心理发展。而理论指导实践，教师将教育理念付诸行动，对幼儿进行的活动，就是教育行为。同样一节科学课，一些幼儿老师可以综合运用多种教学方法，通过精心的教学设计，将室内课堂变为活泼生动的实验室；一些教师则把幼儿带到室外，让幼儿直接感受大自然的奥秘；一些幼儿教师却只枯燥地向幼儿传递知识，让科学课成为一个死板、不能引起幼儿兴趣的课堂。这就是教师不同的教育理念和教育行为的具体体现。

拓展阅读

"惩罚告密者"的宁波老师：你必须自己有所信仰

2017年11月14日，班上一名学生带巧克力来学校，被同学举报。身为班主任的王悦微了解情况后发现，举报者原来是勒索巧克力未遂，告状时还专挑对自己有利的话讲。在这种情况下，王老师批评了带巧克力的同学，没收了巧克力，同时对以告老师来威胁同学以获得好处的学生给予了更加严肃的批评。

王老师说："学生告状很正常，但不能以此培养告密者。"她详细区分了三种学生告状的类型：一是出于儿童朴素的道德感；二是因为自己的利益被侵犯；三是出于嫉妒或威胁的动机要告状，损人利己。前两种情况，她是支持告状的，第三种才堪称"儿童版告密"，值得警惕。她说："我们决不能培养学生来做告密者，这是可怕的……我希望学生们举止文明，班级井井有条，但不希望通过同伴之间的相互告密来掌握他们的动向。"

在学生们的眼中，王悦微会认真倾听学生，是一名会"断案"的老师。像上述的事例，经常会出现在她带的班级中。

解读：一个教师的教育观就是其世界观的体现。案例中的王老师针对儿童告密现象展现了她的教育观念：决不能培养出于嫉妒或威胁的动机、损人利己的告密者。她也在教育工作中付诸了相应的教育行为。在这种精神教育下，儿童的道德观会自发地受到正确的导向，知道损人利己的告密行为是错误的，也不会得到老师的肯定。

（资料来源：《人民日报》2017年12月16日）

三、幼儿园人际关系

幼儿园的主要人际关系包括管理人员和教师的关系、教师和幼儿的关系、教师和家长的关系等。在当前的新形势下，幼儿园和谐的人际关系既是构建社会主义和谐的重要组成部分，也是影响社会和谐文化建设的重要因素。幼儿园要重视构建和谐的人际关系，营造有利于幼儿身心发展的精神环境。在一所幼儿园，教师、幼儿、家长构成了幼儿园主要人际关系的网络，和谐的人际关系是幼儿园各项工作顺利开展的重要因素之一。构建幼儿园和谐的人际关系，有利于教师的心理健康，有利于幼儿身心健康的发展。

(一)和谐的幼儿园管理者和教职工的人际关系

和谐的幼儿园管理者和教职工的关系有利于教职工工作积极性的调动，有利于幼儿园教职工队伍的稳定，更加有利于幼儿园教学工作的顺利开展以及教育质量的提高。

人与人之间能够和谐相处的首要因素就是相互尊重、理解。作为幼儿园的管理者，不能总以领导者自居，随时一副管理者的姿态，对教职工只有制度约束，只追求良好的教育结果，不尊重教职工的工作热情，不理解教师的工作难度，只管对教师指手画脚，这样会引起教师的极大反感，影响教师的工作热情。幼儿园在一些日常工作决策时，还应听取教师的想法与建议，激发每个人的主动性、积极性和创造性，并努力创造条件帮助每个人实现自我价值。

(二)和谐的教师同事人际关系

同事关系也是精神环境的一个重要方面，幼儿园的工作繁杂、责任大，需要全体教职工通力合作、协同完成。同事之间只有彼此相互尊重，多沟通、勤合作，才能把工作做好，幼儿园也才会有和谐、愉快的人际关系。另外，教师之间关系的好坏对幼儿的发展也会产生影响，因为幼儿能够体会到成人之间的气氛是友好的还是冷漠的，这不仅会影响幼儿的心境，还可能会给幼儿树立反面的榜样。所以，不论是为己、为工作、还是为孩子，教师之间都应建立良好的人际关系。

(三)平等的师幼人际关系

著名的教育家赞科夫曾说：“就教育效果而言，很重要的一点是看师生关系如何。”幼儿心理研究表明，幼儿有被别人爱的需要，有成功的需要，有归属集体的需要，有自尊的需要，有摆脱失落的需要。合理满足这些需要，无疑将促进幼儿的健康发展。由于年龄较小，知识经验相对贫乏，自我保护能力相对较差，幼儿在长期与教师的相处中，会对教师形成一种或依恋或依附或敬畏的情感，几乎所有的幼儿都有“向师性的特点”。[①]把教师的话当作权威，把教师的言谈举止当作模仿的对象，可见，教师的行为、态度、情感作用于幼儿心理的方方面面。

(四)互助友爱的同伴关系

《幼儿园教育指导纲要(试行)》中强调：“幼儿同伴群体与幼儿园教师集体是宝贵的教育资源，应充分发挥这一资源的作用。”教师要有效利用好幼儿同伴群体，营造良好同伴之间的良好品德习惯，从而相互影响。

幼儿有归属集体的需要。随着年龄的增长，幼儿的社会性要求开始增强，他们渴望有

---

① 沈建洲. 一个实习生眼中的幼儿老师[J]. 学前教育研究，2001(6).

要好的朋友，被小伙伴尊重和接纳。人际关系好的幼儿是快乐和满足的。教师应注意培养幼儿交往的技能，使幼儿懂得尊重与关爱，创设有利于幼儿交往的情境，营造一个团结友好的班集体，指导幼儿建立良好的人际关系。

拓展阅读

幼儿园人际关系教案：我向同桌学习

无论在什么时候，孩子们的同桌对于孩子的影响是巨大的，所以，孩子们很有必要和自己的同桌处理好关系。

一、教育目标

通过让孩子们在课堂上，和自己的同桌进行互动，增进与小同桌之间的感情，更重要的是，可以让孩子们之间相互学习，促进孩子们的共同进步。

二、教育准备

各种小奖品。

三、教育过程

(1) 老师让孩子们站成一排，然后，给孩子们组成新的同桌；
(2) 孩子们和新同桌进行相互的认识；
(3) 老师给孩子们十分钟的时间，和自己的新同桌学习一点小知识；
(4) 每对同桌上台展示他们向同桌学习到的小知识；
(5) 老师给表现好的孩子们准备礼物。

四、教育总结

上面的这个小教案，会让孩子们在最短的时间内，认识和熟悉自己的同桌，并且，能够学习到同桌准备的小知识，这些教育内容的安排，会让孩子们在游戏中，收获更多的成长。

(资料来源：http: //www.234.cn/news-11382.html)

四、幼儿教师对精神环境的创设

《幼儿园教育指导纲要》明确指出："环境是重要的教育资源，应通过环境的创设和利用，有效地促进幼儿的发展。"环境被认为是一种隐形课程，其具有促进幼儿个性和智力健康发展的重要作用，能激发幼儿进行思考并指引幼儿进行相关活动和行为，进而改变幼儿的理解和认知，同时使幼儿在和环境互动中，综合能力得到明显提升。怎样才能创造一个良好的幼儿园精神环境呢？

(一)创设一个使幼儿感受到关爱、接纳和支持的良好环境

"教"人什么？爱因斯坦说，教育就是当你学过的知识在过了很多年淡忘之后所剩下的那个东西。所以，教育不是获得的知识，而是学到的知识都遗忘以后所剩下的东西。那教育是什么呢？教育是带给人终身受益的品质——爱心、自主精神和所有能触动心灵的美好瞬间。

物理学家阿基米德说，给我一个支点，我就能撬起整个地球。对于幼儿来说，爱就是教育的"阿基米德"支点。瑞士杰出教育家和实践家裴斯泰洛齐断言：教育的要素是爱。

他办了一个孤儿院，把这些孤儿当作自己的亲生孩子，教育他们，照顾他们的生活。幼儿有爱的需要，教师要以纯爱的态度对待工作、对待幼儿，以亲切的态度关爱每一个幼儿。

(二)营造自由、平等、尊重的班级氛围

幼儿具有独立的人格，教师要像对待其他任何成人一样，把幼儿看成与自己平等的人，而不是把自己当作一个居高临下的管理者甚至管教者，将自己的意愿强加在幼儿身上。尊重幼儿在教育过程中的主体地位，让幼儿拥有从自己内心世界出发，按照自己的价值观发展的权利。

同时要尊重幼儿已有知识经验。由于天生资质、环境的不同，幼儿在兴趣、知识经验上的个体差异是客观存在的。我们应该针对每个幼儿的不同情况，确定“最近发展区”，制定出个性化的学习方案，允许幼儿按照自己的兴趣和步调发展，激发幼儿的学习兴趣与自信心。

(三)注重幼儿良好行为品质的培养

教师应在潜移默化中影响幼儿的理念，在教学活动中运用一定的专业知识和经验帮助幼儿养成良好的生活习惯。采用寓教于乐的方式，把行为习惯渗透于教育的各个领域和日常生活。例如，教师可以在一日生活中采用游戏的方式培养幼儿良好的生活卫生习惯；利用喝水时发出的“咕咚”声，创设“咕咚游戏”，吸引幼儿及时适量地喝水；用“找朋友”的游戏，给每个小朋友发一套相同的标签，贴在自己的杯子、毛巾、小床和自己身上等。

(四)提高教师自身综合素质，给幼儿树立良好的榜样

为人师表、以身作则，给幼儿树立一个良好的榜样。作为一名幼儿教师，应不断提高自身综合素质，要确保教师的知识储备，并定期进行知识的更新，在专业知识和技能方面满足幼儿发展的需要。同时还要提升自身的道德品质修养，以德服人，用自身优良的道德修养感染、影响幼儿。

拓展阅读

我们的家——地球

中二班这个月的活动方案是“我们的家——地球”。方案进行到最后阶段，孩子们已经了解了很多有关地球的知识。今天是自由讨论时间。展鹏说：“太阳系不是有九大行星，是十大行星。”话音刚落，姗姗就说：“老师说了，太阳系有九大行星。”其他小朋友也跟着喊起来：“是九大行星，是九大行星。”在一片叫喊声中，展鹏显得有点孤立无援，这时，王老师敲了敲铃鼓，孩子们静了下来，展鹏满怀期待地看着王老师。王老师示意展鹏坐下，然后说：“展鹏，太阳系不是有十大行星，是九大行星。”展鹏刚想做什么，可是王老师已经把目光移向别处，请了另一个小朋友发言。[①]

后来据了解，展鹏是在《十万个为什么》上看过，太阳系可能有第十大行星。展鹏没有记错知识。

解读：在案例中，展鹏是一个主动回答问题、对学习充满主动性的男生。在有关“太

① 张雪. 试析幼儿园精神环境对幼儿心理发展的影响[J]. 教育导刊，2004.

阳系有几大行星”的问题讨论中积极发表了自己的观点，可是王老师不但没有肯定展鹏的行为，还直接否决了展鹏的答案，这种行为十分打击幼儿的自信心和积极性。同时，当别的小朋友否定他时，王老师选择忽视展鹏对她满怀期望的眼神。由小见大，可以想象王老师在中二班精神环境创设方面做得较为欠缺，没有为幼儿营造一个使幼儿感受到关爱、接纳和支持的精神环境。

(资料来源：张雪. 试析幼儿园精神环境对幼儿心理发展的影响[M]. 教育导刊，2004.)

本章小结

本章学习了有关幼儿园环境管理的内容，对于如何进行幼儿园环境管理做了简要的介绍。从幼儿园物质环境管理的角度来说，要关注幼儿园的选址、整体结构布局、户外环境器材的丰富、室内环境的布置与创建；从幼儿园精神环境管理的角度来看，要注重幼儿园文化的建设、幼儿园人际关系的管理，为幼儿创设自由、平等、和谐、有爱的幼儿园氛围。

思考与练习

一、名词解释

幼儿园环境　幼儿园物质环境　幼儿园精神环境

二、简述题

1. 幼儿园管理应该遵循哪些原则？
2. 简述幼儿园户外设计的原则。
3. 简述幼儿园管理的意义。
4. 简述幼儿园的师幼互动。
5. 简述教师的教育观念对幼儿园精神环境创设的重要影响。

三、论述题

1. 谈一谈在创设玩沙区和戏水区时分别应该注意哪些问题。
2. 结合实际，谈一谈幼儿教师应该如何营造一个适合幼儿发展的精神环境。
3. 幼儿教师应该如何将健康、语言、社会、科学、艺术五大领域的内容融入班级区角创设。

【实践课堂】

结合本章所学内容，设计一个自己构想的幼儿园环境平面简易图。

第七章　幼儿园环境管理.pptx

一切为了孩子，为了孩子的一切。

——陈鹤琴

第八章　幼儿园班级管理

本章学习目标

- 掌握幼儿园班级管理的内涵及原则。
- 熟悉幼儿园班级管理的内容。
- 掌握幼儿园班级管理的方法。
- 熟悉各年龄班幼儿的特点及班级管理要点。

核心概念

幼儿园班级管理(management of kindergarten class)

幼儿园班级管理的内涵(the connotation of kindergarten class management)

幼儿园班级管理的原则(the principle of kindergarten class management)

幼儿园班级管理的方法(the methods of kindergarten class management)

幼儿园班级管理的内容(the contents of kindergarten class management)

引导案例

无奈的保育员

某幼儿园中(一)班的小朋友壮壮，是班里公认的淘气孩子，一次吃午饭时，有个小男孩想吃壮壮的鸡腿，就伸手去抢，壮壮顺手一推，结果那个小朋友躺在地上“哇哇”哭起来，新来的保育老师小李把一切看在眼里，她首先批评了被推倒的小朋友，想吃鸡腿可以对老师说，或者和朋友商量，不应该抢别人的食物，然后也指出壮壮不应该用这种方式推小朋友……说话间，主班老师小王气呼呼地走过去，习惯性地拉起壮壮就是一阵推搡，还责备小李说：“这个孩子一直很调皮，你这样纵容，他更容易得寸进尺，以后你只管负责分餐，孩子管理的事情就交给我。”

听到这些，保育员小李老师很无奈。但她此后发现壮壮特别喜欢黏着自己，在自己面前特别听话乖巧。

在班级幼儿的管理中，教师与保育员首先应该树立“幼儿为本”的管理理念，一切为了幼儿的发展，尊重幼儿的身心发展需要，了解各年龄阶段儿童的学习和发展目标。其次，教师应发挥幼儿在班级管理中的主体性，教师可以鼓励幼儿之间相互监督管理，相互帮助，使幼儿积极参与到班级管理中，真正发挥幼儿在班级中的主体性和幼儿个体的主观能动性，从而实现班级幼儿管理从“他律”到“自律”。

保育员在班级管理中也是不可或缺的人员，保教结合，始终无法分割。保育员的工作表面上看似仅限于生活管理，但生活点滴之间无时无刻都渗透着对幼儿的教育影响，且保育员工作的顺利开展也是教育教学任务顺利完成的前提条件。为此，班级教师应该尊重保育员的劳动，积极配合保育员做好幼儿的饮食、睡眠等生活管理；也应积极吸纳保育员参与到教育教学管理中，从而使得班级生活管理与教育教学管理融为一体，确保“保教结合”“以保促教”“以教引保”，共同服务于班级幼儿的全面发展。

(资料来源：候娟珍．幼儿园班级管理[M]．北京：北京师范大学出版社，2016.)

案例分析

这个案例中，小王老师在班级管理过程中的做法是欠妥当的，首先，小王老师并没有做到以“幼儿为本”的管理理念，其做法并不利于儿童个性健康的发展；其次，小王老师也没有调动起幼儿的主体性，完全是让壮壮被动地接受她的批评，并没有调动起壮壮的自我约束力与管理力；最后，小王老师没有处理好与保育员的关系，把自己的教育职责与保育员的保育职责割裂开来，没有调动起保育员在幼儿园班级管理中的积极作用。

学习指导

本章的重点是幼儿园班级管理的内容与方法。在学习的过程中首先要仔细阅读教材，掌握相关的理论。其次，要结合自己的学习，理解幼儿园班级管理的内涵与原则。最后，根据教学实践活动，掌握各年龄班管理的要点与策略。

第一节　幼儿园班级管理概述

对于幼儿教师而言，“班级管理”是每天必须面对的事情与责任，这是教师在一个班级内运用智慧，借助各种方法将幼儿带向良好社会化和学习的过程。这份工作其实包含了教学的许多范畴，肩负的责任不轻，要把来自不同背景、已有个人习惯的幼儿，教导成既喜欢学习、心理健全、融入团体、规矩适中，又能保留幼儿天真美好特质的状态。从上幼儿园的第一天起，幼儿的发展与成长、行为与学习，就全部依赖教师管理这个班级的思想与行动。因此，幼儿教师有必要深入了解这个重要领域的理念策略，采取有益于幼儿的适当行动；而它的复杂多变性，也让幼儿教师必须持续不断地去探索和接受挑战。

一、幼儿园班级

幼儿园以班级作为实施保教工作的基本组织形式，幼儿园班级是由幼儿和保教人员共同组成的学习集体。班级作为幼儿所处的最密切的环境和最具体的生活场所，对幼儿发展有着最直接的影响。因此，对幼儿园班级的认识有助于保教人员，特别是带班教师整合班级中的各种要素来积极推动班级活动的开展，高效顺畅地推进幼儿园班级的管理工作，为幼儿的健康成长创造和谐有序的班级环境。

(一)幼儿园班级的概念及编制

幼儿园班级是对3～6岁幼儿进行保教活动的基本组织单位，幼儿是班级的主体。幼儿园班级是幼儿园组织、安排教育活动和生活活动的重要场所与基本途径，整个幼儿园的工作都是通过各个班级的工作来实现的。

我国的学前教育政策法规对幼儿、幼儿班级等都有一些明确规定。《幼儿园工作规程》[①]第二章“幼儿入园和编班”第十一条规定：“幼儿园规模应当有利于幼儿身心健康，便于管理，一般不超过360人。幼儿园每班幼儿人数一般为：小班(3至4周岁)25人，中班(4至5周岁)30人，大班(5至6周岁)35人，混合班30人。寄宿制幼儿园每班幼儿人数酌减。幼儿园可按年龄分别编班，也可混合编班。”由此可见，幼儿是按生理年龄分班的，一般是按照3～4岁、4～5岁、5～6岁三种标准划分，分别组成幼儿园小、中、大三个学段的班级。

幼儿园班级的人数是根据幼儿年龄特点和有效促进幼儿发展的要求划分的。一般情况下，小班幼儿没有独立的生活自理能力，更不善合作，也没有规则意识，为精心照顾每一个幼儿的生活和发展，幼儿一般不超过25人。随着年龄增长、习惯养成，班级人数会适当增加，如中班不超过30人，大班不超过35人，混合班不超过30人，学前班不超过40人；寄宿制幼儿园每班人数酌减。但由于诸多原因，现实中部分幼儿园的班级规模要远远超过规定数，也有些教育资源充足的幼儿园，班级规模小于规定人数。

(二)幼儿园班级的基本构成

1. 人员构成

(1) 保教人员。《幼儿园工作规程》中提到，教师和保育员是幼儿园班级管理的主要承担者，担负着对幼儿进行保育和教育的双重任务。因此，作为班级工作的承担者，保教人员的数量和质量直接影响到幼儿园保教目标的实现。目前，幼儿园大多采取“两教一保制”，两者密切配合以完成幼儿园的保教任务。就其具体职责而言，教师和保育员存在一定的差别。

幼儿园教师是履行幼儿园教育工作职责的专业人员。学前教育的发展需要一支师德高尚、业务精良的幼儿园教师队伍。学前教育质量提升的关键与核心便是教师队伍质量的提升。国际经验也表明，幼儿园教师的质量决定着学前教育的质量，高素质、专业化的幼儿园教师队伍是高质量学前教育和儿童健康发展的重要保障。于2016年颁布的《幼儿园工作规程》第四十一条指出幼儿园教师必须具有《教师资格条例》规定的幼儿园教师资格，幼儿园教师对本班工作全面负责，其主要职责如下。

① 观察了解幼儿，依据国家有关规定，结合本班幼儿的发展水平和兴趣需要，制订

---

① 中华人民共和国教育部令第39号，2016年3月1日起实施。

和执行教育工作计划，合理安排幼儿一日生活。

② 创设良好的教育环境，合理组织教育内容，提供丰富的玩具和游戏材料，开展适宜的教育活动。

③ 严格执行幼儿园安全、卫生保健制度，指导并配合保育员管理本班幼儿生活，做好卫生保健工作。

④ 与家长保持经常联系，了解幼儿家庭的教育环境，商讨符合幼儿特点的教育措施，相互配合共同完成教育任务。

保育员除了做好卫生和幼儿生活管理工作外，还要配合教师做好幼儿的教育工作，其主要职责在《幼儿园工作规程》第四十二条中有明确的规定。

① 负责本班房舍、设备、环境的清洁卫生和消毒工作。

② 在教师指导下，科学照料和管理幼儿生活，并配合本班教师组织教育活动。

③ 在卫生保健人员和本班教师指导下，严格执行幼儿园安全、卫生保健制度。

④ 妥善保管幼儿衣物和本班的设备、用具。

(2) 幼儿。幼儿，指从一足岁到六七岁的小儿。幼儿无论在体格和神经发育上，还是在心理和智能发育上，都出现了新的发展。《幼儿园工作规程》第一章“总则”第二条规定：“幼儿园是对 3 周岁以上学龄前幼儿实施保育和教育的机构，是基础教育的有机组成部分，是学校教育制度的基础阶段。”第四条指出：“幼儿园适龄幼儿为 3 至 6 周岁(或 7 周岁)。”

幼儿是幼儿园教育的对象，是班级的主体。班级中的幼儿来自不同的家庭，受遗传、教育、环境等因素的影响，有不同的经验、行为方式、发展速度以及个性特点，教师要了解幼儿的发展规律，做到科学保教。同时，幼儿的年龄特点又决定了幼儿认知、动作、社会化的发展具有阶段性。在得到保育和教育双重培育的同时，保教人员必须考虑到每个幼儿的个体差异，充分认识到幼儿园班级工作的复杂性和灵活性。尤其要关注班级中的烈士子女、家中无人照顾的残疾人子女、孤儿、经济困难家庭幼儿、具有接受普通教育能力的残疾儿童等特殊群体。

(3) 家长。家长，指幼儿的父母或者其他监护人。家长对幼儿的生活和成长影响最为密切和直接，正所谓“父母是孩子的第一任教师”。幼儿的年龄越小越依靠成人来满足其成长的需要，教会他们所需的知识和生活技能；家庭中家长的言行举止对幼儿具有潜移默化的影响作用。在幼儿园班级中，教师要充分认识到班级人员构成之一——幼儿家长的关键地位和重要作用。每个家庭都是不同的，都有不同的教养风格，有与幼儿园教师不同的教育理念和价值观，这种不同直接影响着家园合作的质量。教师要与家长努力建立一种幼儿发展中的“伙伴关系”和“合作关系”，而不是认为幼儿园是“智慧的源泉”，家长只是“有需要的客人”。教师只有本着尊重、平等、合作的原则，争取家长的理解、支持和主动参与，并积极引领、帮助家长提高教育能力，才能真正发挥家庭是幼儿园教育的重要合作伙伴的作用。

2. 组织形式

幼儿园班级是一个正规的保教组织，该组织的目的是对幼儿施加系统的影响。而这种系统的影响主要是通过教育活动来实现。幼儿园的教育活动是有目的、有计划地引导幼儿主动活动的、多种形式的教育过程。《幼儿园教育指导纲要(试行)》第三部分明确指出："教育活动的组织形式应根据需要合理安排，因时、因地、因内容、因材料灵活地运用。"《3～6岁儿童学习与发展指南》指出要"理解幼儿的学习方式和特点"，这也是确定班级活动组织形式的主要依据。一般来说，班级活动主要以班集体、固定小组、自选小组、个别活动和自由活动为基本形式。

(1) 班集体。班集体是幼儿园班级最基本的组织形式。开展班集体活动是我国幼儿园教育的主要方式之一。班集体形式对于某些内容的教育可以较集中、较有效地达成教育目标，降低教师的劳动强度。但要高效实现教育目标，需要教师精心设计教育方案，周密选用教学方法。教师应加强对幼儿的班集体意识的引导，并充分利用班集体的组织力量、竞争力量，对幼儿进行教育和引导，使班集体在管理工作中发挥更大的作用。

(2) 小组。小组是班级的基层组织形式，可分为固定小组和临时小组两种具体的形式。固定小组是幼儿尤其是中、小班幼儿主要的生活、学习和游戏单位，是幼儿最为贴近的集体，幼儿的许多交往、合作行为都是在固定小组中发生的。固定小组中5～6位幼儿往往同坐一桌，遵守一定的规则。临时小组是根据一定的需要临时组织起来的小组。活动的目的、内容及其他情境不同，它又可分为指定小组和自选小组。指定小组是教师根据幼儿的特点、能力等因素，指定若干幼儿组成的小组；自选小组是由幼儿自愿组成的小组，这类小组的成员常有变更，活动的目的、内容也常有变化，但对幼儿尤其是中、大班幼儿的学习和游戏具有重要意义。无论是固定的还是临时的小组，它们的特点是幼儿在这样的小组里可以有较多的互动机会，更易于合作以及对活动目的达成共识。因此，应加强对幼儿小组活动的引导和管理。

(3) 个体。班级是由保教人员和幼儿个体组成的。个体对小组、班集体都具有重要的影响。个体的生活背景、个体业已形成的特征会在一定程度上影响其在班集体中的行为及同其他人的交往。班级管理是一种对班级集体的管理，同时也是对班级中的个体的管理。因为在幼儿园班级管理中，一方面要发挥儿童的自主性、独立性，充分给予个体活动的自由；另一方面又要求个体努力适应集体的活动和生活，适应规则，努力成为集体的一员。

3. 物质要素

幼儿园班级的物质要素是幼儿园班级实施全面发展教育的前提和基础，它对保教质量具有重要的影响。构成幼儿园班级的物质要素主要有空间条件和各种设施。空间条件，也就是房舍、场地条件。它直接影响到幼儿活动的充分度及活动质量。如果空间条件比较宽裕，幼儿在班级就能较自由地从事自己所喜爱的各种活动，能充分利用空间环境中的有利因素。若班级空间具有开放性，还能促进幼儿之间相互交往，促进多种教育资源的充分利用。关于幼儿园设施方面《幼儿园工作规程》指出："幼儿园应配备适合幼儿的桌椅、玩具架、盥洗卫生用具，以及必要的教具、玩具、图书和乐器等。"

二、幼儿园班级管理的内涵及原则

当前，教育界对班级管理的关注主要侧重于中小学的班级管理，对幼儿园班级管理的研究相对较少。幼儿园班级管理概念是由幼儿教育工作者在实践中率先提出的，在我国学前教育领域尚属新生事物，仍处在探索阶段，是近几年学前教育工作者关注和研究的热点问题之一。

(一)幼儿园班级管理的内涵

要做好幼儿园班级管理，首先应厘清幼儿园班级管理的概念。唐淑、虞永平认为，幼儿园班级管理是指班级教师通过组织、计划、实施、调整等环节，把幼儿园的人、财、物、时间、空间、信息等资源充分运用起来，以便达到预定的目的。[①] 张笠颖将幼儿园班级管理理解为，教师通过协调教育者之间的教育行为、提供适当的教育环境、积极与幼儿进行沟通等方法，使幼儿得到最佳发展的管理活动。[②]赵春龙、王国昌认为，幼儿园班级管理是指幼儿园班级中的保教人员通过计划、组织、实施、协调等实现保育和教育的目的，使幼儿获得全面健康发展的管理活动。[③]也有学者认为，幼儿园班级管理有狭义和广义之分。广义的班级管理认为凡班级教师进行的一切活动都称为班级管理。狭义的班级管理是指为了完成园所的教育目的及各项教育活动并使其能够顺利进行，而将班级的人、事、物等各项条件做出整顿、改善与处理的过程。

基于对以往幼儿园班级管理概念的梳理，可以看出学者们对幼儿园班级管理的理解是基于管理学和班级管理的基本理论，各有侧重地表述了幼儿园班级管理的主体、要素、过程和目的，较为符合现代教育理念。根据《幼儿园工作规程》第二十五条的规定：“幼儿园教育工作的原则是体、智、德、美诸方面的教育应互相渗透，有机结合。遵循幼儿身心发展的规律，符合幼儿的年龄特点，注重个体差异，因人施教，引导幼儿个性健康发展。”《幼儿园教师专业标准(试行)》基本理念要求：“幼儿教师应该以幼儿为本，尊重幼儿权益，以幼儿为主体，充分调动和发挥幼儿的主动性；遵循幼儿身心发展特点和保教活动规律，提供适合的教育，保障幼儿快乐健康成长。”基于上述分析可将幼儿园班级管理界定为：保教人员将班级的人、财、物、时空和信息等各种要素，通过计划、组织、实施和调整，从而促进幼儿身心全面发展的管理活动过程。这一概念包含了以下四层含义。

第一，班级管理主体是人，班级管理过程主要是由人实施的，可以是一个人，也可以是一群人。幼儿园班级管理承担着保育和教育双重任务，班级管理的实施者不仅是班级教师，也包括班级其他保教人员，通过他们相互合作，共同进行班级管理。

第二，班级管理是通过计划、组织、实施、调整等环节来实施的，各个环节相对独立，但在管理过程中又相互协作，呈螺旋上升关系，环环相扣，共同实现管理的过程。结合幼儿园班级管理的特殊性，可将班级管理的过程分解为计划与制订、组织与实施、检查与调整、总结与评价四个环节，在班级人员不断合作的过程中，确保各个环节任务有效落实，从而促进班级管理水平的提升。

第三，幼儿园班级内的人、财、物、时间、空间和信息等要素是幼儿园班级管理的对象。管理活动不同，其对象也不同，既可以是人，也可以是人和其他要素的综合。班级管理具体包括如下几个方面：班级幼儿的管理、班级财务的管理、班级物品的管理、班级时间的管理、班级活动空间的管理和班级信息的管理。

---

① 唐淑，虞水平. 幼儿园班级管理[M]. 南京：南京师范大学出版社，1997：28.

② 张笠颖. 幼儿园班级管理[M]. 北京：高等教育出版社，2010：1.

③ 赵春龙，王国昌. 幼儿园班级管理[M]. 3 版. 长沙：湖南大学出版社，2014：4.

第四，班级管理是有目标的教育活动，班级是幼儿园教育目标实施的基层组织，幼儿园的教育目标是通过班级管理的目标来实现的。在班级管理过程中一定要意识到幼儿是幼儿园的生命主体，幼儿园一切保教活动的组织管理都要顺应幼儿的身心发展规律，让幼儿度过快乐而有意义的童年，这才是回归到教育的本真。

(二)班级管理的原则

幼儿园班级管理的原则是幼儿教师进行班级管理时必须遵守的基本行为准则，是结合幼儿园班级管理的特点，在班级管理过程中的经验总结和概括，它反映了幼儿园班级管理的基本规律，对班级管理工作的开展具有指导意义。幼儿园班级管理过程中需要遵循以下四大原则——主体性原则、整体性原则、参与性原则和高效性原则。

1. 主体性原则

在班级活动中，教师是幼儿园班级管理的主体，幼儿则是学习和游戏活动的主体，两者的主体地位都需要得到保障。基于此，主体性原则暗含两层含义：一层是指带班教师作为管理者，具有积极、自主、高效地开展班级管理活动的权利和职责；另一层是指幼儿作为学习者，具有满足自身发展需要和兴趣的权利与需求。

在班级管理中，教师和幼儿的主体地位是彼此依赖、相互促进的。教师为了实现其自身管理者的主体地位，就不能不重视幼儿这一重要的管理对象。因此，与幼儿相关的健康状况、特殊需要、发展特点、家长诉求等都是教师在班级管理中需要慎重考虑的，所以尊重幼儿、满足幼儿需要是教师落实其管理地位的应有之义。此外，班级环境不会自然而然地满足幼儿的发展需要，幼儿的活动兴趣需要教师敏锐地观察和记录，幼儿活动的继续推进需要教师通过有条不紊的班级管理来给予时间、场地、材料以及人际互动等方面的支持，故而幼儿学习主体地位的落实离不开教师管理主体地位的支持与保障。

因此，教师在幼儿园班级管理过程中要做到“以幼儿为本”，从本班的实际情况出发，充分运用各种策略来提高班级的管理实效，培养幼儿的自我管理能力，使自身的管理者主体地位和幼儿的学习者主体地位得以保障和落实。

2. 整体性原则

整体性原则是指班级管理应面向全体幼儿，涉及班内所有管理要素并注重班集体的整体影响。遵循整体性原则可保证班级中全体幼儿的共同发展，确保班级中各种管理要素的充分利用。在班级管理中要做到整体性原则，带班教师首先应把全班幼儿作为一个整体来看待，关注班级中的每个幼儿，从每个幼儿不同的特点和水平出发，提出不同的发展目标，让每个幼儿都平等地享有各种学习资源，给予每个幼儿参与管理的机会，避免在班级管理中出现“抓两头，忘中间”的现象，避免“偏袒优秀幼儿、忽视一般幼儿、过度保护特殊儿童”的情况。其次，要综合考虑班级管理中所涉及的人、财、物、时间、信息等各个要素，以系统的思维来对待各要素之间的相互联系和制约作用。再次，教师要注重发挥班级整体的教育作用，“在集体中”“通过集体”来进行教育。“在集体中”意即集体是教育的基础，对幼儿的教育(包括对个别幼儿的教育)，应该在集体中进行，如果离开集体很难获得良好的教育效果；“通过集体”意即集体是教育的手段，教师不是单枪匹马地凭个人的力量去教育学生，而是凭借集体这一教育手段去教育影响学生。

3. 参与性原则

班级管理的参与性原则是指教师在管理过程中不以管理者的身份高高在上，而是以多种形式参与到幼儿的活动中，并民主、平等地对待幼儿，与幼儿共同开展各种有益的活动。

在贯彻参与性原则时，教师要依据活动的内容、形式及具体的问题情境，注意角色身份的转换，以便适时、适宜地对幼儿的活动进行指导。在幼儿的个别化探索活动中，教师扮演的更多的是“观察者”的角色，教师必须尊重幼儿的自主探索、自然发展，发挥幼儿学习的主动性与能动性；在小组的活动中，教师扮演的角色更多的是幼儿的“合作者”，即与幼儿一起运用过去已有的知识经验，通过实际操作，获得新的经验，对幼儿的指导不宜超前，以便充分发挥幼儿团体合作的积极性；当幼儿遇到困难需要帮助时，教师要走在幼儿的前面，组织幼儿在集体中讨论，并引领更多的幼儿共同参与和思考，或者向他们提出一些质疑和挑战，进而发掘幼儿的潜在能力，此时的教师就必须扮演“引导者”的角色，给予幼儿适当的帮助以推动活动的发展。

无论教师以何种身份参与到幼儿的活动中，教师都应时时把握好“参与度”，以免因过度指导带来负面影响，从而削弱幼儿参与活动的兴致。参与活动前，教师应该询问幼儿的意愿，尊重幼儿的想法，经过同意以后才能参与幼儿的活动。

4. 高效性原则

管理的根本目的是提高效益，而班级管理的高效性原则是指以最经济的人力、物力和时间等投入，使幼儿获得更全面、更好的发展。如何使班级内的有限资源发挥最大功效、提高班级管理的效益，是作为班级管理者的教师必须考虑的。

在贯彻高效原则的过程中，幼儿教师要明晰班级管理的主要矛盾、关键问题，切忌眉毛胡子一把抓，让自己苦不堪言。带班教师在管理班级中需要实施每天的教育、教学活动，接待家长并与之沟通，准备教具玩具，布置室内外环境，编制园本课程和设计教育活动方案，做文档材料(思想汇报、观察记录、成长档案等)，开展教研科活动……这么多的事情不分大事小事，不分需不需要，不分轻重缓急，全部压在带班教师的身上。以至于教师在管理过程中感到力不从心，有时忙得一团糟，甚至是出力不讨好。对此，带班教师要清楚在幼儿园班级管理中什么是“核桃”、什么是“大米”、什么是“水”、什么是“盐”。

作为以培养人为目的的幼儿园教育，班级管理中的“核桃”自然是教育正向功能的发挥与实现，具体包括政治、道德优先，文化传承为要，社会适应为旨，身心发展为据，有了这些“核桃”，班级管理这个碗里的东西就有了根本，其他的东西才可以在这个碗里找到放置的位置。相反，如果班级管理中尽抓小事，将“大米”“水”和“盐”都先放到碗里去了，那么“核桃”就没有地方可以放置了。①

当然，教师要想在班级管理这个“空碗”做到先放“核桃”，也离不开所在幼儿园较为科学、健全的管理体系，幼儿园内部的考核评价制度、园长的管理逻辑、家长的教育需求很多时候也给教师的班级管理带来了诸多无奈。

① 朱家雄. 有一种失败叫瞎忙(二).[EB/OL] http://www.zhujx.com/blog/read.php?1210.2014-8-25.

三、幼儿园班级管理对幼儿发展的意义

班级是幼儿园实施保教任务的基本单位。班级管理的水平和质量会直接影响到幼儿身心的健康发展，是顺利完成幼儿园的教育教学等活动的基本保障，是国家有关学前教育纲领性文件精神是否充分、有效落实到每个幼儿发展中具体而直接的体现。

(一)生活管理增进幼儿习惯养成和身体健康

幼儿园班级生活管理是幼儿园保育工作的重要内容，也是幼儿园工作的首要前提，是班级管理工作的基础。幼儿园的一日生活包括了幼儿的饮食、睡眠、盥洗及如厕等各个方面，不但为幼儿的身体发育提供了充足的休息与营养，更为关键的是，帮助幼儿养成了良好生活习惯。教师安排有序、规律、合理的幼儿一日生活，可以让幼儿养成早睡早起、按时进餐等良好的作息习惯；可以帮助幼儿养成定点定时定量进餐、不偏食不挑食等良好的饮食习惯； 可以帮助幼儿养成早晚刷牙、饭前洗手、饭后漱口等良好的个人卫生习惯和基本的生活自理能力。心理学家威廉·詹姆士说：“播下一个行动，你将收获一种习惯；播下一种习惯，你将收获一种性格；播下一种性格，你将收获一种命运。”幼儿期是良好行为习惯养成的关键期，养成教育十分重要。

(二)教育管理促进幼儿品质形成及全面发展

幼儿园班级教育管理是幼儿园各项管理工作的核心部分，是幼儿园班级教师基本的管理工作。《幼儿园工作规程》中指出：“幼儿园教育工作的原则是体、智、德、美诸方面的教育应当互相渗透，有机结合。遵循幼儿身心发展的规律，符合幼儿的年龄特点，注重个体差异，因人施教，引导幼儿个性健康发展。”《幼儿园教育指导纲要(试行)》中也提出：“幼儿园教育应尊重幼儿的人格和权利，尊重幼儿身心发展的规律和学习特点，以游戏为基本活动，保教并重，关注个别差异，促进每个幼儿富有个性地发展。”受过幼儿教育专业化、系统化学习与训练的幼儿教师，具备了正确的儿童观，能根据幼儿的身心发展特点，理解幼儿的学习方式和特点，能较准确地把握各阶段幼儿发展的目标与任务，精心设计教育活动过程，能科学合理地对活动结果进行有效评价，通过建立班级一日常规，让幼儿体会规则的重要性，学习自觉遵守规则；创造幼儿与他人交往的机会，指导幼儿学习交往的基本规则和技能，建立良好的师幼关系与同伴关系，学会分享、学会理解，体验交往的乐趣，培养积极情感，帮助幼儿在班级中形成良好的社会性品质，从而促进幼儿认知、情感、态度、能力及社会性的全面发展。

(三)家园管理是形成教育合力的桥梁纽带

幼儿身心发展是动态的、生态的，幼儿园班级的管理不能仅局限于班内、园内，更需要延伸到社会和社区。只有教师、家长和社会形成了同向、一致的教育合力，才能为幼儿营造真正利于其发展的良好氛围。

英国政府规定，从 1996 年起，凡将子女送到公立幼儿园的家长，都应与幼儿园签订合同，承诺与幼儿园合作教育子女，家长和幼儿园双方都要承担各自的义务，方式主要有列席家长见面会，家长代表列席幼儿园发展的一般性会议，家长参与儿童在园的各种活动；

家长作为校董事会成员或志愿者为幼儿园提供服务；对孩子提供合理的建议和管束；家长学习有关幼教知识。全美幼儿教育协会制定了《高质量早期教育标准》，要求教师每学年至少与每个孩子的家长约谈一次，并根据需要随时安排，以便讨论孩子在家和在园的进步、成绩与问题，这种约谈方式在美国已成为一种比较成熟的家园沟通方式，并积攒了丰富的经验。

目前，我国家长在就业压力和特殊的教育背景影响下，多数年轻父母缺乏理性的儿童观，重知识轻能力导致的超前教育、超载教育和"小学化"的现象十分严重，家长对幼儿及幼儿园的评价有失偏颇。因此，幼儿园班级管理的一项重要责任就是宣传科学的教育理念，引导、帮助家长树立科学的儿童观，形成同向、一致的教育合力，营造真正利于幼儿发展的良好氛围。

第二节　幼儿园班级管理的内容

幼儿园班级管理的内容相当宽泛，幼儿园班级一日活动的各个环节、所涉及的材料、场所、时间、人物的行为反应、情感需求等诸多因素无不在班级管理的范畴之内。综合考虑班级管理的各个方面，总结出班级管理主要包括以下几方面。

一、班级中的一日常规管理

班级中的一日常规管理是幼儿园班级管理的重要内容，一日活动的顺利开展需要班级常规的约束和保障，班级常规管理的好坏，直接关系到幼儿和教师的班级生活质量。一日常规是指需要幼儿经常遵守的班级规则和规定，是幼儿在幼儿园一日生活的各种活动中应该遵守的基本行为规范。一日常规包括三方面的含义：首先，遵守一日活动的时间及顺序的规定；其次，遵守一日活动各环节具体要求的规定；最后，遵守幼儿的一般行为规范的规定。①

(一)幼儿园班级一日常规的分类

班级一日常规涵盖了幼儿从来园到离园的整个过程，涵盖班级生活的方方面面。从常规涉及的活动范围来看，主要有生活常规、学习常规、运动常规和游戏常规，这些常规有的是以显性的形式呈现，有的则是以隐性的方式发挥着影响。各类活动常规也有自己的实施要求，教师在相应的管理活动内要熟悉其实施要点。一日常规的建立也可以促进幼儿身心健康与和谐发展，有助于培养幼儿良好的情绪情感；一日常规的建立还可以帮助幼儿适应班级集体环境，有助于维持班级活动的秩序，可以帮助保教人员组织班级活动。

1. 从常规涉及的活动范围来看

从常规涉及的活动范围来看，班级一日常规主要归为四类，即生活活动、运动、学习活动和游戏活动，它们既有各自的特点，也有相应的时间、内容、程序等方面的要求。

① 张金陵. 幼儿园班级管理[M]. 上海：华东师范大学出版社，2015.

(1) 生活活动常规。

生活活动常规主要指师幼在幼儿生活自理、交往礼仪、自我保护、环境卫生和生活规则等活动中有关活动内容、时间和程序的明确规定。生活活动常规主要涉及来园、饮水、盥洗、餐点、睡眠、如厕和离园等环节。《幼儿园教育指导纲要》指出："幼儿园日常生活组织，要从实际出发，建立必要的合理的常规，坚持一贯性、一致性和灵活性的原则，培养幼儿的习惯和初步的生活自理能力。"建立有序的生活活动常规，有利于幼儿在有节奏、有秩序、有规律的真实生活情境中自主、自觉地发展各种生活自理能力，形成健康的生活习惯和交往行为，在集体生活中安全、健康、愉快地成长。

(2) 运动常规。

运动常规主要指师幼在幼儿体操、器械运动和自然因素锻炼等活动中有关时间、内容和程序的相关规定。建立科学的运动常规，有利于幼儿在适宜的运动强度、密度和时间中增强身体素质，提高动作协调能力和环境适应能力，为获得健康的体质奠定坚实基础。

(3) 学习活动常规。

学习活动常规主要指师幼在幼儿讨论、阅读、听赏、制作、表演、实地参观、收集信息等活动中约定俗成的规则。建立合理的学习活动常规，有利于幼儿在有计划、有准备的学习情境中主动探索、积极体验，使之能提高认知能力，丰富情感体验，为后续学习打下基础。

(4) 游戏活动常规。

游戏活动常规是指师幼在幼儿自发、自主、自由的游戏活动中的约定。建立宽松的游戏常规，有利于幼儿在和谐的游戏情境中发展想象力、创造力及交往合作能力，促进幼儿情感、个性的健康发展。

2. 从常规的表现形式来看

从表现形式来看，班级一日常规可以分为两种：显性常规和隐性常规。前者是指教师在班级中明文规定的强制性规则；后者是指那些未明文规定的、在班级的人际互动中自然生成的规则。

(1) 显性常规。

显性常规是指教师有目的、有意识制定的，带有强制性的，旨在维持班集体活动秩序、培养幼儿良好习惯的规则，是班级一日活动中明文规定的要求。

(2) 隐性常规。

隐性常规是指虽然没有明文规定，但渗透在幼儿一日生活中的常规。主要体现在班级的人际互动中，如教师对幼儿的态度、师幼之间的关系、教师个人的修养、教师的教育教学方式与策略等。例如，幼儿教师对幼儿的"过错"是简单粗暴地训斥还是循循善诱地引导，两种不同的策略对幼儿规范意识的形成及对规范态度的影响是大不一样的。此外，幼儿的思维具体形象，容易受环境的影响，所以规则教育应该充分发挥环境的影响力，创设有效的提示性环境，潜移默化地引导幼儿有序活动。

(二)幼儿园班级一日常规管理的具体措施

1. 结合幼儿一日生活，建立常规，树立幼儿规则意识

将教育融于幼儿的一日生活，让孩子在快乐的幼儿园生活中潜移默化地执行规则，是

培养幼儿规则意识的基本策略。幼儿从早晨入园到晚上离园，一天的生活中，上下楼、如厕、盥洗、进餐、午睡等每个环节都离不开规则。培养幼儿规则意识，要给孩子养成习惯的时间，只有通过不断地强化，不断地累积，结合严格的要求，才能让孩子做到持之以恒。再有，教师在培养过程中，可以根据幼儿年龄特点，或将规则编成小儿歌，或设立各种主题的小评比，调动幼儿内在因素，激发幼儿的上进心，逐步让幼儿变被动为主动，自觉遵守各项规则。

2. 利用形式多样的游戏，帮助幼儿了解各种规则

幼儿的年龄特点决定幼儿的游戏与学习是分不开的，富有情趣的游戏在幼儿规则意识的形成培养中，对孩子有很大的吸引力，因此，充分利用幼儿的各类游戏，将幼儿的规则学习与培养有机地融入幼儿的游戏中，可以帮助幼儿了解规则，巩固规则。

3. 设计主题教学活动方案，帮助幼儿深入理解社会生活中的规则，提升幼儿规则意识

教学活动是幼儿获得知识、情感、技能的重要途径。教师有目的地设计主题教学活动，可以帮助幼儿进一步深入理解社会生活中的规则。因此，结合五大领域教学，我们将规则意识教育渗透于各科教学中，将规则意识培养与培养文明小公民结合起来，具体细化为交通安全规则、文明礼仪规则、学习习惯养成等，根据不同的教学主题，针对不同的规则，教师要利用多媒体、录像、图片、故事、诗歌等形式，精心设计教案，为幼儿直观、形象、生动地介绍社会生活中的各种规则。

4. 运用榜样示范作用，调动幼儿遵守常规的积极性

在幼儿园中，同伴群体发挥着举足轻重的作用。因为在幼儿园中，幼儿间的交往是最多的，教师应努力促使幼儿与幼儿之间相互学习、相互模仿、相互鼓励。榜样不光指同伴，教师也时刻要成为幼儿学习的榜样。

5. 家园密切合作，帮助幼儿养成良好的常规习惯

《幼儿园教育指导纲要》指出："与家长配合，根据幼儿的需要建立科学的生活常规。培养幼儿良好的饮食、睡眠、盥洗、排泄等生活习惯和生活自理能力。"不少教师有这样的感触，幼儿在学校时能按照一日常规严格要求自己，可是一旦休息两天再来园就会发现好多孩子刚刚养成的习惯又被打破了，究其原因是家长在家时没有按照学校的常规来要求孩子，家庭教育和学校教育的不一致导致幼儿无法养成稳定的行为习惯。总之，幼儿园班级常规管理是一项艰巨而漫长的工作，它不可能一蹴而就，作为教师应做"有心人"，把握好常规教育的度，在《幼儿园教育指导纲要(试行)》和《3～6 岁儿童学习与发展指南》教育理念的引领下，站在尊重幼儿、发展幼儿的角度，关注幼儿学习与发展的整体性，同时调动其他一切有用的因素共同配合完成，促进幼儿在良好的常规之下，建立一份良好的习惯、养成一种健康的性格、收获幸福的人生。

二、幼儿园班级安全管理

很多一线的幼教工作者都有这样的感受，每天小心再小心还是不能避免安全事故的发生。他们为了不发生意外而取消了很多有益于幼儿发展的活动，如外出郊游、参观等。幼儿因此失去了很多增加自身经验、探索世界的机会。同时，幼儿每天在“教师警察”的监督下畏首畏尾，活力渐消。为了给幼儿提供一个快乐的童年，一定要深度挖掘安全事故发生的根本原因，透过事故现象的表面找到引起班级安全事故的最本质的原因，从而搞好幼儿园班级安全管理。

(一)班级环境安全管理

良好的班级环境首要的标准就是安全和健康，不安全的环境是引发事故最直接的原因之一；而健康的环境利于儿童精力充沛地学习，而且不轻易生病。班级环境包括班级物质环境和班级精神环境。班级精神环境主要指教师和幼儿、幼儿与幼儿、教师与家长之间所构成的教育氛围及人际关系的综合。对班级环境进行科学合理的管理，是消除班级安全隐患的有效方法。

1. 杜绝安全隐患，创设安全的物质环境

保教人员应定期排查班级环境的安全隐患，避免和控制安全事故的发生。

(1) 合理规划班级空间，注意预留幼儿活动空间、安全通道，将现有设备如橱柜、玩教具陈列柜、桌椅、床、多媒体设备、钢琴等摆放在最佳、最能发挥作用、最有利于幼儿活动的位置，使得空间安排体现一种流畅性、秩序性。

(2) 定期检查活动场所、设施设备是否有损坏迹象，一经发现立即进行修缮或停止使用，如房舍建筑、栏杆、门窗、桌椅、电路等。

(3) 定期清理、严格消毒幼儿常用物品，如玩教具、洗漱用品、餐具等。

(4) 将物品分开摆放，将幼儿不常用的物品和危险物品放置在幼儿摸不到、拿不到的地方，一般是放置在高处。

(5) 在容易发生安全事故的位置设置相应的警告标识提醒幼儿注意危险，如电线、插座、药品、灭火器等。

(6) 严禁班级内吸烟、饮酒。

2. 排除心理恐惧，营造温馨和谐的精神环境

保教人员通过对班级精神环境进行管理，使幼儿产生积极愉快的情绪和安全感，避免幼儿因为情绪不佳、过度紧张和恐惧而发生安全事故。

(1) 保教人员要以尊重、平等、民主为基本原则，以身作则，建立和谐的班级师幼关系、幼幼关系、成人关系(与其他工作人员的关系和与家长的关系)。

(2) 保教人员绝对避免以体罚、恐吓、讽刺等“恐吓教育”的方式对幼儿进行教育。

(3) 保教人员要注意控制自身的情绪，避免幼儿受到消极情绪的影响而产生恐惧感。

(4) 保教人员要注意观察幼儿，对情绪不稳定的幼儿及时进行干预和疏导，避免影响其他幼儿。

(二)班级安全教育

《幼儿园教育指导纲要(试行)》在健康领域的内容与要求第四条中明确规定：“密切结合幼儿的生活进行安全、营养和保健教育，提高幼儿的自我保护意识和能力。”通过班级安全教育，提高保教人员和幼儿的安全意识，可以有效地避免安全事故的发生。

(1) 指导幼儿学习日常生活中保护自身生命安全的预防性安全行为，如身体不舒服要及时告诉成人，遵守交通规则，懂得玩火(电、水)的危险性、玩不同玩具的不同安全要求、不把小件物品和有异味物品放进口鼻中、不携带锐利的器具等。

(2) 指导幼儿学习出现意外灾害时的自救行为，如拨打急救电话、掌握简单的自救技能、知道走失或被拐骗后应如何做等。

(3) 班级安全教育不仅是对幼儿进行安全教育，培养幼儿的自我保护能力；还要把安全教育融入一日生活，定期组织开展多种形式的事故预防演练；对保教人员进行安全教育，增强保教人员的安全意识、责任心和应急处理能力，在紧急情况下，优先保证幼儿安全。

(三)家园协同，增强安全共育能力

家庭与幼儿园都是培育幼儿的重要场所，两者都有着各自不可替代的优势。《幼儿园教育指导纲要(试行)》第三部分“组织与实施”中提出：“家庭是幼儿园重要的合作伙伴。应本着尊重、平等、合作的原则，争取家长的理解、支持和主动参与，并积极支持、帮助家长提高教育能力。”幼儿的安全成长是家庭和幼儿园共同的目标，通过家园合作对幼儿实施安全教育，形成教育合力，以增强幼儿的安全意识、提高幼儿的自我保护能力，使幼儿远离吃、住、行等方面的各种危险，实现教育的连贯性、一致性。保教人员可以通过多种形式和途径指导家长在家庭生活中开展安全教育，如开设讲座、面谈、家访、橱窗、家长会、亲子活动等，提高家长在日常生活中的安全防范意识、掌握并提升运用安全知识指导幼儿健康活动的能力。

三、幼儿园班级卫生保健管理

我国《幼儿园工作规程》第三章第十二条明确要求：“幼儿园必须切实做好幼儿生理和心理卫生保健工作。”让每个儿童健康成长是幼儿园的首要任务。幼儿园班级卫生保健工作是指以幼儿为工作对象，以维护和提高幼儿健康水平为目的而展开的各种具体活动，包括幼儿伤病预防与处理、幼儿膳食营养与保健。幼儿园班级卫生保健工作管理是指以班级卫生保健工作为对象，以提高班级卫生保健工作成效为目的而展开的活动，包括班级卫生保健工作制度的制定与落实、班级卫生保健工作计划的制订与实施等。班级卫生保健工作管理是班级卫生保健工作顺利、高效实施的保障。班级卫生保健工作的效果是衡量班级卫生保健工作管理的标准。其具体内容包括以下几个方面。

(一)体格锻炼

幼儿期是生长发育十分迅速的时期，体格锻炼是影响幼儿生长发育、减少疾病、增强体质以及促进智力发展的积极重要的因素。《幼儿园工作规程》中的“保育和教育主要目标”的第一条规定：“促进幼儿身体正常发育和机能的协调发展，增强体质，培养良好的生活习惯、卫生习惯和参加体育活动的兴趣。”体格锻炼是提高幼儿身体素质的有效方式，在幼儿园教育中占有重要的地位。

班级体格锻炼管理主要包括锻炼形式的选择、锻炼计划的制订与组织实施。《幼儿园工作规程》第十九条规定：“要充分利用日光、空气、水等自然资源，以及本地自然资源，有计划地锻炼幼儿肌体，增强身体的适应和抵抗能力。”教师可根据本班幼儿实际情况，

将体育锻炼融入课程设置和生活制度的安排中，尤其要关注幼儿是否获得了充足的锻炼机会，是否保障了幼儿充足的锻炼时间，是否保证了幼儿体格锻炼的质量。

随着社会对儿童体质的逐渐重视，对幼儿教师的体育知识和技能都提出了更高的要求，因此教师在进行班级体格锻炼管理的过程中，应以幼儿运动体验为前提，以基本动作为主要内容，不拘泥于具体形式和时间，充分利用园内条件，将体育锻炼融入课程设置和生活制度的安排中，保证幼儿获得足够的锻炼。

(二)针对幼儿的健康检查

(1) 入园体检。离园一个月以上或去外地返回的幼儿要重新体检，该工作主要是了解幼儿身心健康的基本情况。

(2) 定期的常规体检。包括身高、体重、视力等身体体征，该工作主要是对在园幼儿的健康状况进行监测，以便对各种非健康状况及早识别和干预。

① 晨检，每天早上对入园幼儿进行检查，包括一摸(是否发烧)、二看(咽部、皮肤、精神状态)、三问(饮食、睡眠、大小便、患病情况)、四查(有无携带不安全物品)。

② 全日健康观察，在全天活动中，教师及其他保教人员要随时观察幼儿的状况，发现问题及时处理。

(三)卫生消毒

为了确保幼儿生活环境的卫生，幼儿园班级要定期进行消毒工作，将可能导致幼儿患病的因素及早排除。幼儿园班级的卫生消毒工作除了园所的定期统一消毒外，还包括对班级环境、保教设施设备、幼儿个人物品、玩教具等进行常规消毒，如开窗通风、紫外线消毒、消毒液消毒等；对幼儿及保教人员的个人卫生进行监督；根据天气和季节的变化针对一些易发传染病的预防性消毒，如流行性感冒。

(四)疾病预防

幼儿园班级的疾病预防，包括定期的免疫疫苗接种、季节性疾病的预防、突发性传染病的预防。教师可通过健康教育普及卫生知识，培养儿童良好的卫生行为习惯；提供合理平衡的膳食；加强体格锻炼，增强儿童体质，提高对疾病的抵抗能力。

(五)伤病处理

幼儿园班级的伤病处理主要包括突发伤病的处理和正处于治疗期或恢复期伤病的处理。对于突发疾病的识别与处理往往由一线保教人员完成，在第一时间及时处理，可以将伤病的危害程度降到最低。教师处理伤病时应及时告知家长，并注意维护儿童的尊严和权益。

(六)健康教育

外部所做的一切都是为了使这些行为能够内化为人的主动行为，这不仅是教育的目的也是人自身的需求。《幼儿园教育指导纲要(试行》提出：“既要高度重视和满足幼儿受保护、受照顾的需要，又要尊重和满足他们不断增长的独立要求，避免过度保护和包办代替，鼓励并指导幼儿自理、自立的尝试。”因此，健康教育是幼儿全面发展不可或缺的重要部分。幼儿园健康教育的内容主要包括生活卫生习惯、保健常识、疾病预防知识等。在实施班级健康教育时，除了日常生活中的随机教育、集中教学外，针对家长和保教人员还可以采用定期培训、专题培训、家长学校、宣传栏等方式。

四、班级中的人际关系管理

(一)幼儿园班级人际关系管理的目标

很显然，良好的人际关系氛围更有利于创设良好的物质环境，且对儿童的学习、认知、情感和社会性方面的发展都有积极意义。

1. 建立民主平等的师幼关系

良好的师幼关系是幼儿园教育的前提和关键。幼儿是发展中的个体，教师要理解他们的身心发展规律，充分尊重幼儿的人格、权利、价值和尊严，信任幼儿，尊重幼儿个性的特殊性，充分认识不同儿童的兴趣、能力和需要。让幼儿根据自己的主观愿望和需要，用自己喜欢的方式参与活动，获得成就感。多给予儿童鼓励性的评价，不轻易批评指责，这样才能使幼儿愿意与教师多交往，向教师表露自己的喜、怒、哀、乐，愿意将自己内心真实的情感展现在教师面前，在民主、平等、宽松的氛围中与幼儿建立起亲密的师幼关系。

2. 建立互助友爱的同伴关系

教师应引导幼儿学会交流，帮助幼儿了解别人的各种需要，进而产生帮助、合作等亲社会行为。教师可在平时让幼儿相互说说对某件事情的感受，学会观察他人高兴与伤心的表情，了解他人的情绪情感状态。教师还应该帮助幼儿学会正确关心他人的行为方式，让全班有一种相互关心、友爱的气氛。这可以在日常生活中随时随地对幼儿进行教育。例如，每天多用“请”“谢谢”“对不起”等礼貌用语；共享玩具，不抢夺玩具。针对一些缺乏交往技能的幼儿和过分害羞的幼儿，教师应鼓励他们积极参与到班级活动中来，并鼓励其他幼儿与其交往。

3. 建立和谐融洽的同事关系

教师本身也是环境的一个部分，是其中最为能动、活跃的因素。教师与搭班教师之间的人际交往对幼儿的社会性培养具有重要的影响。若“三位一体”的班组教师之间能够相互关爱、合作、互帮互助，幼儿受到教师潜移默化的影响，也会形成友爱互助的同伴关系，最终营造出温暖、和谐、融洽的班级氛围。反之，如果教师之间漠不关心，人情冷淡，甚至相互拆台，这势必也会无形中对幼儿造成不良影响，教师在平日里进行的品德教育效果也会大打折扣。

(二)保教人员的自我管理

《幼儿园工作规程》提出：“幼儿园教师对本班工作全面负责。”按照现行幼儿园“两教一保”的班级模式，无论主班教师还是配班教师或保育员，应该协调一致，积极参与到班级管理中，共同肩负幼儿的保育和教育双重任务，使保中有教、教中有保，促进幼儿全面健康发展。

1. 保教人员的自我职责管理

现代管理学之父彼得·德鲁克认为，知识工作者的工作难以监督，因而组织效率将取决于组织成员能否对自身进行有效的管理。幼儿园班级保教人员在明确职责的同时，更应该加强自我管理。

班级保教人员是班级管理的主体。《幼儿园工作规程》第七章对幼儿园教师和保育员的主要职责做了明确规定，《幼儿园教师专业标准(试行)》中也提出：“幼儿园教师是履行幼儿园教育工作职责的专业人员，需要经过严格的培养与培训，具有良好的职业道德，掌握系统的专业知识和专业技能。”为此，幼儿教师与保育员只有认真履职并且做好自我管理，不断增强职业道德修养，认真规划自我职业生涯，系统掌握专业知识，努力提升专业技能，严格规范保教活动，才能更好地服务于班级管理。

2. 保教人员自我人际关系管理

俗语说：“一个篱笆三个桩，一个好汉三个帮。”《幼儿园教师专业标准(试行)》中规定，在与同事的相处中应该做到“与同事合作交流，分享经验和资源，共同发展”，这是对班级保教人员相处的一个刚性要求。诚然，教师之间的关系和谐与否，不仅关乎幼儿的身心健康，而且会影响到整个班级的工作氛围，直接关系到班级管理质量的好坏。教师良好的人际关系是实现育人使命的需要，是建设文明幼儿园班级的需要，是完善人格的需要，是提高班级管理效率的需要。①主班教师是班级管理的主要负责人，应该以身作则，真诚信任、关心尊重配班教师；同时，配班教师也应该积极参与和协助主班教师开展组织教育教学活动，努力做好“助理”教师，共同提升教育理念。在发生意见分歧时要积极沟通，千万不能在幼儿面前发生冲突，引起幼儿的困惑，只有群策群力和齐心协力，才可以将班级的管理工作做得有声有色。

3. 教师与保育员之间人际关系管理

保育员在班级管理中也是不可或缺的人员，保教结合，始终无法分割。保育员的工作表面上看似仅限于生活管理，但生活点滴之间无时无刻不渗透着对幼儿的教育影响，且保育员工作的顺利开展也是教育教学任务顺利完成的前提条件。为此，班级教师应该尊重保育员的劳动，积极配合保育员做好幼儿的饮食、睡眠等生活管理； 也应积极吸纳保育员参与到教育教学管理中，从而使得班级生活管理与教育教学管理融为一体，确保“保教结合”“以保促教”“以教引保”，共同服务于班级幼儿的全面发展。

(三)班级幼儿的管理

在班级管理中需要发挥幼儿的主观能动性，鼓励幼儿积极参与到班级管理中来。幼儿是班级的主体，也是管理的主体，班级幼儿的管理是班级管理的核心部分。

1. 树立“幼儿为本”的管理理念

幼儿教育是我国基础教育的有机组成部分，是学校教育制度和终身教育的奠基阶段，幼儿园教育可以为幼儿后继学习和终身发展奠定良好素质基础。幼儿园是幼儿生活和学习

---

① 王劲松，蔡迎旗. 幼儿园班级管理[M]. 北京：北京师范大学出版社，2013.

的主要场所，在幼儿园班级管理中，教师一定要以“幼儿为本”，一切为了幼儿发展，尊重幼儿的身心发展需要，了解各年龄阶段幼儿的学习和发展目标，保教结合，制订阶段性的教育活动计划和具体活动方案，创设良好的教育环境，提供符合幼儿兴趣与需要的游戏，促进幼儿体、智、德、美各方面协调发展，帮助幼儿度过快乐而有意义的童年。“幼儿为本”，这一教育宗旨和目标在我国法规政策中都有明确的规定。

2. 发挥幼儿在班级管理中的主体性

班级常规是幼儿在园一日生活的各种活动应该遵守的基本行为规范。比如，晨间接待、户外活动、生活活动、游戏活动、教育活动、自由活动、离园活动等一日活动。规范有序的班级常规有助于幼儿养成良好的生活习惯、卫生习惯以及行为习惯，有助于幼儿秩序感和规则感的形成，同时也有助于幼儿情绪稳定性的培养。班级常规是幼儿较为熟悉的一日行为规范，教师可以鼓励幼儿之间相互监督管理，相互帮助，使幼儿积极参与到班级管理中，真正发挥幼儿在班级中的主体性和幼儿个体的主观能动性，从而实现班级幼儿管理从“他律”到“自律”。

五、幼儿园班级物品及物质环境的管理

(一)幼儿园班级物品管理

幼儿的学习与发展离不开一定物品的支撑，教师教育活动的开展也有赖于一定的教辅材料，保育员需要一定的卫生用品……班级物品是班级的重要组成部分，对于班级物品的管理也是幼儿教师不可忽视的管理工作。管理得当不仅可以提高班级工作效率，而且可以培养幼儿良好的行为习惯，使管理工作同时具有教育意义。

幼儿园班级物品指的是除班级空间外的一切设施设备和所用之物。物品摆放得当，能为幼儿提供一个安全、整洁、有序的环境，既方便教师和幼儿对物品的使用，也为每日生活各个环节活动的开展提供了便利。反之，物品摆放不当不仅会影响教师和幼儿的活动，还可能存在安全隐患，威胁幼儿的生命安全。幼儿园班级物品管理是指教师根据一定的班级教育目标，通过计划、组织、实施、调整等环节，将幼儿园班级内的一切物品进行规划、调整，优化班级物品管理，从而提高班级管理效率，促进教育目标的实现。

幼儿园班级物品主要包括幼儿生活物品(水杯、毛巾、衣服、被褥等)；幼儿学习物品(画笔、图书、玩具、手工材料等)；教师教学物品(电脑、录音机、黑板、教育参考用书等)；卫生用品(消毒用品、扫帚、抹布、水桶等)及其他。

通过加强对班级内物品的管理，可以提高设备和物品的使用效率，避免浪费和无意义的损坏、消耗，提高班级管理效率。同时，还可以营造有序的班级氛围，培养幼儿良好的物品使用习惯。

在进行幼儿园班级物品管理时，我们应遵循以下几个原则。

1. 为教育教学服务

物品是教师开展教育活动的物质保障，是促进幼儿发展的重要依托，对班级物品管理的目的在于更好地开展教育教学活动，物品供应的依据是教育教学的实际需要。同时，对物品的管理这一行为本身也是一种教育活动，渗透着对幼儿秩序感、生活自理能力的培养。

2. 勤俭节约

教师要做精打细算的好“管家”，不铺张、不浪费，养成节约资源的好习惯。比如，涂鸦时倒出的颜料要适量，画完画的纸张可以用来折纸，破损的大箱子可以用在装扮游戏中制作公共汽车等。在添购物品时，也要货比三家，选择物美价廉的商品。

3. 师幼共同参与

“两教一保”和班级的全体幼儿都是班级物品管理的主体，要注意调动班级每一分子参与班级物品管理的热情和积极性。将幼儿纳入班级物品管理中来，既有利于培养他们的责任感，也给他们提供了按类别整理好自己物品的锻炼机会。

(二)班级物质环境的创设与管理

幼儿园班级物质环境的创设与管理是整个幼儿园大环境创设的重要组成部分，不仅能提高幼儿园的外在形象，而且它是以一定的幼儿教育目标为导向的，还能为幼儿提供良好的生活、学习环境，为幼儿身心健康发展创造良好条件，使幼儿在与环境的相互作用中获得发展，同时让幼儿在这一过程中感受艺术与创造创作带来的乐趣，提升幼儿的自我效能感。

班级物质环境创设主要包括对班级室内空间和班级活动区的环境进行布局、创设与管理。

1. 班级室内空间环境创设与管理

一般来说，一个幼儿园班级的室内空间主要包括活动室、寝室和盥洗室等。班级活动室是幼儿一天活动的主要场所，因此，创设良好的活动室环境对幼儿来说就显得尤为重要。活动室物质环境创设主要包括活动室的布局、色彩选择和搭配以及活动室的墙面布置。

活动室布局首先应相对宽敞，给幼儿提供较大的活动空间。其次，幼儿的桌椅要有相对固定的摆放位置，便于幼儿学习和就餐，且桌椅的高度符合幼儿身高，大、中、小班各不相同。班级活动室的色彩选择和搭配方面也应有所讲究，各年龄班活动室的色彩也不宜强求一致，如小班幼儿游戏活动时间较长，活动室色彩应活泼一些，可选择上半部白色、下半部绿色，配以淡蓝色课桌椅、褐色地板和橙色窗帘；而大班幼儿每天都有安排作业的时间，活动室色彩可以配一些冷色。

寝室环境相对活动室环境创设来说没那么复杂。一般幼儿园班级寝室主要为幼儿午睡的地方，寝室墙面宜以淡色为主，窗帘选择暗红、蓝色等深色，能帮助幼儿尽快入睡，环境不要经常变换，以免影响幼儿睡眠质量。另外，寝室通风要好，幼儿的小床摆放也不宜紧紧相连，最好能保持一定距离。

盥洗室也是幼儿一日生活必不可少的地方，需要适当布置一下，添加一些生动形象又富有童趣的图画。盥洗室要根据具体情况来布置，如盥洗室易堵塞，教师可在地面上画上一些排队的小脚印以提示幼儿有序排队，还可以在戏水池边贴上节约用水的图画提醒幼儿节约用水。

2. 班级活动区的创设与管理

活动区也叫作区角，按其性质可以划分为两类：一类是学习性的区角活动，这类区角活动主要指向幼儿对周围环境、客观现象的认识和理解，使幼儿积累生活经验与认知经验，如生活区、探索区、语言区、美工区、音乐区等。另一类是游戏性的区角活动，这类区角活动主要指向良好情感、社会经验的积累，如建构区、表演区、角色区等。各种活动区促进幼儿不同方面的发展，教师应该创设学习和游戏兼具的班级活动区。

教师在创设活动区的时候，尽可能区分动静区域，比如，将较为安静的区域安排在室内，如语言区、计算区等；相对会发出较大声音的活动区域安排在靠近门口，如表演区、体育区、科学区等，并根据游戏情况进行灵活调整。同时，各活动区域之间应设有分隔物，同时附上活动区名称图形或文字，以减少儿童视觉上的分神。且各区域之间要留有清楚的走动线，引导幼儿正常游戏，避免正在进行中的游戏被打扰。较封闭的区域有益于儿童安静地活动，阅读区、益智区等可以设置在相对隐蔽的角落。

第三节　幼儿园班级管理的方法

现代科学管理学派代表人物西蒙指出，可以把“决策的制定当作管理的同义词”。他强调决策的制定贯穿于管理的全过程，其中包括确定目标和实现目标的手段两个方面。任何管理活动要实现预定的目标，都必须选择运用相应的理论方法，研究如何将管理中的各种条件和诸多要素进行规划、组织、指导、协调和控制。管理方法就是充分利用管理资源，来实现管理目标而运用的各种手段、方式、途径和程序的总和。

在班级管理活动中，管理方法贯穿于管理目标和计划实施的全过程，它是将设想变为现实的一座重要桥梁。幼儿园班级管理方法就是指班级管理者为了实现班级管理的保教目标，在教育学、管理学等科学理念的指导下，为了充分调动班级中的人、财、物、时间、信息等因素，产生最大管理效应而运用的各种手段和策略。

一、幼儿园班级管理方法的作用

(一)能有效保证计划的实施和目标的实现

幼儿园班级管理的任务是实行保育和教育相结合的原则，促进幼儿身心健康、和谐发展。要高效完成这一管理教育任务，班级保教人员必须认真规划目标实现的程序、方法和措施等，使目标在计划的指导下通过具体的方案和行动步骤得以实现。因而教师在精心设计教育管理方案时，必须树立正确的儿童观、教育观、发展观，科学地运用管理方法，促进班级教育教学计划的顺利实施，保证班级管理目标真正落到实处。

现在我们应该让孩子、家长都走到班级管理的前台来，尤其是要尊重孩子的意愿，适当放权，让全员参与班级管理。例如，在环境的创设方面，区角如何摆放，墙面如何布置，都要充分尊重孩子的意愿，让孩子知道自己就是班级大家庭中的一员，积极参与、共同商量、共同创设，这样才更能提高孩子的兴趣和创造性，使孩子有改变环境的成就感和责任感，也有助于对孩子进行爱惜劳动成果和爱护环境的教育，这样班级管理才能达到事半功倍的效果。

(二)能有效提高保教质量和促进幼儿的发展

幼儿园同一班级中的每个幼儿虽然年龄特征差异不大，但他们的个性、情感、品质、能力和生活经验各不相同。先进的班级管理方法能促使教师充分尊重、理解、热爱每一个幼儿。在班级教育教学活动中，明确每个幼儿的发展需要都具有他们各自不同的特点，因而能具体针对幼儿的身心特点和兴趣爱好，保证他们在学习、游戏中的主体地位，真正促进全班幼儿健康和谐地发展，切实提高保育、教育的质量。

新的儿童观认为，要正视儿童在其年龄阶段固有的未成熟性、可塑性、开放性、独特性，同时儿童具有发展的、学习的、教育的潜能，且其发展具有可变性、阶段性、个别性。儿童不是成人的附属品，他们是独立的人，每个儿童都是独一无二、独具个性特点的人。这是一种全新的儿童观，这种儿童观是建构幼儿园教学管理新理念的基础。

新的儿童观对幼儿园教学管理提出了新的要求：一是尊重儿童的人格尊严与合法权益，儿童与成人一样，其人格的价值是等值的；二是发展儿童的独立个性，就个人的发展而言，养成独立的个性是形成创造能力的原动力，是开拓进取品质的心理基础。开展幼儿教学管理活动，首先要了解儿童，承认儿童有他们自己观看世界的方法、独特的需要。其次要在尊重幼儿的需要、兴趣的基础上，满足幼儿在情感上、身体上和心理上的需要。

(三)能有效提高教师的素质和资源的利用

高效的班级管理还必须充分发挥幼儿园有限的物质和精神资源，科学实用的管理方法能保证教师在班级教育教学活动中，以最少的人力、物力、财力和时空因素，使全体幼儿获得更全面、更健康的发展，使各种教育管理资源产生最大化的管理效应。

《幼儿园教育指导纲要(试行)》明确指出："家庭是重要的合作伙伴，应本着尊重、平等、合作的原则，争取家长的理解、支持和主动参与，并积极支持、帮助家长提高教育能力。"家长才是最了解孩子的人，因此想要管理好本班幼儿，教师离不开家长的支持与配合。幼儿园班级管理是一项艰巨而漫长的工作，需要各方面的力量共同配合、协调与沟通，不断地探索幼儿园班级管理的新思路，促进幼儿各方面和谐发展，使幼儿园班级管理水平再上新台阶。

二、幼儿园班级管理方法的特点

(一)幼儿园班级组织的特殊性

相比于一般学校的班级组织而言，幼儿园班级组织因其教育规律和教育对象的身心特点而更具独特性。

1. 班级管理内容的全面性

《幼儿园工作规程》"总则"第三条明确指出："幼儿园的任务是实行保育与教育相结合的原则，对幼儿实行体、智、德、美全面发展的教育，促进其身心和谐发展。"可见，保育和教育是幼儿园班级管理工作的两大方面，两者相互渗透，相互促进。与以教育为主的其他学校班级管理不同，幼儿园班级工作必须保教合一，确保生活管理和教育管理在同一过程中完成，这是由幼儿身心发展的特点和幼儿教育规律决定的。

2. 班级管理队伍的整体性

幼儿园保教结合的原则，决定了幼儿园班级管理者是一个工作集体，它主要由主导教育工作的主班、副班两位教师和负责保育工作的保育员组成，也就是我们常说的“两教一保”配置。三位管理者在统一的班级管理目标指引下，全面安排幼儿的生活与教育活动，利用各种有效的教育手段，确保幼儿健康全面地发展。这种特殊的管理队伍在其他学校的班级管理中是不可能出现的。

3. 班级管理对象的幼稚性

幼儿园教育的对象主要是3～6岁年龄阶段的幼儿。此年龄阶段幼儿的身心正处于快速发展之中，他们的认知、性格、情感和行为品质初步形成但尚未成熟，拥有自己独特的年龄特征，这些特点既不同于成人，也不同于其他时期的儿童。正因为如此，幼儿园班级管理才更具有特殊的意义。

(二)幼儿园班级管理方法的特点

幼儿园班级组织的特殊性，决定了幼儿园班级管理方法具有自身鲜明的特点。

1. 紧密的合作性

幼儿园班级管理要实现教中有保，保中有教。首先，三位教师必须团结合作。其次，班级管理工作要想事半功倍，成效显著，管理者在开展工作时，还必须认识到儿童自身和其家庭是宝贵的教育管理资源。

2. 鲜明的针对性

幼儿园班级管理工作有着直接的针对性，它必须以学前教育理论为指导思想，以《幼儿园规程》中的培养目标为依据，采用科学有效的管理手段实现保教合一的管理目标。同时，要切实促进幼儿身心健康和谐发展，我们在开展幼儿班级工作时还必须针对本班幼儿身心发展的实际情况，将目标具体化。

《幼儿园教育指导纲要(试行)》中指出，幼儿园教育应尊重幼儿的人格和权利，关注个别差异，促进每个幼儿富有个性的发展。因此，在日常的班级管理工作中，要针对幼儿的年龄特点和个性差异对孩子进行管理，选择的教育方式、管理方式只有符合幼儿的实际年龄特点，才能起到事半功倍的效果。对班上个别的特殊孩子，必须针对其特点制定特别的教育管理方案，只有这样才能让每一个孩子都能在幼儿园、在班级内快乐成长。

3. 丰富的情感性

3～6岁的幼儿，心智和行为能力的发育尚未成熟，他们很难保持情绪的稳定，以致时而会烦躁、发脾气，甚至哭闹，情绪化地回应他们所经历的事情。尤其是离开家入园后，他们因缺乏独立的生活能力，情感依恋强烈，教师便成为仅次于他们父母的最重要的人物，这时的幼儿迫切需要教师在情感上给予他们安抚。

4. 灵活的创造性

3～6岁的孩子天真可爱，生性活泼，对事物的好奇心强，然而自身的认知能力和行为能力又较弱，经常会出现一些不符合管理目标的状况。此时，教师需要灵敏地抓住教育契机，充分发挥教育机制，创造性地处理问题，实现班级管理工作计划性和灵活性的有机结合。幼儿的全面发展是动态的，制约班级管理的因素是不确定的，教师必须根据本班每个幼儿的身心特点，创造性地设计和选择适合本班幼儿的教育管理方法。

《幼儿园教育指导纲要(试行)》中指出，为幼儿的探索活动创造宽松的环境，让每个幼儿都有机会参与、尝试，支持、鼓励他们大胆提出问题，发表不同意见，学会尊重别人的观点和经验，支持和引发幼儿的操作、摆弄、探究、实验、制作等活动，从而引导他们通过自己的发现，主动建构有关的知识经验。

三、幼儿园班级管理的常用方法

幼儿园班级管理是一项全面而复杂的工作，它没有固定的管理模式，我们必须运用教育学、学前教育学和管理学的诸多理论，针对本班幼儿的身心发展特点，选择和运用科学的管理手段和方法。当前，随着幼教事业的发展，班级管理经验不断丰富，人们归纳出了六种行之有效的基本管理方法，即规则养成法、示范体验法、游戏活动法、情感沟通法、家园合作法、随机生成法。

(一)规则养成法

规则养成法是指通过班级规则的制定引导、规范幼儿的行为，使其有意识地与教育目标保持一致性的一种管理方法。任何有效的班级管理都建立在制定班级规则的基础上。规则养成法的运用有以下要点。

1. 规则的内容宜具体细化，以便幼儿能理解

幼儿的身心发展尚未成熟，他们虽然对事物有着强烈的认知需求、强烈的好奇心和求知欲，但是他们的智力发展水平有限，理性思维不成熟，在认知上存在很大的无意性和表象性。而规则的养成正是幼儿行为的规范过程，所以我们在制定规则时要具体、明确，符合幼儿的身心、年龄特征。

2. 规则的养成重在实践而非说教

有人说过：“当孩子意识到你是在教育他的时候，这样的教育往往是失败的。”幼儿规则的养成，应该在生活点滴中进行，应该在日常的实践活动中，通过具体的情境引出规则，引导幼儿将规则内化为行为习惯。

3. 教师在执行班级规则时应公平、公正，保持规则的一贯性

开学初制定规则是班级管理特有的过程。在整个学年中，教师应定期复习班级规则，帮助幼儿理解记住它们，保持班级规则的持续一贯性。

(二)示范体验法

教师通过幼儿身边其他人或事的示范，丰富、提高幼儿的感性认知，激发其自主参与实践而获得真知的管理方法就叫示范体验法。示范体验法的运用有以下要点。

1. 教师首先要成为示范的榜样

在幼儿的心目中，教师的形象是高大的，是他们学习的典范。

2. 幼儿体验中要注意移情法的运用

直接的感知和亲身的体验是有效的教育方式。“梨的味道甜不甜，你得亲自尝一尝。”对于感性知识少、直接经验不足的幼儿来说更是如此。幼儿身边的一切事物均有可能对其起示范作用，其中什么是正面的，什么是反面的，幼儿必须通过自我的体验感知，在产生正确的情感认知下，才能辨别美丑善恶，获得真知。

(三)游戏活动法

游戏活动法是指在幼儿感兴趣的、有规则的游戏活动中实现管理目标的方法。幼儿的智力教育应在幼儿喜闻乐见的各项活动中开展，它要求形式多样，富于情趣，其中游戏是主要的手段。游戏活动法的运用有以下要点。

1. 游戏的目标和规则必须符合教育目标的要求

教师在充分利用游戏这一儿童喜爱的活动方式时，一定要明确它既是一种娱乐，又是一种学习教育活动，游戏的目标和规则应与教育要求相吻合。当游戏过程偏离了教育目标时，教师应该在不破坏幼儿兴趣的基础上，及时灵活地将幼儿的注意力引回来，保证游戏充分发挥其特殊的教育作用。

2. 游戏的选择要满足幼儿的需要

爱好游戏虽然是幼儿的天性，但每个幼儿对于游戏的需求则不尽相同，没有哪个年龄段的孩子会幼稚到不能分辨出喜好。所以，教师应考虑到幼儿的个体差异，满足幼儿的兴趣需求，提供几种游戏材料，让幼儿有根据自己意愿选择的机会。

(四)情感沟通法

在幼儿园班级管理的实际工作中，沟通无处不在。一个眼神，一个表情，一个手势，一个动作……充分开发和利用语言和非语言的沟通方式，是我们的愿望。幼儿教师要实现与幼儿的有效沟通，需要具备相应的知识与能力，包括教育学、心理学、生理学等知识，以及观察力、沟通力、组织小组活动、指导游戏、指导幼儿行为、评价教育活动的能力等。以下是与幼儿有效情感沟通的注意事项。

1. 教师良好的个性，是有效沟通的保证

一般而言，幼儿较为喜欢和善、耐心、公平，对幼儿有兴趣的教师，不喜欢严厉、批评、责骂、惩罚儿童、脾气坏的教师。热情的教师比冷漠的教师更乐于助人。热情与容许对原来成就水平低、缺乏学业动机的幼儿有良好的影响。因此，作为幼儿教师要利用自身的榜样作用影响幼儿。

2. 满足幼儿的需要是有效沟通的前提

人的需要有很多种，人本主义心理学家马斯洛按需要的指向将其分为七种，即生理的需要、安全的需要、归属与爱的需要、尊重的需要等，幼儿是社会的人，因此，幼儿具有一种对于自尊、自重和来自他人尊重的需要，要求得到成人的关注，要求自主，要求被赞扬和被认可，要求负一定的责任。对幼儿被赞扬和被认可需要的适度满足，可激发幼儿的积极情绪，强化良好的行为习惯，增强幼儿的自信心。在师生的沟通中，幼儿感到教师对自己是欣赏的态度，就会使他们意识到自己在这个世界上是有价值、有力量、有能力、有位置、有用处的，乐于与教师进行情感与认识上的交流。

3. 掌握技巧是有效沟通的关键

(1) 熟记幼儿的名字。

在幼儿园里，教师呼唤幼儿的名字，幼儿会倍感亲切，觉得自己受到老师的重视。一般而言，呼唤幼儿的名字以幼儿入园登记的名字为标准，而不呼唤幼儿的绰号，这是对幼儿的尊重和基本的礼节。因此，熟记幼儿的名字是教师与幼儿沟通技巧的第一把钥匙，也是进行沟通的基础。

(2) 教师眼光要与孩子直接接触。

目光的接触本身就是一种交流和沟通，幼儿能通过教师的一个眼神明白教师要说什么。此外，在与幼儿进行交流与沟通时，教师的视线最好与幼儿平行，最好的办法就是，蹲下来与孩子交流，让孩子感觉教师重视他，与教师处于平等的位置，交流起来更能感觉到教师的关爱。

(3) 说话语调和速度要适当、语气要和善。

对于幼儿而言，教师抑扬顿挫的语言会使交流效果更好，更能激起幼儿交流的兴趣和欲望。同时，与幼儿沟通时的语速要适中，不能太快，也不能太慢，太快容易导致幼儿听得不太清楚，太慢就会使幼儿等得太急，幼儿本有的积极性会降低。教师与幼儿沟通时，语气是否和善有着至关重要的作用。和善的语气，幼儿听起来会感觉到一丝丝温暖的情意，也更容易接受。此外，为了更好地达到沟通效果，教师可以适当制造悬念，让幼儿的注意力更为集中。

(4) 善于倾听。

在语言活动中，我们常常引导幼儿学会倾听，而我们本身却不时会忽视这一点。在与幼儿交流的过程中，我们要做好榜样，用心倾听幼儿的心声。

(5) 语言沟通与非言语沟通相结合。

教师除了要与幼儿进行语言上的沟通，还要适当运用非言语沟通，包括教师的微笑、点头、抚摸、蹲下与幼儿交流等。教师与幼儿的身体接触有利于稳定幼儿的情绪，让幼儿消除紧张，感到温暖、安全。

总之，教师尽量和幼儿多说，与幼儿说话，应不放过任何机会，随时进行；多赞美、少批评；不打断幼儿的话，当幼儿说话时，不可轻易地打断幼儿的话，要耐心地、尽可能地让幼儿把话说完；同时允许幼儿申辩，申辩也是一种权利等。教育幼儿的前提是了解幼儿。赏识才能成功，抱怨导致失败。

(五)家园合作法

家园合作法是指家庭和幼儿园之间相互支持、相互配合形成教育合力，共同促进幼儿健康发展的班级管理方法。幼儿的教育学习活动与他们的生活密切相关，教师在积极开展教育活动时，应充分利用家长资源促进班级管理。

1. 要尊重每个家庭特有的文化背景和价值观

由人组建的家庭也是独特的，每一个家庭在情感、文化、价值观上的差异，形成了他们不同的养育风格。家、园之间要产生真正的教育合力，教师了解并尊重每个家庭的文化价值观和养育风格是非常重要的。当我们尝试从他人的视角看世界时，更容易了解班级中各个幼儿的家庭对其幼儿的目标，更愿意倾听家长的想法和意见，真正为孩子的健康发展而共同努力。

2. 要掌握口头沟通技巧和善于运用书面沟通形式

在与家长建立合作关系时，口头的沟通技巧非常重要。教师和家长的一次成功谈话往往能促进一种积极关系的形成。教师应在家长面前树立良好的第一印象，表现出对他们的尊重，并把谈话的焦点放在幼儿身上。

(六)随机生成法

随机生成法指随机抓住偶然出现的契机，从不同的角度完成教育目标的管理方法。长期以来，幼儿教师习惯于预先制订详细周密的计划，然后严格按照计划的程序开展工作，逐渐形成了教育管理工作的模式化。然而幼儿身心的发展特点决定了他们在活动中多变、不稳定因素很多，以至幼儿的教育教学活动随机性很大。随机生成法的运用有以下要点。

1. 随机生成时要能够因势利导

幼儿的所有教育过程都寓于活动中，幼儿具有活泼好动的天性，而他们所处外部环境的诸多因素又是发展变化的。所以，在幼儿的一日活动中，常常会出现各种偶发情况和现象。其中，许多情况就蕴含着教育的契机，此刻，教师要有敏锐的观察力，将它因势利导，促进一次教育目标的实现。

2. 随机生成时要扣住幼儿的身心特点和兴趣爱好

随机生成的最终目的是通过对一些偶然事件的创造性加工，使幼儿意外获取一种经验上的认知机会。这就要求随机生成的教育计划一定要扣住幼儿的身心特点，激发他们的兴趣。兴趣是最好的老师，只有在幼儿的主动参与配合下，契机才能真正形成一次教育活动。

幼儿园班级管理的方法博大精深，现今并没有真正合适的、全面的方法体系。每个人都有不同的方法来进行管理。所谓管理就是有管，有理，合在一起才能叫管理。实践是检验真理的唯一标准，实践也是理论的重要来源之一。所以管理具体的合适的方法需要大家在以后的实践中去探索，适合实际情况的管理方法才是最好的。没有最好的办法，只有最合适的办法!

第四节 各年龄班幼儿的班级管理

我国幼儿园基本都是按幼儿的年龄分班，这样可以根据各年龄段孩子的不同身心发展特点进行保教，同时也有利于班级管理的顺利开展。本节将按年龄班来阐释幼儿园不同年龄段班级的管理。

一、小班幼儿的班级管理

小班幼儿一般指年龄在3～4岁的幼儿。小班幼儿在身体发展、心理发展等方面均显示出此阶段独有的年龄特点。幼儿园班级管理中必须了解和把握小班幼儿的年龄特点，在此基础上让环境、教育、成人与幼儿之间形成互动，以便促进小班幼儿身心更好地发展。

(一)小班幼儿的发展特点

1. 生理发展特点

小班幼儿的身体结构和器官功能日渐完善，较之2～3岁的阶段，身体结实了许多，精力越来越充沛，神经系统的发展使他们可以连续活动5～6个小时，而日间仅需要一次睡眠。小班幼儿，尤其是新入园幼儿，因为受公共环境、个人情绪的影响，容易生病，成人应多组织户外运动来增强幼儿的体质。另外，集体环境中要加强卫生消毒工作。

小班幼儿的大动作协调性增强，喜欢跑、跳、钻、爬等活动，喜欢踏小轮车，喜欢跟着大孩子、成人玩追跑游戏等。小班初期的幼儿，在没有扶持的情况下，需要两步一级地上下楼梯；小班后期，幼儿腿部力量逐渐增强，多数幼儿可以一步一级地双腿交替上下楼梯。幼儿的手部小肌肉发展也逐渐协调、精细，他们愿意参加握笔画画、撕纸、使用剪刀剪直线等活动，在不断尝试的过程中，手指越来越灵活，并且动作过程中不断产生“我能行”的愉悦情绪。

小班幼儿最明显的一个进步，就是学会按指令行动，生活自理能力增强，如在成人的指导下，他们开始自己洗手、吃饭、穿鞋、系扣子等，但由于受动作能力发展的制约，动作比较迟缓、笨拙，需要成人给予耐心指导。

2. 心理发展特点

(1) 由直觉行动思维向具体形象思维发展，想象力增强。

小班幼儿的思维活动中，无意注意占优势，幼儿往往受到行动和外部环境的影响。他们在做事情时往往会先做后想，或者边做边想，不会思考好以后再做。例如，绘画活动开始前往往无计划，画完后才会想到随意的情节，故欣赏小班幼儿的绘画作品贵在“听”而不在“看”。另外，模仿是小班幼儿明显的学习特点，所以游戏或回答问题时会出现大量的“从众”现象。

小班幼儿的想象力逐渐增强，在没有道具的情况下可以假装游戏，如幼儿甲把手放在幼儿乙的嘴边说：“请吃好吃的冰激凌！”幼儿乙假装吧嗒着嘴说：“真好吃！我也请你吃巧克力味的冰激凌！”两人乐此不疲地游戏着。小班幼儿的游戏中还会出现物的转换替代现象，如娃娃家没有配置电话的道具，幼儿需要打电话，就随手拿起一块积木在耳边通话，需要切菜了，同样的积木又变成了刀。

这个年龄段还会出现特有的“说谎”现象，如与小朋友谈论玩具的话题，会天马行空地描述实际上自己并未拥有的玩具，这一特殊现象是因为幼儿的想象与现实混淆造成的。

(2) 自我概念开始发展，但自控力差。

小班幼儿喜欢与人交往，尤其喜欢与同伴一起活动，在与同伴或成人的交往中幼儿开始发展自我概念，如自己的名字、自己的性别、自己喜欢干什么、什么是“我的”、什么是“你的”等。但在与人交往中，带有明显的自我中心倾向，容易受情绪影响而冲动，不能很好地控制自己的行为。如存在“抓人”“咬人”的现象，游戏活动吸引不了他，自顾自地脱离集体活动，重新选择自己感兴趣的活动等。这个阶段的幼儿对自己的认识还容易无限夸大，如认为自己可以像奥特曼一样杀怪兽，像蜘蛛侠一样帮助所有人等。另外，小班幼儿有强烈的情感依恋，与亲人分离时，容易产生分离焦虑。

(3) 能用简单语言表达自己的感受与需要。

小班是幼儿语言发展的飞跃期，他们基本掌握本地区语言的全部语音，但发音还不够准确；他们的词汇量增加很快，名词、动词等实词运用掌握较好；愿意运用简单句表达自己的意愿，喜欢听故事。这个阶段幼儿语言能力的发展个体差异明显，一般女孩比男孩语言发展要好。

(4) 处于秩序敏感期。

小班幼儿正处于秩序敏感期，他们对做事的顺序性、生活习惯、物品的空间位置及所属上有严格的要求，如不能随意打乱坐的位置，接送卡必须自己交给妈妈而不能让妈妈自己拿等。这个阶段，是建立规则最好的阶段，因此一日活动常规管理在小班有着非常重要的意义。

(二)新生入园的管理

新生入园是小班班级管理的第一件大事。幼儿离开父母和家庭进入幼儿园班级，幼儿及其家庭成员的感受不亚于第一次断乳。在这一过程中，幼儿及其家庭成员都将面临不同程度的分离焦虑。教师如何应对一大波“哭潮”，帮助幼儿及其家庭成员克服分离焦虑，帮助幼儿尽快适应幼儿园的集体生活，是新生入园管理的核心内容。

为了让幼儿尽快地适应幼儿园的集体生活，我们的教师与家长应该团结一致，积极配合，共同努力，做好幼儿的入园引导工作。教师方面应做到以下几点。

1. 入园前的家访

幼儿入园以前，教师与幼儿一般有五次接触时间，一是报名时，二是录取体检时，三是家访时，四是家长带孩子来试上幼儿园两个小时时，五是孩子试上幼儿园半天时。其中，家访是很重要的一环，目的在于了解孩子的家庭环境，了解孩子。同时还要向家长说明教育孩子不能用高压政策，而是要说服幼儿。

2. 召开家长会

家长把幼儿送到新的环境，心理上也不适应，怀疑老师的教养态度及方式，担心孩子的生活起居。幼儿园应召开家长会，首先让家长了解幼儿园，对家长提出有关教养子女方面的具体要求，如教幼儿学说普通话，坚持用普通话与幼儿对话，培养孩子初步的生活自理能力及良好的习惯，放手让幼儿独立吃饭、自己大小便，给孩子安排与幼儿园相应的作息时间，早睡早起，每天中午坚持午睡等。其次在日常生活中，家长要与幼儿平等相处，不可威胁、恐吓幼儿，更不要用“不听话就送你到幼儿园”之类的话强迫幼儿服从自己，使幼儿心理上对幼儿园产生恐惧。给幼儿讲有关幼儿园的环境及有趣的事，以引起幼儿对入园的向往，这样，不仅缩短了家庭与幼儿园之间的生活、卫生习惯方面的距离，而且使幼儿对幼儿园有了一定的间接经验，激发幼儿入园的愿望。

3. 参观幼儿园

教师可以请家长带领幼儿入园参观、玩耍，观察幼儿园的环境及一日生活，特别注意观察小朋友如何自己吃饭、如厕、盥洗、午睡、游戏，幼儿既接触了幼儿园这个新环境，有了一定的感性经验，而且和蔼可亲的教师、优美的环境、丰富有趣的活动会深深打动他们幼小的心灵，从而产生对幼儿园及教师的积极向往。在其他幼儿不在时参观幼儿园，会使新来的幼儿觉得那里的情况简单而易于应付，因为那里没有那么多新的、不熟悉的因素。他能熟悉那里的物质设备概况，能够找到自己感到安全的地方，这是他和教师建立关系而没有别的幼儿来争宠的好机会。这也是教师和幼儿逐渐熟悉，进而了解他的需要与兴趣，并摸清自己作为他的教师应发挥哪些作用的好机会。

4. 合理安排好幼儿入园之初的活动，使幼儿真正感到幼儿园生活的快乐，真正喜欢幼儿园

在幼儿真正进入幼儿园之后，他就会进一步知道幼儿园是个什么样的地方，表现也不一样，有些幼儿会与其他幼儿开始接触，和他们一块玩；有些幼儿则远远地站在其他幼儿的后面，只看人家玩，自己不参加；还有一些幼儿则重新去玩他上次来参观时所喜爱的游戏材料，对周围的幼儿似乎漠不关心；有的幼儿则哭闹不已，独断专横。那么，教师应该做些什么呢？

首先，教师要通过观察和交往，努力与新来的幼儿建立关系。教师要用亲切的态度、温和的语言、温暖的爱抚来打动幼儿的心，引起幼儿愉快的情绪反应，尽快使幼儿把对家长的依恋转移到自己身上来。班级里难免有自理能力特别差的幼儿，也会发生一些不会脱裤子、吃饭需要人喂，甚至尿裤子的事，教师应该主动热情地帮助这些幼儿，不要嫌弃他们，时常提醒幼儿。有的幼儿哭闹得很厉害，教师应该过去抱一抱他们，拿手绢给他们擦鼻涕、擦眼泪，哄劝一下，哭闹便会减轻。教师的关心、体贴会使幼儿们心理上感到安全，情感上得到满足，把教师当作陌生环境的保护者，从而减轻他们刚入园的“分离焦虑”。

再者，要根据幼儿身心发展的特点组织有趣的活动来吸引幼儿，分散幼儿“想妈妈，想家”的注意力。

幼儿的好奇心强，注意的持久性差，教师要善于用有趣的游戏活动、图书、新颖的玩具来吸引幼儿，不要只是一味地哄劝个别哭闹严重的幼儿而忽视其他幼儿，那样，会使本来不哭闹的幼儿失去感情寄托，感觉受到冷落而跟着哭喊起来，善于用部分哭闹轻的幼儿来带动哭闹严重的幼儿参加到游戏活动中来，如组织他们玩大型玩具，滑滑梯，转转椅，做个吹泡泡的游戏等，会使那些哭闹的幼儿情不自禁地参加到活动中去。

以大带小也是减轻入园幼儿“分离焦虑”的一个有效方法。大班老师与小班老师可以一起组织以大带小活动，大班的幼儿们非常认真：“哥哥给你擦了泪，咱们一起开火。”“来，姐姐给你摆座大高楼。”他们领小班幼儿上厕所、喝水，俨然一副大哥哥、大姐姐的模样。大班的幼儿还可自制一些玩具，如七巧板、计算卡等送给小班的幼儿，并教他们怎样玩，许多幼儿破涕为笑，变消极为积极，主动地参与到活动中来，忘却了哭闹喊叫，同时，也锻炼了大班幼儿，进行了非常现实的品德教育。

幼儿初入园，一下子难以适应幼儿园的生活安排。许多幼儿不愿意午睡，期待着家长早点接，教师可以根据实际情况灵活安排幼儿的午睡。个别幼儿的活动量大，或者哭闹得

严重，中午已经很累了，可以安排他们睡觉。但是，个别极不情愿午睡、一到午休室就哭闹的幼儿可以领他们玩一玩，等他们情绪基本稳定时再哄他们入睡。这样，减轻了幼儿在园的痛苦体验，会使他们的消极情绪向积极情绪发展，充分地信任、依恋教师。对于部分适应能力较差的幼儿，应允许他们有一段较长时间的适应过程，如在新入园的最初阶段，允许他们先来半天，以后逐步过渡到全天，教师对他们应予以更多的照顾和关心，在生活上不提出过多的要求，以稳定他们的情绪，避免儿童之间各种不良情绪的相互感染。

(三)小班幼儿日常管理

小班幼儿有其特殊的身心发展特点，在幼儿园中应以保育为主，因此小班幼儿的班级管理更多地注重生活管理。

1. 来园活动

(1) 幼儿活动的日常管理。

① 高高兴兴上幼儿园，向教师问早、问好。

② 带手帕，衣着整洁，能高兴地接受晨检，插放晨检标记。

③ 进班后，在教师的指导下，将脱下的衣服和帽子放在固定的地方。

④ 学习抹小椅子，双手轻拿轻放小椅子。

(2) 对教师的要求。

① 热情接待幼儿和家长，仔细了解幼儿在家的健康情况。聆听并履行家长的嘱咐，解答家长的咨询。有时为了配合园内一些活动，我们会鼓励幼儿带玩具或物品来园，并预先告诉幼儿，凡带物品来园分享的，应先交给教师保管，待自由活动时，才拿出来与其他幼儿分享，完毕后又要立刻交给教师，到离园时才还给幼儿。

② 观察幼儿的皮肤、五官、神情，做好笔录，如有异常，迅速与保健室联系，及时处理。

③ 观察幼儿的情绪，舒缓幼儿不安的情绪，处理幼儿的行为和突发事件，做好个别幼儿的安全工作。

④ 清点人数，做好点名记录。

⑤ 教育和指导幼儿学习使用手帕。

(3) 对保育员的要求。

① 开窗通风，搞好室内外清洁卫生，做到室内外空气流通，光线充足。

② 配合教师做好幼儿的服装鞋帽穿脱放置工作。

③ 配合教师做好个别幼儿的情绪转变工作。

④ 指导个别幼儿学习使用手帕。

2. 盥洗活动

(1) 幼儿活动常规。

① 逐步养成饭前、便后和手脏时洗手的习惯。

② 洗手前将衣袖卷起，洗手时能按顺序认真地洗。

③ 洗手时不玩水，学会擦肥皂，洗好后用自己的毛巾擦手。

④ 能主动向教师表示大小便，学会上厕所小便，逐步养成每日大便的习惯。

⑤ 逐步学会饭后洗脸、漱口。

(2) 对教师的要求。

① 指导和帮助幼儿按顺序洗手、洗脸(打开水龙头，把手洗湿，抹上香皂，将香皂放回原处，洗手洗脸，关水龙头，把手脸抹干)，洗完后擦干，不弄湿地面。

② 了解幼儿大小便的习惯，随时观察幼儿是否需要大小便，鼓励幼儿根据需要如厕。

③ 与幼儿一起制定简单的盥洗规则，以避免发生混乱。如排队等候轮流上厕所，上厕所后自行冲厕和洗手，分组洗脸、洗手。

④ 随时对幼儿进行卫生常识教育，对个别幼儿进行重点指导。

(3) 对保育员的要求。

① 做好盥洗前的准备工作，放好肥皂、消毒毛巾和卫生纸。

② 同幼儿一起进入盥洗室，对幼儿盥洗进行具体指导。

③ 指导幼儿大便时拉好裤子，注意腿部保暖。帮助幼儿便后穿好裤子，注意腹部保暖。

3. 饮食活动

(1) 幼儿活动常规。

① 安静就座，愉快进餐。

② 学习使用餐具。

③ 学习文明的进餐行为，细嚼慢咽，不挑食，精神集中地吃饭，保持桌面、地面、衣服整洁。

④ 学会餐后擦嘴，用温水漱口。

⑤ 能主动表示想喝水。

(2) 对教师的要求。

① 餐前半小时不组织剧烈活动。

② 组织盥洗。

③ 创设安静愉快的气氛，用正面教育的方法，鼓励幼儿吃饱、吃好，教幼儿正确使用餐具，培养幼儿良好的进餐习惯。减少幼儿的等待时间。

④ 餐后组织10～15分钟的散步活动。

(3) 对保育员的要求。

① 餐前用消毒水擦干净桌子，准备餐具、漱口水。

② 少盛多添，根据幼儿饭量增添饭菜。

③ 放些轻松、和谐的音乐，让幼儿进餐愉快。

④ 餐后做好清洁工作。

⑤ 对个别吃饭过慢的幼儿给予适当的帮助。

⑥ 为幼儿提供随时喝水的条件。

4. 睡眠活动

(1) 幼儿活动常规。

① 安静就寝，睡姿正确。

② 在成人的帮助下，能按顺序脱衣裤鞋袜，放在固定的地方。

(2) 对教师的要求。

① 提醒幼儿睡前小便，安静进入卧室。

② 指导帮助幼儿有顺序地穿脱衣服。

③ 帮助幼儿盖好被子。

④ 巡回观察幼儿睡眠情况，纠正幼儿睡眠中的不良习惯，发现异常，及时处理。

5. 根据季节掌握午睡的时间

对保育员的要求。

(1) 拉上窗帘，适当开窗，创设安静、通风、整洁、卫生的睡眠环境。

(2) 帮助幼儿穿脱衣服。

(3) 护理和安慰个别幼儿入睡。

(4) 起床后整理好午睡室。

6. 散步活动

(1) 幼儿活动常规。

① 在教师的带领下，一个跟着一个，有秩序地散步。

② 散步时不奔跑，注意安全。

(2) 对教师的要求。

① 有计划地带领幼儿有秩序地散步。

② 组织全班幼儿散步，观察事物时请幼儿站立。

③ 注意散步路线中的安全。

(3) 对保育员的要求。

① 配合教师做好散步的组织工作。

② 注意幼儿散步中的安全。

③ 散步前后清点人数。

7. 离园活动

(1) 幼儿活动常规。

① 收拾好玩具，放好桌椅，离开活动室。

② 将脱下的衣服、帽子穿好回家。

(2) 对教师的要求。

① 热情接待家长，向家长反映幼儿在园的生活情况、身体状态等。

② 指导幼儿将自己的玩具放在玩具架上。

③ 鼓励幼儿将带来的衣帽等穿好后回家。

④ 清点人数，做好交班记录。

(3) 对保育员的要求。

① 亲切和蔼地接待幼儿和家长。

② 帮助幼儿共同整理玩具，整理活动场地。

③ 做好个别幼儿的稳定情绪工作。

④ 将活动室的环境打扫干净。

二、中班幼儿的班级管理

幼儿园中班是幼儿 3 年学前教育中承上启下的阶段，也是幼儿身心发展的重要时期。幼儿进入中班后，标志着他们进入了一个新的成长阶段。每一个幼教工作者应认真分析、把握中班幼儿的发展特点、班集体特征及常规管理的特点，采取切实有效的措施和手段，以收到事半功倍的效果。

(一)中班幼儿的发展特点

1. 生理发展特点

中班幼儿进入一个相对平稳的增长阶段，生长速度明显减慢。他们的身体更加结实，体力增强，运动速度、动作灵活性、动作准确度发展较好。中班幼儿的走、跑、跳、钻、爬、攀登等基本动作越来越自如，喜欢在游戏中练习单足站立、抛接球、投掷等动作，耐力也逐步增强，可以坚持徒步一定的距离。中班幼儿的精细动作进入快速发展阶段，可以熟练地进行使用筷子、穿脱衣服、扣纽扣、拉拉链、系鞋带等自我服务活动，也可以较好地完成折纸、穿珠、插接玩具、用剪刀剪简单图案等精细动作。幼儿的动作质量明显提高，在灵活性和坚持性上特点突出。

2. 心理发展特点

(1) 由无意注意向有意注意发展。

虽然中班幼儿的无意注意依然占优势，但有意注意也开始发展起来了，集中精力参与活动的时间逐渐延长，小班的集体活动时间是 15 分钟，中班则延长到了 25 分钟。幼儿在活动中可能会游离或跑题，但经过教师的调整、鼓励，会很快又投入进去。中班幼儿有意注意的发展也体现在幼儿能较好地完成成人交代的定向任务，如在幼儿园学习做值日生的内容，较长时间地观察某幅画面，帮教师传话、传递简单物品；在家里帮家人收拾餐桌，与妈妈一起制作手工等。中班的幼儿已具备一定的责任感。

(2) 规则意识萌芽，是非观念有待引导。

经过小班一年的集体生活，中班幼儿具备了一定的综合能力，收获了足够的自信心。他们的规则意识逐渐萌发，知道洗手要排队、玩具谁先拿到谁先玩、不可以在活动室内大声喧闹等。这个阶段的幼儿是非观念还比较模糊，很多时候停留在“大人表扬了就是对的，大人批评了就是错的”的表面意识上，还不会通过自己的思维进行是非判断，因此常常过于依赖成人，频频出现“告状”的现象。对于中班幼儿有事没事“爱告状”的现象，教师要理解其行为背后的核心问题，耐心引导幼儿通过具体事例学习面对、解决问题。

(3) 交往能力逐渐增强。

中班幼儿的交往意识和交往能力逐渐增强。他们具备了一定的自我控制意识，如小班时频发的“咬人”“抠人”现象越来越少；他们有了“交朋友”的意识，能用语言表述“你是我的好朋友，他也是我的好朋友，咱们都是好朋友”的友谊愿望；他们的积极情感开始发展，如同情心让他们开始体谅同伴：“你摔倒了很疼是吧，我给你揉揉”等。在与他人交往中，中班幼儿能主动学习并运用文明礼仪用语，如“对不起”“谢谢”“请让我用一下你的红颜色，马上就还给你可以吗？”等，这些不断积累的经验促进着幼儿交往能力的发展。

(4) 活泼好动性明显增强。

幼儿是用各种感官来认识这个世界的，活泼好动是幼儿的天性，他们喜欢动手动脚、不受限制、自由奔跑，尤其是中班这个年龄段，活泼好动的特性更加明显。幼儿园教师都有这样的共识：小班幼儿听话、乖巧、服从，“说什么都信”；大班幼儿懂事、善解人意、有独立的思维；而中班的幼儿调皮捣蛋、叛逆难管。这是因为中班幼儿熟悉了幼儿园环境，掌握了日常规则和要求，对所有的常规活动不再有新鲜感，不再对家人有强烈的依恋感，又缺乏足够的独立意识和自控能力，因此外显行为便相对自由放松、无拘无束，甚至兴奋过度，难以驾驭。作为教师，要理解中班年龄段的“小野马”状态，耐心细致地进行科学管理。

(二)中班幼儿班级管理的要点

1. 生活卫生习惯

(1) 盥洗。

① 不留长指甲，养成饭前便后和手脏时及时洗手的习惯；会自己挽袖子，会独立有序地洗手、用自己的毛巾擦手并整理归位。

② 大小便能自理，会在教师指导下正确使用手纸。

(2) 饮食饮水。

① 在集体饮水的基础上能做到按需饮水，每次饮水量在半杯以上。

② 正确使用餐具，会一手使用筷子，一手扶碗，细嚼慢咽，不发出响声；不用手抓饭，不吃汤泡饭；进餐尽量做到桌面、地面、身上、碗内干净；进餐完毕能做好自我服务工作，餐具分类归放、餐桌擦干净，主动擦嘴漱口。

(3) 午睡。

① 不带小物件进寝室，按要求放置好衣服、鞋子，女孩会自己摘下头绳、发卡。

② 安静午睡，不打扰别人，睡姿正确，不趴睡，不蒙头睡。

③ 身体不适、有小便需求能及时告诉教师。

④ 有独立穿脱衣物的意识和能力，愿意帮助同伴完成。

⑤ 在教师指导下学习整理床铺。

2. 照顾环境的习惯

(1) 有维护环境卫生的习惯意识。能把生活、游戏、学习中产生的碎纸屑等垃圾放进垃圾箱。

(2) 有爱惜公共材料的习惯。轻拿轻放，活动结束后主动整理归位。不在室内乱跑、大声喧闹。

(3) 做好值日生工作。会照顾班级的自然角，会浇水、擦拭植物叶片，会为同伴分发碗筷，会整理擦拭玩具柜，会清洁地面等。

3. 参加集体活动的习惯

(1) 愿意参加集体活动，喜欢与同伴互动、分享。

(2) 能遵守集体活动的规则，外出时有秩序，听指挥、守纪律，注意安全。

(3) 在洗手、喝水、游戏时有排队和等待的意识。

(4) 积极参加集体活动，愿意动脑筋想办法帮助大家，为集体服务。

(5) 未经别人同意，不随便翻拿别人的东西。

(6) 活动中能调整自己的情绪，不任性、不霸道、不以自我为中心；愿意在老师的帮助下处理和同伴的冲突，自己有错时能主动承认错误，学习正确对待活动中的胜败和输赢。

4. 学习习惯

(1) 活动中能保持良好的身体姿势(站姿、坐姿)，能正确使用各种工具和材料，如握笔姿势、使用剪刀的方法、使用胶棒的方法、工具中途搁置的方法等。

(2) 能安静、耐心倾听别人的意见；活动中不随便插话，学习在等待中轮流发言；能用自然的声音完整、连贯地表达个人观点。

(3) 活动中专注认真，能积极观察思考，主动探索发现，在规定的时间内努力完成活动任务。

(4) 爱惜教具学具，不把教具学具放进嘴里。

三、大班幼儿的班级管理

(一)大班幼儿发展的特点

1. 生理发展特点

大班幼儿的身体素质比小中班有了质的飞跃。他们的身体发育稳速发展，身高和体重都比中班增加不少；骨骼的骨化程度较强，富有弹性，可塑性强；精力旺盛，爆发力强，对体育活动充满兴趣，基本上能做到连续行走 20～30 分钟而不感到疲劳，参加集体的徒步活动可以坚持到 4km。大肌肉动作如走、跑、跳、钻爬、攀登、投掷、平衡等，无论是动作技能、速度力度、灵活性和耐力都有了明显的进步。他们喜爱游戏，游戏活动的水平也高了，他们会用各种器械，如轮胎、梯子、平衡木等组合场地，并且加大动作难度共同挑战完成，游戏中竞赛的特点越来越明显。

大班幼儿的脑结构已相对成熟，接近成人水平。大脑兴奋性增强，睡眠时间减少，活动时间延长；大脑抑制过程有所发展，自控力增强。大班幼儿处于换牙期，成人要培养幼儿良好的口腔卫生习惯，对幼儿普及必要的换牙知识，如不用舌头舔刚长出的新牙，不要咬铅笔、尺子等硬物，以免导致牙齿排列不整齐等。

大班幼儿的手部小肌肉动作更加灵巧，手眼协调能力增强，操作活动水平越来越高，尤其是孩子们越来越喜欢挑战复杂性的、精致性的操作活动，如用剪刀剪复杂的图案，用橡皮泥捏出动物的五官、羽毛、花纹等细节，按照折纸图折出复杂的物品，用画笔进行复杂的线描造型，用铅笔书写数字、姓名等。

2. 心理发展特点

(1) 抽象逻辑思维开始萌芽。

整个幼儿阶段的思维特点以具体形象性为主，但大班幼儿已开始萌发抽象逻辑思维。数学概念较快发展，对事物间因果关系、包容关系、类别关系等的认识分辨等开始形成。例如，对于“柚子比菠萝重，西瓜比柚子重，柚子、菠萝、西瓜哪个最重”这样的问题，不再像中班幼儿一样不假思索地随便“猜出”答案，而是能够通过自己的思考、分析、推理，给出相应的答案。

(2) 心理活动向有意性发展。

大班幼儿的心理活动向有意性发展，他们在活动前已具备目的性，且活动中能对自己的行为进行初步的调控。例如，某幼儿为饲养角带来了蜗牛，大家对蜗牛的了解几近空白，老师随即建议大家晚上回家后和爸爸妈妈一起查资料(离园的时候未进行强调)。第二天，几乎所有的小朋友都查了资料，有的小朋友甚至带来了图片和影像资料。这表明幼儿对这一活动过程进行着高度的有意关注。另外，大班幼儿已具备了为活动做计划的能力，教师要善于发现幼儿的能力特点，经常让孩子们独立或小组合作做计划，培养他们有意性的发展。例如，班级远足活动，可以先请幼儿分组讨论交流，做小组计划，再通过小组分享完善计划，最后通过活动验证计划，使幼儿全面立体地获得组织远足活动的基本经验。

(3) 自我意识逐渐发展。

幼儿期自我意识的发展主要表现在自我评价、自我体验和自我控制三个方面。大班幼儿在这三方面都有了长足的发展，尤其是自我评价和自我控制两个方面。大班幼儿不再轻信别人的评价，当别人的评价与幼儿的自我评价发生冲突时，幼儿不会轻易妥协，而是会努力申辩。同时，幼儿对自己的评价开始多元化，能看到自己的优点，也能正视自己的不足，如在绘本《佩泽提诺》的活动中，幼儿一一坦然地做自我评价，“我画画、做手工很棒，但是我不喜欢运动”等。大班幼儿的自控能力也越来越强，后期的学习活动时间接近小学的上课时间，在大班毕业前期要求幼儿不可以随意活动，如喝水、如厕等，幼儿基本都能做到。

(4) 交往能力、合作意识增强。

大班幼儿越来越喜欢与人交往。在交往的过程中，幼儿的口语表达能力发展迅速，独白语言的发展使幼儿能完整讲述较长的意见和想法，并且能遵循必要的交往规则，发展了与同伴的友谊，形成了自己的朋友圈。在集体活动中，幼儿与同伴合作的愿望和能力也逐渐增强，他们会一起讨论制定规则、玩法、分工等；在活动中，幼儿还会积极主动地向同伴学习，寻求帮助。

(二)大班幼儿班级管理的策略

大班幼儿良好的生活常规主要包括良好的饮食、睡眠、盥洗和排便等习惯；知道保护身体各部位器官的重要性和方法；保持身体及仪表整洁的良好习惯；日常生活中具备良好的交往习惯、学习习惯、安全习惯等。除了保持在小、中班养成的基础习惯外，大班幼儿面临幼儿园与小学的衔接任务，因此，大班一年，要围绕幼小衔接循序渐进地做好班级管理工作，避免出现环境、作息时间调整、教学活动安排上的“突变”现象，让幼儿感到困惑、不适应。尤其是大班毕业前的两个月，作息时间、活动方式等要逐渐接近小学的安排，让幼儿从身体、心理、自理能力、学习习惯、安全意识等各个方面都逐渐适应小学生活。

大班幼儿经过两年的幼儿园教育，已经养成很多良好的行为习惯。随着年龄的增长，他们的自制力、是非辨别能力也逐渐增强，这些都为教师和家长帮助幼儿养成更多更好的常规习惯提供了有利条件。与小班、中班相比较，大班的班级管理任务更加艰巨，要完成幼儿园保教的基本任务，同时还要为幼儿进行幼小衔接的准备工作，因此在班级管理中应运用正确的策略以保证以上任务的顺利完成。在实践中教师与保育员可以运用以下方法与策略进行班级管理。

1. 激发主动性，尝试幼儿自主管理

幼儿自主管理，就是幼儿通过意识与行为表现出来的认识、支配外界环境的管理过程。对于大班幼儿来说，让他们成为班级的主人，从被动管理到主动积极的管理，是幼小衔接的重要途径之一。大班幼儿的年龄特点决定了他们已经具备初步的自我管理能力，幼小衔接的任务也决定了幼儿园大班培养幼儿自主管理的必要性。大班教师可以尝试让幼儿进行以下内容的自主管理：幼儿熟知本班级一日活动流程，并可以自己看时间预先调整个人及同伴行为；幼儿具备团队合作能力，知道一个活动需要大家集体讨论、分工合作，会跟同伴一起为某个主题做计划、做方案等；班级活动由幼儿主动参与制定活动规则，在活动过程中完善规则并相互监督实施等。例如，大班的自然角创设，王老师向小朋友们抛出问题：“新学期开始了，咱们班的自然角怎么创设，小朋友们肯定有很多想法，你们分组讨论，拿出意见，然后咱们就按小朋友们说的做！”小朋友们在老师的指导下讨论、搜集种子、寻求种植方法、分组实践等，忙得不亦乐乎。

2. 注重渗透性，不失时机地随机教育

幼儿园阶段，注重在日常生活中不失时机地渗透随机教育，对幼儿常规培养具有重要的作用。大班幼儿在一日生活中，仍会出现各种各样的问题，虽然他们有意尝试着自己解决，不再像中班幼儿那样喜欢告状，但依然需要教师的指导帮助，从而进一步积累分析问题、解决问题的经验和能力。教师在处理幼儿的问题时，要把握“认真倾听原委、抛出解决提示、鼓励自主解决、评价解决方案、迁移解决经验”的原则，让幼儿在解决问题的过程中完成语言表达、用心思考、情绪疏解等多元方式，逐渐提升自主管理的能力。例如，幼儿为班级带来了一大盒蚕宝宝，随着蚕宝宝一天天长大，桑叶一度告急，幼儿急得不断向贾老师寻求帮助。贾老师对幼儿说：“我们大家都很着急，依靠老师一个人的力量来解决肯定不行，大家想想还有什么办法能帮到蚕宝宝？”幼儿纷纷出谋划策，很快，“通过微信群向爸爸妈妈寻求帮助”“双休日轮流认养回家”的办法在讨论中出炉，蚕宝宝喂养活动结束后，贾老师用照片、影像资料的方式跟孩子们一起分享了喂养活动的快乐、经验等，为孩子们以后的喂养活动提供了经验支持。

3. 发挥示范性，注意正面强化为主

大班幼儿的自我意识增强，能够对自己做出评价，很顾忌自己在大家心目中的形象，自己的优势希望得到大家的认可，自己的劣势不希望暴露在大家面前。例如，小班幼儿尿了裤子，会大声求助：“老师，我尿裤子了，湿湿的，快帮我换！”而大班幼儿不小心尿了裤子，都会有羞耻心，会采取掩饰的手段：“我没有尿，是因为太热了，我出了好多的汗!”教师要掌握大班幼儿的这一心理特点，对幼儿集体评价时以表扬鼓励等正面强化为主，碰到幼儿的敏感问题，最好能一对一个别解决，不要伤及幼儿的自尊心，不要让幼儿产生如“我就是最慢的，怎么努力都快不了”的自卑情绪，从而形成消极自卑的心理。

4. 注意计划性，开展系列主题活动

开展系列主题活动“我要上小学了”。这个主题活动应该是贯穿大班整个学年的幼小衔接方案。除了日常的常规培养，应该有以下五个小主题的系列活动：一是主题活动“我是时间小主人”，通过每天自己签到出勤表、在固定时间完成相应任务等活动帮幼儿建立起严格的时间观念，为入小学后的遵守时间做好准备；二是主题活动“我的好朋友”，通过为好朋友做名片、与好朋友同演童话剧、到好朋友家玩、相约周末等活动让幼儿感受友谊的重要性，并学习与好朋友交往的原则和方法，为入小学后很快结识新同学，缓解入学不适做基础；三是主题活动“我是运动小健将”，通过各种形式让幼儿学会拍球、跳大绳、跳小绳、跳皮筋等体育锻炼项目，为入小学后缓解学习疲劳，积极参加同伴活动培养兴趣与能力；四是主题活动“我的小书包”，通过认识小书包的功能、学习背小书包、整理小书包等活动，让幼儿学习自己分类整理学习物品，养成“小书包自己整理、每天整理”的好习惯；五是主题活动“参观小学校”，通过邀请小学生进幼儿园互动谈话、采访小学生、参观小学校环境、参加小学生升旗仪式、和小学生一起上课等活动了解小学校的生活，激起幼儿入小学、做个优秀小学生的美好愿望。

本章小结

幼儿园以班级作为实施保教工作的基本组织形式，幼儿园班级是由幼儿和保教人员共同组成的学习集体。班级作为幼儿所处的最密切的环境和最具体的生活场所，对幼儿发展有着最直接的影响。因此，对幼儿园班级的认识有助于保教人员，特别是带班教师整合班级中的各种要素来积极推动班级活动的开展，高效顺畅地推进幼儿园班级的管理工作，为幼儿的健康成长创造和谐有序的班级环境。为了顺畅开展幼儿园管理工作，在过程中需要遵循主体性原则、整体性原则、参与性原则和高效性原则。

幼儿园班级管理的内容相当宽泛，幼儿园班级一日活动的各个环节、所涉及的材料、场所、时间、人物的行为反应、情感需求等诸多因素无不在班级管理的范畴之内。在班级管理活动中，管理方法贯穿于管理目标和计划实施的全过程，它是将设想变为现实的一座重要桥梁。幼儿园班级管理方法就是指班级管理者为了实现班级管理的保教目标，在教育学、管理学等科学理念的指导下，为了充分调动班级中的人、财、物、时间、信息等因素，产生最大管理效应而运用的各种手段和策略。

我国幼儿园基本都是按幼儿的年龄分班，这样可以根据各年龄段孩子的不同身心发展特点进行保教，同时也有利于班级管理的顺利开展。

【推荐阅读】

[1] 张金陵. 幼儿园班级管理[M]. 上海：华东师范大学出版社，2015.

[2] 唐淑. 幼儿园班级管理(综合卷)[M]. 南京：南京师范大学出版社，2012.

[3] 申继亮. 新世纪教师角色重塑[M]. 北京：北京师范大学出版社，2006.

[4] 谷瑞勉. 幼儿园班级管理：反思性教师的思考与行动[M]. 北京：北京师范大学出版社，2016.

[5] 侯娟珍. 幼儿园班级管理[M]. 北京：北京师范大学出版社，2016.

思考与练习

一、名词解释

幼儿园班级管理　幼儿园班级管理方法

二、简答题

1. 幼儿园班级管理的内容都有哪些？
2. 简述幼儿园班级管理的方法。
3. 中班幼儿园班级管理的要点有哪些？

三、论述题

请结合实际谈谈教师应该怎样进行幼儿园大班的班级管理。

【实践课堂】

分析下面教师所做的属于班级管理哪方面的内容，请评述该教师的管理方法与效果。

布置图书角

幼儿园小一班要进行班级图书角的布置，但是班级书目有限。于是，教师积极动员班级小朋友带些自己喜欢的书来幼儿园，共同布置图书角，同时也可以和其他小朋友分享自己喜欢的图书。小朋友们都很踊跃地带来了自己的图书，并一起完成了图书角的布置。但是之后老师发现了问题，如园园带了三本图画书，当有小朋友要去看时，无论园园在干什么都会去阻止其他小朋友看她的图画书。教师去劝说园园，希望她能借给其他小朋友时，园园就会大哭，怎么样都不愿意借。在其他小朋友的身上，教师也发现了这个问题。因此，每次看图书时，班级里都很吵闹。于是，教师决定和幼儿们商量如何分享看图书，幼儿们积极提出了各种方法，如互换图书、共同看图书等。最后，教师与幼儿们共同决定看图书的方式，即先得到图书主人的同意，再去看他人的图书。幼儿在讨论如何分享图书的过程中，教师只是一个活动的引导者，教师并没有直接决定如何去分享图书的方法，而是在出现问题时，抛出问题，给予幼儿思考的空间，让幼儿自己去解决问题，自己去制定规则并且贯彻实行，这样幼儿会更加自觉主动地维护班级的规则。

(资料来源：左志宏. 幼儿园班级管理[M]. 上海：华东师范大学出版社，2015.)

第八章　幼儿园班级管理.pptx

管理者最基本的功能是发展和维系一个畅通的沟通渠道。

——巴纳德

第九章 幼儿园公共关系管理

本章学习目标

- 了解公共关系的含义、特征；幼儿园家长工作管理与社区公共关系建立的意义。
- 理解幼儿园公共关系的含义和原则。
- 掌握幼儿园公共关系的内容和策略。
- 幼儿园家长工作管理的内容。
- 幼儿园与家长公共关系构建的策略与方法。
- 幼儿园与社区公共关系的管理策略。

核心概念

公共关系(public relations) 幼儿园公共关系(kindergarten public relations) 幼儿园家长工作(kindergarten parents' work) 社区(community)

引导案例

“家园联系栏”取得的教育合力

某幼儿园开展了幼儿生活自理能力的养成教育活动，各班教师充分利用“家园联系栏”进行广泛的宣传，以争取家长对工作的支持与配合。例如，小班贴出了下面这样的通知。尊敬的各位家长：如果您的孩子在生活自理能力方面取得了一点进步，请您及时写信告诉老师，我们非常愿意与您分享孩子的点滴进步，谢谢合作！除了通知之外，“家园联系栏”中还贴上了一个精致的粉色信筒。刚开始时，收到的信很少。收到家长来信后，不论这些信是只言片语，还是长篇大论，老师都会把它们读给全班小朋友听，并把它们贴在“家园联系栏”中，让全体家长共同分享每个孩子的点滴进步。随着时间的推移，家长们对于“家园联系栏”中的通知和家长来信表现出越来越浓厚的兴趣，信筒中的家长来信也逐渐增多起来。与此同时，小班幼儿不仅在生活自理能力方面有了很大的进步，而且在其他方面都有了明显的提高。

案例分析

案例中的“家园联系栏”充满了对幼儿进步的期待和鼓励，每一位家长都体验到被尊重与被信任的积极情感，并自然而然接受了教师所倡导的赏识教育理念，家长们学会努力发现自己孩子身上曾被忽视的许多闪光点，并与孩子形成一种正面的、积极的交互作用。作为家园互动的有效方式，在家园共育中取得了良好的效果，发挥了家长和幼儿园共同的教育合力。

学习指导

本章的重点是公共关系的含义及其作用，幼儿园公共关系的内容、原则及其管理策略，幼儿园家长工作的意义、内容及其管理策略，幼儿园社区工作管理的策略等。在学习的过程中首先要仔细阅读教材，掌握相关的理论。其次，要结合自己的学习，理解公共关系及幼儿园公共关系理论、幼儿园家长工作和社区工作理论。最后，根据教学实践活动，掌握构建幼儿园公共关系的策略。

第一节　幼儿园公共关系概述

在现代社会中，没有公共关系意识的社会组织，就不可能赢得社会公众的信赖而取得市场竞争的主动权。公共关系经历了从萌芽到成熟、从低级到高级的发展过程，我们研究它、了解它，将它运用到幼儿园管理过程，是为了更好地为幼儿教育管理服务。

一、公共关系概述

(一)公共关系的含义

公共关系是指一个组织运用有效的传播手段，使自身适应公众的需求，并使公众也适应组织发展的需要，树立良好组织形象的经营管理行为和过程，是一种思想、策略和管理职能。

1. 公共关系包含五层含义

(1) 公共关系是指组织所处的社会关系和社会舆论的状态，如评价“长城饭店的公共关系不错”，指静态评价。

(2) 公共关系是指组织为创造良好社会环境、争取公众舆论支持而采取的政策、行动和活动，即以创造良好的公共关系状态为目的的一种信息沟通活动，如评价“尼克松辞职是公共关系的失败”，指形象和舆论环境。

(3) 公共关系是指人们在公共关系实践中形成的影响人们思想和行为倾向的深层的思想意识，即公共关系观念，如评价某组织“全园具备良好的社会形象意识”。

(4) 公共关系是指以公共关系的客观状态和活动规律为研究对象的一门综合性的应用学科，即公共关系学。

(5) 公共关系是指公共关系职业，如美国博雅公共关系有限公司、他是干公关的等。

2. 公共关系可依此提炼为三个核心要素

(1) 公共关系状态，公共关系是一种客观存在，是自古就有的，不管你承认与否，它都会影响组织的生存与发展。就像有人说的：世界上有了两个人就有了人际关系，有了两个集团、组织，就有了“公共关系”。

(2) 公共关系活动，是人们逐步认识到外界关系的重要性，并主动去调整这种关系时所产生的一些活动。

(3) 公共关系意识，是在对公共关系状态和公共关系活动的认识过程中所形成的，对于公共关系活动具有指导作用的思想、观念和原则。

(二)公共关系的特征

公共关系是一种特殊的社会关系，它既有社会关系的一般属性，又有自己的独特属性。

1. 以公众为对象

人际关系以个人为支点，公共关系则以组织为支点，是组织与其公众结成的关系。公众是公共关系的主要研究对象，组织必须坚持着眼于自己的公众，才能生存和发展。

2. 以美誉为目标

公共关系的目的是使组织拥有良好的声誉。组织形象的塑造是公共关系的核心问题，组织形象的美化是公共关系追求的效果。

3. 以互惠为原则

公共关系是以一定的利益关系、业缘关系为基础的。社会组织要生存和发展必须做到与公众互利互惠，最终达到双赢的目的。

4. 以长远为方针

社会组织凭借公共关系在公众中塑造好形象的过程是一个长期的过程，因此，公共关系的长远性与组织生存的长远性是一致的。

5. 以真诚为信条

公共关系要追求长久的美誉度，就一定要以真诚为信条。特别是市场经济条件下，公众对真诚的期望越来越迫切，唯有真诚才能长久赢得公众的合作与社会美誉。

6. 以沟通为手段

公共关系依靠信息产业，信息只有在传播沟通中才能实现价值。通过沟通，社会组织才能树立形象，提高美誉，促成合作，实现目标，建立与积累无形资产。

拓展阅读

公共关系的特征

一位公关部经理曾这样运用比喻地说道：公关工作好比一名青年追求伴侣，可以用很多种办法，大献殷勤是其一，但这是推销，而不是公关；努力装饰自己的外表，讲究谈吐举止，这是其二，不过这也不是公关，而是广告。如果这位青年进行精心的研究与推敲，制订出周密可行的计划，并且认真履行，以好的成绩来得到称赞，并通过他人之口将对自己的优良评价传扬出去，这就是公共关系了。

(三)公共关系的作用

公共关系的作用具体表现在社会、社会组织及个人三个方面。

1. 公共关系对社会的作用

公共关系促使了社会环境的优化，促进了社会的和谐，主要表现在以下几方面。

(1) 优化社会互动环境。社会互动是指社会上人与人、群体与群体之间的交往和相互作用。公共关系涉及群体与群体、群体与个人以及社会人际互动，是通过沟通社会信息、协调社会行为、净化社会风气来实现对社会互动环境的优化。

(2) 优化社会心理环境。公共关系提倡人们通过交往摆脱孤独和隔阂、恐惧和忧虑，从而促使社会心理环境优化。

(3) 优化社会经济环境。公共关系倡导公平竞争，使营利性组织争取最好的经济效益，从而带动整个社会经济繁荣。

(4) 优化社会政治环境。公共关系主张通过建立民主政治，增强社会管理人员的公仆意识和人民群众的主人翁意识，从而优化整个社会政治环境。

2. 公共关系对社会组织的作用

(1) 获取信息，控制环境。组织的环境信息主要包括政府的法规信息及决策信息、公众需求信息、公众对组织形象评价的信息及其他社会信息。而通过公共关系获取信息，是一个社会组织了解自己、了解自己运行的现实环境、了解现实环境中的公众最有效的手段。这些信息的及时获取，有利于社会组织指挥、控制本组织的正常运行，取得更好的效益。

(2) 输出信息，推销自我。一个社会组织要想发展壮大、实现组织目标，一方面要保证向社会提供“产品”的质量，另一方面要搞好宣传工作，也就是搞好“产品”的推销，让公众认可本组织的“产品”。而对外的公共关系是让公众了解自己的最好途径，就是不断向公众输出自己的有益信息，提高本组织的知名度和美誉度，塑造组织的自我良好形象。

(3) 内外协调，合作发展。公共关系是“内求团结、外求发展”的一门艺术，其重要职能就是通过协调使一个组织中的所有部门的活动同步化与和谐化，使组织与环境相适应。协调就是“协”和“调”的统一。协，是协商，即遇事不能一方说了算，要双方坐下来协商讨论，寻得利益的一致；调，是调和，即坚持互利互惠的原则，求得双方利益的统一。

(4) 信息上传，帮助决策。社会组织的运行是在决策的指导下进行的，而决策的可行性和正确性则取决于决策者对信息的掌握程度。一个组织的公共关系部门是组织获取公众信息的主要部门，它将收集到的来自社会各方面的与组织有关的真实信息，通过选择与分析，传递给组织决策者，为决策者的有效决策提供服务。

3. 公共关系对个人的作用

(1) 更新个人观念。公共关系是塑造组织形象的艺术。它灌输给每一个人有关形象的意识，在注重组织形象的同时也注重个人的形象；公共关系强调"顾客第一""公众至上"，以培养人们强烈的尊重他人意识；公共关系工作广结人缘，沟通信息，带给人们一种现代交际观念；公共关系谋求组织与公众之间的合作，并把这种合作意识灌输给每一个人。

(2) 提高个人能力。为了树立组织的形象，公共关系工作常以独特新颖、出奇制胜的专题活动吸引公众，这种创造性的活动需要富有创造能力的人来胜任，在工作中培养了人的创造能力；公关活动常与各种人、各种矛盾冲突打交道，要处理各种突发事件，要适应不断变化的公众和环境，因而促使个人交际能力、自我调节能力、应变能力的提高。

二、幼儿园公共关系概述

(一)幼儿园公共关系的含义及其意义

幼儿园公共关系是指幼儿园为实现教育目标，有组织、有计划地运用传播手段与外界沟通联系，在幼儿园与公众之间建立、发展相互理解和支持的关系，以塑造幼儿园这一社会组织的良好形象和创造最佳教育环境的社会实践。

良好的幼儿园公共关系，有利于改善幼儿园的办园条件，争取更多的资金来源；有利于扩大幼儿园的知名度和美誉度，塑造良好的整体公众形象，增强公众对幼儿园相关信息的了解，获得公众在教育上的配合和更好的生源，提高幼儿园的整体竞争力；有利于创设良好的育人环境，让社会、家庭理解和认识幼儿园教育，形成更好的教育合力，促进幼儿全面发展，争取更好的教育效果和教育影响。

(二)幼儿园公共关系的内容

公共关系学中的"公众"这一概念特指公共关系工作对象之总和，即与一个社会组织发生直接或间接联系，对该组织的生存和发展具有现实的或潜在的影响力的个人、群体和社会组织。幼儿园公共关系的对象也是公众，它具有多样性和多变性。我们从常见的角度，可将幼儿园公共关系的内容分为内部公众和外部公众两大类。

1. 幼儿园内部公共关系

(1) 与教职工的公共关系。教职工在幼儿园公共关系活动中既是幼儿园对内公共关系的客体，又是幼儿园对外公共关系的主体，是与幼儿园关系最密切的核心公众。对教职工公共关系的工作主要包括：向教职工描绘幼儿园未来发展的宏伟蓝图；满足教职工的各种合理需求；为教职工创设参与幼儿园发展、献计献策的环境；通过组织丰富多彩的活动激发教职工的工作积极性。

(2) 与幼儿的公共关系。幼儿是幼儿园教职工的主要工作对象，是幼儿园各项工作的出发点和归宿，也是幼儿园的"形象代言人"、对外宣传的"新闻发言人"。与幼儿的公共关系应潜移默化在日常的工作和生活中，主要包括：尊重幼儿的权利，对幼儿倾注全部的爱，建立良好的师幼关系，提供高质量的保教服务。幼儿在无意中向家人、社会公众流露出对幼儿园、对老师的喜爱之情，就是幼儿以公共关系的主体身份向社会进行的公关活动。

(3) 与主办单位的公共关系。主办幼儿园的单位或个人，是幼儿园的投资方，也是幼儿园办园经费的重要来源，是幼儿园内部的重要公众。对主办者公共关系的工作主要包括：尊重主办者的权益，自觉接受检查、监督；满足主办者参与幼儿园管理的需求，征询他们的意见与建议；加强幼儿园与主办单位之间的信息互通和交流，争取理解和支持。

2. 幼儿园外部公共关系

(1) 与家长的公共关系。家长是幼儿园工作的重要支持者、评价者和宣传者，他们是与幼儿园有最直接利益关系的外部公众，是幼儿园实现市场传播沟通的最佳人选。对家长公共关系的工作主要包括：通过不断提高幼儿园的保教质量，让家长看到孩子在幼儿园的健康成长和变化；通过多种方式引导家长参与幼儿园的教育和管理，做到家、园合作，共同办好幼儿园；通过家长对外宣传幼儿园，并通过家长扩大幼儿园的公关范围。

(2) 与社区的公共关系。社区是社会有机体最基本的内容，主要公众包括所属的居委会、居住小区、左邻右舍的居民等。它是与幼儿园生存和发展关系最密切的外部环境，为幼儿园提供不可或缺的日常服务。对社区公共关系的工作主要包括：树立居民意识，通过组织和参与丰富多彩的社区活动，实现社区各种教育资源的有效利用，开展幼儿园的招生宣传。

(3) 与上级主管部门的公共关系。上级主管部门对幼儿园的全面工作起着指导、监督、检查的作用，是幼儿园最具权威性的公众。对上级主管部门公共关系的工作主要包括：要与上级主管部门建立良好的关系，服从和尊重管理，争取支持和认可，如政策、资金、法律的支持等；为幼儿园发展获取幼儿教育的动态与信息。

(4) 与同行的公共关系。同行公众是与幼儿园经常性直接或间接发生关系的同行业的个人和组织，他们与幼儿园联系紧密，信息传播沟通更具有专业性，对公众有很大的说服力。要树立共同责任、共同发展和共享资源的意识，重视专业形象的建立，重视同行专家、机构、团体的持续支持，提高行业内的认可度。

(5) 与媒体的公共关系。公共媒体是幼儿园形象传播的重要途径。幼儿园应与媒体界人士建立良好的媒介关系，通过媒体向社会宣传自己，制造有利的社会舆论，树立优质的形象，通过新闻媒体实现与大众的广泛沟通，进而增强幼儿园的影响力和竞争力。

(三)幼儿园公共关系的原则

公共关系是一项实践活动，幼儿园在组织开展公共关系活动时，必须遵循以下原则。

1. 信誉至上原则

信誉是“信用和声誉”，是指依附在人之间、组织之间和商品交易之间而形成的一种相互信任的生产关系和社会关系。信誉至上原则，就是指在公共关系活动中，要将信誉放在首位，诚实守信，必须以事实为基础，以科学的调查研究及对事实的充分了解和掌握为基本条件。

幼儿园在公共关系活动中，坚持信誉至上原则，必须实事求是地宣传自己，将组织信息向其公众传播；同时必须将公众的信息反馈给组织，使双方相互了解；此外，还要重视对教职工和幼儿进行诚实守信的教育。

2. 互惠互利原则

公共关系中，公关和被公关双方的行为都受一定的物质或精神利益驱使，单方付出或单方得到都是不太可能的。公共关系互惠互利是最基本的原则，公共关系是在互惠互利基础上进行的。在社会网络中，幼儿园与公众之间的利益关系非常密切。幼儿园与公众要建立长期的合作关系，必须实行互惠互利的原则，要以社会利益为本，以公众利益为第一出发点，寻求幼儿园和公众彼此利益联结的共同点，做到互惠互利，才能共存双赢。

拓展阅读

有一位富商，他总是不快乐，于是去求见牧师。牧师叫他站在玻璃窗前，问他："你看见了什么？"他说："我看见了来来往往的行人。"牧师再叫他站在镜子前，问他看见了什么，他说："我只看见我自己。"牧师说道："这就是你不快乐的原因，只是多了一层水银(金钱)，你就只看见你自己了。"

(资料来源：刘云艳. 幼儿园组织与管理[M]. 北京：中央广播电视大学出版社，2012：269.)

启示：公关如镜子，只反映自身而忽略别人，即使坐拥财富，也不会快乐；公关如玻璃，才能营造一个双赢的局面。

3. 开拓创新原则

在互联网经济时代，必须为客户迅速、有效、真实地传播简明易懂的信息，才能做到吸引注意力，才能创造价值。正如国际公关协会主席卡罗琳·法齐奥说的："公关界出现了类似广告界的趋势，要么你在30秒内抓住我的注意力，否则我就会转到另一个频道、网站或是杂志。"因此，开拓创新已成为公共关系活动必须遵循的原则。

幼儿园在公共关系活动中，坚持开拓创新原则必须做到以下三个方面。

(1) 理念创新。幼儿园要树立开放办园的理念，敢于面向公众打开自己的大门，不断学习吸纳全新的幼儿经验、教育理念。这是决定性的创新。

(2) 方法创新。幼儿园要利用先进的传播工具及技术，综合运用各种媒介资源，追求信息传播沟通的快捷、灵通、高效。这是提高工作效率的保证。

(3) 内容创新。幼儿园公共关系内容必须不断适应公众需求变化，适应社会、家庭和幼儿的变化。这是公共关系的活力所在。

4. 全员公关原则

在幼儿园，通常没有专门的公关部门，单靠幼儿园的领导从事公关活动远远不能满足幼儿园公共关系的需要。因此，幼儿园必须实行全员参与公关的原则，上至园长、下至普通员工都是公关人员。

幼儿园在公共关系活动中，坚持全员公关原则必须做到以下三个方面。

(1) 重视公共关系工作，并为之创造一切有利条件。

(2) 树立全员公共关系意识，把公共关系工作视为分内之事。

(3) 营造浓厚的公共关系氛围，使每一位员工必须随时自觉地修正自己的言行，力所能及地参与幼儿园的公关活动。

拓展阅读

一名家长带着 3 岁的男孩到一所幼儿园实地考察，准备为孩子联系入托的事。在园长的陪同下，他们进入了小班，看到幼儿园的孩子们正在开心地玩游戏，小男孩也不由自主地参与其中。在园长和教师向家长介绍幼儿园情况时，突然小男孩大声哭起来。保育员连忙上前，看到男孩脚下一片湿地，原来孩子尿裤子了。保育员马上抱起男孩，找来一套干净的园服，先帮他清洗干净，再帮他换上裤子。男孩又若无其事地和其他小朋友一起去玩了。保育员再将尿湿的裤子洗干净，交还给家长。

这位家长随后就给男孩办理了入园手续。

(罗长国，胡玉智. 幼儿园管理[M]. 北京：高等教育出版社，2011：227.)

分析：公关工作不是园长和少数几个人的事情，更不是停留在口头宣传，也不是一朝一夕的事情，幼儿园每一位员工都是公关人员，他们的每一个举动、每一句话语，都是公关工作的内容。这位家长会有后面的做法是理所当然的，他看到了园长的热情、教师的专业和保育员的敬业。

三、幼儿园公共关系的管理策略

(一)广泛收集信息

信息是决策的依据。幼儿园要广泛收集与己有关、对己有用的各种信息，以此为基础做出正确决策。幼儿园收集信息常用的方法有交流和征询。

1. 交流是以人与人之间的直接交往为特征的一种公共关系活动

幼儿园可通过交流使幼儿园与公众的沟通直接化、感情化，建立起较为牢固可靠的人缘关系，进而获取相关的信息。例如，向上级主管部门汇报幼儿园的工作，获取相关政策信息并争取上级领导的资金支持等；经常慰问、关怀退休的领导、老职工及社区的孤寡老人等，在传递温情的同时获得他们的建议和指导；成立家长委员会，组织座谈会、茶话会等形式与家长、社区、各界公众交流想法，了解他们对幼儿园的评价，听取他们对幼儿园的各种反映。有条件的幼儿园还可以通过外出参观了解其他幼儿园管理上的新举措，为本园管理提供参考。

2. 征询是指幼儿园通过征求和询问公众对自己的意见或建议，以了解公众想法为主的公共关系活动

幼儿园可通过广泛的征询为管理活动获取更多的依据、策略和方法并为有关情况的预测获取更多资料和信息。例如，聘请上级领导和幼教专家为幼儿园发展规划做参谋、当顾问，请他们为幼儿园发展和建设提出意见和建议；通过社会调查、开座谈会、设意见箱、接待投诉等方式，请社会公众、家长等向幼儿园反映问题、提出建议和意见。

(二)树立良好形象

良好形象的树立与幼儿园的公关活动密不可分。幼儿园不仅要向公众宣传自己，展示自己，还要根据公众需要做出调整，不断完善自己的形象。幼儿园树立良好形象，常用的

方法有宣传、展示、服务等。

1. 宣传是向公众说明情况，讲清道理，使公众信任并支持某项活动或行动的一种活动

幼儿园可以通过多种形式向公众传播信息，以便在较短的时间内形成对幼儿园有利的舆论。例如，通过报刊、广播、电视等媒体进行专题活动宣传、及时报道；通过广告牌、媒体广告、本园墙面广告等形式，宣传幼儿园的特色活动、办园优势等；召开新闻发布会、家长会等，向社会和家长宣传幼儿园；通过印发宣传材料向社区或其他公众宣传幼儿园；通过学校向家长及社区宣传早期教育理念及育儿知识等，进而树立幼儿园的良好形象。

2. 展示是以举办社会性、公益性活动向公众呈现幼儿园教育成果和教育活动的过程，进而提高幼儿园形象的公共关系活动

例如，利用节日、纪念日等开展活动，邀请公众做嘉宾，展示幼儿园的教育成果、教师的技能与素养等；以社区为中心，组织幼儿和教师参加社区的公益宣传活动、文艺演出活动、亲子教育活动等，向社区展示幼儿园的风采；实行幼儿园开放日，向家长和社区展示幼儿学习、生活的过程和取得的成绩等。

3. 幼儿园作为教育机构，可通过扩大服务项目、增强服务意识等，提高公众对幼儿园的认可度，从而树立良好的社会形象

例如，开展方便家长的多种服务形式：半托、全托、寄宿制、周末制、午托制等；规定小区居民优先入园，困难户、低保户优惠入园等；走向社会、走向街头提供免费咨询服务等；向社区、企业提供文化事业服务、公益服务等。

(三)协调多方关系

园长要把握好幼儿园发展的正确方向，理顺内部关系，使幼儿园始终处于和谐状态。重视和积极开展组织内部的各项公共关系活动，培养广大教职员工敬业乐业、积极向上的精神风貌，用全园教职工的共同信念和认可的目标宗旨来组织、动员和激励全体教职员工，充分调动他们工作的主动性、积极性和创造性。

幼儿园与外部公共关系是决定幼儿园良性发展和教育教学质量的重要因素，管理者要充分认识幼儿园外部公共关系的影响作用，时时处处注意自身形象的塑造。同时，要充分理解外部公共关系的复杂性，打破封闭保守的思想框框，对外界进行深入的了解和细致的分析，慎重对待不同的外部公共关系。

第二节　家长工作管理

“忽略了一个家长，就等于放弃了一个孩子的教育。”这句话真实地概括了家长工作的重要性。

一、家长工作的含义

幼儿园家长工作是指以家、园共育，促进幼儿全面健康发展为目的，在家长的支持和配合下，幼儿园有目的、有计划地和家长共同实施保教活动的过程。幼儿园家长工作是密切家庭与幼儿园之间关系的重要手段。

《幼儿园工作规程》规定：幼儿园应主动与家长配合，帮助家长创设良好的家庭环境，向家长宣传科学保育教育幼儿的知识，共同担负幼儿教育的任务。《幼儿园教育指导纲要(试行)》提出：幼儿园应与家庭密切合作，与家长相互配合；家庭是幼儿园重要的合作伙伴，应本着尊重、平等、合作的原则，争取家长的理解、支持和主动参与，并积极支持、帮助家长提高教育能力。可见，幼儿园与家庭的公共关系在幼儿教育工作中具有重要意义。

二、家长工作的意义

我国著名教育家陈鹤琴说过："幼稚教育是一种很复杂的事情，不是家庭一方面可以单独胜任的，也不是幼稚园一方面能单独胜任的，必定要两方面共同合作方能得到充分的功效。"

(一)有助于家、园配合一致，促进幼儿健康成长

家、园配合一致，就是幼儿园与家庭、教师与家长相互配合，形成教育的合力，共同促进幼儿的发展。家庭教育和幼儿园教育在思想、原则、方法等方面存在差异。两种不同的教养环境需要积极配合，取长补短，才能形成最大的教育合力。家庭教育与幼儿园教育要做到密切配合、家园一致，幼儿园必须发挥主导作用，必须把家长工作放在与保教工作同等重要的位置上，通过主动做好家长工作，使幼儿园与家长在幼儿教育上取得统一认识，使得幼儿园教育和家庭教育的优势得到发挥，协调一致，共同促进幼儿健康成长。

(二)有助于指导家长，发挥家庭教育的优势

家庭是幼儿成长过程中非常重要的环境，对幼儿健康发展所起的作用是重要而独特的。但是现实中，许多家长并不了解幼儿教育的真正含义，缺乏科学方法，在教育观念和教养方式上存在着种种误区和偏差，从而对幼儿发展产生不同程度的消极影响。因此，幼儿园及其教师要充分了解和分析家庭教育的特点与问题，通过家长工作，引导帮助家长，树立正确的教育观和掌握科学的教育方法，发挥家庭教育的优势，给幼儿以积极良好的影响。

(三)有助于利用家长资源，提升幼儿园教育质量

家长来自不同的家庭和职业背景，具有各种各样的资源优势，幼儿园要主动争取这些家长，让他们参与到幼儿园保教工作中来，不仅有利于提高孩子的学习兴趣，还可以获得他们对幼儿园人、财、物等多方面的支持和帮助。所以，幼儿园应更新观念，通过家长工作，加强与幼儿家长的联系，调动他们参与幼儿园教育与管理的积极性，争取他们的关心、支持，从而实现家园的最佳沟通与互动，提升幼儿园教育质量。

(四)有助于传播幼儿园形象，扩大知名度和美誉度

家长是幼儿园外部公众中最了解幼儿园的公众。家长的满意，是形成幼儿园良好口碑和品牌形象的基础，家长的宣传影响着幼儿园在社会上的声誉。"公共关系 90%靠的是工作，10%靠的是宣传。"所以，幼儿园应通过家长工作，让家长以自己孩子身上取得的良好教育效果为鲜活的例子，成为幼儿园声誉的"义务宣传员"，帮助幼儿园树立良好的社会形象，扩大知名度和美誉度。

三、家长工作的内容

幼儿园家长工作开展的内容比较丰富，涵盖家园联系的方方面面。幼儿园家长工作的根本出发点在于发挥家长的教育作用，调动影响幼儿成长的积极因素，促进幼儿的健康成长。幼儿园家长工作的开展一般从以下几个方面着手：加强幼儿园与家长之间的沟通、帮助家长提高幼儿教育能力、鼓励家长参与到幼儿园的保教工作中。

(一)加强幼儿园与家长之间的沟通

家园沟通是幼儿园家长工作的一项重要内容，也是做好家长工作的前提。有效的家园沟通，能使家长与教师相互了解、理解，建立起相互尊重信任的关系。一方面教师能够了解幼儿的家庭环境与教养方式等，有针对性地进行教育，同时也能及时获得反馈信息，不断改进家长工作。另一方面家长也可以及时了解幼儿在园情况，了解幼儿园的教育要求和教育内容等，与幼儿园相互配合对幼儿实施教育，提高幼儿园的教育和管理水平。

(二)帮助家长提高幼儿教育能力

幼儿园作为实施儿童早期教育的专业机构，幼儿园教师作为专职的教育者，要主动承担起宣传、指导和帮助家长的责任。首先，幼儿园需要帮助家长理解家庭教育的意义，明确家庭教育在幼儿身心发展中的重要性。同时应帮助家长意识到自己对孩子负有的教育责任和义务。其次，需要帮助家长形成科学的教育理念，包括正确的儿童观、正确的教育观、正确的成才观，以指导家长教育行为的科学性。最后，需要指导家长运用科学的教育方式和方法，为家长提出有针对性的教育方案，提高育儿水平。

(三)鼓励家长参与到幼儿园保教工作中

家长是幼儿园的重要资源，幼儿园应鼓励家长积极参与幼儿园活动，不断提升家长的参与水平。首先，幼儿园需要拓宽家长了解以及参与幼儿园工作的渠道，多多争取家长对幼儿园工作的理解和支持，如人力资源和物力资源等。其次，需要设立家长委员会，家长通过家长委员会参与幼儿园的课程设置、食谱制定以及其他相关制度的制定等活动，能使得幼儿园工作更符合实际情况，更能赢得家长的支持，进而提高服务水平。最后，需要家长监督幼儿园的保教工作，他们的建议是幼儿园发现问题，解决问题，并积极改进的有效依据。

四、家长工作的途径

幼儿园家长工作的途径是多种多样的。根据家长工作开展的范围可分为班级性的个别途径和全园性的集体途径两大类。

(一)班级性的个别途径

1. 入园离园交谈

幼儿教师可以利用早晚家长接送幼儿的短暂时间与家长接触，进行沟通。这是最简便、最常用的交谈方式，一般时间较短，内容不宜过多。

2. 电话手机联络

幼儿教师需要灵活运用电话、手机这些通信手段及时与幼儿家长沟通交流。条件许可的情况下，幼儿园可以每月给教师一定的电话费补助。

3. 网络平台交流

幼儿教师可以利用网络交流平台，如 QQ 群、班级博客、微博、微信等，以文字、照片、视频等多种形式呈现幼儿在园的生活、学习状况，并让家长清晰地看到幼儿的情况。

4. 个别面谈

全美幼儿教育协会制定的《高质量早期教育标准》中明文规定："教师每学年至少与每个孩子家长约谈一次，并可根据需要随时安排，以讨论孩子在家和在园的进步、成绩与问题。"幼儿教师必要时可约见家长，以交流幼儿教育的相关情况。

5. 家庭访问

家庭访问又称家访，是指幼儿教师去幼儿家里，针对幼儿的发展，展开的一种家、园联系方式。幼儿教师可以通过家访，深入了解幼儿家庭环境和家庭教育状况，并在教育方法等方面给予具体建议或共同商讨有针对性的教育对策。幼儿园应该要求教师有计划地对全体幼儿及家长进行家访，尤其是幼儿入园前的家访尤为重要。

6. 家园联系册

幼儿教师可以利用家园联系册就孩子的日常情况与家长进行交流。在交流过程中，教师必须用具体、精练的词语描述每一个幼儿的个性特点，才能与家长产生共鸣，从而使家长愿意拿起笔进行交流。

7. 家长园地

家长园地也称家、园联系栏，是指幼儿园每个班级在班级门口附近的墙面上或专门的展台上，开辟出一块区域，将每周的教学计划、班级公告等信息呈现给家长的一种交流方式。幼儿教师需要针对本班情况设置家长园地内容，使家长园地的内容更具体、更有针对性。家长园地呈现的信息需要及时更新。家长园地一般由各班教师负责维护和更新。

(二)全园性的集体途径

1. 家长会

全园性家长会可以在学期初、学期末，或是依据需要和计划召开，一般每半年召开一次，由园长主持，讲解本学年的教育工作计划和家、园合作教育的要求，回答家长普遍关心的问题，听取家长的意见和建议等，以便改进服务，取得家长的理解、协助和支持。此外，也可以以班级为单位召开家长会，必要时也可将二者结合进行。

2. 家长开放日

家长开放日是指幼儿园定期或不定期地对幼儿家长开放，家长可以观摩或参与幼儿园的教育活动。开放日活动一方面可以使家长观察到教师的教养态度、教养方法及教养技能，进而了解幼儿园的教育内容和方法；另一方面可以使家长通过观察孩子在各方面的表现，进一步深入了解自己的孩子。这对家长来说无疑是一种实际学习，既能增进与教师的相互理解，相互配合，又能改善家长的教养行为，提高家庭教育质量。

3. 家长学校

幼儿园可以依据需要开办家长学校。家长学校是普及家教知识的有效渠道，其目的在于帮助家长学习科学育儿知识，提高家长教育子女的科学性、自觉性。幼儿园可以按幼儿年龄将家长分班，也可以根据家长类型分班，根据不同教育对象或教育者方面的问题有针对性地分别培训。家长学校可以通过举办专家讲座、园长和教师讲座及家长现场互动交流等形式，传达最新的家庭教育观点，做到简单易懂、精彩纷呈。家长学校的对象不仅是在园幼儿的家长，还可以扩大到社区范围内的散居幼儿家长。

4. 家长委员会

家长委员会是幼儿园民主管理的基本形式，是在幼儿园指导下由家长代表组成的代表全体家长和幼儿利益的常设性群众组织，其目的在于发挥家长组织的作用，更好地调动广大家长的积极性，使其参与到幼儿园的教育与管理工作中来，帮助和促进幼儿园工作的不断改进。幼儿园应成立全园性家长委员会，还可以下设班级家长委员会，负责班级家长的联系工作，形成完善的网络组织。在园长的协助下，家长委员会可以以自己的名义定期或不定期地举行各种活动，如召开有关教育问题的研讨活动、组织家长参与幼儿园的活动、组织和利用家长资源协助幼儿园做好工作等。

5. 家教园地

幼儿园开设家教园地栏，可以向家长介绍家庭教育的指导性文章、季节流行病的预防、亲子游戏等，丰富家长的育儿知识和经验。家教园地栏应办得生动活泼，能吸引家长。文章、资料要短小精悍，可由教师编写，可摘录家教报刊上的内容，也可以由家长提供经验、体会等。家教园地栏应设在家长接送孩子的必经之处，内容要经常更新，字迹不可太小。此外，在布置家教园地栏时还应给家长提供发表看法的机会，如家长信箱，并及时向家长反馈。

五、家长工作的管理策略

幼儿园在家长工作的管理上需要注意以下几个方面。

(一)充分认识家长工作的重要性

幼儿园管理者应注重教育宣传，提高全园教职工对做好家长工作重要意义的认识，增强服务意识，做好家长工作。幼儿园在与家庭、与家长的互动交往中，一定要本着相互尊重、信任的原则，建立起双方平等合作的关系，积极开展好家长工作。

随着社会经济的快速发展和生活水平的不断提高，家庭对幼儿教育的需求与质量要求也在不断提高，做好幼儿家长工作，对于幼儿园与教师都是一种挑战。幼儿园加强和改进家长工作，一定要在强化认识、注重沟通的双向基础上，实施得力而有效的措施。

(二)增强家长工作的计划性

做好家长工作，必须增强计划性。幼儿园要把家长工作列入议事日程，在每学期园务计划中全面考虑安排，并要求班级保教计划包含家长工作的内容，从而把家长工作置于与保教工作同等重要的位置。在家长工作中，必须避免形式主义，要针对薄弱环节，制定改进措施，不断提高实效与水平。

(三)家长工作制度化

在幼儿园管理上要将家长工作制度化，即以条文形式把工作要求固定下来，形成规范，注重制度的执行和效果检查，这是开展好家长工作的保证。制度中要明确规定各项家长工作的内容、目的和要求，落实有关负责人员并确定工作的时间期限。家长工作制度一般包括日常性家园联系制度、家访制度、全园家长会和分班家长会制度、家长开放日制度等。家长委员会要能较好地发挥作用，也需要有相应的职责和制度。

(四)注重培训和指导

家长工作是班级保教工作的一个重要组成部分。园长要特别注重对班级教师的培训和指导，引导他们认识这项工作的意义，明确内容要求，有计划地结合日常保教工作进行。要帮助和指导教师掌握家长工作的方式，学习与人交往和交流沟通的技能，要能根据不同家长的特点，从实际出发，采取适宜的方式，做好家长工作。

幼儿园要将教师的家长工作能力特别是与家长交往的能力作为园本培训和教育视导的重要内容，要针对新教师的特点和家长工作存在的一些问题，加强指导。此外，园长本人也需要亲自做一些家长工作，在家长与教师之间搭建桥梁，求得相互理解和信任，从而有效地开展家长工作，不断改善幼儿园的教育服务质量。

第三节　幼儿园社区工作管理

联合国教科文组织编写的《教育——财富蕴藏其中》一书中指出：“家庭、社区成员和社区内各组织的参与是确保教育质量的一个重要因素。”我国的《关于深化教育改革全面推进素质教育的决定》指出，“积极发展以社区为依托的，公办与民办相结合的幼儿教育。”可见，社区不仅对教育、幼儿教育有着诸多的影响，而且还是幼儿园生存和发展的基本环境，同时也是幼儿园管理活动所面临的社会现实。

一、社区的含义

社区是集经济、文化、政治和教育等为一体的地域性的组织形式，也称社会区域共同体。社区的基本要素包括一定的地域、一定数量的人口、一定的生活服务设施、一定的行为规范和社会生活方式，以及地方乡土观念等。例如，村庄、小城镇、街道邻里、城市的市区或郊区等，都是规模不等的社区。每个社区都有一定的制度、机构和设施，为整个区域服务以满足其成员的各种需要。每个社区的社区中心都设有服务性的商店、学校、工厂、政府机关、医疗单位、群众团体等，以整个社区的地域范围为其有效的“服务地区”。

1999 年，世界学前教育组织和国际儿童教育协会共同通过了《全球幼儿教育大纲》，大纲倡导幼儿园及其他早期教育机构积极加强与社区的合作，广泛利用社区资源开展活动，鼓励“幼儿教师要和心理学工作者、社会工作者、健康卫生人员、工商人员、公共服务机构、学校、宗教组织、休闲娱乐机构等建立合作关系”。

随着社会的发展，社区服务体系不断完善，社区在人们生活中发挥的作用越来越重要。教育作为一种社会现象是社区生活的有机组成部分。幼儿园是为一定区域居民的子女提供保育与教育的场所，具有一定的区域性。社区所辖的幼儿园要走出园门，积极开发和充分利用社区资源，通过加强社区与幼儿园的联系，提升幼儿园的办园质量。

二、社区的教育资源

幼儿园在利用社区资源之前，首先要对社区的整体情况进行调查和研究。深入了解社区中不同的人员构成、社会机构、文教机构、娱乐设施、商业组织、街道设施等情况，以便从中选取适宜的活动场地、活动内容等资源。幼儿园一般可以从以下三个方面进行资源的开发与利用。

(一)社区的物力资源

社区内的街道、村庄、公园，商店、学校、工厂、政府机关、医疗单位、体育场馆、图书馆、博物馆、文化宫、电影院、遗迹等都是幼儿教育重要的物力资源，幼儿园要充分加以利用。幼儿园在与社区的合作中，可以直接利用社区丰富的教育资源，让幼儿走进社会的大课堂，如让幼儿参观社区中的各种机构，如公园、图书馆、博物馆等，使幼儿受到良好的教育。幼儿园教育应扩展到社区的大背景下进行，充分利用社区环境中富有教育意义的自然和人文景观，不仅扩大了教育的空间，更是对其教育内容的丰富和深化。

(二)社区的人力资源

幼儿园可以鼓励社区中拥有不同专长、在社会上享有盛誉的有识之士积极参与到幼儿园的活动中来，充分调动社区的人力资源。幼儿园可以定期向社区居民开放，欢迎他们来园参观，了解幼儿园的保教工作情况。幼儿园还可以充分利用社区成员的职业特点，邀请他们为幼儿提供职业体验的机会，让幼儿通过多种形式了解较多的社会知识，如社区有一家蛋糕店，幼儿园可以邀请蛋糕师进班级，帮幼儿体验蛋糕师的工作。

(三)社区的文化资源

社区文化反映了在特定区域内社会生活共同体的历史传统、风俗习惯、生活方式、价值观念等。幼儿园可以结合本社区的实际情况，通过三个途径充分利用社区文化资源。

1. 社区文化的一部分直接进入幼儿园课程

例如，社区的历史、风俗、革命传统等作为有地方特色的乡土教材，成为幼儿园重要而有特色的教育内容。

2. 社区文化渗透到幼儿园，成为幼儿园文化的一部分，再影响幼儿园教育

例如，走进某一回族地区的幼儿园，立刻感受到一种与汉族文化不同的回族特色，无论是幼儿园的环境布置、师生的服饰，还是幼儿园的生活常规、课程内容、人际关系和交

往方式等，都会让人感到当地的回族文化对幼儿园文化强有力的影响。

3. 社区的文化氛围、精神文明对幼儿园的潜移默化作用

例如，革命根据地的幼儿园坚持因地制宜勤俭办园，这一作风无疑是来源于当地艰苦奋斗的革命精神。

三、利用社区资源的意义

社区资源的开发与运用不仅能够丰富幼儿园的课程资源，同时也能够扩大幼儿的活动范围，拓宽幼儿视野。

(一)丰富幼儿园的教育资源

社区拥有一定的资源，既有物力、人力资源，也有文化、信息等方面的资源。幼儿园附近的动物园、邮局、银行、超市、理发店等，都可以成为幼儿园的课程资源。幼儿园可以邀请一些专业人员为幼儿园的教学活动提供支持，如消防演练活动中，幼儿园就可以邀请地方消防局的同志给予支持。

(二)增加幼儿生活经验

大自然、大社会都是幼儿园课程的重要来源。幼儿教育应贴近现实，应融入生活，应体现其真实性和情境性。所以，幼儿教育要突破幼儿园围墙的限制，让幼儿通过直接接触社区环境获得对周围事物的感性经验，增长知识，促进其健康成长。

拓展阅读

江苏省教育领导机构的赵桂丽曾两次到韩国，认真观察过那里的社区格局，很有感触。

在韩国的新兴城市大田，小区的建设可以说处处考虑到了人的因素，儿童娱乐设施无处不在。秋千、荡椅、玩沙池、玩水区、大型活动器械、供儿童奔跑玩耍的运动场——大凡两幢居民楼之间，必有儿童活动的场地；藤树、小亭子、参天大树，大树上还有人工搭建的小鸟的家，各种鸟类和小动物随处可见，儿童仿佛生活于童话世界；图书馆、博物馆、娱乐场所、大型森林公园等，均为儿童提供免费服务。“这种小区建设的理念首先考虑的是人的因素，以人为本，以孩子为本，处处体现了人与自然的和谐相处，为孩子创造了良好的成长、学习的环境。”

赵桂丽还表示，社区的人文环境对孩子的影响尤为重要。在韩国，她处处能感受到一种关心孩子、尊重孩子的社会氛围。人人都有一种培养孩子就是在培养属于自己国家的主人的自觉意识。她曾亲眼看到过一个小孩到米店买米，称好米就走了，米店老板却追出老远找他零钱的情境。

“这种童叟无欺、公平交易的社会风气，对孩子心理发育的影响是不可限量的。”

四、幼儿园社区工作的管理策略

(一)建立健全社区公关管理机制

幼儿园的社区工作既是幼儿园整体工作的重要组成部分，也是幼儿园的一项专项工作。

建立健全社区公关管理机制，需要做到以下五个方面。

1. 成立幼儿园公关工作组织机构

幼儿园应将社区的公关工作纳入日常工作计划之中，由园长负责，建立一个由全体成员参与的幼儿园公关工作组织机构，负责完成幼儿园日常的社区公关工作任务。这一组织机构要有专人负责公关的常务工作，全体教职工通过参加特殊的公关活动、做好本职工作、树立自身良好形象等方式来支持和推动幼儿园的公关工作。

2. 制定社区公关的工作目标和实施方案

幼儿园的社区公关工作既是幼儿园总体工作的重要组成部分，又是幼儿园的一个专项工作。因此，必须在幼儿园总体工作目标中体现出公关工作的目标，又必须有为实现此目标而制订的工作实施方案，具体安排幼儿园利用社区资源和为社区服务的活动内容、形式及时间，使社区公关工作有目的、有计划、有组织、有成效。

3. 加强社区公关工作的组织领导

园长作为幼儿园的主要领导，必须经常深入公关工作之中，亲自参与公关工作目标的确定，参加公关工作计划的制订，带头做好公关工作，教育全体员工重视公关工作，指导教职工开展公关工作，使公关工作在园长的领导下成为全体员工的自觉行动。

4. 卓有成效地开展社区公关工作

在公关工作计划的指导下，开展经常性的公关活动。活动中要充分体现全员公关、互惠互利的原则，活动中要讲求实效，通过公关工作解决幼儿园发展建设、保教设备设施和教职工工作条件改善等实际问题，解决送学前教育的理念、经验、方法到社区和家庭的问题，解决服务社区的渠道、途径和内容等的问题，最终达到社区资源全面向幼儿园敞开、幼儿园的教育资源全部向社区敞开的良好效果。

5. 做好社区公关工作的总结

经常性地做公关工作的总结，可以总结经验、发现问题，有利于今后更好地开展社区公关工作。

(二)主动开放幼儿园资源为社区服务

幼儿园有丰富的教育资源，要将幼儿园的教育资源用于社区，做到资源与社区共享，充分发挥其教育辐射功能。幼儿园的房舍、教育设施、师资等都可以对社区开放，为社区服务。例如，双休日开放美工室、游戏室等，供家长带孩子就近进行活动；节假日向社区开放幼儿园，供社区的儿童使用园内的设施；利用幼儿园的人员、设备，为社区内无人照顾午餐的小学生提供餐点服务等。

幼儿园的教师都是一些能歌善舞、具有较高艺术修养的人。幼儿园必须充分利用这些艺术优势，主动地服务于社区公益事业和社区精神文明建设工作，如参加社区公益的宣传演出；进行社区精神文明宣传栏、宣传橱窗的建设；参加社区的绿化美化活动；协助社区开展六一儿童节文艺会演、重阳节老人节目表演等。这些活动是服务社区的形式，也是提高幼儿园知名度和美誉度的契机。

(三)重视自我形象的正面宣传

树立幼儿园良好的社会形象，首先要提高办园质量，高水平地完成双重服务任务。其次要积极投身于社会公益事业与精神文明建设之中，做活动的表率。再次要提高教师的道德素养和专业素养，注重仪态、仪表，树立专业形象。最后要开辟多种宣传渠道，充分利用社会舆论工具，广泛宣传幼儿园，如通过宣传橱窗、幼儿园网站平台将幼儿园办园成就、研究成果、优秀教师宣传等，制作成画册或宣传资料。

本章小结

在现代社会中，没有公共关系意识的社会组织，不可能赢得社会公众的信赖而取得市场竞争的主动权。本章从公共关系基础知识入门，重点阐述幼儿园家长工作和社区工作等内容。

公共关系是指一个组织运用有效的传播手段，使自身适应公众的需求，并使公众也适应组织发展的需要，树立良好组织形象的经营管理行为和过程，是一种思想、策略和管理职能。公共关系的特征包括以公众为对象；以美誉为目标；以互惠为原则；以长远为方针；以真诚为信条；以沟通为手段。

幼儿园公共关系是指幼儿园为实现教育目标，有组织、有计划地运用传播手段与外界沟通联系，在幼儿园与公众之间建立、发展相互理解和支持的关系，以塑造幼儿园这一社会组织的良好形象和创造最佳教育环境的社会实践。幼儿园公共关系的内容分为内部公众和外部公众两大类。幼儿园公共关系的基本原则包括：信誉至上原则；互惠互利原则；开拓创新原则；全员公关原则。幼儿园公共关系的管理策略包括：广泛收集信息；树立良好形象，协调多方关系。

幼儿园与家长的公共关系在幼儿教育工作中起着极为重要的作用。幼儿园家长工作的内容有加强幼儿园与家长之间的沟通、帮助家长提高幼儿教育能力、鼓励家长参与到幼儿园保教工作中。根据家长工作开展的范围可将幼儿家长工作的途径分为班级性的个别途径和全园性的集体途径两大类。幼儿家长工作的管理策略为充分认识家长工作的重要性、加强家长工作的计划性、家长工作制度化、注重培训和指导。

社区是幼儿园扎根的土壤，是幼儿园得以生存和发展的根基。社区的物力资源、人力资源、文化资源对幼儿园具有重要的教育意义。幼儿园社区工作的管理策略包括建立健全社区公关管理机制、主动开放幼儿园资源为社区服务、重视自我形象的正面宣传。

【推荐阅读】

[1] 蔡华，周先莉. 幼儿园管理[M]. 长春：东北师范大学出版社，2009.
[2] 张燕. 幼儿园管理[M]. 北京：人民教育出版社，2013.
[3] 练基财. 幼儿园人力资源管理手册[M]. 北京：中国农业出版社，2015.

思考与练习

一、名词解释

公共关系　幼儿园公共关系　幼儿家长工作　社区

二、简答题

1. 幼儿园公共关系内容有哪些？
2. 幼儿园公共关系应遵循哪些原则？
3. 幼儿家长工作的主要途径有哪些？
4. 幼儿园与社区的良好公共关系应如何建立？

三、论述题

谈谈幼儿园与上级教育管理部门和媒体的有效沟通有哪些重要意义。

【实践课堂】

分析下面案例中的幼儿园和家长冲突的原因，帮助他们提出解决冲突的办法。

一幅画引起的风波

某幼儿园的潇潇从小就表现出与众不同的绘画天赋，他的画多次在各种级别的儿童画展上获奖。就在潇潇上幼儿园大班的这一年，当地有一家出版社出版《儿童优秀美术作品选》。该出版社面向社会各方面，尤其是面向一些大型幼儿园征集优秀的儿童作品。潇潇所在幼儿园便把潇潇的几幅绘画作品推荐给了出版社。很快，《儿童优秀美术作品选》出版了，但在图书中，潇潇的几幅作品下面只有“某某幼儿园供稿”的字样，却没有潇潇的署名。潇潇父亲得知这一情况后，马上找到了该出版社索要样书、稿酬和作者证明。但出版社表示，样书可以给，作者证明也可以开，但当初选登潇潇的画是幼儿园同意的，稿酬已经统一支付给幼儿园了。于是，潇潇的父亲向幼儿园索取稿酬。对此，幼儿园方面表示不理解。园方认为，潇潇的画是经过幼儿教师的指导和推荐才得以入选，对于潇潇来说是一种荣耀，家长不应再要稿酬了，对此两方产生了强烈的争议。

(资料来源：韩岱. 幼儿园常见法律问题分析[J]. 学前教育，2002：25.)

第九章　幼儿园公共关系管理.pptx

领导不是某个人坐在马上指挥他的部队，而是通过别人的成功来获得自己的成功。

——韦尔奇

第十章　幼儿园领导工作

本章学习目标

- 了解领导、园长专业发展的含义，园长的角色、地位及其职责。
- 理解领导者影响力的构成及领导方式，园长专业发展的阶段、影响因素及其策略。
- 掌握园长的基本素养，管理理念及领导艺术。

核心概念

领导(leader)　影响力(influence)　专业发展(professional development)　管理理念(management philosophy)　领导艺术(art of leadership)

引导案例

“抢任务”的魅力

2015 年 3 月，学区交给我园半日活动开放任务。按照以往惯例，园长只要指定园优秀教师张老师、高级教师王老师等做准备，大多数教师充当旁观者即可。不过，这次活动需要有些改革了，我反复学习、思考，觉得在幼儿教育改革不断深入发展的新形势下，只依靠个别教师“撑门面”，只能是“一枝独秀春不闹”，幼儿园的各项工作要有全体教师积极参与，才能不断开创“万紫千红春满园”的新局面。我和班子商定借此机会，在幼儿园开展一次“抢任务”的活动。

我们立即召开全体教师动员会议，讲明活动的目的、意义，激发大家的参与热情，并宣布：“抢”到并出色完成任务者有功，将记录入档，给予一定奖励。然后，组织全体教师进行讨论，征求意见并达成共识。很快，便有两位青年教师主动请缨，所在教研组的老师一致赞同。我趁热打铁进一步提出要求，全体教师要树立幼儿园工作的整体性观念，支持、协助这两位青年教师完成任务，本来持旁观者态度的老师、员工都表示甘当绿叶，配合“红花”共创佳绩。

接待日那天，这两位青年教师组织的两个幼儿班教育活动内容丰富、生动新颖，还注重让班上不同能力的幼儿均能积极参与教学活动，在不同基础上各有提高。这次半日活动，由于全园团结合作，展现了中老年教师的风采和青年教师们的成长，得到了学区领导的一致好评。

我在总结时，表扬并鼓励全体教师在今后的各项工作中，要树立全局观念，不断更新教育理念，培养“抢任务”的光荣感、使命感，练就扎实的业务功底，积极参加竞争，不断展现和提高自我，在日常工作和突击任务中争创业绩。几天过去了，许多教师的心情仍然不能平静。不少教师说：“下次我也要努力争取，既会当绿叶，也能当红花，让我们博山人更美，更能干。”

（资料来源：沈柏梅，于芳. 幼儿园管理案例研究[M]. 上海：百家出版社，2006：32.）

请你思考：此案例中园长扮演了什么样的角色？

案例分析

管理“人本”原理最强调的是，调动人的积极性，做好人的工作。因此，作为幼儿园园长，在工作中能否激励幼儿教师的需要、动机和行为，充分调动幼儿教师的积极性，是幼儿园各方面工作能否取得成效的关键。领导者们的任务就是努力激发被领导者的工作热情，提高他们的素质和能力，满足他们自身发展的精神需要，适时运用有效的方法和手段，共创“全园进步”的新局面。

在上述案例中，“抢任务”活动为幼儿教师创造了公平竞争的机会。活动所遵循的基本原则是尊重、信任和依靠广大幼儿教师，这使他们产生了光荣感、责任感和使命感，工作的积极性、主动性和创造性得到了充分发挥。这种活动尤其激发并增强了幼儿教师的成就欲，给一些年轻人以崭露头角的机会，让中老年教师产生带教的自豪感，增强了团结协作意识，使他们各自的潜能得到发挥。进一步认清了自身作用和工作价值。园长的这一做法，使教师群体智慧得到发挥、整体素质得以提高。

学习指导

本章的重点是新课程运作过程中教师的角色、教师的专业素养、学生的本质特点以及建立良好师生关系的策略。在学习的过程中首先要仔细阅读教材，掌握相关的理论。其次，要结合自己的学习，理解教师专业发展的途径。最后，根据教学实践活动，掌握构建师生关系的策略。

园长是幼儿园的灵魂，一个好园长就是一所好幼儿园。如果说幼儿园是艘船，那么园长无疑是舵手。园长的风格气质、一言一行影响着幼儿园里的每一个人。幼儿园实行园长负责制，幼儿园的领导工作其实就是园长对团队的领导。园长不可能样样都精通，但一定要掌握科学的用人艺术。

第一节　幼儿园领导工作概述

幼儿园的领导者即园长，在管理过程中处于主导地位。园长领导职能的发挥，主要体现在能否调动教职工的积极性上。作为管理主体，幼儿园领导者应该以自身的人格力量影响、激励和带动广大教职工去实现幼儿园的共同目标。

一、领导的含义

(一)领导的概念

“领导”一词从汉语字面上解释，“领”即带领，“导”即引导。英语中的 leadership，也具有带领、引导的意思，指的是一种活动和行为。中外学者对领导的界定不尽相同。社会学中对领导的定义为：领导即对社会或组织的控制(统治)；心理学中对领导的定义为：领导就是组织负责人带领和引导组织成员，在一定客观环境下，为实现组织共同目标而奋斗的行为过程；管理学中对领导的定义为：领导就是管理、就是运用权力的过程、就是服务等。

这里我们认为，领导就是组织负责人带领和引导组织成员，在一定环境条件下，共同实现组织目标的管理活动。名词性的领导是指组织单位或部门的负责人，即领导者。这一定义包含以下三层含义。

(1) 领导是一种人际关系，表现为领导者与领导对象之间相互依存的双边的人际关系。

(2) 领导者的关键在于为组织确立目标方向，并带领组织成员去实现。

(3) 领导者具有影响力，因而能够带领组织成员去实现组织共同的任务和目标。

(二)领导与管理

将“领导”和“管理”两个概念加以比较和分析，能够更好地理解领导的概念。

从领导和管理两个概念上看，虽然二者都是指在权威的指导下，系统而有效地实现组织目标的过程，但是管理的含义更宽泛些。领导专指人对人的关系的活动，是上级有意识地影响下级完成既定任务的行为过程。而管理除了人对人的关系之外，还包括了人、财、物、事等相互间的复杂关系，而且这种层次不限于决策层，基层工作人员也肩负管理物的责任。可见，领导是管理的一个职能，组织中的领导行为仍属于管理活动的范畴，领导者必然是管理者，而管理者并不一定是领导者。

二、领导的影响力

(一)领导影响力的含义

领导者要带领组织成员实现组织的目标，影响下级去行动，完成组织的任务，就需要有一定的威信，这就是所谓的影响力。

影响力是指领导者的言语指令(命令、建议、劝告)和非言语指令(榜样示范)引起被领导者做出预期反应的感召力量，在本质上是权力作用的人格表现，是领导者将个人意志以各种方式施加到他人身上的能力。影响力强的园长能使全园教职工团结起来，努力奋斗，实现组织的共同目标。

在管理思想发展中，存在着两种领导观。传统管理理论如古典管理学派代表韦伯认为，理想的行政组织模式应当是建立在理性和严格法规基础上的职位、职权与职责系统，强调权力的作用和实现强制性管理，在这里，领导等于职权。现代领导观则认为，领导等于职权加威信。两种不同的领导观必然带来不同的管理效果。

(二)领导影响力的构成

现代管理学、领导学的研究表明，领导者的影响力由两部分构成：权力性影响力与非权力性影响力。

1. 权力性影响力

权力性影响力是指由领导者掌握合法职权并能合情合理地加以运用而产生的影响力，一般由传统因素、职位因素和资历因素等构成。

权力性影响力通常是外部赋予的、外在的，即上级组织赋予一个人的职位和权力，具有强制性的特点。它以外部压力的形式发生作用，在其作用下，组织成员的心理和行为主要表现为被动和服从。如幼儿园园长有对重大事件的决定权，有对职工的聘用权、奖惩权，有对园内资源的分配权等。凭借这些权力，园长可以有力地影响教职员工的行为和活动，使其服从命令和要求，否则，没有这些权力，就不可能在组织中建立秩序，幼儿园工作也就无法正常开展。然而，如果单凭这种强制性权力行使领导职能，被领导者往往会消极被动地适应或应付，不能充分调动其积极性；对于领导个人也有一定负面效应，使他们只重视支配和控制他人，一切由个人说了算，只看重个人的职位和权力，而不注重提高自身素质和威信，容易造成干群关系对立，阻碍组织工作任务的完成。因此，实际上，权力性影响力有一个正确使用的问题。

权力性影响力是一把双刃剑：一方面权力对于实现管理职能是必不可少的，能够使组织成员朝着组织的既定目标而努力；另一方面权力如果失去制约，就会导致腐败。因此，需要加以规范制约，使其在合理的范围内运用，与此同时，领导者个人也要注重练“内功”，增强自身的素质和能力。

2. 非权力性影响力

非权力性影响力是由领导者自身所表现出来的良好品格、卓越才能、丰富的知识和经验、真挚而友善的感情等人格因素构成的。

非权力性影响力是自然性影响力，是内在的，即经过领导者自身努力而获得并且是经过实践证明了的，能够反映出领导者本身的素质。这种影响力是自然产生的，是非强制性的内在的力量，主要来自组织成员对领导者的敬佩、信服、爱戴，能够对组织成员的心理和情感产生比较深刻的影响作用，有利于良好组织氛围的建立。

3. 权力性影响力与非权力性影响力的关系

在领导影响力的构成中，非权力性影响力占主导地位，起着决定作用。

幼儿园管理实践表明，一个领导能力强、素质好、威信高的领导者，能够带领组织成员奋发向上，使一个落后幼儿园迅速改观，全园工作秩序井然，保教质量不断提高。这里，决定领导者威信高低的主要是其非权力性影响力。具有这类影响力的领导者，会自然而然地受到组织成员的尊敬，愿意接受其建议和劝告，心悦诚服地服从其领导。

因而，领导者非权力性影响力的大小，往往影响组织管理水平的成效。也就是说，一个组织的领导者，如果有巨大的非权力性影响力，则其权力性影响力也会加大，反之则下降，正所谓“其身正，不令而行；其身不正，虽令不从”。因此，提高领导者影响力的关键在于提高其非权力性影响力，尤其是其中的品格、才能方面的影响力。

三、领导的方式

领导方式是指领导者用来对下属或组织成员行使权利和发挥领导影响力的行为表现，体现了领导过程中领导者与被领导者之间的关系。因此，作为领导者，必须不断地研究和改进自己的领导方式，才能实现组织的领导成效，以便取得更好的工作成效。

根据美国社会学家库尔特·勒温(Kurt Lewin，1890—1947)对领导者如何运用他们的权力研究，将领导方式划分为专制型、民主型和放任型三种。弗雷德·菲德勒(Fred E. Fiedler)在此基础上，又提出了权变型等领导方式。

(一)专制型领导方式

专制型领导方式也被称为权威型领导方式，特点是将一切权力集中于领导者，突出领导者的中心地位。在工作方面，实行个人独断，组织成员基本没有参与决策的机会，领导者主要依靠强制性手段维护权威，主要根据自己的看法对成员的工作进行评价。在人际关系方面，领导者喜欢发号施令，较少关心组织成员需要，与组织成员直接交往较少，听不得组织成员发表不同意见，容不下有独立见解和创造精神的人，不注意发掘和调动组织成员的积极性。总体来说，这种领导方式表现出对工作极为关心，但忽略对人的关心。

这种领导方式的有效性往往取决于领导者个人的智能和经验。如果领导者富有经验，可以提高工作效率，形成严明纪律和统一行动。但这种领导方式的致命弱点是极不民主，不利于集思广益，会因领导者个人的局限而造成决策指挥失误，同时因忽略对人的关心，不可能调动下属的积极性和创造性，进而造成人际关系紧张，降低组织成员的责任心。

目前，我国幼儿园正在实行和完善园长负责制，幼儿园内部管理制度改革的核心是调动职工积极性，增强办园自主权。要深刻全面理解其内涵，而不能简单地将园长负责制与专制型领导方式等同起来。否则，园长一个人说了算，在工作中大权独揽，独断专行，加之在体制上缺乏有效的制约和监督机制，必定会使园所工作受到消极影响。

(二)民主型领导方式

民主型领导方式也被称为团队型领导方式，领导重视群体关系，在工作中依靠广大组织成员并鼓励他们参与管理工作。在工作方面，决策前听取和采纳组织成员意见，能调动组织成员的积极性，组织成员有相当大的工作自由和工作选择的机会，领导者主要利用个人的权力和威望实施对组织成员的影响，领导者依据事实对成员的工作进行评价。在人际关系方面，领导者能尊重组织成员并给予充分的信任，尽力满足他们的各种正当需要，关心他们的生活，努力为他们排忧解难；领导与组织成员接触较多，与他们关系较为融洽，善于用建设性的方式来鼓励和督促他们努力工作，努力为他们创造发挥才能的环境。总体来说，这种领导方式表现出对工作和人都极为关心。

这种领导方式为人们所推崇。优点是可以使管理赢得组织成员的支持，决策过程中充分发挥组织成员的聪明才智，减少工作的失误，同时有利于调动组织成员的积极性、主动性和创造性，增强他们的责任感和主人翁意识。局限是决策过程比较长，如果领导者的组织和决断能力较弱，容易造成“议而不决”的现象，导致工作效率降低，甚至有可能出现步调不统一、组织松散的情况。

(三)放任型领导方式

放任型领导方式也被称为贫乏型领导方式，指领导者完全或大部分放弃职责，完全放任自流的一种领导方式。在工作方面，领导者极少运用权力影响组织成员，给予组织成员高度的自由，只是为他们提供信息资料但不做积极指示，工作几乎全依赖组织成员，个人自行负责。在人际关系方面，领导者与组织成员很少主动接触，对下属或群众的要求或困难采取无所谓的态度，不闻不问，双方距离不远不近。总体来说，这种领导方式表现出对工作和人都极不关心。

实际上这是一种疏于管理、不作为的状态。这种领导方式和作风容易导致工作失控、组织涣散，是最不可取的方式。

(四)权变型领导方式

权变型领导方式是弗雷德·菲德勒于20世纪70年代提出的权变理论所倡导的领导方式。领导权变理论是指领导者在不同的领导环境和条件下，根据环境和条件特点采取相应的领导方式、以期达到理想的领导效果的理论。这一理论弥补了领导行为理论缺乏对影响领导有效性的其他情境因素的考虑。

权变理论认为，没有哪种领导方式是最佳领导方式，领导方式和个体、群体、环境等因素都是变量，因此领导是一个动态过程，领导方式的有效性是随着被领导者的特点和环境的变化而变化的。影响领导效果的主要环境因素包括组织结构、领导者的个性、组织成员的特点、群体特点等因素。菲德勒认为，影响领导效果好坏的情境因素有三个：领导者与被领导者的关系(信任、尊重等)；工作结构(对工作任务明确规定的程度)；领导者职权(职务权力)。他指出，从以上三个因素的变量来看，领导者所处的环境与领导方式的有效性关系最大，情境不同，领导方式也不同。按照菲德勒的模式，要提高领导的有效性，可以通过两种途径或者改变领导者与组织成员的关系，或者改变领导者所处的环境。同样，选择领导人也一定要视环境因素而定。

这一理论提醒我们，在专断的领导方式和民主的领导方式之间，存在着许多方式融合于一体的其他模式，这些模式力图在不同的情况下，使工作的高效率和组织成员民主参与决策及管理达到和谐统一。

现代管理实践表明，理论上的最佳模式在一些组织中往往不能取得成效或成效不明显。就是说，在某些情况下，某一类型的领导方式是有效的、最佳的，而在另一种情况下，也许并不那么有效。因此，需要从动态的角度来认识这个问题，即按实际情况来选择适宜的领导方式。有效的领导方式正如这个简明公式所表明的：领导=领导者+被领导者+环境。

四、园长的地位和角色

幼儿园园长在幼儿园管理中处于特殊重要的地位，肩负多种角色。明确这些问题有利于园长恰当认识自己的地位，准确把握自身的角色。

(一)园长的地位

《幼儿园管理条例》明确了我国幼儿园实行“园长负责制”。在“园长负责制”管理体制中，园长是幼儿园的行政负责人，处于行政管理体系的中心地位。园长对外代表整个幼儿园，向举办者、幼儿家长和社区公众负责；对内全面领导保育、教育和行政工作，向幼儿、全体教职工负责。同时，园长也是幼儿园全面工作的决策者和组织者，在幼儿园的正常运转和改革发展中起主导作用，在保证幼儿园保教质量，完成幼儿园保教幼儿和服务家长的双重任务中处于关键的地位。因此，一所优质的幼儿园离不开一个卓越的园长和一个优秀的领导班子。

(二)园长的角色

园长正确的角色定位，不仅有利于更好地理解自身在管理中的地位和作用，而且还影响着自身对领导者职责的理解和对其素质的要求。2015 年教育部颁布的《幼儿园园长专业标准》规定：“园长是履行幼儿园领导与管理工作职责的专业人员。”表明园长是专业人员，作为幼儿园教育单位的领导，园长的职业角色至少有以下三个：教育者、领导者和管理者。

1. 教育者

教育者是园长的核心角色。因为幼儿园是保教幼儿的专门教育机构，园长的教育思想、教育理念、教育知识、教育经验、教育能力等都将直接影响其教育领导职责的履行，从而影响幼儿园的办园方向、教育目标和教育质量。一位好园长首先应是一名幼儿教育专家，园长一定要钻研教育科学，不断提高自己的业务理论水平，不断深化教育教学改革。

2. 领导者

领导者是园长最重要的角色，这是实现领导职能、办好幼儿园的关键。这也是园长自身的质的规定性，这种质的规定性是通过园长自身职业活动表现出来的。《幼儿园管理条例》中明确了园长作为幼儿园的行政负责人，是受托于国家来管理幼儿园的主角，是幼儿园的领导者，其内容应该包括思想的领导、行政的领导、业务的领导。

3. 管理者

园长作为管理者，是指园长对幼儿园人、财、物等管理要素所实施的日常管理职责，即按照政策规定，通过制订长期、短期计划，运用一定的方法和技术对幼儿园的人员、资金、设备等资源进行全面有效的调配和安排，实现幼儿园教育资源的优化配置，充分发挥各项教育资源的作用，从而优质高效地实现幼儿园的组织目标。

五、园长的职责与聘用

园长肩负一定的职责，成功履行这些职责需要具备必要的任职条件。

(一)园长的职责

“职”指职务，它是指管理特定岗位的称号。“责”是责任，它是指管理特定岗位的人对其岗位工作所必须承担的责任。园长的职责，就是园长这个特定的工作岗位应承担的特定责任。园长的职责不仅由上级主管部门所规定，而且由所在的幼儿园性质、任务所规定；园长在岗位上不仅对上级领导部门负责，而且应对社会负责，对教师、幼儿和家长负责。《幼儿园工作规程》对园长的主要职责做出如下规定。

(1) 贯彻执行党和国家有关学前教育的方针政策、法律法规，以及上级主管部门的规定，坚持正确的办园方向；负责建立并组织执行幼儿园各项规章制度。

(2) 负责教职工的政治思想工作、职业道德教育，组织文化、业务学习；维护教职工的正当权益，关心并逐步改善教职工的生活和工作条件；发挥教职工(或教职工代表)大会在幼儿园民主管理中的作用，调动和发挥教职工的主动性、积极性和创造性。

(3) 主持幼儿园的保教工作，领导和组织安全保卫、卫生保健工作，确保在园幼儿的安全、卫生和健康；领导和组织教育工作，贯彻执行国家有关幼儿园课程的文件，如《幼儿园教育指导纲要(试行)》《3～6 岁儿童学习与发展指南》等，促进幼儿身心和谐发展。

(4) 领导和组织幼儿园行政工作，负责聘任、调配工作人员，负责工作人员的考核与奖惩，负责园舍、设备和经费的管理等。

(5) 密切与家长和社区的联系。向家长宣传正确的教育思想和科学育儿知识，配合社区开展社会服务活动，争取家长和社区对幼儿园工作的支持。

(二)园长的任职资格及聘用

1. 园长的任职资格

《全国幼儿园园长任职资格、职责和岗位要求(试行)》对幼儿园领导者即园长的素质提出了具体要求，为幼儿园选拔、任用和考核园长提供了依据。文件中对园长的任职资格做了如下规定。

(1) 拥护中国共产党的领导，热爱社会主义祖国，认真贯彻国家的教育方针，热爱幼儿教育事业。

(2) 示范性幼儿园和乡镇中心幼儿园园长应具备幼儿师范学校(含职业学校幼教专业)毕业及以上学历，有五年以上幼儿教育工作经历，并具有小学、幼儿园高级教师职务。其他幼儿园园长应具备幼儿师范学校(含职业学校幼教专业)毕业及以上学历或高中毕业并获得幼儿园教师专业考试合格证书，有一定幼儿教育工作经历，并具有小学、幼儿园一级教师职务。

(3) 获得幼儿园园长岗位培训合格证书。

(4) 身体健康，能胜任工作。

近年来，在国家政策的指导下，各级教育行政部门和教育教研培训机构，对幼儿园的园长进行了层层培训，以提高园长的教育和管理水平。此外，园长还要做终身学习的典范，不断提高自身修养、文化知识和专业水平，勇于改革和创新，不断提高保教质量、开创学前教育新局面。

2. 园长的聘用

《幼儿园工作规程》第三十六条对园长的任用办法做了规定：“幼儿园园长由举办者任命或聘任。非地方人民政府设置的幼儿园园长应报当地教育行政部门备案。”

根据以上规定，园长的聘用权在举办者。在“政府主导、社会参与、公办民办并举”的办园体制下，幼儿园的办园主体多元化，除了地方政府以外，办园主体还有各种社会团体、机关、企事业单位、公民个人等。这些非政府办园主体根据园长的任用标准，选拔任用园长，并向当地教育行政部门备案。地方人民政府举办的幼儿园园长根据干部管理权限，由县、区政府主管部门选聘和任用。

第二节　园长的基本素质及专业发展

园长作为专业人员，要求具备一定的专业素养。2015 年教育部颁发的《幼儿园园长专业标准》，对园长提出了六项专业职责和对应的六十条专业标准要求。园长的政治思想品德素质、文化专业素质、心理素质及领导管理能力等素质状况，直接决定着幼儿园的管理水平和保教质量。

一、园长的基本素质

(一)政治思想品德素质

1. 政治理论修养和政策水平

园长必须坚持党的基本路线，认真学习、全面理解党和国家的有关法律、法规、方针、政策和上级主管部门的规定，并能在实践中掌握和贯彻执行。园长应熟悉幼儿教育法规和规章，坚持依法办园，努力学会运用马克思主义的立场、观点和方法指导幼儿园工作，提高工作成效。加强理论学习，有助于园长进一步解放思想，转变观念，增强创新意识，积极推进素质教育。

2. 事业心和责任感

园长必须认识到幼儿教育事业的重大意义，应做到热爱幼教事业，热爱幼儿，具有坚定的职业信念以及为幼教事业献身的精神，要做到敬业、勤业、乐业、精业。这样才能在实际工作中全心全意为广大教职工、幼儿和家长服务，忠于职守，不怕困难，勇于探索，始终对工作怀有浓厚的兴趣和饱满的热情，努力完成园所各项工作任务，认真履行各项职责。

3. 道德修养和工作作风

作为园长需要时刻记住做正确的事情，园长的行为不能违背社会正义、道德准则，需要思考自己的领导行为是否服务了大多数人的利益。园长应当树立“领导就是服务”的意识，以为幼儿服务、为家长服务、为教职工服务为己任。在平时工作中，密切联系群众，作风民主，平易近人，通情达理，关心群众；要正确对待群众意见，吸取群众智慧，群策群力，把工作搞好；要有甘为人梯的精神，努力为青年教师的成长创造条件和机会。

总之，在政治思想品德方面，园长应成为全园教职工的榜样和楷模。园长应具有较高的政治理论修养和政策水平，具有强烈的事业心和高度的责任感，具有良好的道德修养和工作作风，这些对于带动一支高素质的教职工队伍，形成良好的园风园貌，有着直接的影响。同时也对办好幼儿园，完成双重任务起着至关重要的作用。

(二)文化专业素质

园长要有真才实学，这是园长提高自身领导成效的重要条件，也是园长真正实行内行领导，逐步成为“专家型”或“职业型”园长的必备条件之一。

1. 科学文化知识

园长不能满足已有的学历和知识水平，要不断地学习和吸收现代科学知识，关注社会的新变化，培养较广泛的兴趣爱好，丰富自己的精神世界，使自己具有较广博的科学文化知识，以便较好地适应时代的变革和工作的需要。广博的科学文化知识主要包括人文社会科学知识，如哲学、历史学、社会学、法学、逻辑学等；自然科学和技术科学知识，如它们的基本理论和最新研究成果；工具类知识，如外语、计算机、现代化多媒体信息处理技术、公共关系等；文艺类知识，如文学、美育等。

2. 学前教育专业知识

为保证幼儿园保教工作顺利开展，有效解决所遇问题，园长应不断提高自己的业务素养，加强学前教育专业知识的学习。园长应系统学习和掌握学前卫生、心理和教育的基本理论，了解和掌握幼儿身心发展和教育的基本规律，树立正确的教育观念。具有扎实、系统的专业知识，能使园长在工作中减少盲目性，加强理论的指导，使园所各项工作建立在科学的基础上，提高工作的有效性。

3. 学前教育管理知识

为保证幼儿工作顺利进行，园长应具有现代管理观念，掌握现代幼儿园管理的基本理论知识，掌握科学管理的原理、原则、方法和技能，并能运用到实际工作中去，努力提高管理成效，这是园长做好管理工作的前提和保证。此外，园长还要灵活掌握教育管理理论，找到适合本园特点的科学教育管理方法。

4. 学前教育实践知识

学前教育实践知识是园长在个人工作实践中形成的知识与智慧，是园长在理解和领悟理论知识的基础上建构起来的一种在特定情境中知道做什么和知道如何做的知识形态。实践知识主要包括园长的情感态度、价值观念、生活经验等。这类知识具有实践性、情境性和个体性。从某种程度上来说，园长专业化发展最终体现的是园长个体的职业发展水平，而能对其发展产生真实影响的正是个人在实践中通过亲身体验和学习获得的实践性知识。

以上这几类知识是相互联系的有机整体。其中，学前教育管理知识是园长工作得以顺利开展的基础性部分，学前教育专业知识对学前教育管理知识起着理论支撑的作用，它们是衡量园长文化专业素养的标志，同时也是园长取得任职资格的重要考核依据。学前教育实践知识是园长将前两种知识运用于实践后，经过个人反思、总结而获得的知识，是园长自身职业个性的展现。广博的科学文化知识是对其他知识的重要补充。这些知识相互联系、相互促进，共同支持园长的专业化发展。

(三)心理素质

良好的心理素质，是园长不可缺少的一项基本素质，面对纷繁复杂、瞬息万变的客观环境，园长应该是“在各种环境中能保持一种良好的心理效能状态的人”。那些与园长密切相关、不可缺少的心理素质，主要有顽强的意志、健康的情感、积极进取的性格、良好的个性倾向四种心理品质。

1. 坚强的意志

意志是一个人为实现一定目标所做出的自觉顽强的努力，它表现为一种约束和控制能力。自觉性、果断性、坚持性、自制力等意志品质，都是从事管理工作所需要的。园长在实际工作中会遇到许多困难和阻碍，有时甚至会出现一些不利和被动的局面。在处境困难的时候，园长坚定而又有毅力，才可能自觉地克服工作中的挫折和困难，努力实现幼儿园教育目标。

2. 健康的情感

情感是人对客观现实与人的需要之间关系的反映。健康的情感对人具有极大的调节作用。园长要避免感情冲动，意气用事，在容易引起感情冲动的场合能保持冷静，在危机的时刻能保持镇定。幼儿园工作中难免会有遇到困难、遭受挫折的时候，这时，园长要保持乐观情绪，这样才能够激励全体教职工士气，有利于克服困难，打开新局面。

3. 积极进取的性格

性格作为心理素质的一个方面，是指人对现实的态度和行为方式中比较稳定的、独特的心理特征的总和。园长的性格特征对于幼儿园管理工作有着重要意义。在幼儿园中，园长的不良性格，容易导致园领导班子不和谐、教职工队伍不团结；反之，豁达开朗的性格，可以使人精神振奋，同事之间互相体谅、帮助和关怀，使幼儿园工作顺利进行。

4. 良好的个性倾向

个性是指一个人总的精神面貌，是人的各种心理倾向构成的有机整体，主要包括人的需要、动机、兴趣、理想、信念、世界观等内容。高效率的园长应有多层次的需要，尤其应具有友谊与爱、自尊与受人尊重、自我实现等需要；有强烈的进取心、责任心与成就动机；有广泛、持久而稳定的兴趣与爱好；有明确的职业理想、信念与事业心等。

(四)管理能力

能力是知识、智慧和技能在实践中的综合体现。幼儿园领导者的能力、素质直接影响着领导工作的效率。园长应当具备的管理能力，主要包括组织指挥能力、协调人际关系能力以及改革创新能力等。

1. 组织指挥和协调能力

园长作为幼儿园领导，是高层管理者，要了解幼儿园整个情况，从总体上进行决策规划；还要善于用人，协调人际关系，协调好幼儿园与方方面面的关系。

美国的罗伯特·卡茨的研究提出，领导者应该具备三类技能，分别如下。

技术性能力：指对本行业的一般知识技能、专业技能。领导管理层次越低，这方面的能力越重要。

协调能力：指做人的思想工作、和人打交道的能力。协调能力对于各层管理者都很重要。

综合分析能力：也称概念性技能或见识，指统领全局做出分析判断、决策的能力。这项能力对于层次越高的领导者和管理者越重要。

有调查表明，不同层次的管理者所需要的这三类能力是有差异的(见表 10-1)。

表 10-1　各级各类人员所需要的三类能力的比较

能力类别	见识%	协调%	技术%	合计%
高层管理人员	47	35	18	100
中层管理人员	31	42	27	100
基层管理人员	18	35	47	100

园长的组织指挥能力和协调能力是以上三方面能力的综合与统一。一个组织的领导者，要实现有效管理，除了要熟悉他所在行业的一般知识技能，更重要的是要具备统领全局的能力，即要能在整体上进行组织决策和指挥；同时要能够与人团结共事，善于用人，具有做人的工作和处理人际关系的能力。园长如果仅仅专业知识精良，擅长业务，却缺乏统领全局和处理人际关系的能力，是不可能实现有效管理的。特别在人际交往能力、调动人的积极性方面，有人提出，应把它提高到“管理者整个生命不可分割的一部分”。

2. 改革创新的意识与能力

创新能力是指园长在管理中善于发现并运用新的或创造性的方法，尝试新的设想，并且赞成、支持和参与变革的能力。

园长作为一个组织的领导者，既要充分了解本园基本工作条件和工作实际，不断更新教育观念，使工作经常处于主动状态；又要了解社会发展和改革动向，并清醒地预见到社会改革对幼儿教育和幼儿园管理提出的新要求，能依教育发展趋向规划园所的未来。

美国当代管理学家 E. 戴尔认为，“真正的管理人员永远是一个创新者。”创新意识意味着不断解决新问题的积极探索实践。领导者要为组织规划发展蓝图，决定组织的未来发展方向与风格，因此，创新能力就更为重要，这也是综合分析能力的体现。园长要不断更新自己的文化专业知识，了解教育发展规律，正确认识教育与社会发展的关系，不断改革创新，更好地贯彻党的教育方针，发挥幼儿教育服务社会的功能。园长要以正确的教育思想影响教职工，激发全园教职工进取向上的精神，带领他们不断取得新的工作成绩。加纳多小学的校长用一首诗描述了自己的工作，或许可以作为教育机构领导者所应具有的领导能力与职责任务的较好注解。

我的工作[①]

我的工作——/把握方向/推动变革/建立可信度/使学校在社区中拥有正面的形象/激励我的员工/提出引人深思的疑问/为孩子们提供坚定的支持/为学校建设文化/

① [美]特伦斯·E. 迪尔，肯特·D. 彼得森. 校长在塑造学校文化中的角色. 北京：中国青年出版社，2006.

我的工作——/培养一支强大的教师队伍/我将努力培养他们——在决策和教学中树立信心/冒险和开辟新天地的勇气/对孩子和他人的同情心/以及追求尽善尽美的性格/

我的工作——/了解当前发展趋势的能力/学习新知识的能力/完成任务的决心/干净利落处理问题的能力/以及提升思考境界的意识/开诚布公的对话交流能力/

我的工作——/分享专业经验的合作态度/团结他人共同完成既定使命的能力/进行职业交流互动的能力/随时应对挑战的能力/深入透彻思考问题的能力/

我的工作——/创造性执行改革措施的能力/积极寻找最佳解决方案的好奇心/融入群体的满足感。(西格蒙·波罗兹，1977 年)

二、园长的专业发展

(一)园长专业发展的概念

学术界普遍认为，专业发展既是一种结果，又是一种过程。从结果上看，专业发展是为了个体发展和职业进步所获得的知识、技能、能力和素质；从过程上看，它是通过自主或合作手段来获得以上结果的过程。

园长专业发展或园长专业成长是指园长的内在专业结构不断更新、演进、丰富和完善的过程，是园长个体专业持续发展、日臻完善的过程。简言之，园长专业发展是园长通过不断学习专业知识与能力逐渐趋向成熟的过程，也是园长知、情、意、行统一发展的过程。园长专业发展的实质，就是要完成从教育专业向管理专业的转化，从一个教师的角色向管理者角色转化的过程。

2015 年，教育部印发的《幼儿园园长专业标准》指出，幼儿园园长必须树立以德为先、幼儿为本、引领发展、能力为重和终身学习的办学理念。该标准从外延上界定了幼儿园园长的专业要求，包括规划幼儿园发展、营造育人文化、领导保育教育、引领教师成长、优化内部管理和调试外部环境六个方面。[①]幼儿园园长应承担领导者、教育者和管理者三种角色以及相应的职责。其中，领导者的任务是价值领导，专业职责包括规划幼儿园发展和营造育人文化两方面；教育者的任务是教学领导，专业职责包括领导保育教育和引领教师成长；管理者的任务是组织领导，专业职责包括优化内部管理和调试外部环境。[②]

(二)园长专业发展阶段

任何事物都有其自身发展的特定过程。园长的专业发展也不例外，其发展也是一个过程，一般都沿着职前预备—适应—称职—成熟四个相互联系、前后衔接的时期逐步成长的。在整个专业成长过程中，前一个阶段是后一个阶段的基础，后一个阶段是前一个阶段的提高，各阶段的主要特征表现如下。

1. 职前预备期

在成为园长之前，他们大都是教职工群体中的优秀者，积累了大量的实践经验，并对

---

① 教育部. 幼儿园园长专业标准. 2015.

② 王小英. 幼儿园园长的三种角色与六项专业职责——对《幼儿园园长专业标准》内容框架的解读[J]. 幼儿教育(教育科学)，2015(10).

幼儿园的实际了如指掌。不仅如此，园长们一般在任职前已在幼儿园中担任一定的行政职务，有了幼儿园局部管理经验的积累，得到了领导的认可，同时领导对他们的工作也寄予了更高的期望。

2. 适应期

这一阶段是园长担任职务后，适应环境、掌握管理经验和规律、从被动适应到主动发展的时期。担任园长职务初期，园长首先需要适应幼儿园各方面管理工作，加强园内教职工相互了解，使教职工之间彼此适应；同时，渴求学习理论和他人的办园经验，为直接管理寻求理论和实践依据。

3. 称职期

这一阶段的园长已具有较高的幼儿园管理能力与技巧，同时拥有多方面的信息来源，并通过自己不断地学习、研究、反思等方式提高了自身素质，能够有效地进行园所管理。这时期，园长已经掌握了管理常规，管理工作游刃有余，获得了较多的工作主动权；同时园长在常规管理的基础上，按照本园实际不断地探索办园规律，并使幼儿园获得持续的发展，办园成效显著。

4. 成熟期

成熟期是园长在积累了丰富的幼儿园管理经验基础上，专业发展所经历的最后一个阶段。其特点具体表现在：园长有了独特的办园见解，并能够按照本园实际情况科学地管理幼儿园，管理行为摆脱了单纯经验的局限；实际管理过程中，园长能够不断地发现问题、分析问题，并对问题进行科学、客观的思考，结合本园情况不断探索新思路、新方法，创造性地开展工作；其办园成绩显著，在园长群体中树立了一定的威望。

每位园长的专业发展历程并不相同，但大体会经历以上四个阶段，园长应从自身实际出发，走适合自身专业发展的道路。园长专业发展的过程本质上就是园长实际管理的不断学习、不断反思、不断创新的过程。园长要在实践过程中不断学习，使理论与实践高度结合，这样才能真正地使自己的管理能力和管理水平不断得到提高。

(三)影响园长专业发展的因素

园长的专业发展过程是一个动态的过程，影响其发展的因素很多，如园长本人的个性、成长的经历、所在园的情况等，不同的发展过程使得影响园长专业发展的因素也不同。然而，通过分析我们可以发现，园长的专业发展也有共同的规律，现就影响园长专业发展的主要因素分析如下。

1. 内在因素

园长专业发展作为园长个体的、内在的专业性提升，理所当然，园长本人在自身专业发展过程中发挥着不可替代的作用。影响园长专业发展的内在因素主要包括以下方面。

(1) 园长的教育信念。

园长的教育信念是指园长自己选择、认可并确信的教育观念或教育理念，不仅包括园长的教育观、儿童观、教师观等，也包括园长的教育理想，它反映的是园长对幼儿、对教师、对幼教事业的基本看法。园长一般有自己的信念体系，它可能是从自己教学、管理实践经验中逐渐累积形成，或由外界直接接受而来的教育观念，也可能是经过深思熟虑并富于理想色彩的教育理念。①

园长的教育信念在所有影响因素中地位较高，起统领作用，是园长成为专业人员的精神支柱，是园长专业发展的深层次因素。园长有无教育信念以及教育信念水平的高低，决定着园长工作和生命的质量。正如苏霍姆林斯基所指出的："在学校全部教育现象极其复杂的关系中，最宝贵的东西是什么？教师的信念——这是学校里最宝贵的东西。"②

(2) 个人的学习和反思。

舒尔曼认为："专业人员必须培养从经验中学习和对自己的实践加以思考的能力。"③每个优秀园长的成功都离不开从经验中不断地学习、思考，学习和反思能够有效地开发园长的潜能和创造力，提高园长的专业水准和工作成就，促使园长向更高层次发展。学习使人进步，反思使人提高，善于学习和反思的人才能不断地完善自己。在信息快速更新的当今社会，学习新知识、反思自身实践是加强自身素质、促进专业发展的最佳方式。

(3) 园长的自我专业发展需要和意识。

园长的自我发展需要和意识是园长专业发展的内在主观动力，是园长真正实现自我专业发展的基础和前提，"因为它意味着人不仅能把握自己与外部世界的关系，而且具有把自身的发展当作自己认识的对象和自觉实现的对象，人能构建自己的内部世界。只有达到了这一水平，人才能在完全意义上成为自己发展的主体"。按照时间维度，它包括对自己过去专业发展过程的意识、对自己现在专业发展状态的意识以及对自己未来专业发展的规划意识。简而言之，它使得园长能够更明确清醒地认识自己，知道自己到底需要什么、今后朝什么方向发展以及如何发展等，从而达到理想的专业发展状态。

2. 外在因素

辩证唯物主义观点认为，内因是变化的根本，外因是变化的条件，外因通过内因起作用。所以，园长的专业发展还需要一定条件的支持，具体包括以下内容。

(1) 园长管理政策法规和制度。

科学的园长管理政策法规和制度，是园长专业发展的推进器。目前，我国园长管理政策法规和制度还不完善，至今还没有科学地建立起来，制约了园长的可持续健康专业发展。

(2) 上级教育或主管部门的工作态度和行为。

在我国现行幼教行政管理体制下，园长工作总是会受到其上级教育或主管部门的影响，主要通过其领导的工作态度和行为来体现，如领导的教育价值取向、决策水平、支持程度、工作作风、工作方式、领导艺术等方面。它们的好坏对园长能否获得可持续专业发展的影响很大，尤其是对欠发达地区的园长专业发展的影响更大。

(3) 幼儿园环境。

幼儿园环境是优秀园长专业发展的微观环境，是其发展的沃土。在幼儿园里，幼儿园办园历史、内部管理体制、办园物质条件、教师的资源状况与成长水平、园内人际关系氛

---

① 叶澜. 教师角色与教师发展新探[M]. 北京：教育科学出版社，2001：231.

② [苏联]苏霍姆林斯基. 怎样培养真正的人[M]. 蔡汀译. 北京：教育科学出版社，1992：193.

③ 刘捷. 专业化：挑战21世纪的教师[M]. 北京：教育科学出版社，2002：149.

围、园领导班子的团队精神与成熟程度等，都是园长专业发展的条件性因素。一个良好的园所氛围，尤其是园领导班子和教职工共同营造的宽容、团结、积极向上的园所文化，可以为园长的专业发展提供精神支持。

(4) 办园自主权。

自主权是专业发展的基本特征之一，是衡量专业化水平的一项重要指标。专业自主权是专业人员依照自己的专业知识做最佳的判断与决定，而所做的判断与决定并不受外力的影响。[①]园长的办园自主权是指园长在对幼儿园进行管理的过程中，在处理幼儿园内部事务时，有独立做出判断与决定的权力，不受外力的干预。一般来讲，办园自主权应该包括人事权、经费权和内部事务处置权。然而调查显示，目前园长(尤其是公办园园长)普遍认为自主权比较小，很多园长都苦恼自己的办园自主权有限，限制了他们的发展。

(四)促进园长专业发展的策略

1. 发挥园长主体意识，促进园长自主发展

幼儿园是园长的教育信念由理论变为现实的场所，园长在幼儿园实践中获得专业发展是必经之路。园长专业发展的关键就是形成自己的办园理念，并将其坚持下去。理念是园长办园的核心。幼儿园最根本的理念是“一切为了孩子，为了孩子的一切”，把园长的教育理念转化成全体教职工的理念，再转化成全体教职工的行动，这对理念的实现意义重大。此外，幼儿园组织文化，是幼儿园的灵魂，是推动幼儿园发展的不竭动力。它在心理上、感情上有凝聚作用，能激发集体意识和集体荣誉感，可以使成员自觉规范行为等。当然，具有本园特色的组织文化的形成，需要不断地深化办园理念，需要全体教职员工不懈的坚持和努力。

2. 培养园长的学习能力和反思精神

个体专业发展的速率和水平与个体对学习的投入与产出成正比，这是个体专业发展的一条基本规律。因此，园长若想获得长期的专业发展，学习是必经之路。园长要树立终身学习的意识，培养自我学习能力，以充实专业知识和专业技能；与此同时，园长还需要经常对教育教学及管理实践中出现的问题进行反思和探究，对实践中获得的直接经验进行深入思考，将表层的经验上升到理性的高度，才能真正地促进自身的专业发展。

3. 激发园长专业自主发展的意识

园长作为其专业发展的主体，拥有专业发展的自主权，具有自我发展的意愿和动力。促进园长专业发展的根本在于提高园长的专业自主发展意识，即园长由外部驱动转为内部驱动，由自发状态转为专业自我发展的有意识性，不仅要有主动专业发展的意识，还要自觉承担专业发展的责任，形成对自己清晰的认识和评价。园长要摆正自己作为一名专业管理人员的位置，在完成好特定任务的同时，关注自身发展，保持专业自主之自觉。

4. 建立和完善园长管理制度体系

制度因素作为促进园长专业发展的条件因素，对园长专业发展有较大影响，然而在我

---

① 雷丽珍. 中小学校长专业发展的影响因素研究[D]. 广州：华南师范大学，2004.

国，园长管理制度仍存在许多不足。我国政府应依据职业性专业标准，建立一套科学的园长管理制度体系，包括园长资格证书制度、园长选拔任用制度、园长职级晋升制度、园长考评制度等，努力使它们形成合力，为全面促进园长的专业发展提供有效的制度保障。需要强调的是，整套园长管理制度体系不仅适用于公办园园长，对民办园园长同样适用，教育行政部门需要设立专门机构，负责民办幼儿园及其园长发展的统筹、规划和管理工作。

5. 加强园长队伍建设

园长是幼儿园的专门人才和拔尖创新人才，加强园长队伍建设，政府要从宏观战略角度统筹考虑、周密制定园长队伍建设的目标规划，并将其纳入地方教育发展规划。地方教育行政部门在落实过程中，要统筹协调园长选拔、培养、考核、评价等各项工作，真正将有德之士、有识之士、有能之士选聘到园长岗位。与此同时，专业发展需要专业化的培训，培训的目的不仅仅是简单地教授一些理论知识，更要帮助园长从培训中获得一种思想的启迪，使园长真正树立起自己的专业信念。

6. 授予园长充分的专业自主权

《国家中长期教育改革和发展规划纲要(2010—2020 年公开征求意见稿)》中提到：“转变政府教育管理职能……改变直接管理学校的单一方式，综合应用立法、拨款、规划、信息服务、政策指导和必要的行政措施，减少不必要的行政干预。”上级教育或主管部门应减少对幼儿园的直接干预，态度上充分信任园长，行动上支持园长，赋予园长独立的决定权。我国现行法律虽然没有对园长自主权的内容做出明确规定，但园长作为政府授权或委托经营幼儿园的“代理人”，法律所赋予幼儿园的各项权利，理应由作为幼儿园负责人的园长代表幼儿园来行使。一般来讲，园长应拥有人事权、经费权和内部事务处理权，上级教育或主管部门应努力使园长相应的权利真正得到落实。

第三节　园长的管理理念和领导艺术

一、园长的管理理念

所谓“理念”，是指人们对于某一事物或现象的理性认识、理想追求及其所形成的观念体系。或具体讲，理念是一种信念，一种思想意识，是人们进行是非判断、行为选择的根基和动力。园长管理理念是园长对幼儿园管理全过程、各要素及其关系的理性思考，是关于幼儿园管理方面更为宏观的、内在的理性思考。

(一)法制理念

园长在幼儿园管理中必须树立法制理念，贯彻执行国家有关法律、法规、方针政策和上级主管部门的规定，使幼儿园在法制的轨道上开展各项工作。如果园长没有法制理念，甚至把个人的意志和权威置于法制之上，会给幼儿园、家长、幼儿造成极大的损害。因此，园长管理必须时时、处处、事事都体现法制理念，做到学法、守法和护法，确保幼儿园、教职工和幼儿的各项合法权益。

(二)创新理念

所谓“创新”，是指人为了一定的目的，遵循事物发展的规律，对事物的整体或其中的某些部分进行变革，从而使其得以更新与发展的活动。幼儿园园长要保持常“新”、常“青”，必须具备创新精神和创新能力，并在管理中树立创新理念，以“不断进取、永不满足”的精神，赋予整个管理过程创新活动的特征，如制度不断完善、设施不断更新、课程不断改革等，并以此为管理基础，达到幼儿园组织的管理目标。

(三)公关理念

公关即公共关系，是社会组织同构成其生存环境、影响其生存与发展的那部分公众的一种社会关系，它是一种有意识的管理活动。幼儿园公共关系是一种现代幼儿园经营管理战略，强调的是成功的人际关系，核心内容是珍视信誉、重视形象，注重双向信息交流，注重社会整体效益，注重幼儿园知名度。园长具有公关理念，有利于改善人际关系，有利于交流信息，有利于协调外部关系，从而赢得社会上各方面的支持，取得更大的成功。

(四)人才理念

人才，是指具有一定的专业知识或专门技能，进行创造性劳动，并对社会做出贡献的人，是人力资源中能力和素质较高的劳动者。园长在幼儿园管理中必须树立人才理念，不但要有识才的慧眼，爱才的热心，举才的胆略，用才的气度，同时还要做到人尽其才。在实际管理工作中，园长要营造一个有利于造就人才、人尽其才的氛围，形成符合幼儿园管理特点的用人机制、竞争机制、激励机制、评价机制等，从深层次上解决调动教职工积极性的问题。

(五)服务理念

服务是指为他人做事，以提供劳动的形式满足他人某种特殊需要，并使他人从中受益的一种有偿或无偿的活动。服务意识是自觉主动做好服务工作的观念和愿望。园长在管理中必须树立管理就是服务的理念，要从教师、幼儿、家长的需要出发，为他们提供高质量的幼儿园管理服务。可以说，园长的服务理念就是要有奉献精神，要有对幼教事业无限热爱的情感，要有为幼教事业奋斗终生的志向。

(六)效益理念

效益，是指效果与利益，是以增收节支为中心，考虑生产经营活动中的投入产出比，从而实现经济效益、社会效益和生态效益的综合平衡。任何单位的工作都要讲求效益。不强调效益，工作就失去了目标，衡量优劣就没有标准。园长在管理中必须树立效益理念，应把提高教学质量视为管理工作的核心，有计划地、科学地利用幼儿园内外资源，调动各种积极因素，争取获得最高的效益、最大的效果及最佳的综合效益。

二、园长的领导艺术

领导艺术是指在领导的方式方法上表现出的创造性和有效性。创造性，是真善美在领导活动中的自由创造性。当领导的方式方法在规律中创造升华，实现了质的飞跃，就上升为领导艺术；有效性，领导实践活动是检验领导艺术的唯一标准。可以说，领导艺术是领导者的素质和领导能力的综合表现，幼儿园领导效能的提高很大程度上取决于园长的领导艺术。

领导艺术贯穿于整个组织的管理过程。概括起来，主要涉及运用权力的艺术、协调人际关系的艺术、运筹时间的艺术及运用信息的艺术等。

(一)运用权力的艺术

权力，是权位和势力，包括职责范围内的指挥或支配力量。权力是领导活动的手段，运用权力是领导者实施领导的基本条件。善于运用自己的权力，是园长一项重要的领导艺术。园长在运用权力时，应把握以下几点。

1. 做到合法、合理、合情

园长在运用权力时，必须做到有法可依，以理服人，以情动人。只有做到法、理、情三者的协调统一，才能使权力的运用发挥积极作用。滥用权力，借职务之便搞以权谋私等不正之风，只能使权力的效能受到消极影响。

2. 谨慎行使强制性权力

园长在运用权力时，要通过权力的运用，最大限度地把群众的积极性调动起来，产生工作效益。要想使教职工积极工作，不能简单地依靠强制性权力，因为命令主义和专制主义往往会给工作带来消极的后果。

3. 注重非权力性影响力

非权力性影响力是提高园长领导成效的重要因素。园长可以通过努力创造卓有成效的工作业绩；言行一致，以身作则，处处做群众的表率；不断提高自身的综合素质等引起教职工的信服和敬佩，不断增强个人的影响力。

4. 有效授权比命令重要

所谓授权，就是领导者把所属权力按照规定和工作需要授予下级，从而给下级提供完成任务所必需的权限。放权的管理会越来越接近于员工的期望，是最为聪明的管理方式。有效的授权，能给员工更多的空间，能更充分地调动员工的积极性，最大限度释放他们的潜力。

有效授权应把握以下几点：①要因事用人，视能授权；②明确职责范围；③要确定自己保留的权力；④授权后，要进行必要的监督和控制。

(二)协调人际关系的艺术

人际关系是人们在交往中心理上的直接关系或距离，它反映了个人寻求满足其社会需求的心理状态。人际关系不仅对每个人的情绪、生活、工作有很大的影响，而且对组织气氛、组织沟通、组织运作、组织效率及个人与组织之间关系都有极大的影响。是否善于协调各种人际关系，是领导艺术的一个重要方面。园长在协调人际关系时，应把握以下几个方面。

1. 幼儿园领导班子成员关系的协调

幼儿园领导班子内部成员之间的人际关系，直接影响着园领导班子的整体领导效能。要处理好这些关系，应做到：要有共同的工作目标，确立共同的价值观；在工作上既有明确的分工，又有相互的合作；在感情和思想上要多沟通与交流，加深相互间的了解；在行动上，凡集体研究决定的，就要按决议去执行。

2. 幼儿园领导与教师间关系的协调

要对幼儿园教师实行人文关怀的管理，将人文关怀的理念引入幼儿园，对促进幼儿园教师的专业成长具有重要意义。人文关怀是对人的生存状况的关注，对符合人性的生活条件的肯定。要创造领导与教师的和谐关系，应做到：严于律己，以身作则；宽厚待人，信任、尊重教职工；关心教职工的专业发展，为幼儿园教师创造自我实现的良好条件。

3. 幼儿园与上级教育行政、主管部门间关系的协调

幼儿园与教育行政部门之间是下级与上级的关系，因此幼儿园应服从于上级办学方向和教育思想的管理。能否处理好上下级之间的关系，直接制约着幼儿园的发展。要处理好这些关系，应做到：对行政部门部署的工作，要逐一落到实处，随时随地都可迎接检查督导；主动与领导部门沟通、交流，缩小双方的距离，便于及时发现问题、解决问题，扬长避短。

4. 幼儿园与其他姊妹园间关系的协调

幼儿园与其他姊妹园之间既有生源、师资等方面的竞争，又有工作目标一致的共同点。幼儿园与其他姊妹园彼此之间相处和谐有利于相互取长补短、共同发展。构建幼儿园与姊妹园之间和谐的关系，应做到：相互尊重、友好相处；别的幼儿园有困难，主动尽力去帮；自己园有困难，也主动请求他园帮助。

5. 幼儿园与家长之间关系的协调

幼儿园与家长之间的关系是指园长、教师与家长的关系。园长、教师与家长之间的关系是否协调，将影响到家长对幼儿园工作是否理解、认可、支持、配合，会直接影响到幼儿教育的质量。因此，园长、教师应尊重家长，积极主动地争取家长对工作的支持与配合，如根据幼儿发展的情况有针对性地开展家访，为家长提供一些教育幼儿的方法等。

(三)运筹时间的艺术

时是对物质运动过程的描述，间是指人为的划分。时间是思维对物质运动过程的分割、划分。一位管理学家曾经说过：“只有时间才是唯一最缺乏的资源，如果不能管理好时间，则无法管理其他任何事务。”科学地运筹时间，是实施科学管理的基本条件。善于运筹时间，是园长领导艺术的一项基本功。园长在运筹时间时，应当做到以下两个方面。

1. 学会管理时间

要有效利用时间，合理安排工作，领导者首先要善于把握好自己的时间。当一件事摆在园长眼前时，应先问一问自己“这事值不值得做？”然后再问一问自己“是不是现在必须做？”最后还要问一问自己“是不是必须自己做？”只有这样才能比较主动地驾驭好自己的时间。其次，领导者要了解自己的时间利用情况。园长自己可将最近两周的工作内容

项目逐一列出，详细记录时间的实际耗用和工作完成的情况，自我检查一下工作效率，进一步分析原因，以调整改进。最后，领导者要力戒“会瘾”。开必要的会，可开可不开的会就一定不开；开会要讲实效，对必须开的会，要开短会、说短话；开有计划、有准备的会，要提高主持会议的技巧，有效率地管理时间。

2. 合理安排工作程序

要科学有效地支配、利用时间，就需要合理地安排好工作程序，制订好工作计划。为此，园长要依据“把时间用在最为重要的事情上去”这一时间利用的原则，在工作安排上，首先综合统筹地考虑各项工作和事务，优先处理最困难的、最重要的、最紧迫的而又联系广泛的事务；其次，专心致志地工作和处理幼儿园事务，尽量提高做每一件事的效率；最后，善于挤时间，见缝插针，尽可能地将零散时间充分利用起来。

园长可以根据幼儿园工作的阶段性，把要完成的工作，按照轻重缓急加以分类，进而按年、学期、月、周和日的先后次序做出计划，规定出时限要求，逐一完成。填写幼儿园工作日志即园务日志，制定每周全园工作日程表，可以帮助园长合理运筹时间。此外，园历的编制也有助于园长对全园整个学期的各项工作很好地做出安排。

(四)运用信息的艺术

信息，指音信、消息、通信系统传输和处理的对象，泛指人类社会传播的一切内容。经济管理学家认为“信息是提供决策的有效数据”。领导者、管理者制订计划要靠信息，组织和调控人、财、物也需要掌握信息。从某种意义上说，幼儿园管理就是收集信息、加工信息、分析信息、做出决策的过程。能否有效地获取信息、科学地利用信息，是园长工作能否提高效能的重要前提之一。有效地运用信息，应当做到以下三个方面。

1. 增强信息意识，建立信息系统

信息意识，是指人对信息敏锐的感受力、判断能力和洞察力，即人的信息敏感程度，是人们对自然界和社会的各种现象、行为、理论观点等从信息的角度理解、感受和评价。通俗地讲，就是面对不懂的东西，能积极主动地去寻找答案，并知道到哪里、用什么方法去寻求答案，这就是信息意识。信息系统，是一个由人、计算机及其他外围设备等组成的、能进行信息的收集、传递、存储、加工、维护和使用的系统。其主要任务是通过收集正确的数据，将加工处理并编制好的信息资料及时提供给管理人员，以便进行正确的决策，不断提高企业的管理水平和经济效益。建立计算机网络信息系统已成为提高企业管理水平的重要手段。

现代社会组织的管理，实际上是信息中心式的领导管理。园长必须认识到要提高办园水平和效益，必须强化信息意识，要有增强信息的紧迫感和危机感，只有这样才能不断掌握工作的主动权。幼儿园应根据实际情况，建立负责信息收集、加工、处理的网络系统，配备一定的信息处理设备，同时形成信息处理制度，并与幼儿园外部如社区、教育行政部门及姊妹幼儿园之间建立信息交流关系。

2. 主动获取信息，及时加工信息

信息获取指围绕一定目标，在一定范围内，通过一定的技术手段和方式方法获得原始信息的活动和过程。信息获取是信息得以利用的第一步，也是关键的一步，其工作的好坏，直接关系到整个信息管理工作的质量。信息加工是对获取的信息进行去伪存真、去粗取精、由表及里、由此及彼的加工过程。这一过程在原始信息的基础上，生产出价值含量高、方便用户利用的二次信息，是使信息增值的过程。只有在对信息进行适当加工处理的基础上，才能产生新的、用以指导决策的有效信息或知识。

传统观念下的管理往往忽视信息的作用，认为没有信息照样能管理组织机构；不愿花钱购买资料、设备；再就是在家坐等信息，而不去主动获取信息，这种管理方式已经不能适应当今的信息化社会。幼儿园领导者应通过多种渠道，积极主动地获取并占有信息。一般来说，获取的信息量越大，有效信息越多，领导资本就越雄厚，对幼儿园的领导与管理就会提供更多的客观事实依据及理论依据。

3. 科学利用信息

信息利用指用户利用信息解决其所面临问题的过程，是信息价值实现的过程。信息价值能否充分实现，取决于领导者是否具备应有的信息分析与判断能力、信息积累与存储能力、信息交流能力、信息合理利用与协作共享能力等。

园长在利用信息时，要注重发挥创造性：一方面要根据幼儿园当前工作对信息进行选择，并将其创造性地运用到计划、决策、控制等管理中，从而赢得时间，力争最大的办园效益；同时要注意从实际出发，因事、因时制宜，将信息与幼儿园的发展联系起来，善于预测和验证，从今天的教育预见未来人才的需要，考虑相应的对策与规划，做好必要的调控准备，以保证幼儿园发展的方向性。如果善于创造性地利用信息，那么展现在园长面前的，必然是更广阔的发展空间，信息的价值亦会无限地扩大。

拓展阅读

美国托幼机构园长资格认证

美国伊利诺伊州出了一种托幼机构园长资格认证书，获得此资格认证书要达到五项能力要素。

- 受教育的总体情况。
- 关于早期阶段或学龄阶段方面的知识和技巧：发展、护理和教育方面的基本理论。
- 管理知识和技巧：描述了十项管理知识和技巧能力。
- 经验：实际工作的经验。
- 专业素养：在六项领导情境中表现的专业素养。

证书有三个水平：水平 I，必须有准学士学位；水平 II，必须有学士学位；水平 III，必须是硕士学位或其他高学位。在每一水平，候选人必须展示以上五项能力要素。

获得证书可以有两种方式。

(1) 完成指定的教育程序，完成伊利诺伊州的高等教育园长资格授予委员会的批准项目；

(2) 通过直接申请的方式，达到伊利诺伊州园长资格的必要条件，并向伊利诺伊州园长认证委员会(the Illinois Director Credential Commission)提交文件证明。如果选择第一种方式，个人需要在批准的项目或有权授予证书的高级学习机构中注册，并达到获得证书必需的课程及论文的要求。这一机构核查每项要求的达成情况。如果选择第二种方式的话，个人需要向委员会直接申请，上交包括毕业证书、履历、专业素养的文件证明。在伊利诺伊州园长认证委员会的确认下，由伊利诺伊儿童保育资源和推举机构协会的网络(the Illinois Network of Child Care Resource and Referral，Agencies)授予证书。

尽管目前尚无全球性认证或采纳的幼儿教育项目管理者专门证书，不过我们相信今后在这一方面会有更多进展。

(资料来源：[美]菲利斯 · M. 科里克. 托幼机构管理[M]. 韦小冰，等译. 北京：北京师范大学出版社，2007：28.)

本章小结

幼儿园实行园长负责制，幼儿园的领导工作其实就是园长对团队的领导。领导是组织负责人带领和引导组织成员，在一定环境条件下，共同实现组织目标的管理活动。提高领导者影响力的关键在于提高其非权力性影响力，尤其是其中的品格、才能方面的影响力。有效的领导方式正如这个简明公式所表明的：领导=领导者+被领导者+环境。

幼儿园园长在幼儿园管理中处于特殊重要的地位，园长肩负的职业角色至少有以下三个：教育者、领导者和管理者。园长的职责，就是园长这个特定的工作岗位应承担的特定责任。园长作为专业人员，要求具备一定的专业素养。园长的政治思想品德素质、文化专业素质、心理素质及领导管理能力等素质状况，直接决定着幼儿园的管理水平和保教质量。

园长专业发展或园长专业成长是指园长的内在专业结构不断更新、演进、丰富和完善的过程，是园长个体专业持续发展、日臻完善的过程。一般都沿着职前预备—适应—称职—成熟四个相互联系、前后衔接的时期逐步成长的。

园长管理理念是园长对幼儿园管理全过程、各要素及其关系的理性思考，是关于幼儿园管理方面更为宏观的、内在的理性思考。主要包括六种理念，即法制理念、创新理念、公关理念、人才理念、服务理念、效益理念。领导艺术是指在领导的方式方法上表现出的创造性和有效性。幼儿园领导效能的提高很大程度上取决于园长的领导艺术。园长的领导艺术主要涉及运用权力的艺术、协调人际关系的艺术、运筹时间的艺术及运用信息的艺术等。

【推荐阅读】

[1] 吴志宏，冯大鸣，周嘉方. 新编教育管理学[M]. 上海：华东师范大学出版社，2000.

[2] 唐淑. 学前教育史[M]. 北京：人民教育出版社，2007.

[3] 邵乃济，陈茹彦. 船儿与船——园长引领教师成长的故事[J]. 幼儿教育，2004.

[4] [美] 特伦斯 · E. 迪尔，肯特 · D. 彼得森. 校长在塑造学校文化中的角色. 北京：中国青年出版社，2006.

思考与练习

一、名词解释

领导　影响力　专业发展　管理理念　领导艺术

二、简答题

1. 简述领导影响力及其构成。

2. 简述园长的主要职责。

3. 简述园长的素质要求。

4. 典型的领导方式有哪些？

5. 幼儿园领导应具备哪些管理理念？

6. 简述幼儿园园长专业成长的影响因素及策略。

三、论述题

请结合实际阐述幼儿园领导如何运用领导艺术。

【实践课堂】

分析下面案例中园长和教师冲突的原因，帮助园长提出解决冲突的办法。

幼儿园里的监视器

某幼儿园是一所示范园，这几年由于教育质量高、服务到位，得到了家长和社区的支持和认同，因此生源充足，发展势头比较好，园里的硬软件都得到了更新。最近，幼儿园几位领导商量，认为现在幼儿园的班级越来越多、园里的事务性工作也比较繁杂，管理人员要经常下班观察巡视，一方面在时间上无法保证，另一方面也不能顾及所有班级。所以经几个人讨论，决定在全园各班都安装监视器，然后在园长办公室安置一台电视，以随时了解全园各班各个角落的情况，同时也可以方便家长，使其不进入班级就能观察到自己孩子在幼儿园里的表现，并通过监视器全面了解全园的情况，对全园的安全工作起一定的监督和防范作用。

可是这一决定一公布，就在全园掀起了轩然大波。有的老师认为：“有个监视器，弄得我们组织活动时都会不自然，老觉得有什么人在看着自己。别扭!”有的则气鼓鼓地找到园长说：“如果只是园领导为了工作需要和方便家长利用监视器看看教学情况，这倒也无所谓，但是无论谁进了园长办公室，都可以看到，可我们自己却不知道，给人感觉像侵犯了隐私。”老师中甚至还出现了更为强烈的反应：“安这么一个东西，好像我们是犯人似的，明显就是不尊重我们!”

园领导没有想到大家的反应会这么强烈，所以现在也不知道应该如何处理了。

(资料来源：张燕. 幼儿园管理[M]. 北京：人民教育出版社，2013：298.)

第十章　幼儿园领导工作.pptx

过于烦恼和过于愉悦都是过高评价世界的方式，前者比后者更糟。

——哈利法克斯

奉承者对自己或他人的评价总是不够高。

——拉布吕耶尔

第十一章 幼儿园工作评价与管理

本章学习目标

- ➢ 认识幼儿园工作评价的意义和特点。
- ➢ 掌握幼儿园工作评价的内容和原则。
- ➢ 掌握幼儿园工作评价的步骤，能在实际工作中有效地开展评价工作。

核心概念

评价(evaluation) 幼儿园工作评价(evaluation of kindergarten work) 评价标准(evaluation criterion) 评价方法(evaluation methodology) 评价类型(evaluation of the type) 评价原则(evaluation principle)

引导案例

这个学期，小一班的丁老师被调整为小一班的班长，全面负责班级的各项工作。一个月来，在两位老教师的帮助和提醒下，看得出工作是有条不紊的。这段时间，各班都在进行轻器械、操器械的制作和动作练习。考虑到前期幼儿园有很多原有的器械，所以，今年我们商定把原有的器械进行简单加工即可。有五个班都使用了去年原有的器械进行了再加工，只有小一班孩子拿着淘汰的不锈钢水杯出来了。这倒让我眼睛一亮，用水杯做早操器械倒是很有创意！不知道她们会怎么装饰呢？丁老师说："我们准备在缸子内外刷上油漆，粘上花，加上穗穗，应该会很好看的！""嗯！"其实，我当时就想到了一个问题，不锈钢刷油漆颜色肯定会不均匀，效果不一定理想。于是就问："你做一个试试了吗？""没有呢！我们让后勤买油漆了，油漆还没到。"那就让她自己试试效果吧。

过几天，再去小一班的时候，丁老师兴奋地对我说："园长，我们用油漆刷了一个杯子试试，效果不好，正好有个家长有汽车修理厂，他给我们拿去喷了漆！"我脱口而出："喷出来的效果肯定会很好！"我甚至想到了一个个小杯子喷完漆的完美效果。与丁老师同班的赵老师迫不及待地拿出手机打开班级 QQ 群，让我看晒在群里喷完后的小杯子，亮黄亮黄的，挂在绳子上像一只只展翅飞翔的小鸟！我暗自庆幸：幸亏没有制止丁老师刷油漆的行动。

又过一天，我看到了已经制作出的成品：亮黄的杯身、热烈的花朵和鲜绿的丝带，像一个花仙子一样。丁老师激动地说："本来我们想自己打眼穿绳，可是不锈钢太硬了，家长又拿去打眼了，其他几个家长都一起去他们家做了！我们班的家长太支持我们的工作啦！"

看着眼前丁老师激动兴奋的样子，想象着家长朋友们在老师的带动下一起把一个个本已废弃的小杯子加工成孩子们手中漂亮的小器械用来每天做操锻炼，他们肯定也是辛苦并快乐着的吧？

案例分析

在这个案例中我们要学会反思自己的管理行为。在幼儿园，因为教师们年轻，园长总是以长者的身份手把手教他们生活、工作，时时不忘提醒，处处不忘关怀，他们在感受温暖的同时是否也感受到了不自主的烦恼？随着他们一天天长大，实际上，园长应该更多地放手，观察、欣赏、鼓励，下阶段需要调整心态和工作思路了。

学习指导

在幼儿园进行管理工作与评价的过程中，首先，其目的在于提高办学效益、保证教学质量。其次，管理过程经历了计划、实施、检查、总结四个阶段，这四个过程循环往复，螺旋式地上升。总结的目的，就是对前一阶段工作进行总体评估，找出优点与不足，以便下一阶段更好地发展。最后，管理与评价实践本身的过程中就包含着评价的任务和要求，通过评价从中探索教育发展的规律，为领导选择、决策提供科学依据，以推动教育事业及教学质量的提高，幼儿园工作评价是幼儿园管理工作的重要内容，也是提高管理水平的重要途径。

第一节　幼儿园工作评价概述

一、幼儿园工作评价的含义与特点

(一)幼儿园工作评价的含义

"评价"一词最早出现在北宋时期。《宋史·戚文同传》中说："市场不评价，世人知而不欺。"这里的"评价"是讨价还价、评论价格的意思。所以，从汉语本义上说，评价是指评定货物的价格。现泛指衡量实物、人物的价值和作用。其实，我们所说的评价是一种价值判断的过程。各行各业都需要对自身的运行机制进行评价，以求改进。教育机制也不例外，教育评价是按照一定的价值标准，对受教育者的发展变化以及构成其变化的诸因素进行的价值判断。教育评价的对象涉及教育的所有方面。

幼儿园工作评价是教育评价的一个组成部分。它是依据一定的标准和程序，采用一切可行的评价技术和方法，有目的、有计划、有组织地对幼儿园各个方面的工作进行深入调查，确定各项工作的目标实现程度，并做出价值判断的过程。幼儿园工作评价的目的在于获得改进幼儿园教育及各方面工作的依据。

(二)幼儿园工作评价的特点

幼儿园工作评价具有教育评价的一切属性，同时又有自身的特点，主要体现在以下几个方面。

1. 幼儿园工作评价与幼儿园管理目标紧密相连

幼儿园工作评价并不是依靠主观愿望想象出来的，更不是凭空而来的。评价要依据幼儿园的管理目标，分析各项指标是否达到了管理目标，达到目标的程度如何，未达到目标的原因是什么。经过分析，认识到目标制定得是否合适、主观的努力是否足够、客观条件有哪些差距。通过评价，使幼儿园目标不断得到完善，如果原来的目标定得太高，可向下调整；如果太低的话，则可以向上调整。评价是制定目标的重要依据之一。

2. 幼儿园工作评价是管理过程的重要组成部分，是管理过程的最后一个环节

管理过程的评价，是针对管理的整个过程。通过评价，管理者可以做到心中有数，并能够更好地操纵管理的过程。评价具有承上启下的作用，它既是对上一阶段的总结，又为下一阶段的发展提供了依据。

3. 幼儿园工作评价是对其工作各个方面的评价，具有综合性的特点

幼儿园的管理工作反映在方方面面，既有人员素质方面的，也有教学水平和物质条件方面的。它不是单方面的评价，而是全方面、多层次的评价，因此，只有对幼儿园工作的各个方面进行综合性评价，才能得出比较全面的、比较客观的评价。

4. 幼儿园工作评价具有导向性

评价的好坏对教职工具有明显的导向性。大家会主动了解评价的结果并依据评价的结果对自己的行为进行约束。评价对人的行为能够起到控制和调节的作用，促使人的行为能够沿着既定的方向与要求健康发展。例如，在幼儿园的工作规程中会提出一些对学期优秀教师、优秀课程的评价标准，那么，教师便会朝向这种评价来进行自我约束。通过对自己行为的管理进而达到自我的不断完善与发展。

二、幼儿园工作评价的作用

《幼儿园管理条例》明确规定：“各级教育行政部门应当负责监督、评估和指导幼儿园的保育、教育工作，组织培训幼儿园的师资，并协助卫生行政部门检查和指导幼儿园的卫生保健工作，会同建设行政部门制定幼儿园园舍、设施的标准。”幼儿园工作评价是按照一定的程序，有计划、有组织地进行的活动，是对幼儿园各方面工作进行价值判断的过程。现代管理理论越来越重视评价工作在管理中的作用，它在教育管理中占有至关重要的地位，是幼儿园领导工作不可分割的重要组成部分。

(一)评价具有导向作用，有利于保证教育目标的实现

幼儿园是对入学前儿童实施保育和教育的机构。通过实施保育和教育相结合的原则，对幼儿进行德智体美劳全面发展的教育，促进其身心健康和谐发展。幼儿园担负着为幼儿服务和为家长服务的双重任务。这也是我国幼儿园教育目标的基本精神。

可以认为，幼儿园全部工作都是为了实现教育目标，提高教育质量服务的。幼儿园存在的价值就在于能为社会培养所需要的人才。应当以教育目标为依据，确立管理目标，并以此作为幼儿园各项工作及管理各环节的出发点，同时以教育目标为依据确立教育质量的评价标准。

目前，在幼儿园工作中仍然比较普遍地存在着重教轻保，重智轻德、轻体，重教学轻游戏等片面倾向。这种倾向严重地影响着幼儿的全面发展，妨碍了教育目标的实现。例如，为了争取生源、迎合家长，无节制地办各种“神童”兴趣班；为了参加文娱表演比赛拿名次，严重冲击正常的保教工作等。造成这些偏差的一个重要原因就在于对教育质量和办园质量没有全面客观正确的评价标准。因此，有必要运用教育基本原理和教育评价的理论与方法，依据教育目标的要求，确立正确的评价标准。通过评价标准的引导，树立起正确的教育价值观和质量观，纠正错误观念和实践中的偏差。

通过教育评价，可以使教育目标转化为教育质量标准和幼儿园各方面工作的具体要求，从而有利于实施和逐步落实，促进保教质量的不断提高，保证教育目标的最终实现。

(二)评价具有激励作用，有利于调动全园职工的积极性

幼儿园工作评价涉及幼儿园工作的方方面面，不仅要对教育过程、教育内容、手段与方法做出评价，而且需要对管理过程及幼儿园保健、保育和教育、总务工作等各个方面给予客观分析、判断。幼儿园工作评价的基本内容是对领导班子行为的评价。成功的评价有助于激发幼儿教师工作热情，促进教师专业成长，增强幼儿园的凝聚力。在幼儿园影响教职工积极性、主动性的因素很多，如福利待遇、收入水平、人际关系、工作负荷、晋升机会等，但其中最重要的是领导的行为。广大幼教职工通过参与评价以及对反映领导行为的指标体系的理解，了解领导个人和领导班子应该如何管理幼儿园，明确职工在幼儿园工作中的地位和责任，从而发挥自身的主动性和积极性，评价又是对全园教职工工作成绩、业务水平、能力素质等进行判断，因而就需要动员全园教职工参与评价。综合采用领导评价、群众相互评价及自我评价的方式，依据评价标准对照检查，将现状与目标加以对比，通过评价，看到成绩与进步，找到差距和不足，寻找不断改进工作的途径。在评价中，得出经验和教训，探索规律，从而提高全员教职工工作的主动性、自觉性。评价还可以促进个人、班组及部门之间的相互交流学习，使大家进一步明确奋斗目标和努力方向，激励起奋发向上和创新进取的精神，使全园教职工以更饱满的热情努力工作，促进保教质量的不断提高。幼儿园工作评价是幼儿园工作管理实践中激励教职工最有效的方法。

(三)评价具有反馈功能，可以促进幼儿园管理水平的提高

幼儿园工作评价是判断幼儿园组织职能发挥的程度，即幼儿园人力、物力、财力等的适用、分配是否合理有效，管理过程中是否正常有效地运转，以及对管理工作质量进行全面分析判断。幼儿园管理过程是依照“计划—执行—检查—总结”不断向前推进的，其中的

"总结"实质上就是进行总结性评价活动。因此，幼儿园工作评价是幼儿园管理过程的基本环节。通过评价获取管理状态的反馈信息，及时发现工作中的问题，予以适当的调整和改进，使管理不断趋于规范化、科学化。

正确运用评价手段，对幼儿园各方面工作进行分析判断，可以把握工作进程和方向，使领导者获得科学决策的依据，提高管理水平。幼儿园工作评价还有利于国家及教育行政部门加强对幼儿教育的宏观管理和指导。通过评价，对幼儿园机构设置、经费来源与使用、课程设计与人才培养等方面制定政策法规提供依据。

(四)评价具有决策的功能，有利于推动正确决策的实施

美国著名的管理学家西蒙认为"管理就是决策"。现代科学管理，主要就是运用科学方法找出最佳方案，做出科学决策。幼儿园管理离不开科学的决策，正确的决策需要足够的信息储备，而幼儿园信息采集的一个重要途径就是通过幼儿园工作评价。一方面，进行幼儿园工作评价能为幼儿园决策提供丰富的信息。另一方面，幼儿园决策时对备选方案的选择同样离不开幼儿园工作评价。同时，在决策方案实施过程中也需要评价提供信息，以便及时调整、完善决策。

幼儿园工作在幼儿园管理中的决策作用，就是通过评价获得丰富的反馈信息和系统的价值分析，为幼儿园的科学决策提供依据。

(五)评价具有改革功能，有利于推动幼教改革不断深入

幼儿园工作评价是幼儿园领导和上级教育行政主管部门了解和把握幼儿园发展状况、整体办园水平及特色的基本途径。幼儿园工作评价收集的信息具有客观性、全面性和准确性，既有定量分析，又有定性分析，这不仅为园领导和上级教育行政主管部门了解幼儿园提供了材料，更为科学决策提供了可靠的依据，是幼教改革、幼教发展和管理决策科学化的基本保证。一方面，幼儿园工作评价的意义不仅在于提高管理效益。事实上，当前幼儿园工作评价本身就是幼教改革的一项重要内容，系统的教育评价制度的确立就是幼教改革的一项重要措施。另一方面，评价也是衡量教育改革成果的重要尺度。通过评价和对有关评价的研究，探索教育的发展方向，依据正确的价值取向，进一步明确教育目标和工作目标，不断调整和改进幼儿园的管理工作。

科学地评价幼儿园工作还可以使幼儿园领导和教职工在学习和掌握评价标准及方法的过程中，进一步端正教育观、儿童观，提高教育理论素养，从而对全员素质的提高和教育队伍的建设以及深入幼教改革有着积极的意义。通过评价的调节与控制，推动保教质量和幼儿园工作质量的不断提高。

三、幼儿园工作评价的内容

评价内容是评价指标体系建立的前提，评价体系的片面性会导致实际工作的片面性。因此，评价内容要全面系统。幼儿园工作的评价涉及的范围很广，包括幼儿园工作的各个方面。无论是行政管理工作、保教工作、总务后勤工作及教师队伍建设等均有必要对其质量与状态做出检验评价，进而加以调整和改进，使幼儿园能更好地完成所担负的教育幼儿、服务家长的任务。归纳起来，幼儿园工作评价的内容与范围有以下几个方面。

(一)幼儿园班级管理状态的评价

班级是幼儿园管理的最小单位，也是幼儿园管理的基本落脚点。如何管理班级将影响着幼儿园的整体管理水平。对班级管理的评价包括以下内容。

1. 对班级管理运行程序的评价

(1) 对工作计划的评价。

(2) 对实施情况的评价。

(3) 对保教工作的评价。

2. 对班级日常工作的评价

(1) 日常工作是否有序。

对于日常工作的安排需要各个工作之间做到环环相扣，每个环节衔接的是紧凑还是松散，都需要仔细考虑在内。

(2) 日常工作安排是否科学合理。

首先，日常的工作安排要考虑到幼儿的身心发展特点。其次，要符合教育的发展规律。最后，要符合管理的科学性规律。

3. 对教师管理能力的评价

(1) 教师要具备组织班级活动的能力。

(2) 说服幼儿的能力。

(3) 掌握与幼儿和家长沟通的技巧。

(4) 对幼儿行为进行管理的能力。

(二)对园务管理的评价

(1) 对幼儿园管理目标的评价。

(2) 对幼儿园工作计划的评价。

(3) 对幼儿园组织机构的评价。

(4) 对幼儿园规章制度的评价。

(5) 对幼儿园工作人员的评价。

(6) 对幼儿园后勤工作的评价。

(7) 对幼儿园教研活动的评价。

(8) 对幼儿园与家长、社区关系的评价。

(三)对园内工作人员的评价

管理的各个要素中最重要的是人，人是管理核心。要全面了解幼儿园的工作质量，就应注重考查组织中的人的素质并对其工作情况进行评价。应着重考虑从以下几个方面进行评价。

1. 对人员的结构进行评价

(1) 专业结构。
(2) 年龄结构。
(3) 知识结构。

2. 对人员工作结构的评价

(1) 人员的分工。
(2) 人员的搭配。
(3) 人员所承担的任务。

3. 对调动人员积极性的评价

(1) 调动积极性的机制。
(2) 对调动人员积极性的效果进行评价。

4. 对人员培训机制的评价

(1) 是否有培训机制。
(2) 有效培训的方式有哪些。

(四)对一日生活环节的评价

《3～6 岁儿童学习与发展指南》强调："要珍视游戏和生活的独特价值，创设丰富的教育环境，合理安排一日生活，最大限度地支持和满足幼儿通过直接感知、实际操作和亲身体验获取经验的需要。"为贯彻这一要求，有必要加强对幼儿园一日生活工作评价进行深入探讨，从而引导教师把班级日常工作的重心还原到对幼儿发展有重要价值的一日生活上来。幼儿园一日生活主要包括五类基本的活动，那么，具体一日生活评价内容可以从以下五个方面来进行评价操作。

1. 入园/离园

入园和离园是幼儿从家庭到幼儿园和从幼儿园到家庭的环境转换环节。做好入园、离园工作，有助于增进家园沟通，帮助幼儿适应环境转换，让幼儿感受到幼儿园的温馨，感受到自己是幼儿园的主人，从而以愉快的情绪开始和结束一天的生活。

2. 自由游戏

自由游戏是幼儿主动发起的活动。自由游戏为幼儿主动探索和学习提供了充分机会，有助于增强幼儿的自尊心和自信心，让其体验自由、自主的乐趣。

3. 教育活动

教育活动包括小组活动和集体活动。从小组活动的教育价值看，对幼儿来说，小组活动为他们提供了与同伴及教师交流、合作和分享经验的机会，更容易让幼儿主动积极地操作材料，并按自己的速度和方式去参与活动；对教师来说，小组活动有利于教师关注幼儿的个体差异，了解幼儿的个体发展状况，进而采取适宜的方式提供个性化支持。

集体活动是指参与活动的所有幼儿在同一时间内做相同的事情，整个活动过程以教师的指导为主。就其教育价值而言，集体活动有利于幼儿自我控制能力、注意力、良好倾听习惯和集体意识的培养，但难以满足幼儿发展的个别需要。

4. 生活活动

生活活动是指满足幼儿基本生理需要、助其养成良好生活习惯、提高自理能力的活动，包括餐点、饮水、如厕、盥洗、午睡等环节。

合理、有序的生活活动具有这样一些价值：能有效满足幼儿的基本生理和心理需要；帮助幼儿建立良好的生活秩序和习惯；增强幼儿的自我意识，使之认识到自己是有能力的人；提高幼儿的自理能力，增强其自信心，获得心理上的安全感和成就感。

5. 户外活动

户外活动有助于满足幼儿身体运动的需要，能够提高幼儿的身体适应能力，增强幼儿体质。

除以上五类基本活动外，幼儿园一日生活中还有一个起着“串珠成链”作用的重要环节——过渡环节。它主要是指幼儿由一个活动过渡到另一个活动的过程。过渡环节可以让幼儿在宽松、自然、有序的环境中，自主地完成要做的事情，为下一个活动做好心理准备，养成有序生活的良好习惯。

严格意义上来说，虽然过渡环节并不属于活动环节，但如果缺少了它，幼儿园一日生活的“链条”就会发生断裂，一日生活的整体效益和价值也会大打折扣(见表 11-1)。

表 11-1 幼儿教师工作评价方案

评价指标			评价标准	等级				评分
一级	二级	三级	优等参照标准	优	良	中	差	小计
日常工作	一日活动	入园/离园	健康、愉快、仪表整洁、有礼貌	3	2	1	0.5	
		生活活动	有良好的生活习惯和卫生习惯。有较强的自理能力和初步地为集体服务的能力	5	4	3	2	
		教育活动	活动的目的内容、手段符合《幼儿园工作规程》精神和幼儿年龄特点。活动形式游戏化，有趣味性。教具、学具适当。活动过程层次清楚，重、难点突出。幼儿思维活跃，操作能力强	7	6	4	3	
		游戏活动	材料充足，时间充分并达到一定的量。有娱乐性、教育性。幼儿能自主地选择自己喜欢的活动。动静结合，集体与分教结合。教师参与并进行必要的指导	7	6	4	3	
	单项活动	幼儿竞赛	对照每项活动的具体要求评价	2	1.5	1	0.5	
		教师业务竞赛		3	2	1	0.5	
		随机抽查		3	2	1	0.5	

续表

评价指标				评价标准	等级				评分
一级	二级	三级		优等参照标准	优	良	中	差	小计
学期综合评价	思想素质	政治表现		热爱本职工作，爱护幼儿，有事业心、责任心	6	5	4	3	
		思想品质		仪表端庄、举止文明、为人师表					
		师德修养		遵纪守法，勤奋工作，上班不离岗、不闲聊	2	1.5	1	0.5	
		工作量		工作量满负荷					
		出勤		出满勤	2	1.5	1	0.5	
	业务素质	制订计划		能依据教育目标和幼儿发展的需要制订教育教学计划	2	1.5	1	0.5	
		评价与辅导幼儿		有认识和评价幼儿身心发展水平并给予相应辅导的能力	2	1.5	1	0.5	
		环境布置		会设计和布置适宜的环境	2	1.5	1	0.5	
		组织活动		合理地组织幼儿一日生活	2	1.5	1	0.5	
		自制玩具		有自制教玩具的能力	2	1.5	1	0.5	
	班级教养工作	教育教学	教育环境	安静、整洁、美丽，有教育意义。儿童化、艺术化，有儿童作品	3	2	1	0.5	
			幼儿体操	做操认真，动作到位，熟练有节奏。身体机能协调，动作整齐	3	2	1	0.5	
			文娱演出	形式新颖、曲调优美、表演生动	2	1.5	1	0.5	
			常规	幼儿有自控能力，守秩序	2	1.5	1	0.5	
			幼儿掌握知识	达到《纲要》要求且思维敏捷，口齿伶俐	8	6	5	3	
		卫生保健	身高、体重、面部色素	达标	3	2.5	2	1	
			发病率	低	2	1.5	1	0.5	
			外伤	无					
			晨检	认真、细致					
			进餐照顾	指导幼儿正确使用餐具，幼儿有良好的进餐习惯	3	2.5	2	1	
			午睡护理	教师帮助幼儿穿脱衣服，盖好被，幼儿安静就寝，睡姿正确	3	2.5	2	1	
			卫生工作	墙壁无污点，地面无纸屑、物品、灰尘，东西摆放整齐	3	2.5	2	1	
		班务管理	幼儿出勤	满勤	4	3	2.5	1	
			财产管理	不损坏，不丢失					
			家长工作	定期与家长联系，家长满意					

续表

<table>
<tr><th colspan="3">评价指标</th><th colspan="2">评价标准</th><th colspan="4">等　级</th><th>评分</th></tr>
<tr><th>一级</th><th>二级</th><th>三级</th><th colspan="2">优等参照标准</th><th>优</th><th>良</th><th>中</th><th>差</th><th>小计</th></tr>
<tr><td rowspan="6">学期综合评价</td><td rowspan="6">教研工作</td><td>业务学习</td><td colspan="2">有学习笔记，积极参加教研组活动</td><td>2</td><td>1.5</td><td>1</td><td>0.5</td><td></td></tr>
<tr><td>文化进修</td><td colspan="2">进修高一级专业课程，学习成绩优良</td><td>2</td><td>1.5</td><td>1</td><td>0.5</td><td></td></tr>
<tr><td>观摩教学</td><td colspan="2">准备充分，结构合理，层次清楚，重难点突出，以游戏形式为主，方法灵活，教态亲切，概念符合科学性，面向全体幼儿，效果好</td><td>4</td><td>3</td><td>2</td><td>1</td><td></td></tr>
<tr><td>专题研究</td><td colspan="2">有研究专题并有总结</td><td>2</td><td>1.5</td><td>1</td><td>0.5</td><td></td></tr>
<tr><td>教研成果</td><td colspan="2">在县级以上推广</td><td>2</td><td>1.5</td><td>1</td><td>0.5</td><td></td></tr>
<tr><td>培养新教师</td><td colspan="2">使实习生的水平有所提高</td><td>2</td><td>1.5</td><td>1</td><td>0.5</td><td></td></tr>
<tr><td colspan="3" rowspan="7">保教特色特长，个人突出贡献</td><td colspan="2">定量评价六项指标总分</td><td></td><td></td><td></td><td></td><td></td></tr>
<tr><td colspan="2">幅度(1—5)分</td><td></td><td></td><td></td><td></td><td></td></tr>
<tr><td colspan="2">幅度(1—5)分</td><td></td><td></td><td></td><td></td><td></td></tr>
<tr><td>评价</td><td>总分</td><td></td><td></td><td></td><td></td><td></td></tr>
<tr><td>评价</td><td>等第</td><td></td><td></td><td></td><td></td><td></td></tr>
<tr><td>90 分以上为优</td><td>89～75 分为良</td><td></td><td></td><td></td><td></td><td></td></tr>
<tr><td>74～60 分为中</td><td>59 分以下为差</td><td></td><td></td><td></td><td></td><td></td></tr>
</table>

以上是从对幼儿园班级管理状态、园务管理、园内工作人员和幼儿园一日生活四个大的方面进行评价的。事实上在对幼儿园工作进行检查评价时，可以评价园所工作的某一个方面，又可对幼儿园办园水平与效果做出整体性评价，即评价园所实现预期工作目标与计划的程度、保教任务完成情况，评价园所培养幼儿的质量与效益是否达到国家教育方针所提出的全面发展的质量要求及园所教育效益状况。另外，从以上几个方面对幼儿园工作评价划分的内容上来看，在实际评价工作中，这些方面的内容都是相互渗透的，如对幼儿园事务管理的评价就包含了一部分对幼儿园人员的评价的内容。因此，在幼儿园的实践工作中，我们可以评价幼儿园工作的某一个方面，也可以对幼儿园的整体办园水平和整体效果进行评价。

有人提出，教育从根本上是一种环境的创造。从这个意义上说，我们也可以把学前教育看作一个环境创造的过程。那么，对学前教育环境的评价就可以从中观环境、微观环境和宏观环境，可以指幼儿园的教育环境，包括办园物质条件、设备材料、保教管理、卫生保健、总务服务、教师素质及园所管理状态领导方式等，对这些方面逐一或综合做出评价。微观教育环境评价，可以指对幼儿园的保教活动的评价。

宏观学前教育评价，是将幼教机构置于社会大系统大背景中做出评价；不限于幼儿园内部教育环境的评价、社会内幼儿园的相互联系、幼儿园与所在社会相互关系、是否相互服务，以及教育行政部门的管理与指导等进行分析判断。评价需考虑作为教育机构的幼儿园、家庭与社会或社区的相互影响，评价是否创设或形成全方位的大教育环境，以实现培养更多全方面发展的人才的教育目标，为社会主义发展服务的最终教育职能。

四、幼儿园工作评价的类型

根据不同的分类标准，幼儿园教育评价有不同的类型。在一次具体的评价中，有时包含着一种或几种评价类型。

(一)宏观评价、中观评价、微观评价

这是根据评价范围来划分的。

1. 宏观评价

宏观评价指的是以幼儿园宏观管理所涉及的内容为对象的评价。其包括幼儿园的管理体制和行政管理机构、幼儿园经费管理制度、幼儿园教育政策和法律、国家对幼儿园的宏观调控等方面的评价内容。

2. 中观评价

中观评价指的是以幼儿园内部各方面的工作为对象的评价。其包括幼儿园教育评价、幼儿园保育评价、幼儿园管理工作评价、幼儿园环境评价、幼儿园人员评价等各个方面。

3. 微观评价

微观评价指的是以儿童发展及其指导为对象的评价。其包括儿童情感与社会化、认知与语言、健康与动作技能等方面的评价。

从幼儿园组织层面上、幼儿园管理者的角度来说，幼儿园工作评价主要是以中观评价和微观评价为主，这是幼儿园自身可控的话题。

(二)绝对评价、相对评价、自身差异评价

这是根据评价标准来划分的。

1. 绝对评价

绝对评价是指在被评价对象集合之外确定一个客观标准，将各个评价对象与所确定的客观标准进行比较，判断其达到客观标准程度的评价。在这一过程中只需要将评价对象与既定的客观评价标准进行比较，无须将评价对象与这一集合总体中的其他对象进行比较，如运用百分制进行评价是，通常将60分作为考试合格线，所有参加考试的人都以此为标准，这种做法便属于绝对评价。

通过绝对评价可明了被评价对象与标准之间所存在的距离。值得关注的问题是：客观标准是否客观。

2. 相对评价

相对评价是指在被评价对象集合之中，选择一个或者若干对象作为标准，然后将各个评价对象与所确定的标准进行比较，判断其达到标准的程度，或者确定评价对象在集合总体中所处的位置的评价。如果在某一个组织中树立一个榜样，将组织中其他成员的行为表现都与该榜样相对照，这种做法就是属于相对评价。

相对评价的意义在于通过横向比较，可鼓励竞争和相互促进。值得关注的问题是，如何在被评价对象所处的集合总体中确定相宜的评价标准，所确定的评价标准是否适用于这

一集合总体之外的评价对象。

3. 自身差异评价

自身差异评价是指把被评价对象集合中的各个评价对象的过去和现在相比较，或者把一个对象的若干侧面相互比较的评价。自身差异评价实际上是一种对个体纵向比较后所做出的判断。

自身差异评价比较注重评价对象个体间的差异，不会给评价对象造成压力。值得关注的问题是：如何克服因为没有客观的评价标准相比较和不与其他评价对象相比较所带来的评价的局限性。

(三)诊断性评价、形成性评价、总结性评价

这是根据评价的功能来划分的。

1. 诊断性评价

诊断性评价包含医疗上的意义，是指设定一组目标，然后测量学生的实际成绩，检查和分析存在的差距，以便找出“疗方”或“处方”。诊断性评价贯穿于幼儿园工作评价的整个过程中。其是指在教育、教学活动开始之前，为使计划更有效地实施而进行的预测性、摸底性评价。其目的是摸清评价对象的基础和情况，分析存在的问题，为解决问题收集必要的资料，以找到解决问题的办法。

2. 形成性评价

形成性评价的概念最先是由斯克里文在 1967 年提出的，后经布卢姆等人的努力使得这一思想日趋完善。形成性评价又称过程性评价，是指在教育、教学活动计划实施的过程中，对计划、方案执行的情况进行的评价。其目的是了解动态过程的效果，及时反馈信息，及时调节，使计划、方案不断完善，以便达到预期的目的。

3. 总结性评价

总结性评价是指在教育活动过程告一段落之后，以预先设定活动目标为标准，对最终所获得的成果进行评价，判断所获得的成果实施目标的程度。

总结性评价是在活动结束之后进行的，它关注的是活动结果，基本不涉及活动过程，因此可以说是一种事后评价。

表 11-2 显示的就是这三种评价功能、评价时间以及评价重点上的异同。

表 11-2　诊断性评价、形成性评价和总结性评价的异同

项　目	诊断性评价	形成性评价	总结性评价
评价功能	确定有没有必要技能；确定预先所掌握的水平；根据所设想的各种教授方式之间关系的种种特性，确定学生的分类；确定影响持续性学习问题限度方面的某种问题	得到关于学生学习进展方面的师生之间的相互反馈信息，为了能够使指向性的指导方针明确，在单元的构造中指出错误的位置	单元、学期、课时终了时，边确定资格，边记上成绩

续表

项　目	诊断性评价	形成性评价	总结性评价
评价时间	在单元、学期、学年开始时；在通常的教授不能达到预期的学习目标时；在教授活动的进行中	在教授活动的进行中	单元、学期、学年结束时

(四)自我评价和他人评价

这是根据评价的主体来划分的。

1. 自我评价

自我评价是指被评价者按照一定的评价目标与要求，对自身的工作、学习、品德等方面的表现进行的价值判断。自我评价能充分发挥评价对象在评价中的积极性，激发被评价者的自尊心、自信心，使之自觉地、主动地接受评价。在这种评价中，评价者与评价对象合二为一。这种评价易于进行，但是客观性较差。

2. 他人评价

他人评价是指评价对象以外的其他人或组织对该评价对象所进行的评价，又叫外部评价。他人评价一般较为严格、慎重，也比较客观，可信度较高，具有一定的权威性，自评只有经过他人评价才能得到有关方面的认可。

在幼儿园中，绝大多数的评价采用的是他人评价这种类型，这种评价相对来说客观性较强，但是被评价者往往处于较被动的状态。

五、幼儿园工作评价的原则

幼儿园工作评价的原则是指幼儿园评价活动的一般原理、法则和准则。它体现了评价的指导思想和基本要求，是评价活动的总纲要。

(一)科学性原则

幼儿园工作评价的科学性原则是指评价要符合保教规律和管理工作规律。科学性原则是指评价过程(包括指标体系、编制评价方案和实施)的各个环节都符合科学要求。评价的科学性原则体现在以下五方面。

1. 遵循教育评价活动的客观规律

按照教育评价活动的客观规律去开展评价活动，才能取得科学的评价结论，因此要认真学习和研究教育评价的理论，总结教育评价的经验，探索教育评价的规律。

建构一个科学合理的评价指标体系，设计出符合科学事实程序的教育评价方案，并正确而熟练地掌握科学的评价方法、手段和技术。

端正评价态度。在评价过程中的每一个细节，都要严肃认真地对待，必须有严谨的科学态度和不怕麻烦、一丝不苟的工作精神。

2. 定性分析与定量分析相结合

所谓定性分析，就是对教育过程和结果在性质上进行分析。所谓定量分析，就是对教育过程和结果从数量方面进行分析，要注意从评价对象的实际出发，尽可能把数量的评价和质的评价统一起来，不要从一个极端走向另一个极端。

3. 静态评价与动态评价相结合

静态评价，就是对评价对象已经达到的水平或已经具有的条件进行评价。它的特点是在评价时不考虑评价对象过去的情况和今后的发展趋势，只考虑评价对象在特定的时间和特定的空间中的现实状态。动态评价，就是对评价对象的发展状态的评价。其特点是进行纵向比较，注意评价对象的发展潜力和发展趋势。这个原则要求我们进行教育评价时，要善于纵横比较，既要看评价对象的现状，又要用发展的眼光看待问题。

4. 他评与自评相结合

他评是指别人的评价，包括评价小组、与评价对象有直接关系者和群众。这是评价活动的主要方面。自评是指被评价者做自我评价，自评结果可作为总评的参考。自评更重要的意义在于调动被评价者积极参与评价活动，发挥主体作用。同时，通过自评达到自我教育的目的。自评的大前提是，自评者必须忠诚老实、公正客观，否则，自评的结果不能作为印证他评结果的依据。

5. 终结性评价和过程性评价相结合

终结性评价注重活动的效果，过程性评价注重平时表现。将两者结合起来，可使评价结论更加全面和合理。

(二)方向性原则

幼儿园工作评价必须坚持我国的幼教方针、政策，坚持教育目的，以保证评价的正确方向，发挥幼儿园管理工作评价的导向作用。通过幼儿园管理工作评价，纠正任何偏离幼教方针、偏离素质教育、偏离教育目的、偏离幼儿身心发展规律的做法。同时，通过幼儿园工作评价，使幼儿园的领导和广大教职工进行自我认识、自我对照，明确自身的发展和改革的方向，促进其自我控制和调节，保证评价的导向作用。

另外，在教育评价中，对一个幼儿园的管理人员、教师和幼儿提出一套评价指标和标准，实际上是给他们提出了具体的奋斗目标及要求。这套评价指标和标准在实践中时刻左右着办学方向和师生努力的方向，是教育和教学的“指挥棒”，给管理人员和师生的工作、学习指挥定向。贯彻这个原则应该做到以下几方面。

制定幼儿园工作评价指标时，要认真学习教育理论，掌握教育规律，学习上级有关文件，领会精神实质，掌握好方针政策，力求使评价指标和标准符合国家的有关要求，并且反映时代精神，具有先进性和超前性。例如，我国的幼儿园工作评价的标准制定要严格依照《3～6 岁儿童学习与发展指南》和《幼儿园教育指导纲要(试行)》的要求进行。

确保幼儿园工作评价活动有利于促进幼儿的身心发展健康，符合我国的教育目标要求。

(三)客观性原则

在进行幼儿园工作评价时，必须采取客观的实事求是的态度，不能主观臆断。因此，必须做到公正、客观，否则，难以得出一个科学的准确的评价结论。对于评价主体来说，坚持这些原则，必须广泛收集评价信息，信息越多，来源渠道越广泛，幼儿园管理工作评价的客观性越容易得到保证。

注意调查研究。要深入了解情况、广泛听取意见、全面收集资料。确保评价信息来源的客观原则。例如，在进行幼儿园工作评价时要通过各方面渠道收集到家长的建议与意见，严格按照我国的社会发展需要来进行评价。

整理资料时，不要随意夸大或缩小客观事实，鉴定要准确，评议要恰如其分。

分析资料时，要努力排除个人主观偏见或个人情感因素的干扰，保持清醒和冷静的头脑，要善于明察事实真相，洞察事件背景。要以客观事实为基础去分析问题。

做评价结论时，要防止用主观印象来代替客观测定，做出结论时要以客观存在的事实为依据。

(四)发展性原则

在幼儿园管理工作评价中，要坚持用发展变化的观点对待基础和办学条件差异很大的评价对象。只有用发展变化的观点做出解释，确定被评幼儿园在同类幼儿园中的合理地位，才能调动各类幼儿园办园积极性、主动性，从而促进各类幼儿园管理工作的改善。

(五)改进性原则

幼儿园管理工作评价的真正目的是通过幼儿园管理工作评价，促进幼儿园管理工作的改善，提高幼儿园教育教学质量。评价不仅要了解幼儿园实际的管理水平，而且更要从评价过程和结论中发现新情况、新问题，不断改进和提高幼儿园的管理工作。

(六)公平性原则

公平性原则是指在评价活动中，在真理面前人人平等，一视同仁；要秉公办事，不要存有私心杂念。评价指标要体现公平竞争性。贯彻这个原则需要做到以下几点。

(1) 在同一范围内，对同类评价对象必须用同一标准，不能使用不同的标准。

(2) 在短期内，如果评价标准未做改动，对同类评价对象的评价标准应保持一致性。

(3) 评价指标、标准、权数和分值的确定要合理、合情，评定等级和打分也要合情。

(4) 注意增加评价活动的透明度，在活动过程中坚持群众性和民主性。

(七)多种评价相结合的原则

幼儿园工作是一种多边系统，评价时既要关注评价对象的某一侧面，又要关注整体工作；既要对评价对象进行量化解释，也不要忽略质性评价；既要看评价对象的结果，更要看评价对象的过程。所以，评价时要坚持相对评价和绝对评价相结合、单项评价与综合评价相结合、定性评价与定量评价相结合、自我评价与他人评价相结合、终结性评价和发展性评价相结合的原则。只有这样，才能保证评价的科学性，才能有利于幼儿园各方面工作的改进，才能发挥评价的导向和激励功能。

(八)评价和指导相结合的原则

评价工作并不在于要定出优劣高下。评价本身并不是目的，它是一种管理手段。它的实施使被评价对象获得工作后的反馈信息，以便对今后的工作进行调节。不能为评价而评价，而要把评价和指导结合起来，不仅要让被评价者了解自己的优缺点，而且要为其以后的发展指明方向。

幼儿园工作评价可以敦促被评价对象积极认真工作。更重要的是要发现问题，及时纠正，以保证教育工作目标的实现。因此，评价并不是管理工作的结束，而是另一个始点。它必须与指导相结合，要对评价结果做出分析，并提出改进意见和建议，使被评价者明确差距和努力方向，并有针对性地采取有效措施，改进工作，这样的评价才是有价值的。贯彻这个原则应做到以下几方面。

(1) 指导必须在评价的基础上进行，不能离开评价随意指导。

(2) 指导要明确、抓住要害，切忌含糊其辞，令人无所适从。

(3) 指导时，要给被指导者留有思考和选择的余地，不能强迫命令。

第二节　幼儿园工作评价的组织与实施

幼儿园工作评价是一项重要的管理手段，通过评价的导向和调控，促进教育目标与工作目标的实现。幼儿园工作的评价标准是运用教育基本原理和教育评价的理论和方法，依据教育目标和工作目标的要求，加以确定的。评价的实质在于价值判断。教育是有价值的，这就是教育活动应达到的目标；管理也是有价值的，这是管理活动的主体依照一定价值观念确定管理活动和幼儿园各项工作的目标和质量标准，通过幼儿园管理活动还要使教育活动更有成效和发挥更大的教育功能，这就是幼儿园管理的价值与目标。幼儿园工作评价有一套科学的方法，只有掌握这套方法，才能对幼儿园工作做出科学、准确的判断。

一、确定评价的标准

对幼儿园工作做出科学评价，首先就要建立科学的评价标准体系，以此作为衡量幼儿园工作的客观尺度。

评价标准是对教育、管理活动及质量在要求上的具体规格，它是一套科学的、客观的标准，有了这套标准，幼儿园工作评价才能有效地进行，评价的结果才能有价值。评价标准恰当与否，对评价工作的成败以及整个幼儿工作具有极大的影响。

(一)效能标准

效能标准包括两个方面，即效果标准与效率标准。

1. 效果标准

效果标准是对工作应产生的实际效果进行评判的规格。通过各方面工作的努力，看看是否有效，效果有多大。因为做工作与效果并非一定成正比，有时力气没少花，时间没少用，但是没有什么效果，甚至还会出现负效果。现在许多幼儿园比豪华、比排场，将园内的绿地都改为大理石地面，不考虑幼儿身心发展的需要，虽然花了很多钱，但是对幼儿的发展并没有什么好处，幼儿应该经常接触大自然，这是他们接近自然、热爱自然的最好途径。如果地面都铺上大理石，幼儿就难以感受大自然的气息。还有的幼儿园只讲形式，不讲实效，造成效果不佳。如为了规范幼儿园的管理，在园长与教师之间加了许多管理层次和程序，教师深感手续烦琐。管理层次与管理程序并非越来越好，关键要看效果，无效的管理是失败的管理。

2. 效率标准

效率标准是根据产出与投入的比例来衡量成果的速度。它包含两层含义：一是花费时间的多少；二是完成任务的多少。市场经济要求人们要有成本意识，要计算投入与产出的比。过去管理者不注意核算成本，对投入与产出的比例糊里糊涂，这与传统的管理体系有关。随着幼儿园逐渐走向市场，管理者必须考虑效率。考虑人力、物力、时间、经费投入与产出关系。有些幼儿园在培训教师时不考虑效率，只满足于过程，请了几名专家来讲课，由于专家讲的东西，教师不感兴趣，上课时，有的教师说话，有的教师看报纸，这种培训虽然花了钱，却没取得成效。

(二)职责标准

职责标准含有职能和责任两方面。它在评价标准体系中具有不可取代的作用。

1. 职能标准

职能标准主要是指各机构的职能，它是针对机构而言的，每个机构都有不同的职能。首先各机构的职能要明确，只有这样才能评价出各机构是否完成了自己的职能。机构职能的完成影响着幼儿园全面发展，有的教师只喜欢个别几个孩子，对其他的孩子不闻不问，只考虑孩子的特长发展，不考虑孩子的全面发展，造成孩子很小就偏科。这说明保教机构的职能没有完成好。

2. 责任标准

责任标准主要是指所任职务应履行的责任与任务，它指向个人。幼儿园对每个人的责任要有明确的规定，并要求人人掌握。每个人都应按照岗位责任制履行自己的职责。例如，园长主要负责决策、制定大政方针，副园长主要是协调和执行园务会做出的决策；年级组长与班长要身体力行，为他人做出榜样，认真完成自己的任务；教师要管理好自己的班级，做好与家长沟通的工作，努力完成教学计划。

(三)素质标准

素质标准是从评价对象在思想政治、知识技能、基本能力和心理品质等方面应具备的素质条件而制定的评级标准。组织成员的素质直接影响组织的发展。新的世纪即将到来，对幼儿园教师素质提出了新的要求，因为只有教师素质高才能培养出高素质的人才。高科技的发展，知识经济的到来对未来的规格要求更高。面向 21 世纪，幼儿园教师应具备以下素质。

1. 具有较宽的知识结构

不仅要掌握专业知识，还应具备更广博的知识，如文学艺术、自然科学、社会常识等。21 世纪是信息社会，信息更大，且信息的传播及更新速度加快。只有掌握更多的知识，才能向幼儿解释各种社会现象，从而激发幼儿的求知欲望。教师的知识面窄，就不能教给幼儿更多的知识，也就不能培养出高素质的人才，以往的教育，主要围绕高考进行，高考是学生学习的指挥棒，这就造成学生的知识面窄、知识结构不合理的现象。幼儿园教师大部分是幼师毕业，应该拓宽知识面，调整和改善自己的知识结构。

2. 具备学习能力

学习不再是一次性的过程，而是终身的过程，现代知识的更新率为三年，也就是说每三年就要更新一次，一个人可能大学还没毕业，他的知识已经落后。因此学校的任务不只是教知识，而是既教知识，又教学习方法。学会学习方法，就可以终身受益。教师应该善于学习，掌握学习的技巧，这样就可以将其浸透到自己的教学中，以此影响幼儿。

3. 具有创新意识

创新是 21 世纪发展的灵魂。没有创新的民族是没有前途的民族。“拿来主义”已不能适应 21 世纪的发展，必须提高本国科技水平，提高自己的综合国力。教师必须具有创新意识，在教学中注意发展幼儿的创新能力。我们的教育最大的弊病就是缺乏创新性，教师应更多地注意幼儿没想过的事，做别人没做的事。

4. 具有服务意识

幼儿园不仅是一种教育机构，还具有一定的经营性。为了能有更多的生源，并得到社会的认可，教师必须树立服务意识。时刻记住自己是服务者，对家长要有耐心，要主动为家长服务，服务不等于一味地满足，当家长的要求不合理时，应该做出解释，让家长理解幼儿园，从而缩小幼儿园与家长之间的距离。

二、确立评价标准应遵守的原则

评价标准是由人来制定的，为了使评价标准制定得科学合理，避免主观性、随意性，应遵循以下几点基本原则。

(一)方向性原则

幼儿园评价活动必须是在一定评价目标或标准指导下去实施，目标正确与否，是以其所提供的方向正确与否作为衡量标准的，也就是说，评价必须坚持正确的方向，必须以正确的教育观、教育价值观和质量观为指导，以教育目标为依据，确立评价目标和标准。

(二)科学性原则

评价要符合教育规律和管理工作规律，要考虑评价的具体目标、内容或对象确立评价标准。应当注意以有关的科学研究成果为基础，使评价标准符合评价对象的总体状况，能够对评价对象的特征给予准确的表示和说明。如此，才能保证收集到能够反映评价对象实际的客观真实材料，进而做出正确的分析和判断。

(三)可行性原则

确立评价标准还要遵循可行性原则，要因地、因园、因人、因事制宜，选择恰当的评价标准和模式，幼儿园要针对本园实际，考虑各方面工作条件与现状、确定评价标准和实施评价活动。

幼儿园的评价工作是在一定的理论指导下进行的实践活动。因此，应把确立评价标准和实施评价过程，作为一个学习研究和不断探究规律的过程。

(四)选择和确定评价内容

幼儿园工作评价的内容很多、范围很广。保教工作涉及的各方面都可以作为评价对象，一般来说，管理者可以依据本园的实际情况或各阶段的工作重点和确定所要评价的内容来考虑。

三、设计评价方案

进行评价方案设计，通常需要解决以下三个方面的问题。

(一)明确评价目标与指导思想

进行幼儿园工作评价，首先要明确评价目标与指导思想，这是确定评价标准的依据，也就是要解决一个“为什么要评价”的问题，评价的目标与指导思想不能与幼儿园办园方向、与国家教育方针的要求相违背，不能脱离幼儿教育的规律特点和幼儿园实际。应依据方向性、科学性与可行性原则，确定适宜的评价标准。

(二)选择和确定评价内容与对象

解决“评什么”的问题，也就是选择和确定评价的内容与对象。事实上，第一、二步往往需要综合考虑，同步进行。幼儿园工作评价的内容很多，范围很广。例如，有关保教工作质量的评价就包括教育活动和游戏活动的开展、幼儿常规的培养、教师组织一日生活状况、教育环境的创设与利用、教师对幼儿的观察了解等，也就是说，保教工作涉及的各方面内容都可以作为评价对象。一般来说，管理者可以依据本园实际需要，或者是依据各阶段的工作重点，选择确定所要评价的内容。例如，某园结合本学期青年教师上岗培训，评价教师对教育活动的组织，评价具有导向性，特别反映在评什么和为什么评的问题上。如有的幼儿园或上级行政部门只重视评价“公开课”，如此，则易导致各园及教师把主要精力放在组织教学上。

(三)设计评价方案

这一环节包括两个方面内容：一是建立评价的指标体系；二是选择适宜的评价方法。以下分而述之。

1. 建立评价的指标体系

(1) 要将评价对象分解为大的项目或要素。

可以先来考虑评价对象设计哪些方面的内容，从而分解成为一些大的项目或者是要素。例如，我们要评价游戏，一般来说，幼儿园游戏的开展包括：游戏计划的制订，游戏环境的创设与材料的提供，游戏时间的保证，游戏形式是否多样，教师的指导和通过游戏进行教育，以及幼儿在游戏中的行为表现等。又如，评价教育教学活动，通常需涉及教育活动目标、教材的准备、内容与方法、活动过程及教育活动效果等。对教师的工作进行评价，可以考虑将它分解为几个主要的方面，即从德、能、勤、绩几个方面进行分析判断。

(2) 将大的项目要素逐级分解形成指标体系。

初步确定了解评价内容，再将大的评价项目或主要的评价内容分解为中等项目，在此基础上，还可以再细分为更具体的次级项目要素。例如，在评价教育教学活动中，对“采用教学方法”这一大项目，可以进一步以“是否注意以游戏为主要的教育手段”“形式方法的选择是否符合内容的需要和幼儿实际特点”，以及“是否具有针对性，注意考虑个别差异因材施教”等方面分为三个次级项目。又如，评价幼儿的发展水平，对其中“身体发展”这一大项目内容又可以具体化为“生长发育状况”“动作技能”等二级项目细分为更具体的指标。

在建立评价的指标体系时，要注意以下要求。

指标体系应全面、完整地反映内容或对象的实质，而不要有所遗漏，以便保证必要的内容效度。

各要素或分类应是可以相互区分的，要尽可能避免指标内涵的相互交叉、包含；逐层分解，指标应尽可能具体化，以便能够观测和操作。

2. 选择适宜的评价方法

进行园所工作评价可以有多种方法，比较简便而且较适于幼儿园适用的大致有以下几种。

(1) 数量表示法。例如，可以按 1～5 分的量表或七点量表评分，或是建立百分制量表对评定项目打分，也可以标出百分比。

(2) 程度表示法。例如，采用优、中、差或优秀、合格与不合格，或是好、较好、一般、较差、差等表示频度的词语做评定，如总是、常常、一般、较少等。

(3) 加权求和法。这是依各项目要素的重要程度的不同，赋予不同的权重或系数，表明其占总体的百分比(%)的评价方法。例如，有的园所评价班级教育工作状况，将班级教育分为三大项目，并确定其各占总体的百分比：教育 50%，卫生保健 40%，班务 10%。评定时，将各项具体的指标的评定结果乘以权重系数，再相加求和，即为这一大项的实际得分。

幼儿园在设计评价方案和选择评价方法时，应注意结合本园实际，以简便适用为原则；要根据具体评价目的、内容的不同，选择适宜的方法和设计适用的评价方案；还应考虑适合于工作主体的自我评价。

可以说，适用于一切情况的通用的评价标准、方法和表格是不存在的。对于一些现成的评价方案，通常也需要依照本园实际加以适当调整，而不宜完全照搬。

评价工作还需要注意综合运用不同的评价方法，并结合其他方面情况的了解，做出比较客观、公正的分析判断。

四、确定评价的主体

一般来说，应根据评价的目的和内容，决定评价的主体。评价的主体可以有自我评价和外部评价。

1. 自我评价

自我评价即由教师或园长对自己的工作做出评价，这里的工作主体即为评价主体。工作主体的自我评价有利于对照目标和标准检查工作，加以自我调整与改进，在此过程中也实现了自我教育。

2. 外部评价

外部评价是除了工作主体之外的他人的评价，可以是由个人做出的或是由集体进行的评价。包括群众相互评价、领导者如直接的管理者保教主任或园长及上级教育行政部门管理者的领导评价，以及园所的服务对象即家长的评价，还包括社区评价、社会一般成员的评价。

目前，一些园所对上级部门的检查评价极为重视，下大力量准备，认真分析上级验收要求和评价标准，千方百计获得通过或好评。然而忽视了对园所日常工作的自我检查评价。造成验收期间掉层皮，验收过后喘口气。重视上级评价自然无可厚非，但它往往是定期的阶段性的，通过突击也是可以获得通过的，而幼儿园工作质量的提高最关键的是指日常扎实的、认真细微的工作，因此，管理者应把更多精力放在经常化的自我检查与群众互评上来，依据工作目标和评价标准对照检查，及时发现工作中的不足和问题，获取管理状态的反馈信息，探索规律寻找不断改进工作的途径，增强做好工作的主动性和自觉性，使评价切实起到调动积极性、促进幼教改革与管理水平提高的作用，通过评价，更好地实现教育目标，提高教育质量和效益。

在当前国家经济体制正向市场经济迈进的背景下，幼儿园管理者应重视家长及社会社区成员即服务对象的评价和社会评价。应当认识到，幼儿园工作好坏，服务对象最有发言权，并能做出较公正的评价。应将幼儿园工作置于广大服务对象的监督之下，这对于幼儿园不断改进工作、提高保教质量，更好地满足社会需要，提供良好的服务，具有重要意义。

五、实施评价方案

建立评价工作领导小组，负责评价组织工作。

在进行理论武装和文件资料学习的基础上，草拟评价方案，包括确定评价的指标体系和选择适当的评价方法。在拟订方案的过程中，要明确评什么和为什么评，谁来评，怎样评的问题。

广泛征求意见，试行评价方案并且加以修订。幼儿园评价工作要动员广大教职工参加，将工作主体作为评价主体，而不仅仅只是作为被评价者。因此，应将评价标准预先告知被评价者，征求他们的意见，使标准和方案的制订更加切合实际并具有可行性，同时也可以使他们认同评价目的和内容，了解和掌握评价标准即工作的质量要求，据以指导和调整自身行为，做好工作。

实施评价方案，进行正式评价工作，收集有关的资料和信息。

解释分析评价结果，事实材料收集好以后，要做适当处理，进而对所得的结果做出正确的解释和分析，说明工作的成绩和存在的问题，并根据分析提出改进工作的意见和建议。应组织有关人员写出评价总结，将评价结果与建议反馈给被评价者。例如，幼儿园可以就近一阶段保教质量状况的评价进行分析，对影响保教质量的因素做出判断，进而有针对性地予以改进。将评价过程中的有关资料分类整理，建立评价资料，并归入档案。

第三节　幼儿园工作评价应注意的问题

评价是一项细致、复杂的工作。如不能很好地掌握，就会出现评价误差，削减评价效果，不但不能起到激励教职工的作用，反而会降低教职工的积极性，为了避免这种情况的发生，应注意以下的一些问题。

一、充分发挥群众的作用

评价的目的在于提高工作质量，使幼儿园办得更好。这不仅是管理者的愿望，也是广大教职工的愿望。评价不是为了整治群众，而是为了实现群众的愿望。因此，评价工作不仅只是管理者的事情，同时也是广大教职工的事。园长应该调动教职工的积极性，让他们参加到评价工作之中来，自觉地监督自己的行为，努力完成自己的任务。

(一)充分认识评价的意义

让全体教职工认识到评价的意义，真正感受到评价的必要性，认识到评价关系着幼儿园未来的发展。

(二)广泛征求教职工的意见

制定评价标准必须走群众路线，让群众讨论，由他们提出自己的意见。评价标准是评价的关键，一定要让群众参加。通过座谈会、访问、调查、讨论等方式，让群众充分发表自己的意见，只有这样制定的标准才易被群众接受，执行起来也比较容易，管理者不要将群众只看成执行者，群众是幼儿园的主人，他们有责任为幼儿园的发展提出自己的意见。让群众参加评价标准的讨论，就可使评价变为群众的需求和开展工作的动力。

二、评价要一视同仁

评价标准确定后，则要求一视同仁，园长不可因人而异，对不同人采用不同的标准，这样评价就失去了严肃性和客观性。评价只对事，不对人。评价具有导向性。如果我们因人而异，就会让大家感到评价没有什么科学性，谁与评价者关系好，谁就能得到好的评价，这种导向会影响幼儿园的整体风气，使幼儿园失去凝聚力。因此，评价标准一旦确定，就应该严格执行。

三、充分发挥评价的激励作用

评价的目的是推动教育与管理质量的提高，调动教职工的积极性。但是如果不能正确对待评价结果，就会起到相反的作用，降低教职工的工作热情。通过评价，让教职工认识到自己工作中存在的不足，找出差距，为今后的工作确定新的努力目标。对于那些评价结果较差的教职工，园长要帮助其分析原因，制订提高方案，让其树立信心，而不是简单地批评，因为这样做只能打击其积极性，使其丧失信心。

四、注意评价的全面性

不要一次评价定“终身”，应该系统地、立体地、发展地、全方位地考察幼儿园教育与管理工作各方面的情况，这就要求评价的标准和内容要全面，评价结果要有一定的周期，经过几次评价后再下结论，还要结合平时表现。只有坚持评价的全面性，才能保障评价结果的客观性、准确性和科学性，不能以偏概全。幼儿园与工厂、企业不同，有些东西可以量化，有些东西不能量化，我们不能机械地对待评价标准和评价结果，一定要考虑到人的特殊性。

拓展阅读

国内外幼儿园安全教育管理的评价

幼儿期是人一生中发展最迅速、最基础的时期，让幼儿有一个幸福、快乐、健康、安全的人生是所有家长和老师们的美好愿望。幼儿期的健康发展是孩子今后发展的根本基础，但由于幼儿年龄小，生活经验贫乏，自我保护能力有限，缺乏基本的防范意识，自我保护意识弱，因此幼儿期是人一生中最容易出现事故和危险的时期。幼儿园的安全一直以来都是人们关注的问题，我国的幼儿园在安全问题上做得不是很好，多发事故，国外的一些幼儿园在安全教育方面有可借鉴的地方。

一、安全教育的前提——环境创设

日本、美国等相关部门都曾做过调查统计，表明儿童受伤种类一般有骨折、挫折伤、擦伤、扭伤等，而事故发生最频繁的地点就是户外活动场地、游戏设施等处，如滑梯、秋千、攀登架等。他们对这些事故高发场地及设施等所采取的对策，是尽量保证有足够的场地与设施供孩子们户外活动使用，也尽量维持设施能提供给孩子以运动经验获得的功能，创设充满“危险”的环境，让孩子亲身体验这些随时可能发生的危险的同时，尽可能地降低活动场地、游戏设施的危险性，或在恰当的时候给孩子以适当的安全提醒。美国幼儿园的户外活动操场多是采用橡胶木之类的材料，但同时也有适合幼儿开展不同活动的不同地面，如草地、水泥地、沙地等。他们非常重视安全检查工作，因为他们认为在现在看上去安全的环境设施不一定在一周后甚至24小时后还是安全的，因此他们有每日每周每月的定期或不定期的安全检查工作。在《美国幼儿园环境安全评估标准》中，给幼儿园的各项安全工作都制定了严格的标准，作为安全检查的参照。

日本幼儿园中的绝大部分户外活动场地采用了硬沙土地，以减少摔倒后的损伤程度；单杠、爬竿等攀爬类设施下面垫上塑胶垫子；秋千周围设置围栏或用白线标示，以提示孩子秋千摆的安全位置。他们的一些环境创设似乎又故意增加了危险因素，有尖尖屋顶的小房子用来给孩子攀爬，两棵高高大树之间的有着大漏洞的绳网也是允许孩子爬越的环境。国外很多幼儿园的活动场地都非常有限，但他们在环境创设上注重为儿童创设一种自然，如用绳索吊在树上自制的秋千等，这一切都力图让幼儿与自然相亲近，获得人与自然的交往体验。他们认为儿童不应生活于纯封闭、安全无危险的环境中，只有让他们在充满危险的自然环境中去冒险、去体验，才能积累具体的经验教训，形成防御危险的意识和能力；而这种自然的环境也减少了像塑胶等化学制品可能造成的污染。

二、安全教育的实施者——教师

在幼儿园中保护幼儿的安全是教师的职责之一，教师也是幼儿园安全教育的主要实施者。国外的幼儿园教师，在保护幼儿园的安全及进行安全教育时，角色是多重的，也是灵活多变的。

在户外活动时，为了培养孩子预测、判断、回避危险的能力以及探索、创新、自主的精神，教师允许孩子尝试各种他们自创的具有“冒险性”的活动及自己发明的一些游戏设施的“非常规”玩法，不会轻易制止或强调幼儿完成某一项动作或活动，相反，他们还会参与到孩子们新奇刺激的活动中去，成为孩子们活动中的“同伴”。

德国 Schweinfurt 幼儿园曾调查过鼓励幼儿运动与事故发生率之间的关系。调查实施时间共持续 8 周，实验组幼儿在运动方面受到鼓励，结果发现这些孩子不仅运动能力较强，而且事故发生率也下降了，而对照组的幼儿几乎没有什么改变。

当然给孩子以充分自由的前提是，让孩子掌握一些基本的、必需的安全行为规则。当孩子第一次玩某一器械，或对一些游戏设施还未完全适应，或尝试某些具有危险性的活动时，教师会作为一个有经验的成人，与孩子们一起讨论、分享如何安全使用某一器械、可能存在的危险以及如何避免危险发生的经验等，并在幼儿对这些器械设施活动的反复尝试中给孩子以适当的安全指导与提醒，如秋千的使用。教师并不规定某一特定的玩法，但要让孩子理解一个基本的安全规则，即当你在荡秋千时要注意前后有没有其他小朋友，以免相撞。

三、安全教育的支持者——家长、社区

幼儿园的安全工作、安全教育的目的，就是保障幼儿的安全，这不仅仅只是幼儿园及教师的任务，家长和社区的参与也是必不可少的，与家长的沟通、社区资源的共享等都是幼儿园安全教育顺利进行的前提。许多到国外幼儿园参观的中国教师看到外国孩子拿着锯子或斧头等工具正在认真地敲着钉子时，都会瞠目结舌、惊叹不已：因为这在中国是绝对不可能的，即使教师提供这些工具，家长也决不会同意孩子使用。这就是我们的家长与国外家长在“什么对孩子是安全的”这一问题上存在的观念上的差异，这就导致了与家长沟通时的不同成效。日本家长普遍的认同是：孩子在活动中磕磕碰碰是难免的，不必为一点小用力而“大惊小怪”，被保护过度的孩子将来可能会“没有用”。关于幼儿的安全及安全教育方面，国外的幼儿园始终与家长保持沟通交流。许多幼儿园在外出参观游览时都会向家长发放专门的意见书，家长签字后表示家长同意为外出危险承担一定的责任；通过亲子游戏的方式，让家长参与到幼儿园的安全教育中来；英国政府还把母亲介入幼儿教育作为一种政策性的要求。另外，国外很多幼儿园所在的社区都会提供一些免费的可进行安全教育的资源，如让幼儿参观消防局、警察局等相关的安全部门，或为幼儿提供一些与安全相关的画册等。

本章小结

各行各业都要对自身的运转进行调整和控制，都需要进行评价，作为教育机构的幼儿园也不例外。幼儿园工作评价是幼儿园领导与管理工作的一个必不可少的内容和环节，对于推动幼儿园各方面工作，提高幼教质量和管理水平是非常重要的。本章阐述了幼儿园工作评价的含义与意义，介绍了评价四方面的内容，即对幼儿园班级管理的评价、对园务管理的评价、对园内工作人员的评价以及对一日生活环节的评价。同时，指出了评价的不同类型和基本原则，指出了评价的具体方法，包括评价标准的制定、评价方案的设计与实施以及应该注意的问题。

【推荐阅读】

[1] 胡中锋. 教育评价学[M]. 北京：中国人民大学出版社，2016.

[2] 张燕. 幼儿园管理[M]. 北京：北京师范大学出版社，1997.

[3] 丛中笑，王海升. 幼儿园管理[M]. 沈阳：辽宁大学出版社，2012.

[4] 谢秀丽. 幼儿园工作管理[M]. 广州：广东高等教育出版社，2000.

[5] 胡惠闵，郭良菁. 幼儿园教育评价[M]. 上海：华东师范大学出版社，2009.

[6] 何卫红. 幼儿教师工作评价方案初探[J]. 学前教育研究，1997(6)：27～29.

思考与练习

一、名词解释

评价　幼儿园工作评价　评价标准

二、简答题

1. 幼儿园工作评价的作用有哪些？
2. 幼儿园工作评价的内容有哪些？
3. 幼儿园工作评价的类型有哪些？
4. 幼儿园工作评价的原则有哪些？

三、论述题

1. 如何设计幼儿园工作评价方案？
2. 如何实施幼儿园工作评价方案？

【实践课堂】

分析如何更好地在班级活动中进行管理与评价。

创书香班级

(1) 开设图书角，发动每个孩子从家里收集各种图书，丰富图书角的内容。每天午饭后定为看书时间，形成浓郁的书香氛围，激发幼儿的阅读兴趣，同时鼓励大家进行分享、互动。

(2) 为了使幼儿有个良好的艺术氛围，我们在活动室开辟幼儿美术作品园地，张贴幼儿书画作品，使活动室里弥漫着书香气氛，使幼儿时刻感受到艺术的熏陶。

(3) 开展“学古诗”活动，让幼儿初步接触古诗，接受古典文化的熏陶。

第十一章　幼儿园工作评价与管理.pptx